U0094410

西方哲学的中国式解读

赵敦华 著

江苏人民出版社

图书在版编目（CIP）数据

西方哲学的中国式解读 / 赵敦华著. 一 南京：江
苏人民出版社，2024.1
ISBN 978 - 7 - 214 - 28234 - 7

Ⅰ. ①西… Ⅱ. ①赵… Ⅲ. ①西方哲学－研究 Ⅳ.
①B5

中国国家版本馆 CIP 数据核字（2023）第 136233 号

书　　　名	西方哲学的中国式解读
著　　　者	赵敦华
责 任 编 辑	汪意云
特 约 编 辑	贺银垠
装 帧 设 计	刘葶葶
责 任 监 制	王　娟
出 版 发 行	江苏人民出版社
地　　　址	南京市湖南路 1 号 A 楼,邮编:210009
照　　　排	江苏凤凰制版有限公司
印　　　刷	苏州市越洋印刷有限公司
开　　　本	718 毫米×1 000 毫米　1/16
印　　　张	29.5　插页 4
字　　　数	448 千字
版　　　次	2024 年 1 月第 1 版
印　　　次	2024 年 1 月第 1 次印刷
标 准 书 号	ISBN 978 - 7 - 214 - 28234 - 7
定　　　价	118.00 元（精装）

（江苏人民出版社图书凡印装错误可向承印厂调换）

总　序

　　我是学哲学的,只能写一点哲学方面的东西。在人们眼里,我属于西方哲学专业,如果写西方哲学方面的书,可能有一些阅读的价值。但我也写其他方面的书,谈马克思,谈中国哲学,谈宗教学、谈进化论,等等,那些都不是我专攻的领域。我为什么要冒着"外行"评说"内行"的风险,涉足西方哲学以外的那些领域呢? 我曾经沿着自己所从事的专业方向,鸟瞰二千多年的西方哲学的历史,并对其中的几个胜境做了透视。但是,写得越多,我越感到自己的无知。庄子说:"吾生也有涯,而知也无涯。以有涯随无涯,殆已!"孔子也说:"学而不思则罔,思而不学则殆。"我今年已有七十四岁,却既不殆也不罔,因为我相信,人的有限生命是融入无限的过程,人类知识由世世代代的人的思想积累而成。每个人在有限生命中能吸吮到思想海洋中的一滴,那是何等甘美! 人们所写的文字能为知识的"通天塔"增添一砖一瓦,那是何等幸福!

　　这套文集的每一本书,即使有些篇章涉及哲学以外领域,都缘于我对哲学的研究。一种哲学言谈不管多么纯粹,不管看起来与现实多么遥远,都有它的"文化母体"(cultural matrix)。在广阔的历史视野里,不同历史时期的哲学有不同的文化母体。比如,古希腊哲学所依附的文化母体是希腊人的世界观,它最早表现于希腊神话和宗教,但那仅仅是一幅拟人化的世界图画,当人们进一步用思想去理解它,找出构成它的要素,分析这些要素的关系,又从这些要素构造世界的等级结构和统摄它的最高原则,这时哲学就诞生了。希腊哲学的文化母体不但是神话世界观,还包括与它同时生成的戏剧、艺术、几何学、经验性的科学、医学和历史学体现出来的观察世界的"视域"(horizon)和"焦点"(focus)。这样的文化母体中孕育出来的哲学是理性化的世界观,它当然也关心人。至少从苏格拉底开始,"人"成为哲学的中心,但希腊哲学家并不认为人是世界的中心,他们把"人"定位在世界的一个合适位置,人的本质(不管是灵魂还是理智)和目的(不管是德性还是幸福)都是由人在世界中的地位所规定的。世界观对于希腊哲学的重要性一直保留在以后的哲学里,以至于现在人们常把"哲学"定义为世界观(Weltanschauung)。当我们听到这样的定义时,要注意它的定义域。希腊哲学以后的哲学虽然与世界观有密切关系,但不能像希腊哲学那样被简单地等同为理性化的世界观,因为它们的文化母体不是世界观。比如,继希腊哲学之后出现的中世纪的各种哲学就不是世界观。在中世纪,哲学的文化母体是基督教,中世纪哲学是基督教哲学。基督教义的中心是人和上帝的关系,世界观出现在人神关系的视域,而不是相反。据基督教义,上帝是世界的创造者,他超越世界;上帝把世界交托给人管理,人因对上帝负有义务而与世界打交道。基督教这一文化母体孕育出的哲学、神学、文学和科学有很大程度的相似性,中世纪文化是神学的一统天下。基督教哲学是神学的婢女,作为自然哲学的科学也属于神学,文学艺术则是神学观念的感性形式。

现代哲学摆脱了基督教和神学,但没有因此回归希腊的世界观哲学,因为它的文化母体不是希腊人的世界观,而是近代自然科学。但是从自然科学这一文化母体中产生出来的近代哲学并不囿于对自然界的研究,从培根、霍布斯、洛克到休谟,从笛卡尔、斯宾诺莎到莱布尼茨,从卢梭到康德等德国唯心论者,人的内心世界比外部世界更加重要,内在的自我意识和天上的星辰同样奥秘和神圣。但是从他们的著作中我们可以理解,他们对人的意识和社会行为的观点离不开自然科学设定的"参照系",这就是自然科学的理性标准和方法论。

哲学家也做实验,他们的大脑是实验室,思想实验是哲学的重要方法。所谓思想实验,就是利用自然科学技术提供的材料,想象出另一个自然。比如,对于人的理解，向来有"天性还是教养"（nature or nurture）的争论。早期基督教教父阿诺毕乌斯设计了一个"隔离的人"的实验，设想把一个刚出生的婴儿放在与世隔绝的房间里，由一个沉默的、无感情的人抚养成人，那么这个人将没有思维和语言，以及作为一个人所具备的一切；结论：人是后天教养的结果。中世纪阿拉伯哲学家伊本·西纳设计了一个"空中人"的实验，设想一个突然被创造出来的人悬浮在空中，眼睛被蒙蔽，身体被分离，此时他将没有任何知识，甚至连感觉也没有，但他不可能对他的存在没有意识；结论：人的存在是先天的自然本性。科幻小说和后现代的艺术也是这类思想实验或自由的游戏。

　　我的梦想是把哲学和现代知识、道德和艺术尽可能广泛与完满地结合在一起，不管这个学术梦会产生什么影响，对于我来说，它是在一个思想世界的漂泊。法国知名科学家联合写作的《最动人的人类史》一书中有一段令人印象深刻的描写：

　　　　我们直立的祖先带上他的小行囊，出发去征服世界了……

　　　　他们开始了征服地球的漫长历程，最早的移民为数不多，但却大无畏，踏上了冒险的旅程……

　　　　虽然有地理上的障碍，但他们毫不犹豫，越过沙漠，通过地峡，渡过海峡……

　　　　大约公元前五十万年前，在非洲、中国、印度尼西亚、欧洲，都有了直立人，旧大陆被征服了。[1]

　　最后，请允许我借用"小行囊"这个比喻：我所具有的知识储备与人类知识发展水平相比，好像是直立人的"小行囊"之于现代知识；即便如此，我仍愿意带上我的小行囊，出发到思想世界去漂泊。这本书记载的是我的漂泊经历。

赵敦华　Zhao Dunhua

2003 年 8 月 18 日　于北京大学外国哲学研究所

---

[1] 安德烈·朗加内等：《最动人的人类史》，蒋梓骅、王岩译，太白文艺出版社 1998 年版，第 27—29 页。

目 录

前言 用中国人的眼光解读西方哲学 | 001

第一编

西方哲学总论 | 001

20 世纪西方哲学的危机和出路 | 003
作为文化学的哲学 | 017
"是""在""有"的形而上学之辨 | 030

第二编

西方哲学史研究 | 053

《西方哲学简史》前言 | 055
希腊哲学的精神和特点 | 060
柏拉图《巴门尼德篇》释义 | 068
亚里士多德的实体理论的逻辑意义和物理意义 | 078
透视神圣光圈笼罩下的哲学
　　——《基督教哲学 1500 年》前言 | 088

基督教哲学的意义 | 098

大阿尔伯特和德国哲学的起源 | 105

莫把康德当休谟

　　——从《实践理性批判》的一段译文谈起 | 117

西方哲学研究领域史论关系的三种模式 | 126

第三编

现代西方哲学研究 | 137

现代西方哲学的范围和类别

　　——《现代西方哲学新编》前言 | 139

维特根斯坦Ⅰ到维特根斯坦Ⅱ转变的逻辑理由 | 147

解读《存在与时间》的现象学描述纲要 | 165

海德格尔和维特根斯坦论哲学的"终极" | 177

波普尔论科学与民主的统一 | 189

罗尔斯的自由主义哲学和政治自由主义 | 199

法西斯主义引起的哲学反思 | 216

批判理论与保守主义、后现代主义之争 | 222

后现代哲学与现代西方哲学的终结 | 236

第四编

中西哲学和文化的比较 | 251

中西形而上学的有无之辨 | 253

中西传统人性论的公度性 | 266

儒家道统与基督宗教的自然律 | 281

史实与学说之间：儒家政治哲学之起点

　　——兼论墨道法的"上古之世"之说 | 295

古史研究中的"帕斯卡猜想" | 305

走向多神教之路 | 336

第五编

"大哲学"的观念 | 359

"大哲学"的观念和比较哲学的方法

　　——答《哲学动态》记者问 | 361

超越后现代性：神圣文化和世俗文化相结合的一种可能性 | 368

作为人学的文化学 | 379

用中国人的眼光看基督教哲学 | 382

什么是基督教知识论 | 400

也谈"全球伦理"，兼论宗教比较的方法论

　　——从孔汉思的《全球责任》谈起 | 418

关于普遍伦理的可能性条件的元伦理学考察 | 433

从宗教学研究角度谈宗教本质 | 442

宗教对象的客观性问题 | 448

前言 用中国人的眼光解读西方哲学

　　中国的现代化进程始终伴随着现代文化的建设,现代中国哲学充满着关于文化的学说和讨论,特别是现在,越来越多的哲学工作者积极参与中国现代文化的建设。他们在文化建设中已经或正在发挥的重要作用表明,文化的"硬核"是哲学,文化建设的核心是哲学理论的发展和普及。中国现代文化对传统文化优秀成分的继承和发扬,对外来文化有益因素的借鉴和吸收,都需要经过哲学理论的批判改造、融会贯通。如何正确地理解中国传统哲学和西方哲学的合理部分,使之与中国现代文化相融合,已成为哲学工作者面临的一个重大课题。为了解决这一课题,我认为应该理直气壮地提出:用中国人的眼光解读西方哲学。

　　用中国人的眼光解读西方哲学,是基于五四运动以来中国现代文化建设的历史经验教训而提出的。中国知识界与西方哲学的遭遇,规模较大的有两次。第一次发生于"五四"前后。其时,西方各国流行的形形色色的哲学派别和思潮蜂拥而至。从叔本华的意志主义、尼采的超人哲学、柏格森的生命哲学,到康德的先验论、黑格尔的绝对唯心论,从英国的经验论、功利主义、社会达尔文主义,到新实在论和实证主义,从罗素的分析哲学到杜威的实验主义,都成为人们热衷宣扬的话题。平心而论,这些学说对于打开中国知识分子的眼界、促进中西文化交流,确实起过一些积极作用,但是它们的影响仅仅局限在少数文化人的小圈子里,未能在中国文化的土壤里扎下根来,只扮演了昙花一现的匆匆过客的角色,在中国近现代思想史的长河中翻滚起几朵浪花就消失了。究其原因,固然与这些学说的自身弱点有关,但介绍者浅尝辄止、囫囵吞枣的学风和不顾中国国情而一味模仿照搬的心态,不能不说也是一个重要原因。30年代有人评论说:"我国自西洋思想输入之后,国人每得西人之一鳞一爪即可大出风头。实则数十年来的思想,在守旧方面不能跳出古人的圈子,在维新方面,又不能越西人思想的雷池一步。中国近年并没有具有独创精神的大思想家。"[1]

然而,上述评论并不适用于马克思主义在中国传播的状况。马克思主义传播初期,也出现生搬硬套的教条主义和本本主义倾向,但这毕竟不是主流。中国共产党人把马克思主义同中国革命的实践相结合的创造性工作决定了马克思主义在中国的命运,使得马克思主义这一最初的外来思想,成为中国占统治地位的意识形态,最终融化在中国人民的思想和行为之中。

新中国成立以后的一段时间,我们却把这一创举当成终结性的胜利,把已经取得的成功经验和理论绝对化为真理的顶峰,用意识形态领域的阶级斗争代替全民族的文化建设,用政治性的批判代替学术上的理论争鸣,最后在批判"封资修"的口号下走上排拒传统文化和外来文化的封闭道路,酿成"文化大革命"的历史劫难。

"文化大革命"结束之后,中国向世界敞开大门。在中外文化交流日趋频繁的形势下,各种西方哲学思潮流派再次涌进中国。经历了中西方文化多次碰撞之后,我们的民族在文化上、心理上比历史上任何时候都成熟,已经能够坚定而自如地面对来自国外的一切思潮。如果说,以前人们还在为要不要介绍西方哲学而争论,那么现在的问题已不是要不要介绍西方哲学,而是如何对被介绍的西方哲学加以分析、鉴别和批判;这不只是在口头上笼统地承认西方哲学思想良莠不齐,而是要用特定的标准具体地区别良莠、辨别是非。用中国人的眼光解读西方哲学,

---

1 高名凯:《评近三十年中国思想史》,转引自郭湛波《近五十年中国思想史》,北平人文书店1936年版,第431页。

正是为着解决这一现实问题而提出的。

我们这里说的"中国人的眼光"有特殊的含义,指的是一种文化意识和理论标准,它决定着我们观察问题的角度、解释模式和表达方式,以及选择素材和审视结论的价值取向。中国学者为什么要用中国人的眼光看待西方哲学,如何学会用中国人的眼光看待西方哲学? 这是我们首先需要解决的问题。

西方哲学当然是西方人发明创造的,但这并不意味着西方人对他们自己的理论具有优先的、终审性的解释权,更不意味着只能按照西方人的眼光看待西方哲学。我国西方哲学研究的前辈陈康先生说,如果中国人研究西方哲学的产品"也能使欧美的专门学者以不通中文为恨(这绝非原则上不可能的事,成否只在人为!),甚至因此欲学习中文,那时中国人在学术方面的能力始真正昭著于全世界;否则不外乎是往雅典去表现武艺,往斯巴达去表现悲剧,无人可与之竞争,因此也表现不出自己超过他人的特长来"[1]。陈康先生的宏愿尚未实现,但是反观外国人研究中国哲学和文化所达到的成就,在某些方面却已达到了使中国学者以不懂外文为憾的地步。比如,日本的佛学本是从中国传过去的,但日本学者对佛学的精深研究使得各国的佛学研究者都感到有阅读日文研究成果的必要;再如,当今西方各国汉学家也取得令国人刮目相看的成就,国学研究者再也不能忽视这些英文、法文和德文的资料了。外国学者之所以能够达到这一成就,就是因为他们用自己特有的眼光解读了中国古代典籍。这从反面提示和激励中国学者,只有用中国人的眼光解读西方哲学,才能在西方人称雄的学术领域显示出超过他们的特长。

我们不仅要在西方哲学的研究领域和西方学者竞争,更重要的是促进中西文化的相互理解。每一个民族对外来文化和哲学的理解,都离不开自己文化固有价值标准和思维方式的实现和选择。正如西方人总是用他们的眼光看待中国哲学一样,中国人也应该用中国人的眼光看待西方哲学。只有在哲学研究和学术交流中坚持这种平等原则,中西哲学才能开展真正有效的对话,达到真正的相互理解。反之,盲目地崇拜西方哲学界的学术标准和运行方式,盲目地跟随西方的时髦学

---

[1] 陈康:《柏拉图巴曼尼得斯篇》序,商务印书馆 1982 年版,第 10 页。

说，趋之若鹜，人云亦云，我们就永远不能站在平等的立场上与西方人论道辩理，永远不能像我们的祖先那样创立为后世所称道的、可以与西方哲学相匹配的中国哲学。

事实上，中国学者研究西方哲学，离不开中国文化固有的思维方式和价值观念。语言是思维的媒体，只要你用中文去翻译、理解和表达西方思想，那么你必然是以中国人的特有方式思维。退一步说，即使你能完全运用外文来理解和表达，几千年的文化传统也仍然会潜移默化地在头脑中起作用。打一个比方，语言好比是眼镜，思维好比是眼睛，文化传统好比是视网膜，人们可以换一副眼镜，也可以治疗自己的眼睛，却不能改换视网膜。身为中国人，却硬要以西方人的眼光看问题，这无异于弄瞎了自己的眼睛。

我们指出中国学者不可避免地接受中国文化的影响，这并不意味着每一个中国学者都在自觉地运用中国人的眼光。"中国人的眼光"作为理论标准包括诸多方面的要求，运用中国人的眼光是中国文化意识的自觉，用中国人的眼光解读西方哲学，更是我们在文化建设中面临的新任务。为了完成这一任务，我以为当前尤其要注意以下方面的工作：

第一，用地道的中国话说外国的道理。中国人说中国话本是一个最起码的要求，但在西方哲学研究中，这却是一个很高的要求。最近一些年来，一些人在翻译和使用西方哲学概念时生造硬译，写出的文章玄而又玄，不但别人看不懂，恐怕作者自己也不知所云。人们把这种文风称作"名词轰炸"。我想，引起大家不满的并非新造了一些学术上的术语。随着信息的更新和增长，中文里已经并且必然还会出现大量的新名词，这本是自然的事。但是创造出来的词汇和语言新用法要符合中国人的说话习惯，语言的约定归根到底是生活方式的约定，只有那些符合中国人心理习惯和生活习惯的新用法才能被人们所接受，只有按照中国人的思想和表达方式来理解西方哲学的概念，才能创造出为大家喜闻乐见的哲学词汇和语言形式。按照这种方式来丰富中文的词汇，本身就是对中国哲学和文化的一种贡献。

第二，以中国文化为参照开展中西哲学的比较研究。研究西方哲学当然要通晓西方文化的背景知识，但作为中国学者，还要以中国文化为参照，才能更好地把握研究的重点和方向。西方哲学流派繁多，资料浩瀚，观点芜杂，每个研究者都只能依据一定的需要和价值判断,对资料有所取舍,从一个侧面展开研究。应当明确,当代中国学者在西方哲学里所发现的价值应该是它对于现代中国哲学和文化建设的价值。按照这一价值标准去选择衡量,就可以区别良莠,去伪存真,判别是非,改造西方哲学的异己成分,吸收其合理因素和优秀成果。这是创造宏伟博大的中国现代文化的一个不可缺少的步骤。为此目的,需要积极、深入地开展中西哲学的比较研究。这种研究是西方哲学界的薄弱环节,在我国还处于起步阶段。我们要认识到中国人在这领域的优势,尽快走在中西哲学比较研究的前列。宗白华先生曾说过,中国人理解西方文化,要比西方人理解中国文化更容易,因此更适合担负融汇中西文化以建设世界新文化的重任。按照这个观点,以中国文化为参照来研究西方哲学,不但不会陷入狭隘性和片面性,反而可以扩展西方哲学研究的视野,并使西方哲学的精华融汇到未来的世界新文化之中。

第三,加强西方哲学研究同马克思主义哲学研究、中国传统哲学研究的联系和合作。现代中国哲学包括马克思主义哲学、中国传统哲学以及外国哲学,这是当代中国的现实。中国人的眼光当然包括当代中国马克思主义的眼光和中国哲学的历史眼光;用中国人的眼光看待西方哲学,不仅是西方哲学专业研究者的任务,也是马克思主义哲学专业研究者和中国哲学史专业研究者的任务。围绕这一共同任务,哲学各专业的研究者可以相互沟通,加强合作。比如,中西哲学比较研究需要学贯中西的人才,中西哲学史教学内容和学科建设的配合将为培养这样的人才创造条件。再如,西方哲学专业研究者和马克思主义哲学专业研究者联手研究西方马克思主义,能够发挥各自优势,取长补短,在这一研究领域取得突破性进展。我们相信,只要我们勇于创新,综合马克思主义哲学、中国传统哲学和外国哲学的优秀成果,用学术研究的第一流成果,迎接百花齐放、百家争鸣的春天,中国哲学工作者就一定能够在世界哲学的舞台上担负"第一小提琴手"的角色。

附记:本文原系在北京大学哲学系 1994 年"五四"学术讨论会上的发言,发表于《北京大学学报》1994 年第四期,第 60 页。稍作修改

第一编

西方哲学总论

20 世纪西方哲学的危机和出路

消亡还是转变？

在当代的西方哲学界，"哲学的终结"是一个热门的话题。后现代主义反对中心、否认本质、消解结构，发出了一系列骇人听闻的断语："上帝死了""人死了""作者死了""读者也死了"；这个被消解的系列的终结点是"哲学消亡"。事实就是这样无情地摆在哲学家的面前：如果这个世界失去了原则和价值（上帝和人），没有了意义和真理（作者和读者），那么，哲学将何为？哲学有何用？

"哲学消亡论"并非后现代主义的专利。自黑格尔哲学体系于 19 世纪中叶解体之后，西方哲学家们便有了危机感。时至今日，危机非但没有消失，反而越演越烈。美国哲学家托马斯·麦卡锡（Thomas McCarthy）在《哲学之后：终结或转变》一书中把当今著名哲学家在这一问题上的立场分为"终结派"与"转变派"。

"终结派"的一个主要代表人物是美国新实用主义者理查德·罗蒂（R. Rorty）。他在《哲学与自然之镜》一书中企图终结从"笛卡尔—康德模式"开始的近现代哲学，包括分析哲学和一切职业化哲学。他把维特根斯坦（L. Wittgenstein）、海德格尔（M. Heidegger）的"哲学终结论"和杜威（John Dewey）的"思想工具论"结合起来，认为哲学已不再是高于或独立于其他学科的理论体系，而应被融合在具体科学与文化研究之中。他说："在这个概念之中，'哲学'不再是一门有着永恒主题的学问的名称，相反，它是一种文体的形态，一种'人类交流的声音'。这种交流在某一时间围绕某一问题而展开。"[1]罗蒂声称,被终结的只是作为一门独立学科的职业化哲学以及作为一种理论形态的系统化哲学。哲学的终结并不妨碍哲学史研究,也不妨碍融会在"人类对话"之中的哲学充当"文化批判"的角色,保持启迪人心的教化功能。

"转变派"的代表人物是被称作"最后一个伟大的理性主义者"的德国哲学家尤尔根·哈贝马斯(J. Habermas)。哈贝马斯在西方理性危机的大气候中考察哲学危机。他认为传统的"主体哲学"在黑格尔体系中达到顶点。黑格尔体系崩溃之后,虚无主义、非理性主义、主观主义和相对主义泛滥。20 世纪哲学在传统的理性主义和新近非理性主义两个极端的夹缝中谋生存,焉能没有危机? 消除危机的途径是在批判的基础上超越这两个极端。从词源学上看,"批判"(Critique)来自"危机"(Crisis),所以摆脱危机的出路在批判的理论。作为法兰克福学派的传人,哈贝马斯认为在西方社会现代化过程中起作用的是"工具理性",理性成了征服自然、控制社会、操纵个人的工具,集中体现在被他称作"经验—分析科学"即自然科学技术和"历史—解释科学"即社会科学之中。他指出在这两类科学之外还有一门"批判性科学",主导这一门科学的理性是"交往理性",这也是一种合理地表达自己并理解他人的社会交往实践,它使理性的主体真正成为社会的主体,使个人和社会集团摆脱"文化防御系统"的限制,达到社会的团结与文化的协调。他用"社会交往理论"为西方哲学的目标与方法的转变树立了一块样板。他认为谈论哲学的终结本身就是一种哲学,正如非理性主义使用理性论辩反对理性主义一样,这是一种自相矛盾的现象。他说:"不管这种哲学如今被称作什么,基础存在论也好,批判、否定辩证法也好,谱系学也好,这些假名都不能隐瞒传统哲学形式下蕴含的东西。哲学终结的难言之隐披戴着哲学概念的装饰。"[2]

哲学家们争论"哲学是否应该终结",颇有点像莎士比亚笔下的哈姆雷特在思索"是生还是死"(to be or not to be)的问题。这一争论本身说明西方哲学面临着难以解脱的理论困境。就我而言,哈贝马斯关于西方哲学经历着转变而不会终结

1 R. Rorty, *Philosophy and the Mirror of Nature*, Princeton, 1979, p. 264.

2 R. J. Bemstein ed., *Habermas and Modernity*, Cambridge: The MIT Press, 1985, p. 166.

的看法似乎更有道理。不过,在哲学内部思考哲学的终结并不导致自相矛盾的荒谬。我们需要对西方哲学危机的性质、起因和过程作出进一步分析,才能理解讨论终结问题的实际意义。

二 —————————————————————————————————

第四次哲学危机

从历史上看,西方哲学经历过多次危机,每一次危机都迎来哲学的进一步发展。西方哲学的最早形态是古希腊自然哲学。自然哲学的原则和结论在公元前5 世纪时遭到智者的相对主义、怀疑主义的诡辩与功利精神的挑战,这可以说是第一次哲学危机。危机之后出现了古代哲学最辉煌的成果——柏拉图和亚里士多德哲学。希腊化哲学在罗马时期伦理化,罗马官方哲学家的贵族式的清谈与虚伪,和伦理化哲学的践履精神与普及性正相反对。马克思和恩格斯引用罗马后期讽刺作家琉善(Lucian)的著作说明“人民如何把他们看作当众出洋相的丑角”[1]。这一次哲学危机为基督教哲学的诞生铺平了道路。基督教哲学以信仰的确定性和道德的实践性在特定历史条件下满足了人们的道德理想与追求,因而取代罗马官方哲学并成为中世纪的主要意识形态。它随着“千年王国”的衰落而步入危机时期。15 和 16 世纪的人文主义者尖锐地批判经院哲学,却未能用新的哲学取而代之。文艺复兴时期哲学表现出过渡阶段的特征:新旧学说交替,科学与伪科学混杂,相对主义流行,哲学的功能被其他文化形态所替代。直至 17 世纪之后,哲学与新兴的自然科学结盟,一个个新的哲学体系才被建立起来。近代哲学对科学的发展、资产阶级革命的发生、社会的进步和人们思想观念的转变起到巨大的推动作用,哲学确如黑格尔所说集中体现了时代精神和民族精神,哲学作为“科学之科学”的美誉主要是在这一时期获得的。黑格尔之后的西方哲学向不同方向演化,到了 19 世纪和 20 世纪之交,它的总趋向已呈现出危机景象。

———————————————

1《马克思恩格斯全集》第 3 卷,人民出版社 1960 年版,第 148 页。

　　从历时性观点看问题,20 世纪西方哲学经历着继希腊自然哲学危机、罗马伦理化哲学危机和经院哲学危机之后的第四次哲学危机。现代的哲学出版物的数量以及号称"哲学家"的人数超过了以往任何一个历史时期。然而,与哲学史上的创造、发展的时期相比,20 世纪西方哲学并没有产生综合各种文化形态的体系,没有一个独领风骚的派别。一个个哲学流派的兴衰枯荣,一批批哲学家熙来攘往,构成一幅幅扑朔迷离的场景;斑驳陆离的学说透露出内容的贫乏与重复,新颖时髦的语言掩盖不住模仿的陈旧痕迹,以致罗蒂借用一句好莱坞的行话描述哲学场景:"我们每一个人都是五分钟的明星。"[1]

　　如何认识现代西方哲学的多元化倾向呢? 应该承认,在一定条件下,理论多元化往往是思想创造与学术繁荣的标志。20 世纪哲学多元化固然反映了当今世界政治经济多极化、文化多样化的总趋向,但是我们在上面描述的时髦多元化场景却是一种危机的表征,因为它反映出哲学危机时期的两个重要特征:哲学在实践上失去了在意识形态领域的主导地位,在理论上陷入了相对主义的误区。哲学早已失去了"科学之科学"或"第一科学"的地位,哲学家过去在公众心目中是智者和贤人,现在却成为一类专业人员。他们使用专业术语,乐此不疲地争论本派别感兴趣的问题,局外人却不知所云。卡尔纳普(R. Carnap)曾揶揄形而上学家是"没有音乐才能的音乐家",他们现在的公众形象更接近于不赚钱的律师。各派哲学或相互攻讦,但更多时候是以邻为壑。相对主义蔓延于哲学一切领域:真理观、意义观、价值观、伦理学、人性论、科学观、方法观等。现今相对主义的一个最新概念叫"无公度性":在不同语言、学说和方法之间,没有一个衡量是非优劣的统一标准。相对主义的结果不是百家争鸣的繁荣,而是各行其是的芜杂。正如一位学者写道,相对主义"限制了对人类作品的批判性评价,使人们解除武装,失去人性,不能相互交流,不能从事跨文化、跨文化所属领域的批判,相对主义最终取消了任何批评……在相对主义背后笼罩着虚无主义的阴影"[2]。

　　从共时性观点看问题,20 世纪西方哲学危机不是孤立现象,它是西方理论危

---

1 R. Rorty, *Consequences of Pragmatism Essays*, University of Minnesota Press, 1982, p. 216.

2 I. C. Jarvie, "Rationalism and Relativism", in *The British Journal of Sociology*, 1983 (34), pp. 45 - 46.

机的一部分。据亚里士多德区分,物理学、数学和哲学是三门主要理论科学,这三门学科在世纪之交几乎同时发生危机。经典物理学的一些基本观念的失效导致物理学危机,逻辑悖论的出现导致第三次数学危机。所不同的是,物理学与数学通过革命性变化克服了危机,"哲学革命"却未能摆脱危机。究其原因:哲学危机的性质比物理学、数学危机更为严重,它所面临的是失去自身研究对象的危险。

传统的西方哲学有三大主题:上帝(第一存在)、物质(自然界)和精神(灵魂)。18 世纪的启蒙运动和自然科学已构成了对哲学主题的威胁,以致康德在《纯粹理性批判》中将这三个主题列为"先验幻相",但他仍承认它们对于理论体系的假设和道德实践的公设是不可缺少的。到了 19 世纪末,哲学才开始失去了这些对象。尼采发出"上帝死了"的呼喊标志着世俗文化对面向上帝的哲学的彻底否定。孔德以降的实证主义,特别是马赫在物理学中发起的现象主义,把自然哲学的思辨从实证科学中驱逐出去。20 世纪初冯特创立的实验心理学,把对精神的研究也转变为实证科学,用心理学替代哲学认识论的"心理主义"思潮侵入了传统哲学的最后一块领地。

应该提及的是,恩格斯早已看出这场危机的端倪,他说:"对于已经从自然界与历史中被驱逐出去的哲学来说,要是还留下什么的话,那就只留下一个纯粹思想的领域:关于思维过程本身的规律的学说,即逻辑和辩证法。"[1]他在《反杜林论》中更清楚地说,除了"形式逻辑和辩证法,其他的一切都归到关于自然和历史的实证科学中去了"[2]。虽然恩格斯没有看到心理科学的创立,"纯粹思想的领域"现在也不再专属于哲学,然而,他预言形式逻辑将成为哲学研究的一个特有对象,这是很有见地的。

我们把 20 世纪初从形式逻辑领域开始的"哲学革命"及其发展看作西方哲学为摆脱危机而作出的努力,哲学家们试图通过哲学对象和领域的更新摆脱哲学的危机。具体地说,"二战"之前的"哲学革命"在逻辑、语言、数学和科学的相互关系之中开辟新的哲学领域;"二战"之后的哲学把社会生活以及与之相关的语言交流

---

1 《马克思恩格斯选集》第 4 卷,人民出版社 1995 年版,第 253 页。
2 《马克思恩格斯选集》第 3 卷,人民出版社 1995 年版,第 65 页。

作为哲学关注的焦点;70 年代以来的哲学在文化领域开拓新的哲学对象和跨学科的新领域。按照时间顺序,我们把 20 世纪西方哲学分为三个阶段:(1) 二战之前的"哲学革命"阶段;(2) 二战后至 60 年代的哲学投身于社会阶段;(3) 70 年代之后的哲学融会于文化阶段。

但是,上述努力都遇到难以逾越的困难,因此都未能使西方哲学摆脱危机的困境。不过,这些努力的方向是值得我们肯定的,其中的经验教训是值得汲取的。下面我们对 20 世纪西方哲学试图摆脱危机的三个发展阶段分别作一概述,看一看从中能够得到什么样的启发和结论。

三

"二战"之前的"哲学革命"

20 世纪初诞生的分析哲学和现象学都试图以革命性的转变消除哲学危机。分析哲学家宣扬"语言转向"的革命,胡塞尔自诩现象学是继柏拉图、笛卡尔、康德之后的"第四次哲学革命"。这些"哲学革命"的理论背景都与形式逻辑的进展有关。罗素和弗雷格把数学基础归结为符号逻辑的做法鼓舞和启发了哲学家,他们开始思考两个相关问题:第一,能否把语言乃至科学的基础也归结为逻辑? 第二,逻辑自身的基础又是什么? 正是从这些问题开始,分析哲学和现象学的创始人开始了"哲学革命"。

20 世纪英美哲学与欧陆哲学歧见很深。实际上,两者起源于同样的背景和问题,它们在一开始有很多相似之处。首先,分析哲学和现象学创始人都是从数学基础问题转入哲学问题的。罗素(B. Russell)与弗雷格(G. Frege)是数理逻辑创始人,胡塞尔(E. Husserl)为数学博士,第一部著作题为《算术哲学》。其次,他们都对逻辑基础作了进一步的哲学研究,或在世界和语言的先验结构,或在意识的先验结构中寻找逻辑基础。为了反对心理主义对逻辑基础的解释,弗雷格作出了物理、心理和纯思想三个领域的区分,罗素提出逻辑实在论,胡塞尔在《逻辑研究》中对心理主义进行全面批判。他们由逻辑基础入手研究语言意义。早期分析哲学家对命题的逻辑分析、现象学的意义意向性学说都是在日常语言表达方式中挖掘深层的必然性或观念性结构。并且他们在更广泛的领域里,沿着科学→数学＋语言→逻辑→哲学的递归思想,努力把科学置于哲学基础之上。早期分析哲学家企图构造一个理想的人工语言作为科学的统一语言,胡塞尔则认为专属于哲学研究领域的"纯逻辑"是一切科学的认识论与方法论基础。最后,通过上述工作,他们希望把哲学发展为与自然科学同步前进的,和数学、逻辑同样精确严格的科学。罗素说:"任何一个哲学问题经过必然的分析与净化之后,或不是真正的哲学问题,或是在我们所说的意义上的逻辑问题。"[1]胡塞尔提出,现象学是"作为严格科学的哲学"。他说:"哲学研究补充自然科学家和数学家的科学成就,因而第一次成为完善的、纯粹的、真正的理论知识。"[2]

从上面的分析可以看出,20 世纪初的"哲学革命"在逻辑、语言、数学和科学的相互联系中开辟了新的哲学领域,重新协调了科学与哲学的关系,即一方面按照科学的要求改造哲学,另一方面,哲学为科学的基础(语言、假设、方法)提供新的论证和说明。这一思路并未脱离近代认识的"基础论"和"哲学改造论"的窠臼。更为严重的是,它一开始就隐含着一个注定了"哲学革命"失败命运的矛盾,这就是方法与目的之矛盾:分析哲学和现象学方法的基本特征是还原主义,还原主义的方法注定不能解决科学基础的问题。

逻辑分析方法把一般命题还原为简单命题的逻辑函项;与此相应,经验事实被还原为感觉材料的逻辑构造。逻辑分析的终结单位的意义越是精确,它的运用范围也就越是狭窄。"感觉材料""逻辑原子""简单记录句"等概念的适用范围只是个人的直接的主观感觉,以它们为终结单位的逻辑分析或人工语言如何能为科学概念与命题的客观性、普遍性提供基础呢? 这是困扰早期分析哲学家的一个关键问题。比如,逻辑实证主义的证实原则动摇于"强化"与"弱化"两种标准之间,对原子命题的现象主义与物理主义作两种不同解释,罗素对逻辑原子主义理论困难的揭示,维特根斯坦对逻辑分析方法的自我批判,都从不同方面说明了追求精

---

1 Bertrand Russell, *Our Knowledge of the External World*, Chicago, 1914, p. 42.
2 Edmund Husserl and J. N. Findlay, *Logical Investigations*, London: Routledge, 2001; 2012, vol. 1, p. 245.

确严格性的逻辑分析方法与为科学提供普遍的坚实基础的目的之间的矛盾。维特根斯坦曾用一个比喻说明这一矛盾："我们在光滑的冰面上行走,没有任何摩擦力,在某种意义上达到理想条件,但正因为如此,我们将不能行走。要行走就要有摩擦力,回到粗糙的地面上来。"[1]"粗糙的地面"比喻日常语言。他要求放弃狭隘的逻辑分析,对日常语言的复杂意义网络,因而也对语言描述的世界有一个明晰的理解和整体的把握。他为分析哲学开辟了一个广阔的日常语言分析领域。

现象学遭遇到类似困难与转变。胡塞尔使用现象学还原方法把意识的一切经验内容都"悬搁"起来,剩余的只是一个纯粹的先验自我。当他反过来在自我的时间意识流中构造关于世界的必然知识时,他面临着这样一个难题:先验自我如何能构造出"他人"意识呢? 换句话说,不同个人的自我意识如何能构造出共同的知识呢? 为了避免"先验自我"概念的唯我论内涵,胡塞尔用"主体间性"(intersubjectivity)说明自我意识的性质,又引进"生活世界"的概念说明自我意识构造活动的共同背景和界域。胡塞尔关注的焦点从科学基础问题转向人的生活世界,他在最后一次题为"哲学与欧洲人的危机"的讲演中说:"欧洲人的'世界'产生于理性观念、哲学精神。危机在于理性主义似乎已经崩溃。并且,理性文化衰落的原因不是理性主义的本质,而在于它的外在化,对自然主义和客观主义的追求。"[2]这里的"自然主义""客观主义"指哲学效仿自然科学的唯科学主义倾向。他认为只有置身于生活世界的哲学才能挽救理性主义和欧洲人精神。现象学从这里开始走上了人本主义轨道。

四

世纪中叶投身于社会的哲学

"二战"之后到 60 年代之间,分析哲学主流转向日常语言分析,现象学运动发

---

1 Ludwig Wittgenstein, *Philosophical Investigations*, John Wiley & Sons, 2010, § 107;§ 124.
2 Edmund Husserl, *Phenomenology and the Crisis of Philosophy: Philosophy as Rigorous Science and Philosophy and the Crisis of European Man*, New York: Harper Torchbooks, 1965, p. 191.

展为存在主义思潮。英美和欧陆的哲学流派差别很大,几乎已不可能对话。有人说英国分析哲学家被海峡对岸的同行视为琐屑的技术专家,在这些专家眼里,法国哲学家只是在咖啡馆里夸夸其谈的鼓动家。其实,两者的分歧主要是风格上的差异,他们有着扩展哲学对社会生活影响的共同目标。日常语言分析学派所分析的是与人的行为交织在一起的"语言—游戏"。维特根斯坦认为"语言—游戏"规则就是理解一种生活方式。奥斯丁(J. L. Austin)的"语言行为论"说明语言是人们做事的一种方式。通过分析各种类型语言,哲学对人的心理活动、行为方式、社会现象可以有更全面的理解。然而,也仅限于理解而已。维特根斯坦说:"哲学不以任何方式干涉语言实际用法,它至多只是描述用法。它不提供任何基础。它使一切保持本来面目。"[1] 这些话典型地表达出分析哲学与社会实践相隔阂的保守立场。因此,虽然日常分析哲学对某些社会科学的研究和方法有一定影响,它始终没有成为一种广泛的社会思潮。

存在主义不只是一种社会思潮,它后来已成为影响人际关系、道德观念和审美情趣的一种生活方式。萨特(Jean Paul Sartre)说,存在主义的影响力在于它是"一种人道主义""一个行动的学说"。[2] 存在主义者的所谓"存在"特指人的存在。他们提出两个口号:一是"存在就是本质"(海德格尔)或"存在先于本质"(萨特);二是"存在于每一场合都是我的存在。"根据第一条,人的存在是一个自我创造、选择的过程,人选择什么样的生活,他就是什么样的人。世界和社会事件都是在人的存在过程中向人显示的"现象",现象学意义上的现象,即事物本身。人对它们的选择与作为决定了它们的意义。根据第二条,人的存在是他人不可取代的经历和体验,本真的存在是个人特有的体验,它是人们在平凡的共同生活方式中体验到的真正属于自己的东西。站在不同立场的存在主义者强调不同的存在本真状态,它或是死亡意识,或是宗教意识,或是道德良心,或是绝对自由感,或是反抗意识。存在主义担负着"二战"和战后生活给欧洲人的精神压力,这里既有消极的绝望、恐惧、焦虑、无聊的情绪,又有觉醒了的道德主体感、责任心以及独立自主的意

1 Ludwig Wittgenstein, *Philosophical Investigations*, John Wiley & Sons, 2010, §107;§124.
2 萨特:《存在主义是一种人道主义》,周煦良、汤永宽译,上海译文出版社1988年版,第31页。

识。虽然存在主义者的政治立场差异很大,但总的说来,左派的存在主义、存在主义的马克思主义更能适应战后年轻一代的心理。

法兰克福学派是与存在主义相呼应的人道主义。法兰克福学派以激进的批判理论积极参与社会生活,以"人性解放"的名义批判发达工业社会的意识形态。20世纪60年代初,各种参与社会变革的激进哲学理论猛烈地冲击着资本主义正统意识形态和传统价值观念,构成了"对抗文化"(Counterculture)的主旋律。在"对抗文化"的气氛中,1968年发生了震撼资本主义社会的"五月风暴"。

"五月风暴"是一个政治事件,也是一个文化转折点。在此之后,一些左派知识分子或倒戈反对马克思主义,或隐退到学术界。新右派的保守主义逐步得逞。这一变化标志着西方哲学家摆脱哲学危机的努力再次失败。他们为了克服前一阶段"哲学革命"的狭隘性而把哲学推向社会生活,由此造成的"对抗文化"却是他们始料未及且不愿接受的结果。美国社会学家丹尼尔·贝尔(Daniel Bell)在《资本主义文化矛盾》一书中反思了"对抗文化"现象。他指出,资本主义存在"现代化社会"与"现代化文化"的矛盾,前者是经济与管理方面的理性社会,后者却要摧毁理性社会的价值观和合法性。他满怀信心地说:现代资本主义的机制将消除这种(对抗文化)生活方式,并把它商业化。这是因为,"对抗文化"是一种俗文化,为它服务的哲学著作影响越是广泛,越易成为通俗读物,越易沦为资本主义的商业文化。比如,马尔库塞(H. Marcuse)、弗洛姆(E. Fromm)的"爱欲"理论被商业化为享乐主义,加缪(A. Camus)的"反抗意识"被商业化为无政府主义的发泄。"对抗文化"的商业化的一个后果是维护资本主义制度,如贝尔所说:没有这种被群众消费刺激起来的享乐主义,工业消费商品就会崩溃,因此,资本主义的文化对抗的最终结果是:当资本主义失去原来的合法性之后,它采用了一种形式上反资产阶级的合法性,以便维护资本主义经济制度的稳定性。[1] "对抗文化"的商业化的另一个后果是造成了文化研究的真空状态。"对抗文化"破坏了传统文化的理论基础,它自身的理论基础又被商业化,这就产生出没有理论的文化这种畸形现象。新右

---

1 "新阶段",参见 Daniel Bell, *The Winding Passage:Essays and Sociological Journeys*, *1960 – 1980*, Cambridge, MA:Abt Books, 1980, p.163。

派的代言人彼得·斯坦菲尔斯(Peter Steinfels)抱怨说:"当前的危机归根到底是文化危机……我们的信念千疮百孔,我们的伦理和生活方式衰朽不堪。"[1] "对抗文化"造成的真空为西方哲学提供了新的发展余地。下一阶段的西方哲学转向文化研究,试图造就一种新的文化环境,并在这种环境中摆脱危机。

五

世纪末期与文化融合的哲学

对文化的哲学研究有很长的历史,20世纪60年代法国结构主义更是一种典型的"文化哲学"。结构主义者所谓的"文化"是与"自然"相对立的一个范畴。"文化"与"自然"对立的意义有着类似以往哲学中"主观"与"客观"、"精神"与"物质"相对立的重要性。所谓"自然"就是一切不是自然的东西。正如自然科学的研究对象可被概括为"自然",人文、社会科学的研究对象也能被概括为"文化"。结构主义者看到当前哲学危机来自自然科学的挑战,他们于是转向人文、社会科学寻找出路,以文化为哲学的一般研究对象。考虑到这种动机,我们便不难理解为什么他们往往立足于某一门或几门学科,却又做着与这些学科的专家不同的事情。以结构主义的"巴黎五巨头"为例,列维-斯特劳斯(Lvei-Strauss)在人类学、神话学研究中提示出原始文化与现在的语言有同样结构;拉康(Jacques Lacan)通过精神分析说明下意识与语言有同样结构;巴尔特(R. Barthes)在小说、服饰、饮食、广告等社会现象中看到同样的符号结构;阿尔都塞(L. Althusser)对《资本论》的研究揭示出资产阶级意识形态的结构;福柯(Michel Foucault)的"知识考古学"以语言学、经济学、生物学三门学科为对象展示"知识型"的变迁。

结构主义代表了西方哲学向人文社会科学渗透的新趋势。60年代以后出现的新的哲学流派与人文社会科学的关系之密切,使它们在大学中的语言文学系、

---

1 Peter Steinfels, *The Neoconservatives: The Men Who are Changing America's Politics*, New York: Simon and Schuster, 1979, p. 55.

社会学系、公共政治系和历史系比在哲学系有着更大的市场。伽达默尔（H. G. Gadamer）的解释学分文艺、历史和语言三部分，哈贝马斯的社会交往理论是哲学、社会学和语言学的跨学科理论，德里达（J. Derrida）的解构主义属于文学批评理论。即使在一向囿于语言分析的英美哲学界，也出现了不再纠缠词义、深入具体学科解决实质性问题的"后分析哲学"倾向。罗尔斯（J. Rowls）首先在政治哲学领域突破了语言分析方法，利用古典哲学的"社会契约论"建立权益公正分配的模型，以此来解决政治学和伦理学中的理论问题和现实问题。在科学哲学领域，从库恩（T. Kuhn）开始的历史学派抛弃了对科学命题的分析，在科学史研究的基础上揭示科学家思维方式的社会文化背景。认识论关注的问题已从"知识"概念的语义标准转向了认识的发生、进化及其理论模型、操作程序这样一些认知科学的问题。不论在欧陆还是在英美哲学界，哲学与其他学科相结合所产生的活力与影响，与画地为牢的"纯哲学"捉襟见肘的困境，形成强烈的对照。本文开头提到的"终结派"与"转变派"实际上是殊途同归的两种主张："终结派"主张的是"纯哲学"的终结，"转变派"主张哲学转变为与其他学科结合在一起的综合学科、边缘学科。

　　哲学与文化相融合的趋势已经造成了一种新的文化氛围，这就是在西方知识界流行的后现代主义。后现代主义文化有三个来源：后现代主义艺术（包括建筑），后工业化社会的社会学以及后结构主义的哲学。这三种因素的交汇使人很难孤立地谈论"后现代主义哲学"。然而，在后现代主义文化中，我们可以分辨出与传统哲学相对立的思想观念，它们与尼采、弗洛伊德、海德格尔、维特根斯坦以及 20 世纪 60 年代的一些哲学思想有承袭之处，因此，我们完全可以对后现代主义作出哲学上的评价。总的来说，后现代主义仍然表现了哲学危机时期的过渡性：它一方面继承和发展了反传统哲学的思维方式；另一方面满足于相对主义、多元主义的怀疑与批判，未能提供成熟的稳态理论。正如美国哲学评论家理查德·伯恩斯坦（R. J. Bernstein）指出：所谓后现代性有这样一个重要特征：否定、解构、怀疑和揭露的新的游戏精神。"[1]下面试举数例说明。

---

1 Richard J. Bernstein，*Philosophical Profiles*：*Essays in a Pragmatic Mode*，University of Pennsylvania Press，1986，p. 59.

（1）反人本主义。反人本主义思潮始于结构主义。福柯认为，西方人学高扬的"人"是18世纪的产物；现代意义上以个体为本位、以自我意识为核心、以自由为本质的人已经死去。后结构主义者德勒兹（Gilles Deleuze）更彻底地把"人"消解为一架"欲望机器"，这架机器的生产和消耗、欲望的扩张与收敛的无序运动交织成一系列历史事件和文化现象，其中没有个人的意识与自由的作用。

（2）反科学主义。后现代主义的一个重要目标是超越17世纪以来理性以科学为楷模的传统。第一个把后现代主义引入哲学的是法国哲学家利奥塔（J. F. Lyotard）。他说，现代主义是唯科学主义的胜利，它借助于法国启蒙主义和德国黑格尔主义这两个"民族的神话"。他区分了"叙事"与"科学"两种言说方式。现代主义特征是叙事（包括神话）聚敛为科学，为科学服务；后现代主义特征是科学分散为叙事，叙事被当作游戏。他的理由是，后现代主义是计算机时代，计算机的信息游戏的规则决定了信息的获取与储存，决定了知识的内容和决策过程。唯科学主义依赖的"宏大叙事"（grands récits）将被分散的叙事和创造性的"语言—游戏"所代替。

（3）反本质主义和反中心主义。德里达把西方哲学传统归结为"logos 中心主义"，即用二元对立的范畴概括一切现象，然后以其中一组范畴为中心，把另一组范畴边缘化。中心范畴总与"理性"和"言说"有关（希腊文 logos 兼有理性与言谈之意）。哲学证明理性高于情感，言说高于写作，它把自己置于文学之上，成为文化的核心。德里达反"logos 中心主义"的策略是在合理地确定文本的中心的地方显示文字的"分延"（差异与推延），在人们认定有结构的地方进行解构，在传统哲学发现本质与统一性的地方指出流动与多样性。

（4）反历史进步观和时代终结感。后现代主义以启蒙运动为批判目标，认为启蒙运动开始了用理性筹划规定历史发展方向和进程的历史决定论。历史进步观和时代终结感是历史决定论的正、反两方面的副产品。我们从时代终结感这一点切入本文讨论的哲学终结问题。有人指出："被终结所困扰的危机感是我们所指的现代主义的流行病。"[1]这种危机感与中世纪人对"千年王国终结"的恐慌与

---

1 Frank Kermode, *The Sense of an Ending*: *Studies in the Theory of Fiction*, London: Oxford University Press, 1968, p. 98.

喜悦之感实为一脉相承。按照这一说法,西方哲学家的危机感产生于对新旧交替的期望,期望值越高,则危机感越重。如果他们平静地接受已经退出西方文化中心位置这一事实,他们也会看到哲学在文化中所保留的一席之地,既不期待哲学重新占据中心,也不必为哲学的现状与前途担虑。大概出于这些想法,后现代主义者并不想建立新的哲学取代传统哲学,他们只是在文化研究中尽量发挥哲学的作用。

六

结论

回到原来的问题:哲学是否会终结? 我们的结论是,西方哲学已经发展到这样一个阶段,在这里,关键问题已不是哲学是否会终结,而是融合在文化研究之中的哲学是否成为一门独立学科,还是成为跨学科的综合学科,或是被分化为各种新兴学科和边缘学科? 现在对这些问题作出结论为时尚早。但是西方哲学将沿着跨学科、跨文化的大哲学的方向,最终将摆脱纯哲学带来的危机,这大概是没有什么问题的;它在一百年间所遗留的各种问题、理论和观点、方法,对未来的人类具有启迪和教益作用,这也是没有什么疑问的。

我们深信,有选择地借鉴现代西方哲学的成果,沿着大哲学的方向,开辟哲学新对象和新领域,在哲学与科学技术,与人文学科和社会科学的结合部和生长点,开辟出新的跨学科、跨文化的新领域,这些就是从根本上摆脱现代哲学危机的出路所在。

原载《北京大学学报》1993 年第 1 期,稍有改动

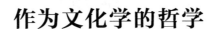

作为文化学的哲学

本文拟提出并论证一个表明哲学与文化关系的哲学观,即作为文化学的哲学。虽然我对这种哲学观的阐释局限于西方哲学领域,但"文化学"本身却是一个比较哲学或世界哲学的概念,其内容和意义不可避免地展现于中国哲学的历史和现状之中,并影响着包括中国哲学在内的世界哲学的发展方向。下面分别就这些问题谈谈自己粗浅的见识。

何谓 "文化学"?

与"文化学"相对应的西文术语(以英文为例)是 meta-culture,而不是 cutural studies(可译为"文化研究"),也不是 philosophy of culture(可译为"文化哲学")。

顺便说一下,meta 一般译作"元",台湾有些学者译作"后设"。这是对 meta 词典意义的翻译,但我们更需要注意其上下文意义(contextual meanint)的翻译。meta 的词典意义是"在⋯⋯之后",以它为前缀的一系列哲学术语表示的一门学科或一种表述在学科研究对象或表述对象之后,比如,形而上学(metaphysics)是以物理学为对象的学问。同理,metahistory 是以历史为研究对象的学问,metaphilosophy 是以哲学为研究对象的学问,可分别译作"历史学"和"哲学学"。以此类推,metaethics 可译作"伦理学学理",metalogic 可译作"逻辑学学理"。总之,meta 在这里所表达的是"研究之研究""表述之表述"的二阶关系。表现研究学科的二阶关系有上述术语,表现表述方式的二阶关系则有"语言学语言"

(metalanguage)、"言谈术的言谈"(metadiscourse)、"叙事法的叙事"(metanarrative)、"批判之批判"(metacritique)，等等。按此译法，meta-culture 的中文意思应是"文化学"，而不是"元文化"或"后设文化"。并且，后两种译法在学理上也是说不通的：难道还有什么比文化更原初、更基本的东西吗？难道在文化之后还能设立什么东西吗？

"文化"和"自然"是一对意义极为广泛的范畴，只能在黑格尔所说的"反思"(reflexions)关系中被理解，即其中一个范畴的意义需要参照另一个才能被确定。所谓自然，就是非人力所为(非文化)的东西；所谓文化，就是非自然的东西。我们不必担心概念意义的循环，因为在理解和研究层次上，"文化"的意义比"自然"更基本。研究自然的自然科学不属于自然，而属于文化；但研究文化的文化学却同样属于文化。由此产生出一系列问题：如何在文化的发展过程中区别出文化学这一门学问？对文化的研究与对自然的研究关系如何？作为文化一部分的文化学如何能够把握文化整体？下面我将努力解决这些问题。

二

两种哲学观：形而上学和文化学

哲学的考察可以证明：作为文化学的哲学古已有之，至少与作为形而上学的哲学同样古老，只不过西方哲学的传统和主流是形而上学，它掩盖、贬低进而取代了与之相对的文化学的倾向；但文化学却若明若暗、时隐时显地贯穿于西方哲学史，在近期犹如异军突起，展现出顽强的生气和广阔的前途。

希腊人没有明显的 meta-culture 观念，他们的显学是 meta-physics。希腊人对于智慧的热爱(philia tis sophias)源于对自然的诧异。"自然"即 physis，希腊哲学的最初形态因而是自然哲学(physics)。后来的柏拉图和亚里士多德虽然建立了超越自然哲学的体系。在此意义上，柏拉图的理念论和亚里士多德的第一哲学的实质都是 meta-physics(meta 在这里作"超出"解，即英文的 beyond)。但是从自然哲学升华出来的形而上学从来就没有停止对自然的思考；相反，形而上学的基本概念,如"是者"(to on)、"型相"(eidos)、"实体"(ousia)、"本原"(arche)、"原因"(aitia)、"心灵"(nous)、"灵魂"(psyche)、"理性"(logos)、"真理"(aletheia)的意义,都与"自然"有关。自然哲学既是形而上学的根基和出发点,也是很多希腊哲学派别的归宿。

希腊哲学对以后的西方哲学有着不可估量的影响,西方哲学的形而上学传统表现为不同形态,但对自然的先入为主式的关注(preoccupation)却始终如一。中世纪人把自然比作上帝书写的大书,参照自然之书才能真正读懂天启之书《圣经》。近代人把自然认作客体的总和,它与作为认识主体的自我的关系构成近代哲学的基础。总的来说,在各门自然科学尚未从哲学分化出来之时,形而上学提供的是一种世界观。世界被看作人和自然的整体,形而上学研究自然和人以及两者关系。用康德的话来说,形而上学的三大主题是:灵魂(人)、宇宙(自然)和上帝(前两者的总和)。[1]

为了避免对上述简略概括作出过于简单化的理解,需要强调说明的是,形而上学与自然哲学的亲缘关系是历史的、动态的、复杂多样的关系,可以而且应当从哲学的各个领域,特别是从认识论和伦理学的角度对此作出更详尽和全面的分析,但这已超出本文范围。

我们对形而上学传统的回顾是为了帮助我们辨认与之相对的另一种哲学传统,即与文化有着亲缘关系的文化学传统。希腊文中无"文化"一词,但用 techne 表示非自然生成的人工创造活动,可译作"技艺",包括现今所说的"技术"和"艺术"。希腊人注重的技艺只是艺术,因为艺术可以成为一门学问。亚里士多德把诗学和修辞学作为两门主要艺术的学问,这些虽然比现在所说的艺术的范围狭窄,但它们对公众生活的影响却胜过现代艺术;特别是修辞学对于政治、法律和教育具有举足轻重的作用。我们似可这样说,修辞学和诗是文化学的最初形态,它们作为哲学的分支,与形而上学并存与平行发展。

希腊哲学的代表人物大多对文化学的哲学倾向持忽视或轻视的态度。柏

---

1 康德:《纯粹理性批判》,B391 – 392,A334 – 335。

拉图在《高尔吉亚篇》中把修辞学列为关于表象的意见,不属于知识范畴。[1] 亚里士多德在《修辞学》开篇把修辞学当作辩证法的对立面,但他也不得不承认,两者有着同样普遍适用的范围:辩证法是个人思辨的方法,修辞学是社会生活的必要工具。[2] 即便如此,修辞学在崇尚思辨的唯理智主义传统中注定要受冷落,以致有罗马雄辩之风的西塞罗(M. T. Cicero)抱怨说,修辞学这门"广义的智慧和学问,由于我们专心于事务而自行衰退,被人遗弃,或被过分的亲暇享受所侵占。它在柏拉图的《高尔吉亚篇》之后一直被人们以苏格拉底的方式加以取笑和丑化"[3]。

　　然而,文化学并非总是处于劣势,在某些时期,它甚至获得比形而上学更为优越的地位。我在前文《20世纪西方哲学的危机和出路》里,曾把西方哲学的历史分成四个发展时期和四个危机时期。这里可以进一步补充说明的是,所谓危机期,即形而上学失落而文化学兴盛的时期。在第一次哲学危机时期,出现了第一批教授修辞学(演讲术)和论辩术的职业教师,即智者,他们把哲学的主题由自然转向人事,提出了一系列关于国家和社会、法律和制度、习俗和历史等文化学的问题。在第二次危机时期,西塞罗、昆体良(M. F. Quintilians)把修辞学提高到道德伦理的高度,强调哲学是优雅表达和道德内涵相统一的追求幸福的事业。在第三次危机时期,人文主义者推崇古罗马的修辞学传统,批判经院哲学的辩证法,用人文学科代替以逻辑为核心的"七艺",发展出艺术哲学、政治哲学和历史等文化学的新形态;维柯(G. B. Vico)的历史哲学对文化学的贡献尤其重要,不下于笛卡尔的沉思对于形而上学的贡献。最后,在第四次危机时期,形形色色的西方哲学流派和分支,如精神科学、"历史科学"、价值学、符号学以及生命哲学、存在主义、结构主义和解构主义,都能用文化学的精神来概括它们的"家庭相似"特征。

　　文化学虽是源远流长的哲学传统,但在哲学发展时期被形而上学的恢宏体系

1　柏拉图:《高尔吉亚篇》,455a。
2　亚里士多德:《修辞学》,1354a。
3　西塞罗:《论演讲》,第3卷31章122节。

的阴影所遮盖。哲学史家们所注意的也只是哲学发展时期形而上学传统的成就，却把哲学危机时期文化学的发展处理为支流末节。古希腊罗马的修辞学传统和文艺复兴时代的人文学科及其在近代的延伸很少被人们当作哲学史的主题来研究。

然而，在现代西方哲学危机的笼罩下，人们再也不能小视文化学的地位了。如果说，前三次哲学危机都因形而上学的自我转型而被克服，那么形而上学现在再也不能在自身内部找到摆脱第四次哲学危机的出路。于是，西方有人论证"哲学已经穷尽了自身发展的可能性"，有人哀叹"哲学的消亡"。其实，这些说法只是在把哲学等同为形而上学的前提之下才是有效的。如果我们注意到哲学还包括文化学传统这一事实，那么我们或许会得出这样的结论：形而上学传统的消亡意味着文化学的兴起，意味着哲学的复兴。

事实上，现代西方哲学为摆脱危机的种种努力可以验证这一结论。我们曾把20世纪的西方哲学分为这样三个演变阶段：20世纪初的"哲学革命"（主要指分析哲学和现象学）企图通过把哲学改造为严格的、精确的科学来摆脱危机，20世纪中期的存在主义、批判理论和日常语言分析哲学努力通过扩大哲学对于社会生活的影响来摆脱危机。在这些努力都已失败之后，众多的哲学家于70年代之后转向文化学，我们认为，这是当前西方哲学最有希望、可能也是唯一的出路。德里达的解构主义如果有什么积极意义的话，那就是向人们展示了逻各斯中心主义的形而上学传统摆脱不掉修辞学传统的纠缠的困扰。当然，他和一些后现代主义者并不致力于建设能够取代形而上学的文化学。在他们看来，文化是人人都会投入的大游戏，研究者只能以游戏精神来解说文化，而不能置之度外，对文化进行客观的科学研究。我在《后现代哲学与现代西方哲学的终结》一文中（见本书第三编）已表示了对后现代主义一味否定、解构、怀疑和揭露的游戏精神之消极作用的批判态度。该文结尾处说，后现代主义的一个失误在于没有看到未来世界文化是东西方综合的文化，而不是西方后现代的模式。综合性的世界文化正是我们在这里所说的文化学的目标和途径。

三 ───────────────────────────────

文化学作为哲学何以可能?

"何以可能"的问题是对怀疑论作出的反应。正如康德当年面对休谟(David Hume)的怀疑论提出并解答了数学、自然科学和形而上学何以可能的问题,面对现代怀疑主义的诘难,解决文化学作为哲学何以可能的问题乃是文化学建设的第一步。我们已经说明了文化学的历史存在事实,"何以可能"的问题则进一步追问它的对象、性质和方法。

1. 哲学文化观的可能性

我们还是在与形而上学的对比之中来阐述文化的对象和性质。形而上学被定义为研究"是者"本身或"是者之为是者"(to on he on)的学问,物理学和其他具体科学则研究某一特殊领域的"是者"(即存在和/或本质)。[1] 根据同样的道理,我们也可以区分研究文化本身或文化整体的文化学和研究具体文化现象或文化某一部分的研究学科,诸如人类学、考古学、社会学、语言学、历史学和思想史等学科。

按研究对象的区别,把文化学和文化研究的关系界定为整体和部分的关系,这并不意味文化学的内容是各门文化研究学科的总汇。在这里,回顾一下形而上学和具体自然科学之间的关系或许是有益的。在许多具体科学尚未从哲学分化出来之时,形而上学曾经作为科学的总汇而存在;但一旦这种分化普遍发生之后,形而上学的存在权利遭到质疑。正是在这样的形势下,哲学作为"世界观"的科学在 20 世纪面临着大多数科学家和一部分哲学家提出的挑战。他们说,既然天文学、物理学、地质学和生物学等科学已经提供了一个宇宙起源、发展和运动的总的图景,世界观哲学还能在全貌或在细节上丰富科学的宇宙观吗?如果回答是否定的,那么世界观哲学的存在必要性也被否定了。当前"哲学消亡论"的兴起多少表达出这种否定态度。即便如此,世界观哲学的历史必要性却是难以否定的,就是说,它曾经是自然科学诞生和成熟的必要条件,如果没有形而上学的世界观纲领,

─────────────────────────────

1 参见亚里士多德《形而上学》,1003a20 – 30。

也不会有现存的科学世界观图式。

以上道理也同样适用于文化学与文化研究具体学科的关系。现有的文化研究成果尚不足以使人们对人类文化的全貌有一个共同的、清晰的理解。在现有状况下,作为文化学的哲学可以而且应该用假说、思辨、想象、推理等方式勾勒出一个完整的文化观。哲学文化观不能代替具体的文化研究,却为后者提供导引、框架或统一的概念和规范,这是文化研究的具体学科成熟和发展、综合和分析所必需的。当然,当这些学科发展到依靠自身知识便能提供统一的、科学的文化观的程度,哲学文化观的历史使命也就完成了。作为文化学的哲学或许与世界观哲学有着同样的历史结局,但在现有状况下,它还是一个新生的而不是衰亡之中的哲学形态;即使它在将来走上衰亡之路,我们也没有必要担心哲学的消亡,完全有理由期待着文化学之后的哲学新形态的诞生。

2. 文化学系统理论的可能性

当代某些哲学家否认在一个巨系统之内把握该系统的合法性,据他们说,这是"自我参照"(Self-reference)的错误。这一术语大概借用了物理学"参照系"的概念:正如一个系统的运动只有参照另一系统才能被观察和描述,一个系统的存在和性质只有参照另一系统才能被认识和表述;当一个系统之巨达到不可能有与之匹配的参照系时,人们只能参照这个系统的一部分来认识和表述该系统的全部,从而不可避免地陷入自我参照错误。提示自我参照已成为一种流行的批判手法。比如,维特根斯坦据此否认为了语言学语言(meta-language)的合法性,理由是,这种语言不可避免地运用日常语言的逻辑和语法,因而不能反过来有效地表述后者。[1]

更为严重的是,"自我参照"成为一些人用以否认文化学系统理论的工具。法国后现代主义者利奥塔(J. F. Lyotard)把"现代性"的特征定义为"言谈术的言谈"(meta-discourse),即用一种或几种言谈(特别是法国的启蒙运动纲领和黑格尔的辩证法这两种"民族的神话")来表达所有言谈的一般特征和共同本质。在他看来,对文化现象(即所谓的言谈)的研究,只能是局部的、琐屑的、暂时的,一

---

1 参阅维特根斯坦《逻辑哲学论》,3. 325 - 3. 34。;《哲学研究》,120,121。

切企图把握文化整体的"宏大叙事"都是不合法言谈术的言谈。[1] 美国新实用主义者罗蒂也说,哲学只是诸多文化形态中的一种形态,人类交流杂多声音中的一种声音,而不是文化的核心和代表,不是裁判者的决定性声音。[2] 按这些说法,"文化学"(metaculture)也是一个自我参照的哲学概念,不应该有研究文化整体和全貌的系统理论。

果真如此吗?

我们且不谈"自我参照"的指责是否构成一种真正的、实质性的批判。罗素的逻辑类型理论和语言层次的区分、海德格尔的解释学循环方法以及法兰克福学派的意识形态批判理论已经指出了如何在一系统(语言、人的存在以及意识形态)之内表述、理解以及把握该系统整体的途径。我们联系文化的特征,谈谈如何在一特定文化形态之内系统地研究文化整体。

现在尚无普遍被人接受的关于文化的一般性定义,但至少有三点是无可争议的:第一,文化是由一个民族创造的,或者说,文化的主体是民族,而不是认识论上所说的个人主体(自我);第二,文化是一个民族对客观实在和主观建制的反映方式,包括服饰、食物、语言、仪式、神话、符号、人际关系准则、表达方式、谋生方式、政治组织、艺术和价值观等;第三,这些反映方式在很大程度上表现为自发行为,那些不受或较少受文化影响的人类自然反映方式也参与其中起作用。我们不妨用民族性、创造性和自发性分别概括上述三条特征。[3]

文化的这些特征构成了文化学的可能性条件。我们可以给予如下理论分析:每个民族都只能在特定的历史条件下创造自己的文化,既可以创造出新的文化产品,也可以对历史遗产进行再认识、再设计、再创造。这里"再"的意思即 meta,这就是,以文化产品为对象的文化创造活动,包括欣赏、维护、批判、变革、吸收、扬弃和融合等。这种"二阶"的文化创造既可以是自发的,也可以是自觉的;既可以是局部的,也可以是全部的;既可以是理论的,也可以是实践的。就其总趋向而言,

---

1 J. F. Lyotard, *Postmodern Condition*, Manchester, 1974, p. XXIII, 5.

2 R. Rorty, *Philosophy and The Mirror of Nature*, Prinston, 1979, p.264.

3 参见 R. Vemna, "The Concept of Progress and Cutural Identity", in *Culture and Modernity*, ed. by E. Deutsch, Honolulu, 1991, pp. 530 – 533。

这是一个从自发到自觉、从局部到全部、从理论到实践的过程。在此过程中出现的自觉的、全部的、理论的文化再创造的产物就是文化学的成果。

试以语言和价值观这两个最重要的文化产品为例来验证上面的理论分析。

每一民族似乎都具有运用语言这种自发的自然能力，但这并不是说，每个民族囿于各自语言而画地为牢。语言的自发的自然能力同时也是文化的创造和再创造的能力。一种语言发展到足够成熟的阶段都会出现对它进行再创造和再加工的文化产品，其中自觉的、全部的创造产物包括：语法理论体系和与之相应的语言规范行为，以及翻译规则、词典和与之相应的翻译实践。看一看世界主要语言的现状，没有理由坚持认为，一个语言使用者不能从整体上把握其母语或外国语言。

价值观也是如此。人们的价值判断都有意或无意地受到传统价值观的支配，但这并不妨碍人们对传统价值观进行评价，特别是在本民族的价值观与外来价值观遭遇时，人们可以加以比较、吸收、利用、改造和融合。正因为这种价值观重估的文化创造活动能够上升到自觉的、全部的和理论的层面，当今各民族的相互理解和交流越来越充分，人类的共同语言越来越多。

从上面两例可以看出，不同文化之间的比较是理解各个文化以及人类文化全体的重要途径。生活在一个特定文化氛围之中的研究者之所以能够理解他所处的文化整体，在很大程度上是因为他在与其他文化（包括与本民族过去的文化和外来的文化）的比较之中，发现了这些文化的普遍性和特殊性。文化学既是自觉的、全部的、理论的文化创造活动，当然需要进行更广泛、更深入的文化比较：一个民族文化的过去和现在可以进行历时性比较，同一时代的不同文化形态可以进行共时性比较，不同民族文化和文化传统还可以同时进行共时性和历时性比较。可以说，文化学的理论体系正是在这些比较研究所描述的关系网络中被建构出来的。

现在的问题是，现代相对主义者否定的恰恰是不同文化系统（范式、语言、价值观等）相比较的可能性。"文化学系统理论何以可能"的问题于是转化为"文化比较研究何以可能"问题。

3. 文化比较研究的可能性

论证文化比较研究不可能的人时常援引"无公度性"作为理由。"无公度性"的一般意义是,在两个不同的思想或行为系统之间,不可能用一个客观的中立的标准去衡量两者。"无公度性"有两个版本:一是奎因(W. V. Quine)的"译不准定理",二是库恩的"科学范式"学说。我们有理由肯定,奎因的说法是不能令人信服的,库恩的说法则是可以接受的,在这两种情况下,文化比较的可能性都是无法否定的。

据奎因说,不同的语言都有一个深层的主要概念形式,一种语言的使用者不可能理解另一种语言的概念形式,因而不能用自己语言的单词准确地表达出异己语言中看起来似乎相对应的单词的意义。奎因不顾世界各种语言通过翻译相互理解交流的事实,虚构出一个故事:一个土人手指一只兔子发出 gavagai 的声音,其意义不等于英文的 rabbit,因为土人关于"兔子"的概念形式可能完全不同于英国人的。[1] 但是,虚构只能表明一个神话,不能解释客观事实。事实上,rabbit 和中文的"兔子"以及世界各主要语言相对应的单词有着相同的意义,不同语言使用者关于"兔子"的概念是相同的。奎因所想象的不同于我们熟知的另一种关于兔子的要领没有人类学、心理学和社会学的依据,而且在逻辑上也是讲不通的。正如戴维森(D. Davison)在《专论概念形式的观念》一文中指出,用我们的语言描述一个据说是完全不同的因而不能通过我们的语言来理解的概念形式,这本身就是一个自相矛盾的概念。[2] 语言是文化的基本要素,是文化交流的工具,也是文化比较研究的一个主要途径。有鉴于此,摒弃"译不准定理"将为文化比较研究扫清障碍。

至于库恩的"范式无公度性"思想,其实与文化比较研究并行不悖。"无公度性"只是说两个范式并无优劣高低之分,涉及的是范式的真值和价值,并不涉及两个范式的同异之处。库恩说:"当把'无公度性'这一词应用于理论时,我想要坚持的是,不能用一种共同的语言来充分表述两种范式,也不能在范式之间进行一个观点对应一个

---

1 W. V. Quine, *Ontological Relativity and other Essays*, New York, 1969, p. 32.

2 参见 D. Davison, "On the Very Idea of a Conceptual Scheme", in *Proceedings and Addresses of the American Philosophical Association*, 47(1973 - 1974), p. 20。

观点的比较。"[1] 在这里，我们需要区别"无公度性"(incommensurability)、"不可比性"(incomparability)和"不兼容性"(inconpartibility)这三个不同的概念。

麦金太尔(A. MacIntyre)在《谁之正义？何种合理性？》一书中成功地说明，即使在西方也没有一个一以贯之的价值观，相反，历史上有不同的伦理传统，这些传统无公度性，但是可比较的，可以用各种方式对它们进行理性评价。[2] 这种在伦理学领域已经产生越来越大影响的研究方式值得推广到整个文化比较领域。道理很简单，只有在充分比较两种文化的异同之后，我们才能得到两者无优劣高下之分的结论，或者说，可比性是无公度性的前提条件。我们经常说，要知道梨子的滋味，就要亲口尝一尝。这句话来自英国谚语：要知道布丁的滋味，就要亲口尝一尝。现在可以补充一句：只有分别品尝梨子和布丁的滋味，才能对梨子和布丁各有所好。

无公度性既不等于不可比性，也不等于不兼容性，相反，正是因为不同的文化各有其不可替代的真值和价值，它们才有并存共处的必要。一些主张无公度性的人就是这样得出"可兼容性"的结论，比如费耶阿本德(P. Feyrabend)在《反对方法》一书中令人信服地说明，不能用西方人现在信奉的科学理论否定西方古代科学和包括中国人在内的其他民族的科学理论和实践。[3]

总之，"无公度性"原则对于文化比较和多元文化有益无害。它的另一方面意义在于提醒人们：从事文化比较研究的目的不是争优劣、分高下，也不是确立一种文化的意识形态的中心地位，更不是用一种文化去批判和取代另一种文化。事实证明，文化比较容易导致文化批判，文化批判容易导致狭隘的中心论和独断论。"无公度性"原则无疑是预防思想偏执的一剂清凉药。

---

1 T. Kuhn, "Theory-Change as Structure-Change", in *Erkenntnis* 10(1976), pp. 190 – 191.
2 A. MacIntyre, *Whose Justice? Which Rationality?*, Notre Dame, 1988. 参阅最后 3 节："The Rationality of Traditions""Tradition and Translation""Contested Justices, Contested Rationalities"。
3 参阅保罗·法伊尔阿本德(即费耶阿本德)《反对方法：无政府主义知识论纲要》，上海译文出版社 1992 年版，第 26—28、266—267 页。

四 ————————————————————————————————

结束语：中国哲学之展望

通过上面的文字，我希望已经说明了这样一些观点：

1. 西方哲学存在形而上学和文化学两大传统，现代西方哲学的危机标志着形而上学传统的衰落，文化学传统的复兴可能是摆脱哲学危机的最有希望的出路；

2. 文化学对于文化研究具体学科的意义，犹如形而上学在历史上曾对自然科学所发生的促进作用，将为统一的、成熟的、系统的文化科学开辟道路；

3. 在具体的文化研究尚不足以提供关于人类文化的综合的统一图景的条件下，在哲学领域建构文化学的系统理论不仅是绝对必要的，而且是完全可能的；

4. 建构文化学系统理论的有效途径是多层次、全方位的文化比较，文化比较的目的是理解异己文化，改进自身文化，促进不同文化的交流和融合，而不是以文化批判的态度建立文化防御体系。

由于知识和篇幅的限制，本文没有解决中国古代哲学是否也有文化学传统的问题。但毋庸赘述的是，近现代中国哲学表现出明显的文化学倾向。在中学与西学冲突和融合的过程中，中国哲学家和思想家作了大量的文化比较研究，这方面的工作包括：

1. "五四"以来对中国文化传统批判性的反思，实际上已经系统地梳理了各个历史时期的思想观点，概括出属于中国文化范畴的不同传统的关系；

2. 对西方哲学和文化进行全面研究、广泛介绍，基本弄清了属于西方文化范畴的不同传统之间的关系以及传统、现代和后现代之间的连续性和间断性；

3. 对世界其他民族的文化传统也作了类似的比较研究；

4. 更重要的是，对中西和东西文化传统的比较研究已经展开。

值得检讨的是，上述文化比较研究往往是在文化批判的口号下进行的。研究者自觉或不自觉地站在一个派别的立场，排斥、贬低和否定其他派别和文化传统，或以一种中学理论这样对待中学的其他理论和西学，或以一种西学理论如此地对待西学的其他理论和中学，或以某种中西合璧的理论否定文化交融的其他理论和成就。

　　只要我们能够充分吸收一个世纪以来文化比较研究的成果，努力把批判态度转变为理解之路，我们将会发现，中国哲学家占有从事文化学研究的优势：他们对自己传统的深刻反省以及对异己传统的全面理解，他们所继承的传统固有的兼容并包的消化能力，都使他们处于能够率先创立文化学的哲学体系的有利地位。我们满怀信心地期待着中国哲学能够以这种方式进入繁荣阶段，以强有力的声音参与世界哲学的对话。

原载《哲学研究》1995 年第 5 期

"是""在""有"的形而上学之辨

在西方哲学古今原著当中,有一个极其重要并频繁出现的概念,它在希腊文中用"是"动词 einai 及其动名词 on 表示;在拉丁文中先用动词 esse 表示,中世纪后期亦用动名词 ens 表示;英文中一般用动名词 being 表示;德文的"是"及其动名词为同一词,区别只在第一个字母的大、小写,一般用动名词 Sein 表示这一概念;法文中长期用动词 être 表示它,只是在存在主义兴起之后,才开始使用动名词 étant。西方学者不知耗费了多少笔墨与精力阐明这些词汇的内涵。如何理解和翻译这个概念对于中国人更是一个"老大难"问题。

这个问题之老,可追溯到 20 世纪 40 年代。当时刚开始起步的西方哲学研究者,如陈康、贺麟诸先生从一开始就注意到 being 和 essence 的意义问题。这个问题之大是不言而喻的:自亚里士多德把形而上学定义为对 to on be on(being as being)的研究之后,几乎所有的哲学主题都与 to on 的意义有关,本体论(ontology)因而得名。然而,这个问题之难却令人难以想象,最难之处是由中西语言的差异引起的。西文中有动名词用法,很容易把"是"动词的意义转变为由一个名词表达的概念。但是,中文的"是"动词却没有名词形式("是非""实事求是"等词中的"是"虽为名词,但与"是"动词无关),因而只能用于判断之中,却不能形成一个独立概念。再说,"是"动词在中文中的用法远没有在西文中那样广泛。动词是西文语法结构中不可缺少的成分;并且,"主语+动词"的句子总可以转化为"主语+是+分词"的句子,因而,"是"动词的意义可以说无所不在。中文的"是"动词却无如此广泛的意义。显然,语言的差异反映出思想的差异,最近有人由此论证"中国传统哲学中没有本体论"的结论。这样,对西文"是"的动名词所表示的那个哲学概念的理解问题已不仅仅是一个语言翻译的难题,更重要的是,这一问题涉及中西哲学的比较,关系到中国人研究西方哲学的水平和质量。

纵观不同的译法,大致可以归纳出三种意见。第一种为"有"的译法。贺麟先生在 1950 年版的黑格尔《小逻辑》译本中,将 sein 一词译为"有",由此派生出"有论""纯有""定有"等概念。早在 40 年代,陈康先生将哈特曼的 Ontologie 译为"万有论",将希腊文的 to on 译为"万有"。不过,他自己对这一译法并不满意。他说:"根本困难乃是 on 和它的动词 einai 以及拉丁、英、法、德文里和它们相当的字皆非中文所能译,因为中文中无一词的外延是这样广大的。比如'有'乃中文里外延最广大的一词,但'有'不足以翻译 on 或 einai 等等。"他的理由是,"有"相当于希腊文 echein(即英文 having),它是亚里士多德十范畴中的一个属性范畴(现译为"所有"或"状态"),只是一个说明 on 的意义的较为次要的范畴。他最后采用了"凡这一类字多不敢强译,唯有以音代替或是将原文写下,以待通人指教"的方法[1],比如,把 Ontologie 音译为"翁陀罗己",将 Sein 音译为"洒殷"。尽管在西文中"是"与"有"的意思相关甚远,一些人至今仍坚持"有"的译法,这在港台地区尤其流行,出现了"大有""实有""存有""此有"等用法。究其原因:一如上述引文所说,"有"乃中文里外延最广大一词。"有"的译法虽不尽文意,却是最接近"是"意义的译法;二是因为翻译界有"古为今用"的传统。"有"是魏晋玄学和佛学的重要概念,用它说明形而上学对象,正如"形而上"一词亦取古文一样。

中国大陆一般采取了"在"的译法。《小逻辑》1981 年新版前言说:"过去我一直把 Sein 译成'有',把 Existenz 译成'存在',显然不够恰当。这次反过来把 Sein 译成'存在',把 Existens 译成'实存'。"[2]译者没有交代"显然不够恰当"的原因,不过,这是可以理解的。"存在"的译法显然与马克思主义哲学将存在与思维关系问题当作哲学的基本问题的学说有关。除此之外,还应注意到这一译法可以在西方哲学传统和现实中找出依据。早在中世纪,拉丁文 ens 与 existens 的意义非常接近;现代的存在主义哲学家也坚持认为 Sein 的原义和基本意义是 Existenz。既然把 Existenz 译为"存在"没有什么问题,当然也可以把 sein 译为"存在"。不过,

---

1《陈康:论希腊哲学》,汪子嵩、王太庆编,商务印书馆 1990 年版,第 436 页注释①。
2 黑格尔:《小逻辑》,贺麟译,商务印书馆 1998 年版,第 XX 页。

这两个词的意义毕竟有所区别,因此贺麟先生才作了"存在"和"实存"的区别。按照这一区分,一般所称的"存在主义"应改称为"实存主义"。为了强调"在"的基本含义,后来在翻译存在主义著作中,有人仍将 Existenz 译为"存在",将 Sein 译为"在""纯在"。

第三种译法直取其义,将 einai 或 esse 及其在现代西文中的对应词译作"是";为了克服中文"是"动词无名词形式的困难,又新造出"是者"这样一个词。陈康先生在 1944 年出版的柏拉图《巴曼尼得斯篇》(即《巴门尼德篇》)的译注中指出,柏拉图"所讲的时间里的'是'不是后世所谓的'存在'。因为从'一'不'存在'(Dasein)如何能推论它不是'一'(Sosein)?"同理,"我们不能由'善'的'不存在'推论它不是'善'。"[1]陈康先生尚且在柏拉图著作上下文中确定"是"的译法,最近有人却将这一译法推而广之,主张英文 to be,being 及其在其他语言中的对应词都应译作"是",Dasin 则译为"是者"。俞宣孟说:"我们说把汉语中的'是'作成哲学范畴,它同样有英文中 being 所具有的存在、本质、真理三个基本规定性,这不仅说得通,而且是我们在翻译、了解西方哲学时所必需的。这是我们译 being 为'是'的主要理由。""顺便说一下,通常人们把 being 译成'存在'或'有',这是不确切的。'存在'、'有'只是'是'所具有的许多规定性中的一种。因此译作'存在'、'有'只在一定情况下说得通,也因此这种译法是片面的。"[2]

应该承认,"在"和"有"的译法"只在一定情况下说得通"。然而,我们要问,"是"的译法难道在一切情况下都说得通吗? 我们承认,being 确实具有"存在、本质、真理三个基本规定性",然而,问题的关键在于:这些规定性是逻辑地蕴含于"是"动词的意义之中,还是事实上作为"是"动词所表述的外在于语言的对象呢? 如果答案是后者,那么形而上学研究的对象就不能限于"是",而要研究"是"所表述的那些外在对象。至于这些外在对象是什么,这正是西方形而上学各派众说纷纭之焦点。中文"有""在""是"的不同译法背后所隐藏的正是这种分歧。因此,这三种译法都有自身的依据和合理性,各有适用范围;如果强求一律,用一种译法取

---

1 柏拉图:《巴曼尼得斯篇》,陈康译注,商务印书馆 1985 年版,第 159—160 页。
2 俞宣孟:《现代西方哲学的超越思考》,上海人民出版社 1989 年版,第 12 页。

消另外两种译法,难免会出现以偏概全的差错。

我们不必为在中文里找不出一个与西文"是"动词的动名词相应的词汇而感到遗憾,在我看来,那甚至还是一件幸事呢!诚如现代分析哲学家所说,形而上学的争论产生于语言的困惑。我以为其中最大者莫过于 being 的困惑:当哲学家用这一个词表示极其广泛的对象时,认为它有唯一的或统一的意义;他们坚持自认为合理的那一个意义,把他人寻得的意义都归诸其下,由此产生出无休止的争论。在这种情况下,用不同的词表示 being,至少可以提醒人们:being 有不同的意义。这何尝不是幸事呢?

我们说"有""在""是"三种译法各有合理性,这不意味着翻译者可以各行其是;相反,这向翻译者提出更高的要求:应该根据对不同形而上学理论的理解,在不同的场合使用不同的译法。译法的合理性取决于理解的正确性,不能照搬词汇的字典意义,being 的译法尤其如此。本文的任务是以形而上学史为依据,说明"有""在""是"在哪些理论或场合各有自身的适用范围。这是一个大任务,我们只能选择几个典范加以分析。

希腊哲学中 to on 意义的演变

最早以 to on 为哲学研究对象的人是巴门尼德。在现存的巴门尼德著作残篇中,我们可以读到三个意义相关的词:einai,eon(= to on),estin,其中使用得最多的是 estin。estin 是 einai 的无人称单数形式,但它在文中是作为动词短词使用的,用作 estin te,表示"是某个东西"之意,有时省略了不定代词 te,故有"estin einai"这样的句子。[1] 如果直译,这个句子就是"是某个东西是",这是说不通的。我们应该知道,巴门尼德所用的三个词虽然都与"是"有关,却强调不同的意思。动名词 eon 表示真理(Aletheia)的对象,动词 einai 表示表述性的"是",动词短词

---

1 参见 G. S. Kirk etc. ed., *The Presocratic Philosophers*, 2nd ed., Cambridge,1983, p. 247,293。

estin te 表示存在性的"是"。estin einai 的意思是："存在的东西是"，或"存在的东西可由'是'表述"；这个句子的反面是 ouk estin me einai（"不存在的东西不是"，或"不可由'是'表述"）。巴门尼德接着论辩说，作为真理对象的 eon 只能是存在的东西（estin），因为它正是表述性的"是"所需要的。这个理由便是他的名言："被说的和被想的必须是一个东西。"[1]"不存在的东西"（ouk estin）只是既不能被思想又不能被说出的"无"（meden）。我们可以看出，巴门尼德的全部论辩维系于存在性的"是"和表述性的"是"的等同，然后由 eon 的表述意义转变为存在意义，指出它是不变的、连续的"一"，最后断言它是一个圆球（sphairon）。至此，eon 表示一个在空间中的存在体。简言之，在巴门尼德著作中，除了 einai 可译作"是"外，estin 的主要意思是"存在的东西"，eon 的意思介于两者之间，有时指"是"所表述的内容，有时指存在整体。

柏拉图在《巴门尼德篇》和《智者篇》中继续讨论了表述性的"是"和存在性的"是"的关系，但是他更侧重于两者的区分，而不是等同。柏拉图的基本立场是，只有心灵的眼睛（理智）看到的 eidos（型相或理念）才是真正的存在（on os alethes）；感官认识的东西只是似是而非、半真半假的存在。另一方面，感觉对象毕竟是可以认识的，他在《泰阿泰德篇》中甚至承认，可以依据感觉对象作出真判断。任何判断都离不开"是"动词的表述功能，于是便产生出这样的问题："是"何以能够表述"不是"（me no）呢？按照巴门尼德的想法，"是"只能表述存在性的"是"（即"某个东西"），存在性的"不是"不能被"是"所表述。柏拉图反驳说，如果这样，那么"是"所表述的总是真正的存在，将不可能有错误的表述。他于是提出一个"大胆的设想"："非存在（to me on）是（einai），否则的话，就不会产生错误了。"[2] 柏拉图在这里区分了存在性的"是"（to on）与表述性的"是"（einai）。他认为，"非存在"不是"什么都不是"，当我们说："某个东西不存在"时，这个"某个东西"（to "ti"）已经是一个可表述的概念，已经"是一个东西（esti）"了。反过来说，"存在"（to on）意味着"是这一个东西"，同时"不是那一个东西"。也就是说，存在性的"是"与"不是"

---

1 见 G. S. Kirk etc. ed. , *The Presocratic Philosophers* , 2nd ed. , Cambridge,1983，p. 247,293。
2 柏拉图：《智者篇》,237a。

与表述性的"是"和"不是"之间的关系在逻辑上不是等同关系,而是交叉关系,如下图所示:

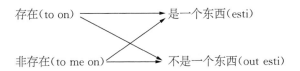

存在(to on) ——————→ 是一个东西(esti)

非存在(to me on) ——————→ 不是一个东西(out esti)

正如《智者篇》中所说:按某一方式,非存在是一个东西;另一方面,存在在某一意义上不是一个东西。

如何解释存在性的"是"与表述性的"是"之间的逻辑交叉关系呢?柏拉图提出了"分有说"的型相论解释。他把"存在"与"非存在"列为最普遍的型相式"通种"(genos)之列,两者可以同时被一个可感事物所分有,因此,人们才能够在对这个可感事物的判断中同时用"是"和"不是"来表述它。换言之,逻辑上的表述关系来自外在的现实世界中的分有关系:一个东西既是又不是,只因它既分有"存在"又分有"非存在"。我们从柏拉图学说中逻辑关系与分有关系之间的联系可以引申出一个重要的结论:表述性的"是"的意义在于"有"。"A 是 B"意味着"A 有 B 的规定性",比如"A 是红的"意味着"A 有型相'红'的规定性"。然而,"是"动词可以不通过表语表述主词,它自身就有表述功能,比如说"A 是"或"A 不是"。在这种情况下"是"或"不是"意味着"有"或"没有"存在的规定性,或者说"存有"或"非存有"。柏拉图对 to on 的理解不同于巴门尼德的一个重大差别在于,他把 to on 理解为无形的本质,而不是在空间中占有一定位置的本体。本质是可"有"可"没有"的东西,本体却是可"在"可"不在"的东西。恰当地说,存在是本体,存有是本质。柏拉图的型相论严格地说不是本体论、存在论,而是强调无形的本质高于和优于有形事物的本质主义的存有论。

综上所述,柏拉图著作中的"是"(on,einai,esti)的基本意义是"有":表述性的"是"指"具有"什么规定性或本质的意思,存在性的"是"指"存有",即获得了存在这种本质。

亚里士多德为希腊哲学集大成者。本体论和本质论,存在论和存有论,表述性的"是"和存在性的"是"的意义,在他的形而上学中融为一体。他在《形而上学》

卷一批评"巴门尼德似乎把'一'当作只存在于语言之中的东西",批评柏拉图的"分有说""使用空洞的言辞和诗意的隐喻"。[1] 接着在卷四之首提出了研究"to on he on"的著名问题。这个问题的后半部分为:"'是'(einai)就其本身来说的意义。"[2]这个问题的提法本身已经表明,亚里士多德继承了巴门尼德和柏拉图在存在性的"是"和表述性的"是"两者联系之中探讨问题的思路。事实上,亚里士多德自始至终都是依据"是"的表述功能说明"存在"的各种样式的,只不过作为形式逻辑的创始人,他对表述功能有更详尽的理解,因此,他的分析更加全面,在前人的基础上建立了形而上学的体系。

首先,亚里士多德指出,"to on"有多种意义,不是一个单义词;然而,这个词也不是一个歧义词,因为它的多重意义都与一个中心意义有关。他说:"有些东西之为'是',在于它们自身是实体(ousia);另一些东西之为'是',在于它们是实体的衍变;还有一些东西,因为它们正在变成、或正在毁灭一个实体,或是它的缺陷、性质、产生者或来源以及一切可以与实体及其对立面与关系相关的东西。因此我们可以说,甚至非是也'是'一个不是什么的东西。"[3]这一段话清楚地表明,亚里士多德认为"实体"是"to on"的中心意义,研究 to on 的形而上学主要是实体论。所谓实体,无非指自身独立存在的东西,说"to on"的中心意义是"实体",不啻说它的中心意义是"存在"。

亚里士多德并没有说明为什么"是实体"表示"是"的中心意义,然而,根据上面一段引文,我们可以补上他的理由如下:

试比较两个句子:"A 是"和"A 是 B":"是"在第一个句子中表述 A 是一个实体,"是 B"在第二个句子中表述 A 如此这般,表述内容取决于 B 的意义,它可以是变化、生灭、性质、关系、否定等。如果 B 表示 A 的否定,那么可以说"实体 A 不存在",因此"非存在"也是可表述的。不难看出,"是"在第一个句子中的表述功能比在第二个句子中的表述功能更基本、更重要,因为 A 在是如此这般之前必须首先是一个实体。

---

1 亚里士多德:《形而上学》,241d。

2 同上书,1003a21。

3 同上书,1003b5。

亚里士多德在《范畴篇》中提出"实体"与"属性"的十范畴的根据也是对"是"动词在判断句"S 是 P"中表述功能的分析:"是"既表述 S,又表述 P,"S 是"表示实体的存在,"P 是"表示属性的存在;实体的存在是中心点、基本点,属性只有附着实体才能存在。这就是他在《形而上学》卷七中所说的"三优先"的道理,即实体在定义上、认识上和时间上都优先于属性。

我们不要以为,亚里士多德把"是"的首要表述功能归结为表述实体,从而把"是"的中心意义归结为"存在",这些论述便是形而上学的全部内容。当他对"实体"的意义作进一步分析时,对"是"的表述功能作了更深的探讨,并使用更多的概念作进一步分析,这些论述前后并不一致,甚至有矛盾之处,这就产生了亚里士多德注释中的"两种关于第一实体的理论"的难题。

第一种实体理论认为,只有个体才是第一实体,属(eidos)和种(genos)则是第二实体。这一观点最明显地见诸《范畴篇》关于"实体"的定义:"实体在最严格、最原初、最根本的意义上说,是既不表述一个主体,也不在一个主体之中的东西。如个别的人、个别的马。而人们所说第二实体指包含第一实体的属,就像属包含在种之中一样。"[1]这段话是不加区分地使用表述性的"是"和存在性的"是"的一个典型例证。"表述"是一个词的功能,实体何以能够表述主体呢? 如果定义中的"实体"和"主体"指的是它们的名称,那么第二句话"不在主体之中"指的分明是事物与事物之间的关系,一个名称怎么能够在另一个名称之中呢? 原来,"主体"这个词是从英文 subject 翻译而来的,原文是 hypokimenon。陈康先生解释说,这个词既指主词,又指基体,"原义为基础,因此它是一切的基础"。又说,主词和基体"是性质完全不同的:一个是逻辑原则,另一个是形而上学原则"[2]。根据我们对"是"动词的表述意义和存在意义的区分,可以作出这样的理解:"实体"既然为"是"的中心意义,它起着支撑"是"所指示的一切作用:它既是表述性的"是"的主词,又是存在性的"是"的基体。这两个方面:(1)谓词所表述的内容附属于主词,(2)属性的存在附加在一个基体之上,就是"实体"的"基础"之义。

---

1 亚里士多德:《范畴篇》5,2a,11。
2 高名凯:《评近三十年中国思想史》,转引自郭湛波《近五十年中国思想史》,北平人文书店 1936 年版,第 256、284 页。

为什么第一实体是个体呢？这个问题的答案还要回到对"是"的意义的分析。在基本判断句"S 是 P"之中，只有个体的名称才能作不表述其他主词的主词，属和种的名称既可作主词（如"人是动物"），又可作谓词（如"苏格拉底是人"）；也就是说，只有个体的名称才符合"不表述一个主体"的标准。再看"不在一个主体之中"这条标准，只有一个与其他实体相分离的独立实体才能满足这一标准。按亚里士多德对柏拉图的批判，型相或种属不是分离实体，只有个体才有分离性；而属在个体之中，种在属之中。个体的分离性明确地表达在"A 是"这样的句子里。如前所述，"是"在这个句子中的意义是存在性的，它表示 A 是一个存在着的东西，而不是其他任何东西。用现代哲学的话来说，它是一个直指定义（ostensive definitin）："A 就是这一个东西。"很显然，直指定义的方式只适用于个体，而不适用于种属。从"A 是"只适用于个体这一点来看，可以得知只有个体才是不依存于其他实体的分离实体。

亚里士多德没有使用"直指定义"概念，但他却使用了一个意思相同的概念 tode ti，其字典意义是"这一个东西"，英文译作 this，我们从英文把它译为"这一个"。亚里士多德在《范畴篇》和《形而上学》中多处把"实体（ousia）说成"这一个"。这样，to on 的意义进一步被归结为 tode ti，它的"在"和"个体"的意味更加明确和浓重了。顺便说一下，古汉语中的"是"亦可用作代词"这一个"[1]。这究竟是偶然的巧合，还是有着比较语言学上的解释？这里不能揣测，还是把这个问题留给读者吧。

再说第二种关于第一实体的理论。根据这一理论，第一实体不是个体，而是形式。考虑到"形式"在希腊文中与"型相"和"属"都是 eidos，注释者们感到困惑不解的是，为什么亚里士多德在否认了型相为分离实体之后，明确地宣布种属为第二实体之后，又自相矛盾地说形式是第一实体呢？如果我们能够继续联系"是"的意义来确定"实体"的意义，这一问题不难回答。前面关于实体的论述都建立在"A 是"和"S 是 P"这两个基本句型的分析的基础之上。此时的亚里士多德又考虑"是"的第三种用法：在定义中的用法，即"A 是 Df"。首先，"A 是 Df"不同于"S 是 P"。定义表述的是实体的本质，谓词表述的是实体的属性。因此，定义和被定义

---

1 参见王力主编《古代汉语》下册，中华书局 1981 年版一分册 1019 页。

者是等同的,可用"A＝Df"表示,但我们却不能说"S＝P"。其次,"A 是 Df"也不同于"A 是",后者只表示"A 是这一个",前者却回答了"A 是一个什么东西"。两者的关系在希腊文中可以看得更清楚,如果"A 是"表示 tode ti,那么"A 是 Df"则表示 tode(这一个)是 ti(什么)。后者恰恰是亚里士多德所说的 ti estin 的意义,这个词组表示的正是本质定义的意义。这个词组是 to ti en einai 的缩写,后一个术语包含着一个过去式的"是"动词不定式,直译为"曾经是的什么东西",意思是"是这个东西本来所是的那样",可译为"其所是"。他说:"尽管'是'有多种意义,但'其所是'是首要的'什么',因为它指这个东西的实体";又说:"我们对一个东西认识得最充分,是在知道它的其所是的时候,而不是在知道它的性质、数量、位置这些谓词中的任何一个的时候。"[1]

根据亚里士多德的原则,表述性的"是"总与存在性的"是"相对应。与表述一个实体定义的"其所是"相对应的存在便是"形式"。他明确地说:"我所说的形式指每一事物的其所是以及它的第一实体。"[2] 这里,他所说的形式是个体的形式。个体由质料和形式两种因素构成,但由形式决定其本质。当亚里士多德说实体是形式时,他并不认为这与说实体是个体有矛盾;相反,他明确地把"这一个"与"其所是"等同起来。[3]

真正的困难在于,"这一个"由"A 是"这样的直指定义表示,它是只能指称而不可表述的个体;"其所是"却是用逻辑定义表示的,按亚里士多德形式逻辑,定义的形式是"种＋属差",因此它是普遍的本质。实体究竟是个别的还是普遍的,究竟是事物还是本质?亚里士多德关于实体的两种不同说法留下了千古之谜,也为"在"与"有"不同的译法提供了依据。"是这个"的意思强调有形事物的存在和个体事物自身,"其所是"的意思强调无形本质的存有和实质,如我们平常说,"这个东西在这里"和"这个东西有这个本质",分别回答了"这个东西是不是?"和"这个东西是什么?"两个不同的问题。亚里士多德对"是"的意义的分析既可导致存在论、本体论,又可导致存有论、本质论,不可用一种理论取代另一种。

---

1 亚里士多德:《形而上学》,1028a15,35。
2 同上书,1032b1－2。
3 同上书,1028a25－30。

二

中世纪关于 esse 意义的争论

中世纪哲学有两个思想来源:《圣经》和古希腊哲学,神学和形而上学的结合产生了独特的关于 esse 的理论。据《圣经》记载,摩西问上帝耶和华的名称,耶和华答曰:"我是我所是"(Ego sum,qui sum)(《旧约·出埃及论》,3:14)。这句话在中文圣经中被译为"我是自有的"。然而,拉丁文 sum 是单数第一人称"是"的意思。神学与哲学一样,对"是"可作不同解释,或释为上帝拥有一切,或释为上帝自为自在。不同的神学解释与古希腊的存在论和存有论、本体论和本质论这些不同倾向结合在一起,引发了一场历时最久、最为激烈的神学争论,这就是关于三位一体的争论。

最早把"三位一体说"列为正统教义的 325 年通过的尼西亚信经使用了两个哲学概念:ousia 和 hypotasis。这两个词在不同哲学家著作中有不同的意思。ousia 在柏拉图《斐多篇》(65d)中用作"本质",在《菲德罗篇》(245e)中的意思相当于"定义"。亚里士多德用 ousia 表示实体,但实体也有不同意义,当它被说成由定义表述的"其所是"和"定义"时,它也有实有和本质的意思。至于 hypotasis 一词,它出现较晚,见诸新柏拉图主义著作,在普罗提诺(plotinus)《九章集》(2 卷 9 章 1 节,5 卷 2 章 1 节,6 卷 7 章 42 节等处)中指本体,即太一、心灵和灵魂。这个词的字典意义是"站在……之下",和亚里士多德所说的 hypodeimenon(基体)的字典意义"躺在……之下"相似,表示基础、承受者,"本体"的意思较明显。然而,尼西亚信经却不加区别地使用这两个词,它在开头说基督由"父的 ousia 所生",后来又宣布"凡说上帝之子与上帝有不同的 hypostasis 或 ousia 的人,……都被公教会所咒诅"[1]。这种不加区别的用法导致了这样一个问题:圣父、圣子、圣灵是在本质和本体上都相同,抑或本质相同而本体不同,抑或本体相同而本质不同? 希腊教父展开了激烈的争论:肯定三者在本质和本体上都相同的人实际上取消了三者的区别,与犹太教的一神论没有区别:肯定三者本质相同而本体不同的人,导致了否定基督和圣母人性的尤提立斯派异端;肯定三者本体相同而本质不同的人,导致了

---

1 引自穆尔《基督教简史》,郭舜平等译,商务印书馆 1989 年版,第 85 页。

涅斯多留派的"三神论"。后来，拉丁教父用拉丁文 substantia 代替了 ousia，并用"位格"(persona)代替 hypostasis，从而避免了关于本体与本质的关系的争论，肯定圣父、圣子和圣灵为三个位格(persona)而同为一体(substantia)。然而，这并没有真正解决问题。希腊哲学家和教父争论的本质和本体关系问题涉及普遍与个体关系，拉丁教父并没有回答：上帝"三位一体"之中"一体"与"三位"的关系是否也有普遍与个体关系问题呢？这一问题被保留了下来。

早期中世纪哲学带有明显的柏拉图主义倾向，神学家一般倾向于把上帝看作普遍的本质或本体，上帝的位格则是分有普遍本质的个体，因而带有个性，如圣子因肉身化为耶稣基督而带有人性。拉丁神学家维克多利奴(Victorinus)说，上帝是"前存在"(proon)，而不是某个东西(aliquid)，他用拉丁文"是"动词 esse 表示上帝的本质，用希腊文的名词 to on 表示事物的存在，就是说上帝是赋予一切存在的活动和力量，他是存在源泉，却不是一个存在的东西，正如"第一推动者"自身不动一样。卡帕多奇亚的希腊教父大巴兹尔(Basil)反对把上帝的"是"(einai)解释为"存在"，否则的话，圣父作为"非生"的存在，圣子作为"被生"的存在，两者必然在时间上有先后之分。他把上帝的 ousia 解释为不处于时间之中的"实有"或本质。神学家格列高利(Gregory)也说，上帝有两个名称：自在和实有。但"自在"并没有告诉上帝是什么，"实有"则是专属于上帝的本质。

波埃修(Boethius)首次把希腊哲学中对 on 和 ousia 的不同解释用拉丁术语固定下来。他是首先介绍亚里士多德思想的拉丁学者，同时又积极参与了三位一体问题的讨论。他的基本立场是以实有论、本质论的精神解释亚里士多德的形而上学。他作出了三个著名区分。第一，他说："是(esse)与是这个的东西(id quod est)是不同的。"[1]"是"意味着一个单纯的形式(Forma)，它决定了所是的本质；"是这个"为"赋有"一个形式而存在的个体。他用这一区分表述了本质先于个体、实有决定存在的观点。第二，他区分了"实质"(subsistentia)和"实体(substantia)，前者相当于希腊文 ousia，后者相当于 hypostasis。他说："当一个东西无需偶性而存有时，它是一个使它们存在的基体，因为它'站在这引起东西底下'(substat)、置

---

1 Boethius, *Loeb Classic*, 1973, p. 41.

于偶性之下(sub-iectum)。因而,种和属只有实质,因为无偶性附加其上,但个体不仅有实质而且有实体。"[1]根据这一区分,实质是普遍的、纯粹的、必然的存有,实体则是个别的、与偶性相联系的存在。第三,关于本质与位格的区分,他主张把 esse 的意义归结为 ousia,与 ousia 相当的另一个拉丁文词是 essentia(本质),"位格"(persona)则是个体(hypostasis)。因此,"三位一体"意味着上帝的三个位格分有一个共同的本质。从上述三个区分可以看出,波埃修主要是从无形的、普遍的"有"和"质"的意义规定"是"和"存在"的。

13世纪时,亚里士多德著作由阿拉伯地区传入西方。拉丁译者在翻译 ti estin 时,使用拉丁术语 quo est,同时把 tode ti 理解为 quod est,这样,亚里士多德关于实体的两种不同解释被移植到经院哲学,成为 quo est(是这个)和 quod est(其所是)的区分。13世纪早期的经院哲学家接受了阿拉伯注释者阿维森纳(Avicenna)关于本质与存在关系的解释,认为本质先于存在,存在只是附加在本质之上的偶性。这是因为,"是"的意义首先是"某个本质",如果本质后来获得存在,便成为一个体;如果未获得存在,也不妨碍本质的实有;因此,存在只是本质可有可无的偶性,"其所是"在时间上先于、在逻辑上优于"是这个"。

中世纪最伟大的哲学家托马斯·阿奎那(Thomas Aquinas)提出关于存在(ente)和本质(essentia)的区分,他一反本质主义的传统,体现了存在高于和先于本质的存在主义精神。他深知形而上学依"是"动词意义确定"存在"概念的真谛。他说,"'是'本身的意义并不指一个事物的存在,……它首先表示被感知的现实性的绝对状态,因为'是'的纯粹意义是'在行动',因而才表现出动词形态。"[2]他把"是"的意义解释为亚里士多德所说的"活动""现实性"(actus),并不指一个具体的存在事物;后者用 ens 表示,ens 是动词 est 的名词形式,表示"是一个东西",它与后来产生的 existens 意思相同,故译为"存在者"。按托马斯·阿奎那的区分,"自在的存在者"(ens a se)指纯活动被具体化为存在的自因,它与纯活动不分彼此。只有上帝才是这样的存在者。被上帝创造的一切事物都是"共有的存在者"

---

1 Boethius, *Loeb Classic*, 1973, p. 89.

2 Thomas Aquinas, *On Spirtual Creatures*, Marquetle University Press, 1949, p. 52.

(ens commune),它们只是分有了上帝的存在才成为存在者。他认为"分有"首先是对存在的分有,而不是对本质的分有;相反,形式只有分有了存在,才能成为现实性,才"是"如此这般的本质。他在《论存在和本质》一文中说,除了上帝无存在与本质的区分、他的本质就是存在之外,其余一切事物都有存在与本质之区分。事物首先是潜在的本质,接受上帝活动之后获得现实性,成为现实的形式,然后与潜在的质料结合为一个实体。

托马斯·阿奎那根据"存在优先"的原则解释了"其所是"与"是这个"的关系。按本质主义的解释,"是这个"指存在着的实体,"其所是"则指出实体是什么的本质。托马斯·阿奎那却说,"其所是"决定实体的存在,它回答实体为什么具有如此这般的现实性,它代表了"是"的首要意义:活动与存在(托马斯·阿奎那有时把"活动"与"存在"用作一个词,谈论"存在的活动")。"是这个"表示实体的个性,它是由本质所决定的,本质形式解释它为什么"是这个",而不是那个。"其所是"为"是这个"的原因和依据,两者是"存在的活动与被存在活动所作用的东西"的关系。[1]

从以上区分可以看出,托马斯·阿奎那坚持认为存在为"是"的首要意义:一个东西在"有"本质之前,首先必须"在"。另一方面,他不像亚里士多德只从静态的逻辑意义上分析"存在"的意义,而从创世说的动态观点把"存在"理解为一个活动和过程。我们以后将看到,如果用人代替上帝的位置,用人的创造代替上帝的创世,他的"存在优先"学说很容易导致现代意义上的存在主义。

三 ————————————————————————

近代的本质主义

近代形而上学有着强烈的本质主义倾向,近代哲学家虽然一般都承认"是"的意义有"在"与"有"两方面,但往往把"在"当作虚义,把"有"当作实义,避虚就实的

---

[1] Thomas Aquinas, "*On Truth*", see R. Mckeon ed., *Selections from Medieval Philosophers*, vol. 12, p. 169.

做法主要表现于把本体归结为本质,把实体归结为属性。因此,当笛卡尔用"我思故我是"(Cogito,ergo sum)代替了上帝宣称的"我是我所是"时,"是"(sum)的意义发生了根本的变化,它虽然指一个存在的实体,但它的依据在于思想属性。同样,当斯宾诺莎(Spinoza)把"实体"定义为"在自身之中并通过自身被认知"时,他旋即定义"属性"为理智感知到的构成实体本质的东西"[1]。就是说,实体只有通过属性才能把握。把实体归结为属性的通行立场导致了英国经验论者对"实体"概念的怀疑和否定,以致贝克莱(G. Berkeley)作出了"存在(esse)就是被感知(percipi)"的结论。他的理由是:既然存在的实体都可以被归结为属性,而属性不过是被感知到的第一性质和第二性质,所以,说一个事物存在不过是说它具有如此这般的性质。

康德总结了经验论和唯理论,明确地把"存在"从"是"的意义中分离出来。他在批判上帝存在的本体论证明时,提出了"'是'(Sein)不是一个真实的谓词"的著名论断。他说:"它在逻辑上只是判断的连系词","小词'是'(ist)并未增加新的谓词,只是起着把谓词置放在与主词的关系之中的作用"[2]。因此,从上帝的"是"推导出上帝存在的"本体论证明"是根本错误的。康德言简意赅的批判在哲学史上有着石破天惊的意义,它割断了从巴门尼德开始的表述性的"是"与存在性的"是"之间的根深蒂固的联系。康德认为,"是"动词及其动名词形式都没有单独的表述功能,"A是"并未给A增加一个谓词,更谈不上表述A的存在了。"是"只有与谓词在一起才能表述一个主词,它的功能表现在"S是P"的判断中,起着把S与P连系起来的作用。并且,"是"动词的连系作用也不表示存在,说"三十块金币是一笔财富"不等于三十块金币在我口袋里。康德否认了"是"与"存在"的关系,另一方面却加强了"是"与"有"的联系。他说,"是"的逻辑连系作用在于使一个表示对象的主词"处于我的概念的关系之中。两者的内容必须是同一和同样的,没有给仅仅表达可能性的概念增加任何东西"[3]。比如,当我说"A是B"时,我只是说对象A具有概念B的规定性,或者说,有某种可能性,被思想所把握的可能性。

1 斯宾诺莎:《伦理学》,第一部分,"定义"。
2 康德:《纯粹理性批判》,A598,B626 – A599,B627。
3 同上书,A599,B627。

黑格尔批判地继承了康德的思想。如果我们联系康德对 Sein 意义所作的分析，那么我们或许能够更清楚地认识到，黑格尔逻辑第一个范畴 Sein 的基本意义是"有"，而不是"在"或"存在"。我们可以看到 Sein 这一范畴被置于"质"（Qualitat）的范畴之中，即 Sein 指的是一种质的规定性。正如我们在前面强调的那样，"质"与"物"的关系犹如"有"与"在"的关系，说某一东西"有"某种规定性，而不能说一种规定性"在"；说某一事物"在"，而不能说事物"有"。再说，"有"某种规定性正体现了"是"动词和谓词一起表述主词的功能，因而才有黑格尔所说的这样一句话："'有'的各个规定或范畴都可用'是'去指谓。"[1] 当黑格尔说："Sein 是绝对的一个谓词"[2] 时，他的意思似乎与康德所说的"Sein 不是一个真实的谓词"相反，其实不过是用辩证的语言表达了与康德相同的意思。因为绝对意义上的 Sein，即孤零零的"纯有"，只是"纯粹规定性的思想"，因而等于"无"。只是发展到 Dasain（现译为"限有"，最好译为"实有"）时，"有"才成为有质的规定性的思想，即康德所说的谓词概念的思想内容。

在存在主义与本质主义相对的格局中考察问题，黑格尔是本质主义者，他把"存在"（Existenz）作为"本质"（Wesen）大范畴之中的一个小范畴，认为本质是存在的根据。他显然认为，存在不仅需要质的规定性，而且需要量的规定性，"存在"总是事物的存在，而不是性质的存在，性质只是思想的实有。根据这样的解释，我们不难理解为什么黑格尔只是在"质""量"及统一两者的"度"之后才提出了作为本质论范畴的"存在"，并且紧接着把"事物"（Ding）这一范畴作为"存在"的"反思"建立起来。"反思"在"本质论"中表示范畴两相对立而又互相规定的不可分割的关系，这与我们关于"在"与"物"相联系、"有"与"质"相联系的观点相吻合。

我在本文中说过，"有"的译法的一个最大困难是西文（以英文为例）中的 being 与 having 的意思有很大差别。不过，这个困难在黑格尔思想中并不存在。他明确地谈到"'有'（Sein）的关系进一步成为'具有'（Haben）的关系"[3]。"有"与"具有"的区别在于，"有"作为一种规定性只是一个"东西"（Einiges），而不是具体

---

1 黑格尔：《小逻辑》，84 节。
2 同上书，86 节。
3 同上书，125 节。

的"物"（Ding）。黑格尔因而谈到实有的东西是"自有""自为的有"，因为它们是独立的质而不附着于物。附着于物的性质叫"特质"（Eigenschaft），不可与自有自为的质（Qualitat）"相混淆"，黑格尔说，"有"的关系表示"东西"与"直接同一"："一个东西所以为东西，只因它有其质"；但是，"物"与"特质"却是可分离的："失掉了某一特质并不因此而失掉此物的存在。"[1] 当然，黑格尔在区分"有"与"具有"的同时也说明了两者的联系，"有"过渡到"具有"的范畴，与从"实有"到"存在"、从"东西"到"物"、从"质"到"特质"的辩证运动过程是相一致的。

总而言之，黑格尔的逻辑学是各种范畴规定性的过渡、反思和发展，都是从"有"的这种规定性到"有"的那种规定性的辩证运动。在此意义上，逻辑学的起点和终点都是"有"，但把哲学史上与"有"的意义相对立的"存在""事物""实体"等范畴都作为一个个环节包含在"有"的运动之中。结论因而是：黑格尔的形而上学是不折不扣的存有论。

四 ————————————————————————————

反本质主义和反本体主义的现代存在主义

现代哲学家中对 Sein 的意义作出详尽、缜密分析者莫过于海德格尔。对他著作的理解因此也成了"有""在""是"三种译法分歧的焦点。1989 年，中国大陆与台湾地区分别出版了关于海德格尔的两本专著：俞宣孟的《现代西方哲学的超越思考》和项退结的《海德格尔》，前者将 Sein 译为"是"，后者译为"存在"，而在此之前出版的由熊伟先生主持翻译的《存在与时间》则译作"在"。根据我对海德格尔哲学的理解，下面我先说明不赞成"有"与"是"译法的理由，然后谈谈为什么赞成"在"的译法。

我赞成把黑格尔著作中的 Sein 译作"有"，却不赞成把海德格尔著作中的 Sein 译作"有"，这是因为海德格尔是与黑格尔的本质主义相反的存在主义者。黑格尔

---

1 黑格尔：《小逻辑》，125 节。

说,本质是存在的根据,海德格尔却说,存在即是本质,后来萨特更加明确地说,存在先于本质。存在与本质何者更接近于 Sein? 这是他们的分歧所在。本质主义者认为,Sein 的意义由本质所决定,并通过本质规定了存在的事物或实体;存在主义者则认为,Sein 的意义首先是存在,存在赋予本质现实性,决定了事物或实体具有如此这般的本质。两种对立的立场已在中世纪分别由阿维森纳和托马斯·阿奎那表达出来。现代存在主义的一个新特点是把"存在"这个概念专归于人,存在只是人的存在,只有人才是存在者(Dasein),因而可以说,存在者的本质等于存在或被存在所规定的一个因素。然而,其他事物的本质不是"在",而是"有",我们只能说,这些事物"有"什么样的本质,却不能说人"有"什么样的本质,因为人的"存在"就是他的本质。

在黑格尔那里,Sein 和 Haben 的意义是过渡和发展的关系,因此可分别译为"有"和"具有"。但是,在存在主义者的著作中,这两个词的意义却是不同的,因而不把 Sein 译作"有"。法国存在主义者马尔塞(Marcel)清楚地阐明了法文中与之对应的两个词 Etre 和 Avoir 在意义上的对立,他说:"任何东西最终都被归结为一个人所有的东西与一个人所是的东西之间的区分,用概念形式表达这一区分是极其困难的,但必须尽可能地加以区别。人所具有的东西明显地表达了相对于具有它的人而言的外在性。……在'有'的严格意义上说,我只能具有在一定程度上独立于我的东西,更确切地说,被我占有这一事实和其他属性、性质等一样,属于我所具有的事物。"[1]这段话清楚地表明,存在主义者把"有"当作表示事物性质的一个概念,但即使在"我有……"这类句子当中,"有"表示的也是相对独立于"我"的外在性。事物的外在性之所以是相对的,是因为从根本上说,事物有某一性质这一事实反映了人的存在,正如海德格尔在解释"人有一个环境"时说:"这人'有'的可能性建立在内在(In-Sein)存在状态的基础之上。"[2]无论如何,"有"只是一个从属于"存在"的概念,而"存在"是 Sein 的首先的和基本的意义,把 Sein 译作"有"与存在主义的道理相差太远。

---

1 Marcel, *Etre et Avoir*, Paris, 1935, p. 225.
2 Heidegger, *Being and Time*, London, 1962, p. 84.

再来看看"是"的译法。这个译法的合理之处在于突出了 Sein 在存在主义著作中的动词意味。海德格尔再三强调,Sein 表示一个过程,而不是事物、实体,后者当用名词 Seiendes 表示,这就是著名的存在论区分（Ontologische Differenz）。不过,Sein 的动词意味是否非得由"是"动词来体现呢？中文里的"是"动词主要用作连系词,这在德文中一般用 ist 表示。海德格尔在强调 Sein 的动词意义时,通常使用"es gibt"这个短语,而不用 ist;相反,他认为连系词 ist 的意义应该由 Sein 的存在性意义来解释,就是说,Sein 的存在性意义决定了"是"动词（ist）的表述意义,而不是相反。

海德格尔对形而上学批判的一个要点是,形而上学颠倒了存在和判断的关系,把认知的判断作为人生的存在的出发点和核心。他说,理性的言论（logos）具有"把某物当成某物"的结构,判断的连系词正起着"当成"（als）的作用。然而,人们在作出判断之前,已经对被判断的对象在被"环顾"的存在环境中的地位、作用以及它与存在者的关系发生了"先见""先概念""先有"。存在者与事物打交道与环顾过程中产生的联系是"存在—解释学的'当成'",必须与"述说的'表显性成'"区别开来。[1] 后者即表述性的"是"、作为连系词的"是"。海德格尔说:"对'是'（ist）的解释,不管它在语言中被表达的自身意思,还是词最终指示的意思,都导致我们了解到属于存在性分析的问题的语境";"对于浮浅的命题与判断理论所曲解的作为连系词的'是',我们要规定它的存在论的（Ontologische）意义。"[2]

如果有人觉得《存在与时间》一书中 Sein 与 ist 的区别还不够明显的话,那么我们可以再看一看海德格尔在专门讨论判断理论的著作《逻辑的形而上学基础》一书中是如何说的。在该书中,他联系亚里士多德和莱布尼茨（G. W. Lcibniz）的逻辑学说,对"是"动词的意义作了批判性的分析,把它在判断中的连系和表述作用归结为存在性的意义。他的思路恰与传统形而上学由表述性的"是"规定存在意义的做法相反。他用下面的图解说明判断活动的本质。

---

1 Heidegger, *Beingand Time*, London,1962, p. 201.
2 同上书,第 202、401 页。

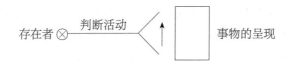

他解释说:"判断是人们的一种活动。""在 A 是 B 的判断中,'是'既与一个存在者有关系,又与那个分叉有关系。"[1]这里的"分叉",如图所示,指一方面与事物的呈现相联系,另一方面与事物的规定性相联系的双重关系;然而,事物的呈现是向一个存在者的呈现,事物的规定性是由存在者作出的,两者在判断中都来自存在者。因此"A 是 B"中的"是"不仅仅起着连系事物 A 及其规定性 B 的作用,更重要的作用在于指示存在者与 A 和 B 的关系;就是说,"存在"的意义比"是"更加基本。如果把 Sein 译作"是",不仅没有突出 Sein 与"存在"的联系,而且违反了海德格尔对形而上学从"是"动词引申出 Sein 的意义的传统做法的批判。

相对于"有"和"是"的译法,"在"的译法比较贴近存在主义者所说的 Sein 的意义。这不仅因为他们始终由"存在"(Existenz)入手分析 Sein 的意义,而且因为在海德格尔著作中,Sein 的完全的、本真的意义是"时间"(Zein)或"时间性"(Zeitichkeit)。海德格尔强调,时间是一种"境域(Horizon),具有开放性,它虽然不是空间上的场所,而是事物显现所需要的条件和实际过程,不过时间既然与"显现"有关,它与"在"便有摆脱不掉的干系,"显现"出来的东西总是一种"在",不是"现在",就是"已在""将在"。在此意义上,海德格尔说,过去、现在和将来是 Sein 的三种样式,传统形而上学只知道"在"的"现在"这一种样式,把"在"理解为呈现在手的事物。他对形而上学"现在"观的批判并没有否定 Sein 的"在",而是否定"在场"的静态观,反对把"存在"的过程凝固为事物和实体的"在场"。

Sein 与 Existenz 的意义都是"在",但 Existenz 专指人的在,Sein 则指包括人在内的一切事物的在。"存在"的"存"字在中文中有"关心"的意思,如《说文解字》里的"存,恤问也"的解释,这与海德格尔把存在的意义归结为"关心"(Sorge)实在是不谋而合。[2]

---

1 Hidegger, *The Metaphysical Foundations of Logic*, Indiana, 1984, pp. 100 – 101.
2 参见项退结《海德格》,台北:东大图书公司 1989 年版,第 77 页。

　　海德格尔所说的 Dasein 是联系"在"与"存在"的中介，Dasein 既是存在着的人，又是诸多"在者"（Seiendes）中的一个。由于他是存在的体现者和实现者，最好把 Dasein 意译为"存在者"，而不要生造出"此在"这样一个词来硬译它。由于海德格尔认为只有人才能存在，因此把人之外的事物译作"存在者"是不妥的，它们只是"在者"，如上所述，中文中的"存"只是一个与人的"关心"相关的字。

　　总之，"在"与"在者"、"存在"与"存在者"这些译法都突出了"在"的意思，因而都可与"时间性"的"境域"的意义衔接。唯一美中不足之处是 Ontologie 译法的困难。按"在"的译法，这一词应译为"在论"，实在别扭；但又不能沿袭过去"本体论"的译法，因为这一学说的要义就是区分"存在"与"本体"；改换成"本在论"也别扭，只好将就译作"存在论"。不过应注明它不限于对存在的研究，而是由存在入手研究"在"的全部意义。好在海德格尔并未完成关于"在"的全部意义的学说，他的学说主要是研究存在的"在的基础论"（fundamantal Ontologie），它与严格意义上所说的"存在"（Existenz）论差别不大，以致人们一般把它归于"存在主义"（existentialism），虽然海德格尔本人不赞成这个标签。

五

结束语

　　本文开头指出，"有""在""是"三种译法各有自身的依据。本文通过形而上学史说明了本质主义与存在主义两种不同倾向分别是"有"与"在"两种译法的依据。需要注意的是，形而上学的传统做法是，从"是"动词在判断中的表述作用引申出形而上学的对象，形而上学的批判者如康德和海德格尔等人也通过对"是"的意义的阐明，或批判存在主义，或批判本质主义的解释，这也为"是"的译法提供了依据。

　　最后，我们提出这样一个问题："有""在""是"的译法究竟是用中文去理解和表达西方人的思维而产生的歧义呢，抑或是西方人的语言和思维自身固有的差异呢？西方哲学家是否像中国翻译者一样意识到形而上学对象有这三种不同的意义呢？这个问题的实质是：本文讨论的问题仅仅是一个语言翻译和理解的问题，抑或有着更深层的哲学意义？我们在此借用维特根斯坦的话来回答这个问题,他说:"在日常语言中,同一词常常有不同的表示方式,因而属于不同的符号,或者两个有不同表示方式的词却以表面上相同的方式在命题中使用。""比如,ist 这个词既作为连系词,又作为等值符号,也作为存在的表达;'存在'(existieren)是与'去'(gehen)一样的不及物动词,'等同'则是形容词。"[1]维特根斯坦在这里说明的是"is"的三种不同表示方式,它们分别相当于"有""在""是":连系词是形式逻辑中"是"的意义;等值连词符号"="在定义表达式中表示定义与被定义对象等同,即,被定义对象"有"定义规定的本质;存在量词 Ex 在谓词逻辑中表示主词指称的对象存在,如 ExFx 表示"至少存在一个 x,且 x 有 F 的属性"。维特根斯坦从逻辑分析角度揭示的 ist 的三种不同表示方式,与中文所表达的西方形而上学对象的三种意义实有异曲同工之妙。

维特根斯坦在后来的《哲学研究》中批判了把词的多种用法都归结为指称一个事物的"奥古斯丁图画",并且把对 Sein 的用法的单一化理解作为由"形而上学用法"代替"日常用法"的一个例子。[2] 我们认为,承认形而上学对象有多重意义不必得出取消形而上学的结论,形而上学于"有""在""是"的意义之间的游移反映了人类对世界和自身的不同见解,由此而产生的不同观点和争论并不是无意义的文字游戏,而是至今仍在启迪人类心灵的语言辨析和思维概括。我们这篇形而上学之辨正是为了证明这一点而写的。

附记:本文在酝酿时与王太庆先生多次讨论,深受先生启发,谨在此致谢。

原载 1993 年《学人》第四辑

---

1 维特根斯坦:《逻辑哲学论》,3.323。
2 维特根斯坦:《哲学研究》,1,116。

第二编

西方哲学史研究

《西方哲学简史》前言

　　"西方哲学史"是哲学系的一门主干基础课。北京大学开设这门课已有80余年的历史。在1918年的一份课程表上,我们看到,当时的"哲学门"为二年级学生开设"西洋哲学史大纲"这门课,由胡适先生讲授;而且是续开课,由此可以推断,这门课最迟在1917年就已经开始了。除胡适先生之外,张颐、贺麟、陈康、郑昕、任华等著名教授都讲授过这门课。1952年院系调整,全国哲学系都合并到北大哲学系,全国各校研究西方哲学的专家汇集在一起,在极为艰苦的条件下,继续传播着西方哲学的火种和人类智慧的成果。北大外国哲学史教研室在室主任洪谦先生的领导下,编译了西方哲学原著资料四本:《古希腊罗马哲学》《十六—十八世纪西欧各国哲学》《十八世纪法国哲学》和《十八世纪末—十九世纪初德国哲学》(后又增加了《十九世纪俄国哲学》)。这些宝贵的资料哺育了整整一代的哲学工作者,西方哲学研究者受益尤深。

　　20世纪40年代,北大使用梯利的《哲学史》英文教材,50年代使用的教材是苏联人写的《哲学史》多卷本。中国人自己写的西方哲学教科书,最早可追溯到1957年出版的《哲学史简编》,其中的西方哲学史部分由洪谦、任华、汪子嵩、张世英、陈修斋等先生执笔;这部分内容后经汪子嵩、张世英、任华等先生改写成《欧洲哲学史简编》,于1972年出版。70年代,西方哲学史教研室还出版了两本教材,一本是教研室集体编写的《欧洲哲学史》,另一本是由朱德生、李真先生编写的《简明欧洲哲学史》。80年代伊始,由王太庆先生主持,西方哲学史教研室还编译了两卷本的《西方哲学原著选读》的教学资料。但此后的10年间,西方哲学教研室没有再编写教材。直到90年代中叶,我们才感到有必要编写一部能够反映西方哲学最新研究成果的著作。由朱德生先生担任主编,西方哲学教研室集体编写的

《西方哲学通史》第一卷,已由北京大学出版社于 1996 年出版,第二、三部也将出版。

我自 1989 年开始讲授"现代西方哲学",自 1990 年始讲授"西方哲学史";除了给哲学系学生开课外,还为全校学生和文科实验班学生开过"西方哲学史"这门课。在 10 年的时间里,我逐步积累了一些知识和经验,形成了自己的讲课风格。几年前,教育部策划"面向 21 世纪教学改革和课程建设"项目,我承担了其中的"西方哲学课程和教材的建设"项目,这才有机会来整理讲课笔记,编写"西方哲学史"和"现代西方哲学"这两门课程的教科书,希望能为大学生们提供既能够反映国内外最新研究成果又有自己个性的课堂用书。

写出有个性的教科书,是不易之事;写有个性的西方哲学史教科书,更为困难。"西方哲学史"是一门传统学科,学科的体系和基本材料已经成熟定型,国内外出版的西方哲学史教科书的结构和内容基本上大同小异。而且,我们的前辈通过西方哲学名著的翻译,已经固定了绝大多数的中译术语。我当然要在前人已经取得的成果的基础上写教科书,但这不意味着只能墨守成规,不能有自己的个性和独创性。如果说这本书有什么特色的话,那就是在下面几个方面兼顾了前人的成果和自己的独创性。

在为数不多的现在尚不能固定的几个西方哲学中译术语中,有一个术语引起的争论最多,但作用也最为重要,这就是希腊文的 to on,拉丁文的 ens,德文的 Sein,英文的 being 和法文的 l'être。多年来,我们习惯把这一术语翻译为"存在",海外学者多把它译为"有"或"存有"。王太庆先生最近指出,being(以英文为例)这一哲学概念来自系动词"是"(to be),把它译为"是者"才符合这一概念的本义。我曾与王太庆先生多次讨论过 being 的意义和翻译问题(我们讨论的最初意见发表于 1993 年出版的《学人》杂志第四辑)。我基本同意王太庆先生的看法,但我同时以为,being 确有中译概念"存在"和"有"的意思,直到中世纪后期,拉丁文中才出现了与"本质"(essentia)相对应的"存在"(exsistene)概念。在此之前,being 兼有"存在"和"本质"的意义,而且具有囊括思维内外的存在和本质的"存有"之意。有鉴于此,我在本书中采取古今有别的翻译政策:对于古代和中世纪哲学典籍中的 being,一般按其本意译为"是者",并在具体的语境中解释它的哲学意义;对于近代以降哲学中的 being，根据它在上下文中与"存在""本质""实体""实在"等概念的联系，有时也把它意译为"存在"或"存有"。虽然译法不统一，但有利于对西方哲学，尤其是对形而上学基本问题的理解，以避免过于简单化而造成的误解。

我国 80 年代思想解放的一个重要成果是摒弃了苏联日丹诺夫关于"哲学史是唯物主义和唯心主义两军对阵"的定义。事实上，西方哲学史充满了二元对立的范畴，用任何一对或几对范畴作为贯穿始终的线索，都难免失之偏颇。但是哲学史要有线索，没有线索的哲学史只是思想材料的堆砌，而不是可被理解的历史。我的写法是以哲学问题，而不是以范畴为线索。我接受了前辈对哲学史这样一些看法：哲学从来都不是死记硬背的学问，更不是僵化的教条；哲学是历史的科学、实践的学问；历史已经并将继续证明，只有那些大无畏地探索真理、身体力行地践履真理的人才能发现真理，这样的人才是名副其实的哲学家；哲学史不提供现成的真理，西方哲学史是哲学家们爱智慧、求真理的探索过程；在此过程中，问题的提出比问题的答案更有意义，理解历史上任何一个哲学家都要首先理解他的问题。为了体现这样的哲学观和哲学史观，本书选择了形而上学、认识论和伦理学的一些基本问题作为关注的焦点。这些问题的提出、转变和持续，围绕这些而展开的争论和所达到的结论，就是我们这本哲学史的线索。

我们选择的哲学问题是人类心灵思考的永恒问题，历史上和现实中的哲学家提出了一个又一个的答案，但一个接着一个被推翻、被修改、被重写。哲学史展现的就是高尚心灵的更迭，思想英雄的较量。虽然没有一个哲学家的结论能够经受历史的检验，没有一种直到现在还被普遍认可的哲学真理，但是哲学家们为解决哲学问题而提出的论辩证明至今仍给人以启发，成为人类精神的宝贵财富。从哲学史的观点看问题，问题的提出比答案更有意义，解决问题的过程比达到的结论更有价值。学习哲学史是培养创造性思维的训练方式，也是启迪批判性思维的试验过程。我们的目的之一是帮助那些已经形成思维定式的人，让他们改变看待问题的方式，能够提出和解决新问题。为此目的，对于哲学史上对几个关键问题的论证，我们进行了较细致的分析。为了使历史上的论证被今人所理解，必要时还要进行理论重构的工作。本书在哲学论证的重构方面下了比较大的功夫，希望能够起到举一反三、启发智慧的效果。

哲学的史料浩如烟海,但哲学史教材常用的史料大多结集成书,使用起来很方便。本书尽量引用北大西方哲学史教研室编译的资料选辑,尤其是《西方哲学原著选读》中的史料。那本书曾获得第一届全国教材一等奖,我在讲课时一直把它作为与教材配套的教学资料来使用。为了与这本教材的行文风格协调,我在引用这些资料集和其他中译著作时,在不影响原意的情况下,在字句上做了一些改动,改动之处恕不一一注明。如读者需要引用本书的资料,请注意核查原文。除了大量引用现有的中译资料以外,我还注意直接引用外文资料。这样的外文资料大致可分三类:一是外国教材经常使用但尚未被译为中文的哲学史料;二是国外学者新发掘出来的资料;第三类资料来自我个人的读书心得,我发现原著里有些话对理解某些观点很有帮助,现在把它们写进教材,希望对读者会有同样的帮助。

"西方哲学史"是哲学系的一门主干基础课。由于这门课程能使学生在较短的时间里了解 2500 年间的西方哲学概貌,对学生全面、正确地理解西方文化有所裨益,因而一直受到欢迎。有一年曾经出现千人选课,因而不得不在办公楼礼堂授课的热烈场景。近年来,我们面向全校大学生,把西方哲学史这门课程当作素质教育课讲授,受到学生热烈欢迎。我讲过两轮,每次选课学生达到 300 多人。我更看重的是学生的学习兴趣,我发现大多数学生都能自始至终地听课,而且很投入,听课很专心,课后能提出有悟性的问题,学生的情绪对我有所感染。虽然我对这门课的内容比较熟悉,但面对满课堂全神贯注的学生,不敢有丝毫的懈怠,唯有精益求精,方能教学相长。

我想,西方哲学史作为一门素质教育课,应从两方面启迪当代大学生的智慧:第一,通过西方哲学把握西方文明的成果和西方文化的精髓;第二,通过哲学史的训练提高哲学素质和哲学思辨能力。

先谈第一点。虽然西方文化的内涵和表现丰富多彩,但其硬核无疑是哲学。很多人觉得这硬核艰涩难啃,因而尝不到哲学的真味。其实果实和硬核在这里是不能分开品尝的。哲学作为最抽象(姑且不论是否最高)的意识形态和文化形态,总要借助较贴近现实的其他文化形态为中介,才能从现实中产生、发展,并反过来作用于现实。西方哲学借助的中介在不同历史时期为不同的文化形态:在古代是希腊神话,在中世纪是基督教,在近代则是自然科学。西方哲学史的发展相应地经历了从希腊神话世界观脱胎而出的古希腊哲学、与基督教相结合的中世纪哲学和反映近代自然科学精神的近代哲学三个阶段。扣住西方哲学与其中介的关系，历史线索容易讲清楚，疑难观点也好解释。我的一点粗浅体会是，介绍哲学的文化背景和时代精神要不吝时间，要以高屋建瓴的哲学观俯视西方文明的全景。按此观点，西方文明起源于希腊哲学的理性精神、希伯来的宗教精神和罗马法精神，三种精神被基督教哲学所整合，最后在科学和法制的时代结出硕果。在中西文化既相碰撞又相融合的今天，面向世界、面向未来、面向现代化的大学生需要用更广阔的视野理解他们的专业知识，凭借更深厚的文化根基创造文明成果。

再说第二点。大学生懂一点哲学史很有益处。如果说，全校必修的公共哲学课是入门的话，那么西方哲学史这门素质教育课为学生进一步理解哲学提供了一个机会。回眸历史，那些身兼哲学家、科学家、政治学家、文学家……的伟大人物形成了人类精神发展的一个个里程碑，他们在我们心里激起高山仰止的敬慕之情。但如果以为全面发展的天才只属于历史，那就错了。信息时代早已来临，互联网提供了综合融会各种信息的技术手段，但要把各种信息的知识内容融会贯通，综合成跨学科的新知识、新技能，我们还需要哲学思维。学一点西方哲学史，可以帮助经过长期专业学习已经形成思维定式的人改变看待问题的方式，试图解决新问题。哲学史是一种培养批判性、创造性思维的训练方式，我们不必因为历史上的唯心主义论点有悖谬之处，而把他们的问题和论证弃之不教。芝诺悖论的吊诡，柏拉图理论的空灵，上帝存在本体论证明的迂曲，笛卡尔"我思故我在"的深邃，贝克莱"存在就是被感知"的辩解，至今仍能给人以回味，不乏教益。

随着教学改革的不断深入，"西方哲学史"这门主干课的学时数也在不断缩减，从最初的8学时（1学时＝周8课时×21周）减少到6学时，后来进一步减少到4学时；另外，为全校学生开设的素质教育课只有2学时。所有这些学时的西方哲学史课程，我都讲授过。这本教材就是根据不同学时的讲课笔记整理写成的。这本教材虽然是简史，但一学期很难讲完。使用这本教材的教师可根据不同的学时数，选择部分内容在课堂上讲授，让学生自行阅读其他的部分，同时指导学生读几本名著或选读一些资料。对西方哲学有兴趣的人也可用这样的方法自学这本教材。我诚恳地希望使用这本教材的教师、学生和自学者提出宝贵意见。

希腊哲学的精神和特点

人类最初的文化形态是宗教和神话,哲学脱胎于宗教和神话的世界观。世界各民族都有宗教和神话,但不是每一个民族都有哲学。在诸多古代文明中,只有中国、印度和希腊产生出一般意义上的哲学,并且,这三个民族的哲学是在大致相同的历史时期诞生的。20世纪的德国哲学家雅斯贝尔斯(H. Jaspers)把人类精神的这一突破时期称为"轴心时代",约在公元前800至公元前200年之间。轴心时代在中国是先秦诸子百家争鸣的时代,其间产生了以儒家和道家为代表的中国哲学的传统。在这一时期,印度出现了最早的哲学文献《奥义书》和包含着丰富哲学思想的佛教典籍。希腊哲学的诞生和繁荣也发生在这一时期。

虽然这三个民族的哲学都有宗教的背景,但它们与宗教联系的密切程度各不相同。印度哲学与宗教的联系最为紧密,它可以说是对宗教(婆罗门教、耆那教和佛教)的世界观和人生观的精致思辨和系统论证。希腊哲学与宗教的联系最不紧密,它可以说是与神话世界观相决裂的产物。中国哲学处于这两个极端之间,它对宗教的态度可以说是若即若离,无可无不可。

我们还可以从另外一个角度作比较。从表达思想的方式和风格来看,希腊哲学的方式最为思辨,充满着论辩、推理和证明等说理方式。印度哲学的表达方式可以说是说教,因明学是宣讲教义的工具。中国哲学较多地采用警句箴言、引证比喻,这些表达方式介于说理与说教之间。冯友兰把中国哲学的表达方式称为"名言隽语、比喻例证",但他又说:"有些哲学著作,像孟子的和荀子的,还是有系统的推理和论证。"[1]

---

1 冯友兰:《中国哲学简史》,北京大学出版社1996年版,第11页。

通过以上比较,我们可以把希腊哲学的特质归结为两条:一是非宗教的精神,一是思辨精神。抓住这两条,希腊哲学的基本问题和概念也就不难理解了。

与世界上其他民族一样,希腊人最初是以神话来理解和反映他们周围的世界的,他们构造的神话在各民族的神话中最为完整和系统。希腊神话所表现的世界观的主要特征,如把自然力和命运人格化,神人同形同性,崇拜酒神的奥尔弗斯(Orphous)教的迷狂宗教精神,以及后期出现的赫西俄德(Hesiod)的《神谱》,以谱系形式,描述出世界生成演化的世界图式,都已被人们所认识。

希腊神话自公元前9世纪始已成体系,希腊人用它解释自然界和社会发生的一切现象,指导宗教和道德活动。这个自满自足的世界观长期统治着人们的思想,直到公元前6世纪左右,第一批哲学家才开始寻找比神话世界观更为合理的自然观和道德原则,他们首先思考的对象是"自然"。为什么人们不满足于神话世界观而开始对自然进行哲学思考呢?我们可以从地理环境和社会历史背景等方面来考察这一问题。

希腊半岛土地贫瘠而多山,随着人口繁衍,希腊人只能向海外谋求生存和发展,他们在爱琴海、黑海和地中海沿岸和岛屿建立了众多的殖民地。公元前6世纪波斯自东向西入侵,造成了国家领土的变迁、民族的迁徙和融合,东西方的文化交流和贸易往来更加频繁。当时处于领先地位的埃及和巴比伦文化西渐,医学、历法、度量衡、算术、天文等方面的技术和知识传到希腊地区。外来文化和自身积累的经验技术相结合,孕育出新思想的萌芽。

希腊人是航海的民族,希腊人在从事海外殖民和贸易的航海活动中很容易发现天文、气象、海流等自然现象的规律性。试想:茫茫大海上一叶扁舟,面对海天一色的空阔,观望星移斗转的天穹,这样的自然环境怎能不激发出对自然奥秘的遐想?一旦人们知道经验观察可以发现规律并能作出正确的预测时,他们眼里的世界就不再是受外部力量任意支配、变化无迹可循的现象,人们开始有了变化的观念,有了秩序和原因的观念,并且认识到,秩序和原因就在运动变化的事物之中。

早期哲学家思考的"自然"(physis)并非我们现在所说的作为自然事物总和的自然界,它的意义接近于现代西文中的"本性"(nature),特指事物运动变化的本性。因此，亚里士多德后来明确把"自然"定义为"运动和变化的本原"。[1] "本原"
(arche)是自然哲学家关注的焦点，它的本义是"太初"。希腊哲学家认为，最初存
在的东西在运动变化过程中始终起作用，因此，事物的最初状态或者是构成事物
的基本要素，或者是事物存在和运动的缘由。"本原"的这两层意思分别被译作
"基质"(Urstoff—德文)和"原则"(principle)。我们现在所说的自然界相当于希腊
人所说的"世界"或"宇宙"(cosmos)，它有两层意思：一是指天地之间一切事物的
总和，更重要的是指这些事物的秩序。"本原"和"宇宙"这两个概念的联系在于，
宇宙是本原(最初状态)分化演变的产物，本原(基质或原则)是在宇宙内部起作用
并赋予宇宙万物特定的秩序的原因。自然哲学是对世界本原和宇宙整体的探讨。

　　早期自然哲学界关于宇宙本原的概念后来发展为形而上学的最高原则。什
么是本原？这是一个贯穿于希腊哲学始终的问题。希腊哲学家普遍相信，最高原
则是唯一的、永恒不变的，但又统摄着万事万物的存在和变化。因此，在对本原的
探讨过程中，他们又提出了一与多、静与动、变化与永恒的关系问题。

　　哲学家虽然提出不同的本原学说和宇宙图式，但是他们的观点都具有与神话
世界观截然有别的一些共同特征。他们都认为自然是非人格的本原。虽然有时
自然被等同为神，但这不是神话里与人同形同性的神，而是统摄世界的最高抽象
原则。并且，作为本原的自然是运动变化的自因，就是说，世界依其本性而变化，
并不受外在的神的任意支配。出于本原的运动是有序的变化，事物的存在和运动
具有内在的必然原因。秩序和原因可以通过经验观察和理性思辨被发现；即使那
些认为本原只能为理性思辨所把握的哲学家，也承认感性经验的表象和验证作
用。这种看待和研究世界的方式，与神话的虚构、传说和笃信的运行方式大相径
庭。自然哲学家用新的眼光看待世界，思考世界的原因和秩序，这标志着人类思
想的一大进步。他们不仅是最早的哲学家，也是第一批自然科学家。当今的科学
如此昌明，科学精神如此普及，在很大程度上得益于希腊自然哲学。西方哲学绵
延不断的理性主义传统在一定意义上也得益于这个充盈的源头。

1　亚里士多德：《物理学》，200b12。

亚里士多德的《形而上学》的第一句话是："每一个人在本性上都想求知。"[1]
他接着说明，出于本性的求知是为知而知、为智慧而求智慧的思辨活动，不服从任
何物质利益和外在目的，因此是最自由的学问。哲学的思辨最初表现为"诧异"，
诧异就是好奇心。最早的哲学家出于追根问底、知其所然的好奇心，对眼前的一
些现象，如日月星辰、刮风下雨等，感到诧异，然后一点点地推进，提出关于宇宙起
源和万物本原的哲学问题。

哲学家对普通人习以为常的事情感到诧异，在人们熟视无睹的地方发现问
题；他们提出和解决这些问题，并不是为了达到什么实用目的，而只是为了获得心
灵的满足。他们常常不被人们所理解，甚至遭到嘲笑。据说，希腊第一个哲学家
泰勒斯(Thales)只顾观察天象，没有注意脚下，跌入坑里。一个女奴嘲笑说，他只
想知道天上发生的事情，却不知道身边的和地上的事情。柏拉图反其意而用之，
说这句话对所有哲学家都适用。亚里士多德则对世俗的嘲笑加以反讽，他说了这
样一个故事：泰勒斯为了反击哲学无用的世俗偏见，用观测天象得到的知识预测
气象，知道来年橄榄将丰收，于是事先租赁了全部的橄榄榨油作坊，等到橄榄丰收
时，再把作坊以高价租出，结果获得一大笔利润。亚里士多德的结语是："这件事
表明，哲学家如果想赚钱的话，是很容易做到的，但这不是他们的兴趣所在。"[2]

希腊哲学家多为贵族，他们不必为生计操劳，因此才能从事纯思辨活动。亚
里士多德正确地把"闲暇"作为哲学思辨的必要条件。古希腊拥有比任何其他民
族都要发达的奴隶制，贵族享有充分的闲暇。但闲暇只是一切智力活动的必要条
件，而不是充分条件。能够利用闲暇从事哲学思辨，这是希腊人的特殊之处。希
腊贵族崇尚的高尚活动是战争、游猎和思辨。最后一项风尚造就了一批职业哲学
家。从词源学上看，希腊文"闲暇"(shule)派生出西文"学校"(school)。学校是柏
拉图之后的哲学家活动的主要场所，他们在此研究和传授知识。由于哲学在希腊
是一门独立而崇高的职业，希腊哲学家不像印度哲学家那样属于僧侣阶层，也不
像中国哲学家那样属于官宦阶层；希腊哲学著作与宗教典籍和历史文学作品有着

---

1 亚里士多德：《形而上学》，980a。
2 亚里士多德：《政治家》，1259a15。

明显的界线。哲学的职业化反过来又促进了希腊民族的思辨精神的发展,结果形成了希腊民族特有的静观、思辨的性格。这种性格不但展现在他们创造的艺术品的特殊美感之中,而且造就了高于周围民族文化的科学理论。埃及人虽然最早从经验中总结出几何测量规则,但希腊人却在此基础上构造出几何学的演绎体系;巴比伦人虽然早就开始了天文观察,但希腊人却利用观察材料提出天文学的思辨理论。

希腊哲学的思辨精神有哪些特点呢? 我们把这些特点概括为五点:静观,辩证,演绎,理智,实践。

希腊哲学是静观的。首先使用"哲学"这个词的毕达哥拉斯曾有这样一个比喻:在奥林匹克运动会上,有兜售商品的小贩,有努力竞技的运动员,也有静观人生场景的观众,哲学家就是静观者。造成哲学家静观态度的原因是,他们所思辨的对象是变化世界的不变的本原,是杂多现象的单纯本质,是流逝往复事物的永恒原因。希腊人的哲学观念是:杂多的、变化的、暂时的对象是不真实或不太真实的,只有单纯的、统一的、永恒不变的对象才是真实的存在。希腊哲学家习惯于用不变的原则统摄运动变化的世界,万事万物都被归结为静止的、永恒的存在。希腊哲学的这种静观特征并不是现实生活的直接反映,毋宁说,它反映的是超越现实的理想。希腊人所处的自然环境和社会现实经历了太多的苦难和变化变革,生活变得难以忍受,他们需要宁静的状态,在静观思辨中达到宁静和平衡。尼采首先看出了希腊文化中现实和理想的矛盾,把它归结为追求变动和苦难的"酒神"和追求静止和快乐的"日神"这两种精神的对立,他把希腊哲学视为日神精神的反映,这是很有见地的。

希腊哲学的基本范畴,如一和多、静和动、本质和现象、必然和偶然、永恒和变化、存在和生成、原因和结果、纯粹和杂多、理智和感觉、形式和质料等,都是对子。对子就是矛盾,解决矛盾的途径是辩证法。辩证法的原义为对话,为苏格拉底和柏拉图所提倡,后来亚里士多德把它发展为辩证推理。辩证法不论采取对话的形式还是推理的形式,都是对两种相反的意见所作的分析和综合,最后达到统一的意见。辩证法是用一统摄多、以综合克服矛盾的艺术。辩证法的思维不仅是二元对立的,而且是以对立的一方为中心、以另一方为边缘的一元中心论。当代法国哲学家德里达把希腊哲学的这种传统称为"逻各斯中心主义"。"逻各斯"（logos）就是理性。希腊哲学的理性特征是二元对立与一元中心的统一。

希腊哲学的样板是欧几里得几何学。柏拉图创办的学园其门楣上刻有"不懂几何者莫入此门"的警告。亚里士多德认为，一切科学都是证明科学，而证明科学的最高成果是几何学。亚里士多德创立的形式逻辑虽然包含有归纳的成分，但它的基本形式是演绎。演绎逻辑是几何公理体系的形式化。希腊哲学中的论证很多，但万变不离其宗，各种形式的论证都是逻辑推理，甚至一些诡辩也可被还原为三段式。比如，柏拉图曾记录了智者尤苔谟斯和狄奥尼索德鲁则如何用诡辩击败了认为"学习者比不学习者更聪明"的人。下面是他们和一个孩子之间的对话：

"当你正在学习的时候，你的处境和你不知道你正在学习时的处境有什么区别吗？"

"没有。"

"当你不知道你所学习的东西的时候，你有智慧吗？"

"根本没有。"

"如果你没有智慧，你是无知的吗？"

"当然。"

"因此，在学习你不知道的东西时，你处在无知状态中。"

这个孩子点头表同意。[1]

这一诡辩有下列的三段论形式：

大前提：你所学习的是你所不知的。

小前提：你所不知的不是智慧。

结论：学习者没有智慧。

严格地说，这个三段论当然是不能成立的。我们用这个事例说明，三段论演绎是希腊哲学论辩的普遍形式。

"理智"是希腊哲学的一个基本范畴。"理智"即希腊文的"奴斯"（nous），又译作"心灵"（Mind）。希腊民族和世界上其他民族一样，也相信万物有灵、灵魂不朽

---

1 柏拉图：《尤苔谟斯篇》，278a - b。

等宗教观念,希腊哲学中保留有这些传统观念。但"理智"的观念却是哲学所特有的。第一个雅典哲学家阿那克萨戈拉(Anaxagoras)首次提出,心灵是万物运动的本原。苏格拉底对此大加赞赏,再经柏拉图和亚里士多德的提倡,理智主义最突出、最明显地体现了希腊哲学的理性精神。与传统宗教的"灵魂"观念相比,理智更纯粹,有更高的思辨性,而无人格的禀性。希腊哲学家认为,理智是无形的、纯粹的实体,它推动万物而不被任何事物所推动,弥漫于世界而能保持自身的统一。当理智与人的灵魂相通时,它构成了灵魂的纯粹部分,统摄着灵魂的一切活动,不但认知活动,意志、欲望等也应受理智的支配。按照传统的灵魂观,灵魂只是有形体中的能动力量,灵魂并不与身体相分离、相对立。哲学的理智主义使得身体和灵魂、感觉和理性成为二元对立的关系。由此产生出一系列问题,如灵魂以外的理智如何作用于人的灵魂?理智如何支配异己的身体?纯粹的理智活动与感觉、意志、欲望等与身体有关的灵魂活动有何关系?无形的理智如何认识有形的外物?等等。当希腊哲学家乐此不疲地思考这些问题时,他们似乎接触到内心的最深处、世界的奥妙处。他们的纯思辨活动创造出了这个纯粹精神的对象,而这个对象又反过来吸引、推动着纯思辨的步步深入。

希腊哲学家虽然推崇为知而知的纯思辨,但也并非不关心实践。"实践"(prasis)一词也有"实用"的意思。希腊哲学家都以"善"为价值取向,善是好处,当然有功用实效。当希腊哲学家说明哲学的非实用性时,他们否定的只是个人的物质利益和官能享受方面的实用性,他们既不否认哲学对于个人精神生活的实用性,又不否认哲学对于公众物质生活的功利性。"实践"一词的另一个特殊含义指宗教的、道德的、政治的活动。

希腊哲学家把追求智慧的思辨作为神圣的活动,它使人获得神的知识,使人接近神。苏格拉底宣称,他是赋有神灵、传达神意的"牛虻";柏拉图说,哲学所能达到的最高境界是神人合一的"狂迷";亚里士多德说,第一哲学是神学,哲学思辨表达了人性中的神性,哲学家的生活是人类所能达到的幸福的顶点。这些话表达了一种理性的宗教观或神化的哲学观。

哲学的实践精神还表现为理性伦理学。除犬儒派和昔兰尼派等少数人外,希腊哲学家都认为人的自然本性是理性,按照自然生活就是服从理性,意志和欲望应当服从理智,真正的快乐是心灵的快乐,美德的规定性来自理性。苏格拉底的名言"德性就是知识"表达了理智主义的实践精神。

哲学对于希腊城邦政治和后来的罗马大一统政治尤其重要。自从苏格拉底发出哲学家要关心人事的号召以后,哲学家无不以改善公众事务为己任。柏拉图的"哲学家王"的理想,亚里士多德的政治学,斯多亚派的"世界公民"的观念,既是现实政治的总结,又为政治实践指引了方向。

应该承认,希腊哲学的政治功利性并不是第一位的。希腊哲学的思维秩序是这样一个等级:个人思辨→个人实践→公众实践。实践是思辨的结果和效用,它的确切含义是实践理性,个人实践又是公众实践的基础和前提。因此,哲学的政治功用只是个人思辨的间接结果和效用。中国哲学则不同,它把希腊哲学中第二位或第三位的东西放在首位,个人修养总是在一定的政治框架里展开。有人说,中国哲学重实践,而希腊哲学重思辨,这是有道理的。需要补充的是,无论中国哲学还是希腊哲学,都兼有思辨和实践,只是两者在不同的理论框架中的地位不同而已。

柏拉图《巴门尼德篇》释义

一般说来，哲学经典都很难懂，但在难懂的哲学经典之中，柏拉图的《巴门尼德篇》之难堪称为最。正如研究希腊哲学的著名学者陈康先生所说，柏拉图的每一篇对话都是一个谜，而其中最大的谜就是《巴门尼德篇》。[1] 千百年来，众多的学者为这个谜殚精竭虑。早在公元 5 世纪，新柏拉图主义者普罗克洛（Proclus）就写了《巴门尼德篇注》，他把《巴门尼德篇》的注释者分为以学园派为代表的逻辑派与毕达哥拉斯主义和新柏拉图主义者为代表的形而上学派，提出种种困惑。[2] 文艺复兴时期的费奇诺（Marsilio Ficino）首先出版了《柏拉图全集》，并为其中几篇作了注释，但他承认《巴门尼德篇》过于难懂，超出了他的理解力；同时期的哲学家库萨的尼古拉（Nicolas of Cusa）请人把《巴门尼德篇》翻译为拉丁文，并作了注释，他认为这篇对话包含着柏拉图的基本原则。近代以来，《巴门尼德篇》的注家蜂起，争论不绝如缕。

《巴门尼德篇》的主题是什么？对于这个首要问题，注家就有分歧。现在流行的说法主要有两种。第一种说法把《巴门尼德篇》解释为柏拉图对自己理念论的自我批评。很明显，这种说法只适用于该对话的前半部。在对话的后半部，巴门尼德的话题转向了对自己提出的命题"是者是不变的一"的考察，他考察了与这一命题相同、相反、既相同又相反的其他命题，证明它们都能成立，最后没有得出一个肯定或否定的结论。这便有了第二种说法：柏拉图在这里玩游戏的解释，但这不是无聊的游戏，而是费力的游戏（laborous game），训练逻辑思维的"思想的游

---

1 柏拉图：《巴曼尼得斯篇》，陈康译注，商务印书馆 1988 年版，第 6 页。

2 参见 F. M. Cornford, *Plato and Parmenides*, preface.

戏"。两种解释各适用于对话的一半,这就产生了一个问题:这篇对话究竟有没有一个统一的主题?[1]"统一主题"的提问或许有些牵强,柏拉图的许多对话有多个主题,但阐述不同主题的部分至少有逻辑上的关联。[2] 人们有理由问:对话前半部的"自我批评"与后半部对巴门尼德学说的诘难之间有什么样的逻辑关联呢?

我们的回答是这样的:在上半部分,柏拉图想象他的论敌站在爱利亚派的立场上指出理念论包含的矛盾。在下半部分,柏拉图用同样的方法指出,从爱利亚派"是者为一"的基本原则出发,必然导致更加严重的悖论。这篇对话的主角是巴门尼德,因为他是公认的逻辑论辩大师,苏格拉底的年轻不在于思想的不成熟,而在于尚未能掌握复杂的矛盾法论辩技巧。我们认为,巴门尼德在上半部分的论述并不代表柏拉图对理念论的自我批评;同样,巴门尼德在下半部分的论述也不是对爱利亚派学说的自我批评。这篇对话的主题是:无论理念论还是爱利亚派学说,都未能通过矛盾法的推敲。这向柏拉图提出新的挑战,促使他在以后的对话里发展出新的逻辑论辩,克服过去缺乏概念分析的薄弱环节。

柏拉图在写这篇对话时,论辩的技巧已经炉火纯青。他继承了"苏格拉底方法"并将其发挥尽致。这一方法千方百计地揭示出对方回答中的矛盾,迫使他们放弃己见或接受"苏格拉底"(即柏拉图本人)的看法。这篇对话是运用矛盾法的杰作,与其他对话不同的是,"少年苏格拉底"虽然面临"分有说"的矛盾,却没有放弃它;巴门尼德虽然面临矛盾,却没有找到出路;整篇对话充满矛盾却没有确定答案。这种情形在柏拉图前期对话中也有,但他在中后期写作的这篇对话中的矛盾更复杂,更细致,复杂细致到难以理解的程度。虽然现在的逻辑学已经发展出精确的数理系统,但也未必能够帮助人们理解柏拉图的精巧的逻辑论辩。多少年来,注释者陷于论辩细节而难以理解论辩的要点要义。我个人认为,对于《巴门尼德篇》的解释,宜粗不宜细。但粗不等于浅,粗解不是浅尝辄止,而是要首先理解论辩所揭示的矛盾,其次理解揭示这些矛盾的主要理由。至于揭示矛盾过程的种种细节,可以忽略不计。这些细微之处并不一定符合我们现在的逻辑思想,或者

---

1 G. Ryle 在 *Plato's Progress* 一书中认为两者不相关,只是为了教学上的方便而拼凑在一起的。
2 K. M. Sayre 在 *Plato's Late Ontology* 一书中认为《巴门尼德篇》的前后两部分有密切的联系。

是因为柏拉图在形式逻辑体系建立之前的推理不一定在形式上完全符合规则，或者因为我们现在不能理解那时希腊文的细微意义；在这种情况下，过细的理解不一定能讲得通，有时反而越讲越糊涂。按照"宜粗不宜细"的想法，下面对这篇对话的大意作出自己的解释。

上篇要义

对话的前半部借老年巴门尼德和少年苏格拉底的对话，揭示了柏拉图（如其他对话一样，苏格拉底代表柏拉图的立场）的"分有说"面临的困难。少年苏格拉底距巴门尼德的鼎盛年有约半个世纪的时间，两者的对话大概不是历史事实。但爱利亚派和柏拉图理念论之间的分歧却是历史事实。当时的麦加拉派不但继承了爱利亚派关于所是的东西不可分割的基本原则，而且使用爱利亚派创立的矛盾法揭示悖论，他们很可能与同样爱用矛盾法论辩的苏格拉底相遭遇。

苏格拉底在对话一开始指出理念论与爱利亚派学说的分歧，指出没有必要坚持存在的同一性而否认真实事物的差异，因为同一事物可以同时分有"同样"和"不同样"的理念型相，因而可以说它与其他事物既同样又不同样，这无异于说存在既是一又是多。从理论渊源上说，柏拉图不赞成巴门尼德否认"既是又不是"的可能性，承认赫拉克利特所说的变化中的事物"既是又不是"的合理性。柏拉图论证所依据的是个别事物分有不同甚至相反的理念的道理。他与爱利亚派分歧的焦点并不是理念型相是否存在（他们都承认理智的对象是真实存在），而是理念型相是否被可感个体所分有？爱利亚派否认理智对象的可分性，否认个别的、运动的事物存在；柏拉图承认这些事物对理念的分有，因此承认它们一定程度的存在。文中的巴门尼德把"少年苏格拉底"的学说归结为"把型相与分有它们的事物分离开来"[1]，认为这是他的独创想法。巴门尼德攻击的矛头所指的是"分有说"。

---

1 柏拉图：《巴门尼德篇》，130b。

（1）首先，"分有"以可感个体与理念型相的对应为前提，我们应能从可感个体推知相应的型相的存在。苏格拉底坚信伦理型相，如正当、善、高尚型相的存在，但对物理型相，如人、水、火的型相的存在有所怀疑，坚决否认卑贱物，如头发、污秽物有对应的型相。"分有说"的适用范围并不是全部可感事物，最确定的适用对象只是伦理行为。

（2）更重要的是，众多个体不可能分有一个型相。"分有"或者是对型相全部的占有，或者是对型相一部分的占有，犹如一块帆布或者盖在一个人身上，或者盖在许多人身上，每人分占一块。但是分有不等于占有：如果一类事物的每一个都占有型相的全部，那么这个型相将同时分布在不同的事物之中，全部不可能同时分布在不同的部分之中，正如一块帆布不可能同时全部地盖在不同人身上。如果每一个体只是占有它们共有型相的一部分，那么个体将不会具有型相的规定性，因为一个性质在被分割之后不再保持原来的性质。比如，"大"的型相被分割成许多部分，每一部分都小于"大"的型相整体，分有这些部分的每一个事物可以说分有了比"大"小的型相，但它们仍被称作大的东西，于是便产生出这样的矛盾：具有比"大"小的性质仍然具有"大"的性质。总之，不论把个体分有型相的方式理解为分有型相全部，抑或把分有理解为分有型相部分，都不能解释分有物何以与被分有的型相相似。

我们知道，"分有"的原意是"分别占有一部分"，表示部分与整体的关系。然而，"分有说"所依据的却是个别与普遍的概念关系。当柏拉图说，苏格拉底分有了"白"的型相时，他的理由是："白"的概念可以表述"苏格拉底"；当人们说"苏格拉底是白的"时，他们的意思当然不是指"苏格拉底"与"白"之间有部分和整体关系。以上诘难正是利用"分有"表示的部分与整体关系与"分有说"依据的个别与普遍关系不相符合的情况。为了摆脱这一困境，必须强调型相所依据的概念表述功能，可以通过两条途径：或者把型相等同为普遍概念，或者把型相理解为个别事物之间的相似性。但这两条途径也都遭否决。

（3）首先，型相不能等于普遍概念。认为型相是心灵内的概念指示的外部对象，这是柏拉图"分离说"的一个基本观点。他借巴门尼德之口，再次重申："思想必然是对于某物的思想"，概念只是对于型相的概念。假如型相等于普遍概念的话，那么型相便只能存在于思想之中，"分有说"也失去了基础。因为分有物和被分有的型相有同样性质，如果型相只有思想属性，那么分有它的事物也有思想属性，"你必然要么说每一事物都由思想构成，因而都在思想；或者说它们是不在进行思想的思想"[1]。这些说法都不合理，前者不符合事实，后者不符合逻辑。柏拉图所要说明的道理是：不能以牺牲"分离说"的代价来解决"分有说"的困难，因为型相的分离存在是普遍性的基础，型相若丧失分离性。也不再具有表述事物的普遍性。

（4）假设型相是使分有物相似的普遍存在，那么它本身必然与每一个分有物相似。譬如，若 B 和 C 通过 A 而相似，那么唯一的可能性是 B 与 A 相似，C 与 A 相似。然而，这种"分有"关系只能解释分有物之间的相似，却不能解释分有物与被分有的型相之间的相似。在上例中，为了说明 B 或 C 与 A 相似，又要设立一个使它们相似的型相 A_1，它们因分有 A_1 而彼此相似；为了说明 B 或 C 和 A 与 A_1 的相似，又要设定另一个被分有的型相 A_2，依次类推，陷入无穷倒退，永远不能说明事物之间相似何以可能。这一诘难的意义在于指出"分有"不表示整体与整体之间的关系：如果型相是介于两个单独整体之间的第三个整体，那么在解释型相的中介联系作用的同时，又需在型相和任何一个整体之间插入新的第三者作为中介。亚里士多德把"分有"的无穷倒退称作"第三者"的问题，即如果需要第三者来说明两个事物的关系，那么需要设立无限多的第三者。现代哲学家称之为"外在关系说"，即：如果两事物之间的关系是外在于它们的独立存在，那么需要设立无限多的外在关系，比如，若 ARB（R 表示 A 和 B 的关系）中的 R 表示外在于 A 和 B 的存在，那么为了说明 A 和 R 的关系，又需要设立 R_1，同理，AR_1R 中的 R_1 表示外在于 A 和 R 的存在，于是又需要设立 R_2，R_3，……乃至无穷。

（5）最后，可把"分有"理解为"摹仿"。"摹仿说"强调的不是上面遭诘难的型相与个体之间的相似性，而是认识与认识对象之间的相似。"老巴门尼德"把认知者与认识对象的关系比作主人和奴隶的关系。知识犹如理念世界的主奴关系，意见犹如可感世界的主奴关系。他接着反问道，正如理念世界的"主人"不能驾驭可

---

1 柏拉图：《巴门尼德篇》，130b - c。

感世界的任何一个奴隶一样,理念型相不可能把握可感事物;正如可感世界的任何一个主人不能控制理念世界的"奴隶"一样,可感的认知者也不能认识理念世界的对象。他说:"型相本身只能被认知的型相所把握",可感对象只能被可感世界的认知者所把握。就是说,认知者(以及认识内容)与认知对象之间的相似(或摹仿)只能分别发生于理念世界或可感世界,理念世界的型相与可感世界的对象以及认知者都没有被摹仿与摹仿的相似性。结果是:"我们不能认识美本身、善本身以及我们一切当作自身存在的型相";同样,"神的知识对我们以及我们世界的一切都毫无所知","这个剥夺了神的知识真是奇谈怪论"。[1] 这个论辩的悖谬在于,"摹仿说"原意是强调"神圣制作者"(理念型相)对可感世界的统摄作用,结果却导致了他对这个世界不起任何作用的结论。

总之,上述五个论辩反驳的目标皆为"分有"概念的意义:论辩(1)指出"分有"不是严格的一一对应关系;论辩(2)指出"分有"不是部分与整体关系;论辩(3)指出"分有"不是被思想所把握的概念关系;论辩(4)指出"分有"不等于相似关系;论辩(5)指出"分有"不意味着"摹仿"意义上的认知关系。至此,"分有"一切可能具有的意义俱被否定。这五个论辩都使用了揭示矛盾的方法,柏拉图选中巴门尼德作为自己的代言人的一个重要原因,大概是因为矛盾法的创始人芝诺是巴门尼德的学生。

二

下篇要义

我们认为,柏拉图的用意并非否定"分有说",《巴门尼德篇》既是对"分有说"的维护,又是对它的一个检讨。该篇对话下半部分采用"以攻为守"策略维护柏拉图的学说。他在一开始借芝诺之口说,矛盾法的精髓在于"以其人之道还治其人

---

1 柏拉图:《巴门尼德篇》,134c - e。

之身"[1],指出别人的学说比自己的学说包含着更荒谬的矛盾。这一部分所进行的逻辑论辩旨在揭示爱利亚派学说包含着更加明显的悖论。这些论辩带有挪揄的意味,因此被当作一场巧妙的"游戏"。当然,这并非毫无实际用途的游戏,它标志着柏拉图的理念型相论进入更精致、更复杂的逻辑分析阶段。

为什么"以攻为守"的逻辑反证会产生出积极的、正面的结论呢?检讨上述五个反对"分有说"的论辩,它们提出的问题可被归为两类:第一,个体与型相的性质各不相同,何以能彼此联系?如论辩(1)指出卑微的事物不可能与高尚的型相对应,论辩(3)指出不能思想的事物不可能分享心灵中的型相,论辩(5)指出个别事物不可能与普遍型相沟通。第二,概念与型相的性质各不同,何以能以概念表示型相?如论辩(2)指出特殊概念与普遍概念之间的关系不是部分与整体的关系,论辩(4)指出一个整体与另一个整体的相似不同于概念所概括的普遍性。显然,这两个问题分别涉及理念或型相的分离性和普遍性。它们是柏拉图学说的关键所在,也是晚期柏拉图对话关注的焦点。柏拉图承认,"少年苏格拉底"缺乏深入探讨普遍对象的逻辑论辩方法,这一方法正是《巴门尼德篇》下半部分所演示的方法。柏拉图用它一方面维护自己学说的相对正确性,说明他的学说并不比经过严格逻辑论证的爱利亚派学说更荒谬;另一方面显示了他的逻辑推理能力,显示了用辩证法论证自己学说绝对正确性的能力和方向。在后来的对话中,他使用并发展了这一方法,回答了《巴门尼德篇》提出的问题。需要说明的是,后期对话的原则和方法与成熟期对话是一致的,比如,理念由低到高的层次,数学在两个领域之间的中介作用,造物主按照型相创造可感物等思想,已表达于成熟期对话之中,它们在后期对话中被进一步发挥,获得比较细致的逻辑论证与完整的理论说明。

《巴门尼德篇》下半部分针对爱利亚派的基本原则"所是的东西为一",论证了各种自相矛盾且又相互矛盾的命题。这些命题由三个基本概念构成:"所是的东西"(estin)、"一"(toen)和"其他东西"(ta alla);每一概念有肯定与否定两种形式。巴门尼德的命题是"所是的东西是一",但柏拉图却(借巴门尼德之口)指出,分别以"所是的东西"和"一"为主词和谓词,这些概念可组成下面八个虚拟命题:

---

1 柏拉图:《巴门尼德篇》,128d。

(1) 如果所是的东西是一,那么一是其他的东西(137c‒142a)。

(2) 如果所是的东西是一,那么一不是其他的东西(142b‒157c)。

(3) 如果所是的东西是一,那么它是其他的东西(157b‒159b)。

(4) 如果所是的东西是一,那么它不是其他的东西(159b‒160b)。

(5) 如果一不是所是的东西,那么所是的东西是其他的东西(160b‒163b)。

(6) 如果一不是所是的东西,那么所是的东西不是其他的东西(163b‒164b)。

(7) 如果一不是所是的东西,那么它是其他的东西(164b‒165e)。

(8) 如果一不是所是的东西,那么它不是其他的东西(165e‒166e)。

不难看出,每一命题都包含着前提和结论的矛盾,因为结论中"其他的东西"指任何与前提中被肯定的东西不同或与前提中被否定的东西相同的东西。换言之,"其他的东西"相对于"所是的东西"是"什么都不是的东西",相对于"什么都不是的东西"是"所是的东西";相对于"一"是"非一",相对于"非一"是"一"。除了每一命题的自相矛盾之外,命题(1)与(2)、(3)与(4)、(5)与(6)、(7)与(8)相互矛盾。柏拉图利用这些矛盾说明,爱利亚派坚持的原则"所是的东西为一"毫无意义,不论对它的肯定和否定都会引起荒谬的结论。

(1) 如果所是的东西是一,那么一是其他东西,即任何东西都不是。因为当我们说一个东西是什么时,总要指出它的某些特征,但一没有任何特征。一不是多,所以既不是全部,也没有部分,也没有开端、中间和结束部分,并且也没有形体部分,因而是"无定"。它没有位置,因而没有运动或静止。一不能与任何东西等同,否则将有两个一,也不能与任何东西相异,因为不能区分它们。一甚至不能与自身等同,因为"等于一"与"是一"乃是两回事。"等于""大于""小于"这些尺度不适用于没有部分的一。最后,因为一不在时间之中,不能说"一过去是""一将来是""一成为所是的东西",就是说,它没有时态区别。任何存在都在时间中,因此一不是存在。总之,一没有"是"可表述的一切性质和存在,在此意义上,一不是任何东西。结论与前提"所是的东西是一"相矛盾。

(2) 如果所是的东西是一,那么一不是其他的东西,即可以是任何东西。因为一与"是"相等,它有两个特征:统一与存在,因此是至少有两个组成部分的全部。这两个部分是不同的,因而有了第三个特征"差异"。这些特征两两相对,每一对都有数目 2,因而证明了 1 和 2 的存在,两者相加组成 3,如此相加,有了全部正整数的存在。有部分的东西是一个有界限的全体,也具有时间的各部分,处在时间之中,因此处于运动和静止之中。运动中的东西既与自身相同又与自身相异,所以一有相同性和相异性;它的存在与其他事物有不同程度的相似性。它既在其他事物之中又在自身之中,与自身和其他事物既相等又不相等。因为若 a>b,那么 a 有相对于 b 的"大",b 有相对于 a 的"小",但一是相对于所有事物的"大"(存在全体),又是相对于所有事物的"小"(最小数目)。因此,它的"大"和"小"既在自身之内,又在其他一切事物之中。最后,因为一在时间之中,它有过去、现在和将来。它过去是、现在是、将来永远是;过去生成、现在生成、将来生成;过去、现在、将来都处于关系之中,对它可以具有知识、信念和感觉。因此,可用一切东西来表述一。在此意义上,一不是与所是的东西不同的其他东西。这样,我们将不能区分所是的东西与一,也不能肯定所是的东西"是"一。因此,结论与前提相矛盾。

(3) 如果所是的东西是一,那么所是的东西是其他的东西。与所是的东西不同的其他东西是具有部分的多,因此是有形的、有限定和规定的东西,每一部分既相似又不相似。总之,所是的东西是多而不是一,因此可以说,所是的东西是与一不同的其他东西。结论与前提相矛盾。

(4) 如果所是的东西是一,那么所是的东西不是其他东西。其他东西与一完全相分离,就是说,其他东西没有任何统一性,不是一个全部,因而不具有部分,没有数目,不具有相似或差异。总之,不具有"是"所表述的一切特征;因此可以说,所是的东西不是其他东西。这样,我们就不能区分所是的东西与一,于是也就肯定所是的东西"是"一。

(5) 如果一不是所是的东西,那么所是的东西是其他的东西。因为如果一不是所是的东西,则我们可以说,所是的东西是"这一个"或"那一个",与"一"有如此这般的关系;我们必将辨别出与"所是的东西"不同的其他东西。不仅如此,我们还可以确定,其他东西和"所是的东西"有着同样的确定性。因而可以说,所是的东西是其他东西。一是与所是的东西不同的其他东西,于是也可以说,所是的东西是一。结论与前提相矛盾。

（6）如果一不是所是的东西，那么所是的东西不是其他东西。一不是任何存在的东西，因此没有任何变化和运动。它是与所是的东西完全不同的其他东西，因为不能对它作任何表述。因而可以说，所是的东西不是其他东西。这样，我们就不能区分所是的东西与一，也就不能肯定一"不是"所是的东西。

（7）如果一不是所是的东西，那么一是其他东西。如果一是与所是的东西不同的其他东西。我们需要知道其他东西与所是的东西之间的差异，这些差异虽不能用"是"表述，但可用"似乎"表述。这些可表达的差异性就是一所具有的不同于所是的东西的特征。在此意义上，可说一是其他东西。所是的东西是与一不同的所是的东西，于是也可以说，一是所是的东西。结论与前提相矛盾。

（8）如果一不是所是的东西，那么一就不是其他东西。按照前提，一不是任何东西，只能被当作一无所是的虚无，对它不能作出任何表述，甚至也不能用"其他东西"这一概念来说明它的特征。因此，一不是其他东西。这样，我们就不能区分所是的东西与一，也就不能肯定一"不是"所是的东西。

上述八个命题的证明揭示了肯定和否定"所是的东西是一"这一原则所导致的矛盾，它们并没有达到任何结论。这些矛盾命题的论证看起来似乎是一些文字游戏，实际上对于柏拉图思想发展具有不可低估的作用，它们不仅具有训练逻辑推理能力的作用，而且揭示出普遍型相之间矛盾、相反、相同和交叉的逻辑关系；更重要的是，这些逻辑型相是对过去哲学范畴和概念的总结。巴门尼德最初提出的"所是的东西"的概念包含着"对象的表述"和"对象的存在"两种不同的意义，柏拉图利用两者的差异制造出相互矛盾的四组命题。另外，在"其他东西"这一概念中，柏拉图提出了"动和静""一和多""同和异""整体和部分"的差别与对立，它们与"是和不是"的对立交织在一起，构成了普遍型相的错综复杂的逻辑关系网络。《智者篇》提出的"通种论"对普遍型相的网络作了正面说明，但这一网络在《巴门尼德篇》揭示矛盾的逻辑论辩过程中已被建立。《巴门尼德篇》否定性的论辩在《智者篇》中获得了肯定性的成果。

亚里士多德的实体理论的
逻辑意义和物理意义

　　实体理论是亚里士多德哲学里最重要的部分，同时也是最困难、最复杂的部分。他在《范畴篇》《物理学》《形而上学》等著作里对实体作出了不同的阐述，而且这些阐述多有不一致甚至相矛盾之处，致使不少人认为亚里士多德至少提出了两种不同的实体理论，甚至认为提出了与《形而上学》的实体理论不同说法的《范畴篇》不是亚里士多德所作。[1]

　　本文拟提出这样一种解释：亚里士多德的实体理论是建立在他的逻辑学和物理学体系的基础之上的，因此有逻辑意义上的实体与物理意义上的实体的不同；其次，实体的逻辑意义也不是单一的。实体多种不同的逻辑意义与物理意义并不是亚里士多德思想矛盾的表现，毋宁说，它们表现了实体理论的丰富内涵，说明了理解这一理论所需的多种角度和层面。

一

实体理论的逻辑意义

　　亚里士多德的形而上学的秘密在逻辑学。他同时建立了这两大理论体系，而这两个体系之间的联系比人们所认识到的还要密切得多。形而上学的三个主要

---

1 《牛津古典辞典》(1949年版)把《范畴篇》列为真实性有争议的著作。在《亚里士多德的理念论》
　(1985年版)一书中把《范畴篇》作为伪托之作，从而认为他的实体论与柏拉图的理念论是一致的。

环节——形而上学对象的确立、实体概念的提出，以及实体概念的意义，无不与逻辑有关。

1. 形而上学对象的确立

亚里士多德在总结了以往哲学的是非得失之后指出，第一哲学的研究对象既不是"自然"，也不是"理念型相"，而是"是者"。他说："有一门研究是者自身以及出于它的本性的属性的科学。"[1]这一门科学就是后人所谓的形而上学，亚里士多德本人称之为"第一哲学"。他认为，"是者"范围最广，地位最高。没有一样东西不属于"是者"的范围，其他科学只研究"是者"的某个部分或性质，只有第一哲学才研究"是者"自身和本质属性。

在希腊哲学发展的历史上，"是者"是巴门尼德首先提出、后又被柏拉图阐发出丰富内涵的概念。巴门尼德最初就是以逻辑的说话方式提出这一概念的。他所针对的可能是赫拉克利特的学说。赫拉克利特所说的 logos 是生成变化之道。"生成"即现在英文的 becoming。他说一切都在生成变化，没有一个事物是自身。A become B 的意思的 A come to be B，但 A 还不是 B，同时 A 也不是 A。赫拉克利特的残篇里充满着"A 是 A，又不是 A，A 是 B，又不是 B"的格言。比如，"我们踏入又不踏入同一条河流，我们存在又不存在""不朽的有朽，有朽的不朽""智慧既愿意又不愿意被人称为宙斯"等。在巴门尼德的残篇里，我们看到对那种认为"是者与非是者既相同又不相同"的说法的激烈批评，他指责说这种话的人是"彷徨不定""无所适从""既聋又瞎""不辨是非"。他要告诉人们的真理是"所是的东西不能不是"。"不能不是"是逻辑的表达：A 是 A，A 不是非 A。巴门尼德与赫拉克利特的分歧是"to be"与"be-come"、"being"与"becoming"的区分；从逻辑的观点看，两者又是形式逻辑与辩证逻辑说话方式的区别。赫拉克利特是最早的辩证逻辑学家，但他的辩证逻辑是早熟的，因此巴门尼德用形式逻辑对之全盘否定。另一方面，巴门尼德的形式逻辑也是初步的，他不能用后来确定的同一律、矛盾律来反驳，只能用一些僵硬的逻辑推理，最后得到"是者是不变的一"的结论。

柏拉图也是从逻辑的角度阐述"是者"意义的。《巴门尼德篇》的后半部对"是

---

1 亚里士多德：《形而上学》，1003a20。

者是一"的命题加以诘难,说明与之相反相矛盾的其他命题也能在逻辑上成立,从而证明巴门尼德的形式逻辑在这里无效。在《智者篇》中,柏拉图把"是者"和"非是者"、"动"和"静"、"同一"和"差异"作为六个通种,阐述了它们之间相反相成、相异相同的关系。就是说,是者既是一又是多,既是动又是静,既与本身相同,又是非是者。柏拉图对是者意义的阐述充满着形式逻辑的论辩,而又有辩证逻辑的内容。他把关于是者意义的形式逻辑与辩证逻辑结合在一起。柏拉图虽然关心是者的意义,但并未把它作为最高的范畴,而只是将其列为六个通种之一。通种是最普遍的型相,但不是最高的型相。对柏拉图而已,最高的型相始终是善。

亚里士多德首创形式逻辑的体系。在此体系中,系动词"是"的用法最为普遍,也最为重要。这是一个推理、判断和概念的体系。三段式推理的基本单元是判断,最基本的判断是直称肯定判断 S 是 P。"是"动词可以联系一切概念,可以说是无所不在。亚里士多德从"是"动词的普遍性和重要性推出了第一哲学的首要对象——是者。他似乎赞成巴门尼德的说法:一切可能存在的东西,一切可被想和可被说的东西,都是"是者"。但他与巴门尼德不同的是,巴门尼德还只是根据逻辑的说话方式得到这样的结论,亚里士多德则是依据整个逻辑体系的基础,得到了形而上学的首要对象。

亚里士多德明确地把第一哲学的对象归结为"是者",这标志着哲学思维的一大突破,亚里士多德之前的哲学缺乏统一的研究对象。他在前人所研究的众多对象中,选择了"是者"作为其他研究对象的聚集点。他的选择的理论基础一是对"是"动词极为普遍的用法的逻辑分析,二是前人对"是者"的哲学意义所作的深入探讨。亚里士多德成功地把形式逻辑和哲学史结合起来,用"是者"概括了诸如"本原""存在""本质""一与多""不变与变""善""真理"等研究对象。哲学自从围绕着这样一个统一的对象之后,便可展开多层次、全方位的系统性研究。在此意义上说形而上学使哲学成为科学并不是夸张之辞。

2. "实体"的提出及其逻辑意义

要理解"是者"的哲学意义,我们首先必须了解,在亚里士多德创立的逻辑体系中,系词"是"具有何等重要的逻辑功能。概括地说,"是"的逻辑功能有下列三个:

（1）判断的联结词

直称判断是最简单、最基本的判断，其形式是"S 是 P"。S 是主词，P 是谓词，需要系词"是"的联结才能成为判断。"是"作为系动词的基本含义是把谓词归属于主词，正如亚里士多德所说："'是'和'不是'以及分词'是者'不指示任何事实，需要增加一些东西，因为它们自身不指示任何东西，只是表示一种联系，我们在被联系的事物之外没有关于联系的单独概念。"[1] 系词"是"把主词与谓词联系起来，它的确切意义是"属于"，"S 是 P"的意义是"P 属于 S"。系词"是"的归属意义适合三段式的推理规则。三段式推理的有效性实际上是三个词项之间的有序的传递关系。被当作完善三段式第一格的 AAA 是这样的形式：所有的 B 是 A，所有的 C 是 B，因此所有的 C 是 A。当"是"的意思是"属于"时，这一推理不过是"A 属于 B，B 属于 C，因此 A 属于 C"的传递性，其必然性是自明的。

（2）指称主词自身

"S 是"在希腊文中是一个完整的句子，表示主词 S 是自身。现代西文也有这样的用法，如在英语里，说"S is"的意思是"There is S"。在这样的用法里，"是"的用法不是联结主词和谓词；即使 S 没有任何谓词，"是"也可以指称 S 自身。

（3）表示被定义的概念与定义的等同

定义的形式是"S 是 Df"。定义与判断不同，判断的谓词表述主词，被表述的词与表述词的位置不能互换，如判断"花是红的"的意思不能反过来说"红的是花"。但被定义的词与定义的位置却可以互换而意义不变，如"人是有理性的动物"与"有理性的动物是人"的意义是等值的。这是因为，"是"在这里表示的是等同关系。

与系词"是"的上述三种逻辑功能相对应，"是者"的哲学意义也有三种。简单地说，"是者"的哲学意义是"实体"，而"实体"的每一种意义都可以通过对系词"是"的逻辑功能的分析而得到。

（1）实体与属性

亚里士多德说："我们可以在很多意义上说一件东西是，但一切是者都与一个

---

1 亚里士多德：《分析篇》，16a18。

中心点有关系,这个中心点是确定的东西,它毫无歧义地被说成为实体。"[1] 从概念的意义上说,"是者"既不是单义词,也不是歧义词,它所表示的众多意义都与一个中心意义相关,这个意义就是"实体"。

为什么说"是者"的中心意义是实体呢? 亚里士多德紧紧抓住系词"是"联结判断的主词和谓词的用法,揭示实体的意义。按照他的逻辑区分,主词和谓词分属两类逻辑范畴:主词所属的范畴是"实体",谓词所属的范畴是属性。他把范畴数量归纳为十个:除"实体"之外,其他九个分别是实体的"数量""性质""关系""位置""时间""姿态""状态""活动""受动"。只有实体可以充当主词,其他九个范畴都是用来表述主词的谓词。比如说,"一个人(实体)是五尺高的(数量)""他是有能力的(性质)""他是父亲(关系)""他昨天是在学校(位置和时间)""他坐着(姿态)""他是戴帽的(状态)""他是站着的(活动)""他是被撞着的(受动)"。

亚里士多德说:"只是由于实体这个范畴,其他任何范畴才能'是';实体必定是首要的,即非限定意义上的、无条件的'是者'。"[2] 实体与属性类范畴的主次关系可以从"S 是 P"的判断形式看出。S 和 P 有先后之别:S 在先,P 在后。这一逻辑区别的哲学意义是:实体是先是的东西,属性是后是的东西。亚里士多德说:"实体在定义上、认识顺序上、时间上都在先。""定义是优先"指实体是本质,而属性是偶性,"是者"的定义首先必须包括关于实体的定义;"认识顺序上优先"指认识"是者"的认识过程首先是指出它是某一个东西,然后进一步认识这个东西有什么属性;"时间上优先"指"是者"表示的存在首先是实体,其次才是依赖于实体而存在的属性。

亚里士多德说:"某些东西,我们说它们是,是因为它们是实体,另一些东西则因为它们是实体的属性,还有一些东西则因为它们是趋于实体的过程、实体的毁灭、缺乏、性质,或者是实体的产生、生成,或者是实体的相关者,或者是所有这些东西以及实体自身的否定。正因为这个道理,我们说,即使非是者也是什么都不

---

1 亚里士多德:《形而上学》,1003a33 - b10。
2 同上书,1028a29 - b1。

是的东西。"[1] 在这里,亚里士多德说明了多种多样的属性都因围绕着实体这个中心而有意义。就实体和属性的关系而言,实体是独立存在,不依赖其他东西而存在;属性必须依附于实体才能存在,因此,属性虽然也是一个东西,却是依附于另一个"是者",任何属性都是实体的属性。在此意义上,"是者"的中心意义是实体。

(2)第一实体与第二实体

判断的主词再可被分为两种:第一,有些主词只能作为主词来使用;第二,有些主词也可以用作谓词。试比较"人是会死的"和"苏格拉底是人","人"是第一个判断的主词和第二个判断的谓词;而"苏格拉底"却只能作为主词。这两类主词实际上是通名和专名的区别:通名指示种和属,专名指示个别事物。亚里士多德在《范畴篇》中明确地说:"实体在最真实、最原初和最确切的意义上说,是既不表述,也不依存于一个主体的东西,例如,个别的人或马。在第二性意义上所说的实体,指的是涵盖第一实体的属,以及涵盖属的种。例如,个别的人被涵盖于'人'这个属之中,而'人'又被'动物'这个种所涵盖,因此,'人'和'动物'被称作第二实体。"[2] 这段话肯定了个体事物是第一实体,而种和属是第二实体。

作为主词的专名的逻辑形式是"S是自身"。这样的判断没有谓词,系词"是"的作用是指称主词,好比指着一个事物,说它就是"这一个"(tode it/that it is)。所有专名的意义都是"这一个"。亚里士多德在《形而上学》中说,"这一个"是第一实体。值得注意的是,希腊文中并没有"存在"这个概念。亚里士多德用"这一个"表示"是者"指称的个别事物的存在。

(3)第一实体与定义

除了《范畴篇》和《形而上学》中关于个别事物是第一实体的论断之外,《形而上学》的Z、H两卷又提出了形式或本质是第一实体的讨论。希腊文中没有"本质"这一概念,亚里士多德用来表示本质的术语是"其所是"(ti estin/what it is),也可意译为"本质"(essense)。

亚里士多德说:"定义是其所是的表达,其所是在完全的、首要的和无条件的

---

[1] 亚里士多德:《形而上学》,1003a33 - b10。
[2] 亚里士多德:《范畴篇》,2a11 - 17。

意义上被归诸实体。"[1]"S 是 Df"是定义的逻辑形式,其中的"是",表达出主词与定义之间的等同关系。如果被定义的主词是一个实体,那么定义表达的本质就是实体本身。就是说,第一实体是本质,正如亚里士多德所声称的那样:"形式和本质是第一实体。"[2]

二

两种关于第一实体的理论

我们看到,亚里士多德在不同的场合谈到第一实体的不同意义。他有时说第一实体是个别事物,有时说第一实体是形式。这两种说法是否矛盾呢? 首先应该肯定的是,这里没有逻辑矛盾。按照我们的分析,这两种说法有不同的逻辑根据,分别与"S 是自身"和"S 是 Df"这两种逻辑形式相对应。既然这两种逻辑形式不是矛盾的,而是并行不悖的,我们也不能说由此而产生的两种关于第一实体的理论是逻辑矛盾。

但不容否定的是,这里确有矛盾。我们应该理解,本质("其所是")、定义和形式对于亚里士多德是同义词,如他所说:"本质和形式是等同的"[3];并且,他所说的"形式"与柏拉图所说的"理念"或"型相"在希腊文中是同一个词(eidos),表示普遍性。这样就产生了一个问题:如果第一实体是"这一个",那么它就是个别事物;如果第一实体是"其所是",那么它就是普遍的形式;第一实体到底是个别的还是普遍的?

再者,"这一个"所指称的不是任何属性,而是事物的存在,而"其所是"表示的不是个别的存在,而是本质属性。这样又会产生这样一个问题:第一实体到底是事物的存在还是本质呢?

---

1 亚里士多德:《形而上学》,1031a12 - 14。
2 同上书,1030b5。
3 同上书,1032b1 - 15。

亚里士多德看到了他的第一实体的理论有矛盾或不一致之处。他试图调和实体的个别性和普遍性、存在和本质之间的对立，探讨所谓的实体的个别化原则的问题。他试图把本质个别化，把个别化的本质作为第一实体。但是在亚里士多德的体系中，本质是不能被个别化的。因为本质由定义表达，而根据他的逻辑，定义的一般形式是"种＋属差"，任何定义必然是普遍的，而不能是关于个别事物的定义。如果一定要为个别事物下定义的话，那也只能是现代意义上的直指定义，即指着一事物，说它是"这一个"。这样一来，又回到了第一实体是个别事物的立场，仍无法与第一实体是本质的立场相调和。

亚里士多德的实体理论对后世有着难以估量的巨大影响。由于他的第一实体的理论一开始就包含着矛盾，后世的形而上学始终存在着普遍主义与个体主义、本质主义与存在主义之间的不同倾向，中世纪的实在论与唯名论的争论也与之有关。

三

实体的物理意义

以上所说都是对实体意义的逻辑分析。我们需要理解，亚里士多德不但是逻辑学家，而且是经验型的学者，他还考虑到经验世界的实体的现实意义。亚里士多德区分了实体与具体实体，他说："实体是内在的形式，形式和质料在一起是所谓具体实体的来源。"[1] 前者指完全逻辑意义上的实体，即定义所表达的形式；后者指物理意义上的实体，即物理世界的运动着的事物。

《形而上学》关于具体实体的讨论是《物理学》的继续。"形而上学"在希腊文中的原意为"物理学之后"。后人对物理学与形而上学的先后顺序有不同的解释。有一种意见认为，这仅仅是在编辑亚里士多德著作时所作的偶然排列；另一种意见认为，编辑的顺序反映出教育顺序，亚里士多德实际上沿着从物理学到形而上

---

1 亚里士多德：《形而上学》，1037a30。

学的顺序循序渐进地传授他的思想；还有人进一步认为，教育顺序反映出亚里士多德的思想顺序，"物理学之后"的意思是"超越物理学"，即超越经验领域到达靠思辨把握的神圣领域。后一种解释比较符合亚里士多德的原意。《形而上学》的第一句话是"人在本性上是求知的"，接着说明了人们追求知识的由低到高的等级，从感觉到理智，从个别的、具体的到普遍的、抽象的对象，最后到达最高的知识，以最高、最普遍的原则为对象，亚里士多德称之为"第一哲学"和"神学"。

亚里士多德是如何从物理世界中运动的实体上升到神圣领域的最高实体的呢？在《物理学》中，亚里士多德说明，处于运动之中的具体事物都有现实性和潜在性两方面。它们的存在和运动又有四个原因：质料困、形式因、动力因和目的因；其中形式因、动力因和目的因都属于"形式"，而质料因属于"质料"。在《形而上学》中，运动事物的"四因"被转变为具体实体的两个构成因素——质料和形式，它们分别与运动的现实性和潜在性相对应。就是说，物理世界的一切具体实体都由形式和质料、实在与潜在两方面因素构成。这种观点后来被称作"质型论"（hylemorphism，其中 hyle 表示质料，morphe 表示形式）。

根据形式与质料、实在与潜在所占的不同比重，具体实体被分为由下到上的等级：实体的质料或潜在性越多，则形式或现实性越少，所处的等级也就越低；反之则处在较高的等级。实体沿着形式或现实性越来越多的方向上升，最后到达没有任何质料或潜在性的纯形式、纯粹的现实性。《形而上学》提出了三类实体构成的世界等级。第一类是可朽的运动实体，第二类是永恒的运动实体，第三类是永恒的、不动的实体。第一类实体是地界的个体，第二类实体是天体。这两类实体都是可感的、具体的物理实体，都是由形式和质料组成的。第三类实体也是个别的，却不是感觉对象，也没有质料，它不属于经验世界，而是神学研究的神圣实体，亚里士多德称之为"神"。

亚里士多德关于"神"的概念有三层意思：第一，不动的推动者或第一推动者；第二，纯形式或纯活动；第三，纯思想或思想的思想。关于第三点，他论辩说，神既然不包含任何质料和潜在，便不可能有任何形体，只能是纯粹的思想。但纯思想不能有任何外在对象，否则它将追求一个外在的目的。因此，神是一个思想实体，永恒地思想自身，神的活动是思想活动。至于神对自身的思想活动何以能够成为引起物理实体运动的推动力，这是一个谜。

　　"神"实际上是形而上学的最高原则和首要原因的代名词，是为了解释可感的物理实体的合理性而作出的理论设定。亚里士多德之所以称之为"神"，是为了强调最高实体依然是个别实体。他所谓的神不是有人格、创世的神，不是对之顶膜礼拜的宗教的对象。对他来说，对神的崇拜是纯思辨活动，是智慧和幸福的顶点。研究神学是哲学的最高境界，不包括实用或实践的动机与利益。他曾明确地说，人与神之间无友谊可言，因为神不会报答人对他的爱，人也不能用爱的情感去对待神。[1]　总的来说，亚里士多德关于神的观念继承了希腊哲学的理神论传统，没有陷入神人同形同性论的窠臼。然而，另一方面，他把形而上学归结为神学，把最高的哲学原则或最高实体冠以"神"的名称，在物理领域之外设立了一个超自然的神圣领域，为形而上学与各种宗教（基督教、伊斯兰教、犹太教）的神学的同盟开辟了道路。

1　亚里士多德，《大伦理学》，1028b26 - 32。

透视神圣光圈笼罩下的哲学

——《基督教哲学 1500 年》前言

公元 2 至 16 世纪在世界史中相当于古罗马后期、中世纪和文艺复兴三个历史时期。这三个时期的哲学是西方哲学史的薄弱环节。黑格尔说,他以"穿七里靴尽速跨过这一时期"的方式处理中世纪哲学史[1],这已成为不少哲学史家的共同做法,比如这段时间的哲学史在国内教科书中所占篇幅仅在 1/6 至 1/10 之间。从泰勒斯到黑格尔的西方哲学史共有 2500 余年,其中 1500 年的历史所占比例如此之小,难免使人产生不平衡之感。

本来,历史舞台上发生的一切都是高潮起伏、剧情跌宕的,哲学史亦如此。篇幅与时间不成比例的写法未必一定不合理。看来,问题的关键不在于篇幅的多少,而在于这段历史中有多少值得介绍的哲学思想。多则多写,少则少写,这才是实事求是的态度。

能不能说,2 至 16 世纪的哲学没有留下多少史料呢? 让我们看一看事实,20 世纪末在巴黎由米恩(Migne)神父编辑的《教父学全集》希腊文系列(至 1445 年) 162 卷,拉丁文系列(至 1216 年)225 卷。由比利时斯顿布鲁格(Steenbrugge)本笃修道院编辑的《基督教文集》收集 8 世纪以前的拉丁文著作,已编至 180 卷,《中世纪续编》的篇幅更为丰钜。但是已被编辑出版的史料只是巨大冰山上露出水面的部分,更多的资料还有待发掘整理。到西欧历史悠久的修道院藏书馆参观的人,

---

1 黑格尔:《哲学史讲演录》第 2 卷,商务印书馆 1956 年版,第 233 页。

看到一排排高达天花板的书架上堆砌的书卷和手稿,大概都会想到中文"汗牛充栋"这句成语。中世纪学者多为僧侣,他们皓首穷经、日夜笔耕。他们著述之丰令现代人难以置信。奥古斯丁、大阿尔伯特、托马斯·阿奎那、邓·司各脱、威廉·奥康等重要哲学家的著作卷帙浩繁。史料学的统计数字可以表明,基督教哲学史料大大超过现存的古希腊哲学资料和近代哲学资料。

当然,史料的数量不等于思想的分量,问题的关键在于,这些资料中有多少可供哲学史家利用的成分? 能不能说,基督教史料属于神学范围,没有多少哲学价值呢? 判断史料的哲学价值的标准无非有三种:第一种是以我们现代人的哲学概念为标准,第二种是以被研究的时代的哲学概念为标准,第三种兼顾两者。必须承认处理基督教思想史料的困难:如果以现代人的哲学概念作为取舍标准,则大部分资料将划归神学,从中总结不出多少哲学思想;如果以中世纪人的哲学概念作为标准,则这些资料全部或大部具有哲学价值,但从中概括出来的将不是哲学史,而是基督教学说史。解决这个两难处境的办法只能是兼顾两者。原先的问题于是转变成这样一个问题:现代和中世纪的哲学概念有何相符合之处呢?

西方哲学是希腊人留给西方的遗产。中世纪哲学是对古希腊哲学的直接继承,柏拉图主义和亚里士多德主义仍然是左右中世纪哲学的两大传统。近代以来的哲学家并不是从文艺复兴时期开始认识到希腊哲学的,他们不可避免地通过中世纪遗留的解释、问题和概念来理解、利用希腊哲学遗产。中世纪哲学承上启下的作用为我们现代人评价它的价值提供了一个标准。按照这个标准,中世纪思想中凡与希腊哲学的原则、问题和范畴有关,并对近、现代哲学发生影响的那一部分内容都可归属于哲学史研究范围。比如,中世纪典籍中常见的关于上帝存在的证明或者沿袭了亚里士多德关于神是第一推动者的思想,或者利用了希腊哲学的"存在""终极原因""目的""和谐"和"世界秩序"等观念,并且,这些证明对后世的哲学产生过深远影响,因此,关于上帝存在的证明是中世纪哲学的一个主题。即便像"三位一体"这样一个典型的神学问题,也涉及本体与本质、个别与一般、精神与肉体的关系等哲学问题,这可以从哲学史的角度加以研究。

　　我们说中世纪哲学是古希腊哲学与近代哲学之间的中介，这并不是说中世纪哲学仅仅是古希腊哲学的延续或附庸；相反，应该承认中世纪哲学在历史中的独立地位和特殊贡献。中世纪哲学在基督教文化的背景中改造、丰富和发展了古希腊哲学。中世纪的哲学文献无论从数量上还是从质量上都不逊于古代与近现代哲学著作。所谓哲学的"质量"，指问题的深度和广度，思辨的高度和力度，范畴、概念的概括性和充足性，方法的成熟性和连续性等方面。虽然中世纪哲学经历过长时间的劫难，但它们的繁荣期也是哲学史上的辉煌篇章。无论如何，13 世纪经院哲学的鼎盛绝不亚于公元前 4 世纪的雅典哲学和 17 世纪哲学体系的气象。

　　我们在这本书里着重强调了中世纪哲学在形而上学、自然哲学、知识论、伦理学和社会政治学说等方面的特殊贡献。比如，中世纪对亚里士多德"存在"概念意义的辨析演化为关于实体、本质和实在的不同学说，实在论和唯名论的争论把柏拉图与亚里士多德关于共相的不同理解发展为本体论和认识论领域两条路线的分歧，关于质料与形式关系的研究导致了物质实体观，对理智抽象作用的讨论触及感性与理性、理想与现实、个人意识与类意识关系这样一些认识论的基本问题，按照基督教教义对希腊哲学灵魂学说进行的改造不但导致了精神实体观，而且包含着对人的心理和生理现象的具体研究。至于中世纪对意志自由、美与恶、自然律等伦理问题的系统研究，它们与希腊哲学中有关的零星论述相比，更显出中世纪哲学的独创性。就中世纪哲学对后世的影响而言，可以毫不夸张地说，近代形而上学的上帝、灵魂和世界三大主题，物质与精神二元论的实体观，认识论中天赋观念论，经验论和先验论观点，义务论，幸福论和意志论的伦理观等重要理论在中世纪哲学家的思想中已经相当成熟，只是由于社会历史条件的限制，有些思想在当时不被重视，直到近代才产生影响。

　　为了表明中世纪哲学的中介作用和独特贡献，我们注意介绍它与古希腊哲学的承袭关系以及对近代哲学的影响，间或指出它的某些思想的现代意义。这样评论力图以公正和谨慎的态度，恢复古代哲学、中世纪哲学和近代哲学三足鼎立的历史面目，把西方哲学史的连续性和整体性表现出来。

二 ————————————————————————————————

　　我们在上面谈到的"中世纪哲学"和"基督教哲学"这两个概念有何关联呢？这是一个颇有争议又值得推敲的问题。

　　先谈"中世纪哲学"的意义。按世界史分期，"中世纪"一般指公元 455 年西罗马帝国灭亡到 15 世纪文艺复兴前夕约 1000 年的时间。"中世纪哲学"概念可作两种理解。第一种意见认为，哲学史分期应与世界史分期相对应，中世纪哲学即中世纪这段历史时期的哲学。第二种意见认为，哲学史分期应有不同于世界史分期的标准。比如，世界史上的希腊时期结束于公元前 2 世纪，然而希腊哲学不是一个时间性或区域性的概念，它也包括在罗马时期希腊本土以外地区的哲学。再如，现代史指 20 世纪，但不少哲学史家倾向于把黑格尔之后的哲学都当作现代哲学。世界史一般以重大政治、军事事件分期，但一个重大历史事件不一定会对哲学产生决定性影响；即便产生这样的影响，也往往是间接、长远的影响，不能设想一次历史事件可以造成两个不同时期哲学的分野。根据这些道理，哲学史中的"中世纪"不完全是一个时间概念，它主要是一个文化概念，指基督教文化。"中世纪哲学"指以基督教文化为背景的哲学。2 至 16 世纪基督教经历了传播发展、取得统治地位直至影响衰退的过程，与此过程相适应的哲学的诞生、发展、分化与衰落的全过程就是中世纪哲学。在这种意义上所说的中世纪哲学与古代哲学和近代哲学在时间上有交叉关系。2 至 5 世纪是古代哲学与中世纪教父哲学交替时期，15 至 16 世纪是中世纪晚期哲学向近代哲学过渡时期。

　　把"中世纪"作为一个表示基督教文化的概念，那么可以说，"中世纪哲学"与"基督教哲学"是两个意义基本相同的概念；或者至少可以说。2 至 16 世纪的西方哲学的主流是基督教哲学。法国中世纪哲学史家吉尔松（E. Gilson）第一个断定中世纪哲学的性质是基督教哲学。吉尔松属于新经院哲学派，然而，他的这一论点却在新经院哲学派内部引起轩然大波，遭到以卢汶学派为代表的大多数新经院哲学家的强烈反对。

　　反对使用"基督教哲学"这一名称的人说，中世纪哲学虽然与基督教信仰有密切关系，但这种关系只是外在的，即中世纪哲学家即使不依赖信仰，也同样可以运用哲学思辨建立他们的理论,正如从事科学研究的基督教徒不靠信仰建立科学理论一样。英国哲学史家、耶稣会神父科普尔斯顿(Jesuit Father Copleston)说:"如果哲学是人类研究和知识的一个合法和自主的领域('自主'的意思是哲学家有自身的方法和研究对象),那么,它不是,也不可能是'基督教'的。正如说'基督教生物学'或'基督教数学'是荒谬一样,一个生物学家或数学家可以是基督徒,但他的生物学或数学却不是基督教的。同样,一个哲学家可以是基督徒,但他的哲学却不是基督教的。"他承认:"'基督教哲学'这一词的合法意义最多只是说符合基督教的哲学",但他又说:"我们并不因为一个科学命题符合基督教而称之为基督教命题。"[1]因此,结论似乎是:不能因为中世纪哲学符合基督教而称之为基督教哲学,因为这种符合是历史的巧合而非必然的一致性。

另一些反对"基督教哲学"提法的人承认中世纪哲学与基督教信仰有某种内在的、必然的联系,但是他们争辩说,这种联系恰恰是不利于甚至阻碍中世纪哲学发展的桎梏,中世纪哲学应被视为挣脱信仰与神学桎梏的自我解放运动,而不能把它的精神实质标榜为基督教哲学。美国哲学史家克利斯特勒(Kristeller)说:"人们要在经院哲学家的著作中寻找关于一种基督教哲学的概念是徒劳的(对于经院哲学家们——其中包括托马斯·阿奎那——来讲,神学就是基督教的思想,哲学就是亚里士多德学说,问题是如何把两者调和起来)。"[2]

早在1944年出版的《中世纪哲学精神》一书中,吉尔松就已经回答了人们对"基督教哲学"这一概念的种种诘难。他指出:"只有启示与理性之间的内在关系,才能够赋予'基督教哲学'一词积极的意义。"[3]中世纪哲学与基督教信仰的内在关系表现在,信仰赋予哲学新的内容,正如许多中世纪哲学家公开宣称的那样,若无信仰,他们不可能有效地运用理性,产生不出关于世界和人生的洞见。信仰对他们来说不是外在指导原则或被迫服从的教条,而是作用在理性思维过程之中的精神动力、目标和操作原则。另外,信仰赋予哲学的不是消极内容,而是积极的促进因素。若无信仰,中世纪哲学不可能完成对古希腊哲学的改造,超越不出亚里

---

1 F. Copleston, *A History of Philosophy*, vol. 2, part 2(Image Books), New York,1962, p. 280.

2 克利斯特勒:《意大利文艺复兴时期八个哲学家》,上海译文出版社1987年版,第14页。

3 E. Gilson, *The Spirit of Medieval Philosphy*, London,1936, p. 35.

士多德主义。吉尔松从各方面说明，中世纪哲学的成果，如存在论、因果观、天命观、人生观、灵魂观、自由观、道德观、自然观、历史观等，都不是对古代哲学的简单重复，而是把信仰与希腊哲学结合在一起所产生的新的成果。正是基于基督教信仰与中世纪哲学的内在联系及其积极意义这两点主要理由，吉尔松断定中世纪哲学就是基督教哲学。

吉尔松和他的对手都着眼于信仰与理性关系：一方认为这种关系的性质是内在的和良性的，另一方则认为是外在的，或虽是内在，却是恶性的。双方都持整体主义和绝对主义的观点，即认为信仰与理性的关系在整个中世纪时期保持固定不变性质，在不同的哲学发展阶段、不同的哲学家思想和不同的哲学问题中表现为同一本质。哲学史的事实却告诉我们，中世纪哲学中信仰与理性关系在一个阶段表现为内在的、良性的，在另一个阶段则表现为外在的、恶性的；即使在同一阶段，它可以在一个哲学家思想中表现为内在的、良性的关系，在另一个哲学家思想中表现为外在的、恶性的关系，在对一个问题的论述中表现为内在的、良性的关系，在对另一问题的论述中表现为外在的、恶性的。再说，内在的关系并非总是良性的，外在的关系也不总是恶性的，它们之间的交叉、重叠造成了错综复杂的哲学思想。总之，我们应通过对中世纪哲学的具体阶段、人物和问题的分析，决定信仰与理性关系的性质。具体情况具体分析，这才是实事求是的态度。

纵然如此，我们仍然采用"中世纪哲学是基督教哲学"的结论，只不过我们是在吉尔松所说的不同意义上使用这种提法的。我们以为，外国学者在争论"基督教哲学"概念的合法性时，都有意或无意地回避了这场争议的实质，即中世纪哲学是否具有基督教意识形态的特征？赞同使用"基督教哲学"这一概念的人毫不掩饰中世纪哲学的意识形态特征。吉尔松在 1950 年经院哲学家会议上宣称："真正的经院哲学家无论过去和将来永远是神学家。"[1] 反对使用"基督教哲学"这一名称的人实际上反对把中世纪哲学看作基督教会（或公教会）的意识形态，他们认为，如果哲学在中世纪不幸被意识形态所"污染"而下降为神学的婢女，那么就应

1 转引自杜任之主编《现代西方著名哲学家述评》续集，生活·读书·新知三联书店 1983 年版，第173 页。

该为中世纪哲学正名,指出意识形态化是违反哲学思维本性的,不属于中世纪哲学的精神实质。如此看来,围绕"中世纪哲学是否基督教哲学"问题展开的争论实际上是"哲学是否属于意识形态"这场规模更大争论的一部分。中世纪哲学是西方哲学中意识形态特征最明显的一部分,如果连中世纪哲学都不能被合法地认作基督教的意识形态,那么西方哲学中将再无意识形态的位置。当今的西方哲学界,"意识形态批判理论"深入人心,在这种形势下,无怪反对"基督教哲学"提法的人占了上风。

"意识形态"对于某些人来说是一个不受欢迎的字眼,但它却真实地概括了中世纪哲学事实。我们这里仅举几个事实说明中世纪哲学是基督教会的意识形态。第一,中世纪哲学崇尚权威,以权威意见为判断是非的标准。然而,中世纪的权威是公教会树立起来的正统。从《圣经》的版本、翻译,到对《圣经》的解释,都要经过教会的认可,才能成为正统教义和学说。教徒的思想和行为只有经过教会的评估,被正式册封为圣徒、教父或有特殊名称的博士之后,才能成为权威人士,他们的言论才能成为被引用为证据的权威意见。公教会树立的权威和规范的正统为中世纪哲学提供了标准。第二,公教会在树立权威的同时推行谴责异端的制度。上至教皇、主教会议,下至主教、教区会议都有权宣判某一思想观点为异端邪说,有权对作者施行各种处分,烧毁其著作,阻止其传播。与谴责的行政手段相配合的是一套细致的思想控制,包括由教会指定的审查委员会的批判,作者本人检查反省、撤销原先观点,教会人士内部通报批评,等等。教会的谴责和思想控制在很多情况下决定了中世纪哲学的发展方向。第三,中世纪哲学是教会教育的一个方面。教会在中世纪垄断了教育,即使后来的大学也没有真正割断与教会的思想联系。哲学的教育和研究的主要任务是宣传和解释教义和教会政策、法规,哲学与神学有千丝万缕的联系。中世纪流行的哲学观大致有三种:一是奥古斯丁提出的哲学与基督教一体化的概念:基督教就是"真正的哲学";二是达米安(Peter Damian)提出的神学概念:"哲学是神学的婢女";三是托马斯·阿奎那提出的综合性概念:哲学和神学分属两个独立学科,阐明同一真理。无论哪一种哲学观都没有脱离"基督教哲学"的范畴。

我们说中世纪哲学是基督教会的意识形态,这并不等于说中世纪的一切哲学理论和观点都是被教会认可的正统学说。每一种意识形态内部都充满着矛盾和斗争，基督教意识形态内部争夺正统的斗争尤为激烈。有一些哲学理论和观点虽然被教会谴责为异端，但是这并没有改变它们的意识形态特征。并且，这些理论和观点往往是由于创新和批判精神而遭到谴责的，它们在哲学史上的意义更为重大，更值得引起我们的注意。

综上所述，当我们说中世纪哲学是基督教哲学，我们指两层意思：第一，中世纪哲学是基督教会的意识形态；第二，中世纪哲学是基督教文化的一部分。"基督教哲学"这一概念突出了中世纪哲学的意识形态性质与文化背景。我们以"基督教哲学"为题论述，需要对中世纪哲学的社会历史条件作出更加深入的说明，不但联系教会史，而且结合哲学家个人经历来阐述中世纪哲学理论。中世纪提倡"恭谦"，很少为个人作传记，因此，人们往往只能从哲学著作来了解哲学家，而不能从哲学家的生活来理解他的思想，这为中世纪哲学史的研究和理解造成特殊困难。我们利用已知的传记材料，希望能在中世纪通常的枯燥学说中注入一些生活与时代的气息。

三

这本书记录了一个中国人眼里看到的中世纪基督教哲学，它是为中国读者和受中国文化影响的人而写的书。中国人了解一些中世纪的基督教哲学史有什么意义呢？我们以为至少有三方面的作用。

第一，能够帮助我们全面地理解西方文化。有一种说法：西方文明贯穿着希伯来人的宗教精神、希腊人的哲学精神和罗马人的法律精神。这三种精神的融合始于中世纪，中世纪哲学正是基督教义、希腊哲学和罗马法的一种全面整合，它体现了西方文化的初始状况，是我们理解西方文化的全貌和特征的历史基础。"五四"以来的中国人深感理解西方文明与文化的重要性和迫切性。我们现在强调，学习中世纪哲学有助于克服理解中的片面性。比如，有人说，西方文明贯穿着追求真理的理性主义精神，然而中世纪的理性主义与神秘主义、求知和思辨的精神与宗教精神是互补互足的,与宗教精神相对立的理性主义只是 18 世纪以来的新近产物。有人说,西方文明重视外观与自然,缺乏人伦道德精神,然而中世纪哲学家一般都赋予自然和世界以道德属性,研究自然服从于伦理化宗教的目的。有人说,西方文化表现出强烈的反传统反权威的批判精神,然而中世纪哲学却是另一个模式,这是一个传统向另一个传统的渐变,老权威与新权威的共同统治。有人说,西方文明有着自由、民主和法治的精神,然而,在中世纪哲学中,我们却可以看到专制主义、教条主义和法的精神的结合。总之,我们不能根据现代西学的一鳞半爪便对西方文化传统的全部作出有利于自己的论断。能对外来文化作出全面、公正评价,这是一个文化的成熟标志。研究中世纪基督教哲学,就是现代中国文化走向成熟的重要一环。

第二,能够帮助我们进行中西哲学和文化的比较。2 至 16 世纪相当于中国东汉至明代,中国哲学在这一时期经历了魏晋玄学、隋唐佛学、宋明理学等阶段。同一历史跨度中的中西哲学有无可比性? 或者用当前时兴的话来说,不同"范式"之间有无"可公度性"? 这是中西文化比较研究中的一个不容忽视的问题。从事比较研究的目的是促进不同文化背景的人们相互理解:取长补短,促成世界性文化的形成。然而,当代有些人用相对主义的"范式无公度性"理论否认不同语言、不同思想体系和不同文化之间进行比较的可行性。另一方面,中西比较研究的目前状况实在令人气馁。这种研究的相当一部分是超时代、超历史的,因而也是主观任意、不着边际的,它以为可以从中西文化中任取比较对象。这种完全不顾社会历史条件和理论背景的比较,除了告诉人们中西哲学术语有何相似之处以外,大概很少有其他的作用。然而,脱离文化的整体模式比较个别术语的意义,恰恰是"无公度性"论者反对的主要目标。我们认为,有意义的比较应该是整体的、历史的,这样才能显示不同文化的可比性、有公度性与相容性。中世纪基督教哲学与同一时期的中国哲学在整体上有很多可比之处,比如两者都产生于文化专制主义环境之中,都是封建时代的意识形态,都达到了理性思辨和宗教精神的融合,都有强烈的宗教伦理精神,同时不乏本体论和世界观的理论基础。整体的相似产生出具体问题与观点的相似与可比。作者在写作过程中偶有比较的心得,但自知国学功底浅薄,不敢贸然写入书中,但求这本书能为热衷于中国哲学和文化的读者提供素材,能够更多地思索中西哲学和文化的同异,共同关心融会中西、贯通古今的中国现代化文化建设。

第三,能够帮助我们训练理性思辨能力。西方哲学思辨始于希腊人非功利、非实用的智慧,中国传统哲学儒、道、释三家也有静观思辨的精神。但不知从什么时候开始,在我们中间却滋长了一种轻视理性思辨的风气。经院哲学成为这种风气的最大牺牲品,它或被视作"繁琐哲学"的代名词,或被讥为只讨论"一个针尖上站几个天使"之类问题的无聊学问。我们对经院哲学的偏见在很大程度上受启蒙运动的影响。启蒙运动"不破不立""矫枉过正"的做法是可以理解的,然而,如果认为现代化就是功利化、实用等于实惠、思辨理性不如工具理性,那就会对文化造成灾难性后果。理性思辨之风过盛固然不好,大家总不能都沉溺于幽思玄想之中而不干实事,但是一个民族不能没有理性思辨,因为理性思辨关系到民族文化的整体素质和深层内涵。在没有理性思辨的文化环境里,很多功利目标难以达到,很多实事干不成;即使干成了,也要付出过高的代价或产生始料不及的副作用,这是一些民族的教训。我们说,现代文化是与中世纪的"神圣文化"相对立的世俗文化,这是对的。然而,两者的对立不是思辨精神与功利主义的对立:世俗文化充满着理性思辨,神圣文化亦不乏功利主义的追求。以狭隘的功利标准和实用价值排斥理性思辨的文化是俗文化,而不是世俗文化。两者只有一字之差,却有主次之分。世俗文化是现代文化的主流,俗文化是世俗文化的一个部分,是一种群众消费文化、商业性文化。我们并不反对俗文化,也不提倡按经院哲学的模式做学问,只是想在理性思辨之风衰微之际,借他山之石,攻我之玉。经院哲学对论题的详尽区分、对概念意义的缜密分析以及逻辑推理的严密性都是可以借鉴的做法。因此,我们在书中不但介绍问题的答案和观点,而且对一些具有重要意义的哲学问题,还要再现问题的提出与分析、解决问题的论证过程,这方面的内容读起来可能不太轻松,它们是为有思辨兴趣和习惯的读者准备的,没有这种兴趣的读者可略去不读,不会因此而影响对全书基本内容和线索的理解。

基督教哲学的意义

"基督教哲学"的概念

"基督教哲学"首先是一个历史概念,指 2 至 6 世纪教父的哲学思想,12 世纪以后兴起的经院哲学及其在 20 世纪的延续——新经院哲学。

属于"基督教哲学"范畴的上述哲学派别和运动与罗马天主教会有着密切联系,但我们最好不要用"天主教哲学"这一概念。因为在 16 世纪宗教改革之前,西方世界的基督教并无新(Protestant)和老(Catholic)两大教派之分,基督教是西方世界同一的宗教,Catholic 只是教会的名称。基督新教与罗马天主教会决裂之后,并未出现与原有的基督教哲学传统不同的"新教哲学"。即便如此,也无需用"天主教哲学"来概括 16 世纪之后的基督教哲学(主要是经院哲学和新经院哲学)的性质,否则会产生不必要的争论和误解。

20 世纪中叶,在新经院哲学内部就"基督教哲学"是不是一个合法概念的问题,展开了一场争论。反对把经院哲学称为基督教哲学的人其主要理由是:(1) 经院哲学属于 philosophia perennia 的古老传统,不是基督徒的发明,继承这一传统的基督徒所发现的哲学真理并不只适用于基督教,而是适用于全人类的科学。(2) 经院哲学不是天主教会的意识形态。虽然它在中世纪与罗马教会曾经有过密切联系,但它的内在真理却不依赖于这种联系;相反,它受到教会意识形态的污染,科学性被掩盖。

我们对此的回应是:(1) 虽然西方哲学的"非意识形态化"已成为趋势,但经院哲学曾是基督教的意识形态,这是不争的历史事实。即使是新经院哲学,其意识形态特征仍然十分明显。（2）关键在于，如何界定和评价基督教意识形态的作用。"基督教哲学"不能简单地被等同为"天主教会的哲学"（这也是我之所以不赞成用 Catholic philosophy 取代 Christian philosophy 的一个理由）。因为基督教哲学并不是始终置于罗马教会控制之下，并为其利益服务的工具。（3）基督教哲学的意识形态特征主要表现于基督教信仰对哲学的深刻影响以及基督教神学与哲学之间不可分割的联系。中世纪有三种哲学观：一是奥古斯丁提出的"基督教是真正的哲学"的观点，二是达米安提出的"哲学是神学的婢女"的观点，三是托马斯·阿奎那提出的"神学和哲学分属两门科学，阐明同一真理"的观点。这些观点都是用基督教意识形态（信仰和神学）来规定哲学性质的，从不同侧面表达出"基督教哲学"的内涵。（4）基督教哲学的意识形态特征并不掩盖它的科学性。在中世纪，基督教哲学是一种科学形态，当时的人们普遍承认它的科学性，即使今人也不能否定它所包含的宝贵的自然科学和人文社会科学的萌芽。从哲学上分析，基督教哲学具有科学的合理性，主要表现为两方面：第一，基督教哲学在哲学史上是一种进步，它克服了晚期希腊哲学面临的危机，为哲学后来进一步发展奠定了基础；第二，基督教哲学为理性开辟了新的领域，创造或深化了重要的哲学问题、范畴和学说，对后世哲学与科学都具有积极作用。下面分别阐述这两方面的论题。

二

基督教哲学的诞生是历史的进步

有一种普遍的意见，认为基督教哲学代替希腊哲学是蒙昧主义代替理性主义的历史倒退，欧洲从此进入黑暗时代，经过 15 世纪希腊文化的复兴，才出现文明的曙光，直到 18 世纪启蒙运动，理性光芒才普照欧洲。

我以为上述意见至少带有双重误解，一是夸大了希腊理性主义的进步意义，二是夸大了中世纪蒙昧主义的落后意义。

希腊哲学的主流的确是理性主义，但理性主义并非总是健全的理性，它也可以蜕变为堕落的理性、自杀的理性。我们在罗马帝国后期看到的正是希腊理性主义这种衰败的景象。罗马时期的希腊哲学已被伦理化,各派哲学都以"幸福"为目标,但实际上却沉溺于空谈清议,哲学堕落为连哲学家自己也不准备实行的虚伪说教。伦理化哲学的核心在于实践性。苏格拉底说:"德性就是知识",要求哲学家们践履自己宣扬的学说。后期的哲学家却抛弃了这一原则,虽然他们的伦理学采取思辨知识形式,却是一种堕落的理性。罗马后期,怀疑主义和相对主义盛行,哲学派别繁多,多达 288 个。各派相互攻讦,莫衷一是,一切都可以怀疑,一切都是相对的,一切事物都有正反两种说法,并且这两种说法都可用理性证明。皮罗(Purron)因此说,只有放弃理性,"悬隔判断",才能达到幸福生活;哲学家要像猪一样专心吃食,对外界发生的一切都不动心。希腊哲学走上了自我毁灭的道路,有其深刻的文化背景和社会原因。在希腊罗马文化背景之中,哲学已发展到尽头,或者说,穷尽了自身发展的一切可能性。只有在另外一种文化形态和意识形态之中,希腊哲学的优秀成果才能保持和发展。历史证明,这种文化形态就是基督教。

基督教的流行可以说是一个奇迹。它本是偏居一隅的犹太教的分支,基督徒遵从耶稣基督教导,要把基督教传到地极,因而遭到罗马帝国的残酷镇压。罗马帝国拥有无比强大的国家机器和军队,曾经战胜过无数敌人,面对和平的基督徒,却无可奈何,最终让基督教取得统治地位。

造成这一历史奇迹的原因与其说在天堂,不如说在人间。基督教在本质上是伦理化的宗教,早期基督教的传播是一场道德革命。基督教以其信仰的素朴性、坚定性和实践性赢得人心。耶稣及其信徒不但传播福音,而且亲身践履"爱"的诫命,为民众树立榜样。榜样的力量是无穷的,宗教领袖的道德榜样尤其如此。可以说,基督教的教义和实践填补了当时伦理价值的真空,满足了广大民众的道德精神追求,这是它取得胜利的秘密所在。

基督教虽然是伦理化宗教,但一开始还不是理性化宗教。耶稣传教的对象是下层民众,他所挑选的使徒是渔夫,而不是哲学家。当基督教传播到希腊化地区,为了争取有教养的上层人士的支持,成为占统治地位的意识形态,基督徒不可避免地要利用现存的思想材料来传播福音,不可避免地与希腊哲学发生碰撞和融合。最早的融合是《约翰福音》中"道成肉身"的教义。"道"即希腊人所说的

logos,这也是希腊哲学的主题。希腊哲学理性主义在某种意义上可以说是"logos中心主义"。"道成肉身"的教义在基督与希腊哲学之间架起了一座桥梁,这意味着人们可以用希腊人的理性来理解基督,宣扬基督。正是在这种观念的推动下,出现了基督教和希腊哲学的结合,产生出哲学这一新的哲学形态。

三

基督教哲学的基本问题及其影响

基督教哲学在长期历史发展过程中提出大量问题,我们从中归纳出十个基本问题,这些问题上承希腊哲学,下启近现代哲学,是西方哲学和学术思想发展史上不可缺少的环节。

1. 信仰与理性关系问题

这一问题是维持基督教哲学的枢纽。基督教和希腊哲学既相结合,又保持着张力。基督教哲学的这种性质决定了信仰和理性的矛盾关系:两者必须保持平衡,才能维持基督教哲学的生存;在基督教哲学发展的每一关键时期,旧有平衡受到破坏,又会出现新的平衡。因此,我们可以看到这样一种带规律的现象:在基督教哲学重要转折时期总会出现信仰派、理性派和调和派三种立场,信仰派往往暂时占上风,但最终胜利的总是调和派。在教父时期,信仰派最初表现为激进主义,理性派则以诺斯替异端为代表,但以奥古斯丁为代表的理性辩护主义最终取得正统地位。在经院哲学诞生时期,理性派和信仰派的斗争表现为辩证法和反辩证法的对立,以安瑟尔谟(Anselmus)为代表的辩证神学调和两者,成为正统派。13 世纪亚里士多德主义传入后,理性派和信仰派表现为拉丁阿维洛伊主义和波那文图拉主义之间的斗争,综合两派立场的托马斯主义最终取得正统地位。

理性和信仰关系问题虽然在基督教哲学中表现得最为突出,但现代的哲学家越来越清楚地认识到,任何知识体系内部都有理性和信仰的关系问题。即使自然科学的进步也不完全依靠理性的力量,也需要对新范式采取"皈依信仰"式的态度。分析哲学家认为,真理是一种对命题的态度,包含信仰、知识和证实三个因素。凡此种种，都说明中世纪关于信仰和理性关系的讨论仍有现代意义。

2. 存在与本质的区分

古希腊哲学中并无与现代西文 existence 和 essence 相应的概念，但希腊哲学的术语"是者"(动词 einai 和动名词 on)以及一些相关词组在特定上下文中可被意译为"本质"和"存在"。基督教神学家通过对耶和华宣称"我是我所是"的意义的理解开始对"是者"的意义进行形而上学的探讨。围绕"三位一体"神学问题的讨论，对上帝的本体和位格、实质和实体之间的关系加以辨析区分。托马斯·阿奎那后来用 ens 和 essentia 这两个概念把"是者"(esse)的意义区分开来，从而把存在与本质的区分用范畴固定下来。中世纪关于存在与本质的区分把隐藏在希腊形而上学内的存在主义和本质主义两种倾向显现出来，现代存在主义正是依据这一区分发展起来的。

3. 关于上帝存在的证明

用自然理性证明上帝存在，这是基督教哲学独到之处。基督教哲学家并没有寻求证明耶和华或耶稣的存在，《圣经》的记载对他们来说是千真万确的事实、天经地义的启示。他们通过证明上帝的存在，揭示出一个唯一的最高的统摄原则，展现宇宙的和谐性，表达对真善美的景仰。这与传统哲学的目标和任务是相一致的，对哲学家有强烈的吸引力。虽然有不少人认为康德从根本上摧毁了关于上帝的一切证明，但事实上，这些证明在康德之后不断更新出现。

4. 关于质料的性质

希腊人使用的 hyle 在中世纪被翻译为拉丁文 matter，但远不是现代人所说的"物质"，而是没有现实性的、不变的质料。奥古斯丁认为，质料也是上帝创造的，不是纯粹的潜在。托马斯·阿奎那区分出"能指质料"(matter signata)以表示质料的形体，司各脱区分出"主观潜在"(potentia subjectiva)以表示质料的运动。古代的"质料"概念被赋予广延和运动之后，就转变为近代意义上的"物质"。

5. 个别性原则

希腊哲学家有一种偏见，认为个别服从普遍，哲学只研究普遍的原则。亚里士多德提出了实体个别性原则的问题，但倾向于用"质料""形式"等普遍原则来代替个别性。司各脱首次突破了这一偏见，认为个别性原则是最终极原则，不能被归结为其他原则或概念。他使用"此性"（haecceitas）表示一个事物的终极原则在自身。现代存在哲学家海德格尔认为，哲学探究的原则是个别性的原则，本真的存在是其他人不可替代的个别人的存在。解构主义所要说明的也是个别性、独特性。这些都与中世纪思想有渊源关系。

6. 共相性质问题

围绕共相性质问题，中世纪基督教哲学家形成实在论和唯名论两大阵营，他们的问题和观点对近代各哲学流派都有深远影响，具有本体论、认识论、逻辑学、语言学、心理学等诸方面的意义。很多研究著作都有叙述，兹不赘述。

7. 抽象与理智

为什么理智能从个别的感觉材料中抽象出普遍概论？这对古人是个谜，亚里士多德提出"消极理智"和"积极理智"相互作用的解决方案，但语焉不详。中世纪哲学家沿着这一方向，深入细致地讨论了感性与理性、记忆与想象、分析与综合以及认识的意向、动力和过程等问题。他们的思想一直延续在近代认识论之中，对现代心理学也有所贡献。

8. 个人灵魂不朽问题

柏拉图曾提出灵魂不朽的哲学论证，但他所说的灵魂不朽指灵魂转世，不符合基督教义。基督教哲学家在阐明个人灵魂不朽的意义和可能性的时候，触及两个根本性的问题，一是身体行为对个人灵魂的影响，二是个人灵魂与人类知识的关系。近代哲学与神学分离之后，这两个问题转化为两个重要的哲学问题：身心关系问题和主客观关系问题。近现代哲学正是围绕这些问题为枢纽而展开的。

9. 意志自由问题

中世纪的伦理学企图在意志自由说和原罪说、恩典说之间保持一种平衡，一方面提倡道德责任感，另一方面强化对拯救的信念。路德后来指责这是一种"半佩拉纠主义"（Semi-Pelagians）的调和，他强调恩典和前定，但并未因此否认人的意志自由和道德努力。新教伦理以另外的方式达到了信仰与道德之间的新平衡。基督徒的道德主体意识正是在这些平衡的基础上培植起来的。

10. 道德律的基础

基督教哲学继承了斯多亚学派的"自然律"思想，强调自然律在人心内唤起的

"良心"(Syndersis)是人发现、尊重和遵守一切成文或不成文的戒律的基础。对
"自然律"和"良心"的看法,有理智主义和意志主义的分歧,形成很多纷繁复杂的
见解。近现代各种伦理学观点(包括新教伦理),都可以在中世纪找到它们的
先驱。

大阿尔伯特和德国哲学的起源

　　"哲学的起源"是与"哲学的终结"同样令人感兴趣的话题。在西方哲学界，一些人在一般意义上谈论哲学的终结，另一些人却在那里细致地追溯本国哲学的起源。比如，法国人不无自豪地宣称，12世纪出现在巴黎地区的一些经院，如夏特尔学校和圣维克多学校，是孕育法国哲学的摇篮。英国人则把英国经验论和科学精神的传统追溯到12和13世纪的牛津学者那里。一些德国学者也把生活在13和14世纪之交的约翰·艾克哈特(Johannes Eckhart)认作"德国思辨之父"。

　　然而，我们知道，中世纪哲学是国际性的，并没有明显的民族特征。在14世纪之前，欧洲尚未形成民族国家，各民族的思想交流不受政治和经济条件限制，基督教是西欧各国统一的意识形态，拉丁文是著作的统一语言。考虑到这些历史事实，在中世纪区分英国、法国和德国等国别哲学是没有充分根据的。

　　另一方面，我们应该承认，中世纪各民族的地域和文化差异不可能对哲学没有影响。当西方各国研究者探讨本国哲学起源时，他们自觉或不自觉地使用两个衡量标准：第一，最初的本国哲学家的出生地和从事学术活动的主要场所处于该国现有疆域之内。第二，他们的思想对本国哲学传统的形成具有影响力。这种影响既可以是有形的，即通过有迹可循的师承关系表现出来，也可以是无形的，即他们的思想与后起的体现了民族精神的本国哲学在主题、方法和风格上具有相似之处。现在虽然无法确定这些相似性是通过何种途径形成的，但至少可以在理论上分析后者对前者的承袭关系。

　　按照这样两条标准，德国哲学的起源可追溯到艾克哈特之前的大阿尔伯特(Albertus Magnus)那里。本文拟从两方面说明这一论点：首先介绍大阿尔伯特在科隆的教学和著述活动，然后追寻他对后世有形的和无形的影响。

大阿尔伯特其人及其著作

大阿尔伯持 1206 年生于豪亨斯陶芬斯公国首府施瓦本的一个骑士家庭。他年轻时在帕多瓦大学(现在意大利)学习哲学,并在那里于 1223 年加入了新成立的多米尼克会。后被修会派往科隆学习神学,修业期满后在多米尼克会德国省下辖的各修道院讲授彼得·伦巴底的《箴言四书》(这是长期使用的神学教材)。1243年左右受修会派遣,到当时的神学与哲学中心巴黎大学深造神学。1245 年毕业后在巴黎讲授神学,获得神学教授资格。1248 年,大阿尔伯特返回科隆,创办多米尼克修会的大学馆。其后一直主持大学馆,并曾兼任修会的德国省省长职务,1260 年至 1262 年间,担任雷根斯堡主教。大阿尔伯特于 1280 年 11 月 15 日去世。

大阿尔伯特主持的科隆大学馆在 13 世纪是仅次于巴黎大学和牛津大学的神学和哲学中心。在他所培养的众多的学生之中,最杰出者无疑是托马斯·阿奎那。托马斯·阿奎那于 1245 年被多米尼克修会送至巴黎的圣雅克修院学习,就学于大阿尔伯特门下,而后又随之来到科隆大学馆继续学习。他在大阿尔伯特指导之下学习《箴言四书》、圣狄奥尼修斯著作(伪托)以及亚里士多德的《尼各马可伦理学》等课程,深受其师赏识。相传托马斯·阿奎那因体格硕大、沉默寡言而获得"西西里哑牛"(托马斯·阿奎那出生地洛卡塞卡堡当时属于西西里王国)之绰号。大阿尔伯特独具慧眼,预言道:"这只哑牛终会吼叫,他的吼声将传遍世界。"[1]托马斯·阿奎那果然不负所望,于 1252 年在大阿尔伯特的推荐之下进入巴黎大学神学院,1256 年完成学业之后即显示出非凡的才华,好似"照亮学术界的晨星"(教皇约翰二十二世纪语)。

大阿尔伯特生活在新旧思想激烈交锋的时代,从阿拉伯地区传入的亚里士多德主义在大学里迅速蔓延,引起教会和保守的神学家的恐慌。他们用各种手段阻碍和压制亚里士多德主义的传播,甚至颁布禁令谴责符合亚里士多德学说的观点为异端,对拉丁阿维洛伊主义者进行迫害。对此,大阿尔伯特愤怒地说:"正是此

---

1 转引自傅乐安《托马斯·阿奎那的基督教哲学》,上海人民出版社 1990 年版,第 4 页。

种人谋害了苏格拉底,把柏拉图逐出雅典,又用阴谋逼迫亚里士多德离开雅典。正如胆汁的弥漫使全身变苦,刻毒的人把学术界搅得苦涩不堪,使学者们享受不到共同探讨真理的甘甜。"[1] 1270 年 11 月 10 日,巴黎主教唐比埃(Tempier)颁布了一条禁令,把当时在巴黎大学广泛传播的 13 条命题谴责为异端。巴黎的宗教法庭曾派员到科隆询问大阿尔伯特的意见。他明确地表明自己的反对态度:"巴黎的很多人不从事哲学,专事诡辩"[2],并说巴黎那些制造迫害的人反对哲学的行为好似"野兽亵渎它们一无所知的东西"[3]。但大阿尔伯特未能阻止大谴责的发生。1277 年 3 月 7 日,唐比埃变本加厉地颁布了一道谴责 219 条命题的禁令,这就是通常所说的"七七禁令"[4]。这道禁令株连到对亚里士多德主义持积极态度的托马斯·阿奎那,大阿尔伯特为此以耄耋之身亲自到巴黎为托马斯辩护。其时托马斯·阿奎那已经去世,由于大阿尔伯特以及一些托马斯·阿奎那的学生竭力辩护,多米尼克会决定以托马斯学说为旗帜,回击反对派的攻击,最终由罗马教廷认可了托马斯主义的正统地位。可以说,托马斯主义崛起得益于大阿尔伯特的积极扶植和维护。应当强调的是,他对托马斯主义的支持并非出自维护本修会声誉的宗派立场。在当时历史条件下,托马斯主义适应了亚里士多德主义传播的时代潮流,维护和反对托马斯主义的论战具有进步和保守斗争的性质。在此意义上,可以肯定大阿尔伯特是一位代表着进步方向的哲学家。

后期重要的经院哲学家都有特定的博士头衔。大阿尔伯特的称号是 Doctor universalis(全能博士),他以博学多闻著称。与他同时代的哲学家罗吉尔·培根(Roger Bacon)说:"他在学校里像亚里士多德、阿维森纳和阿维洛伊一样被人引述,但又不像那些人,他还在世的时候就被奉为权威";"他还在世的时候,就在巴黎被授予博士称号,在学校里当作权威被引进"[5]。经院哲学虽以推崇权威为特征,但很少以活人为权威。大阿尔伯特作为活着的权威,是一个例外,足见他在当

---

1 E. Gilson, *History of Chilosophy in Middle Ages*, New York, 1955, p. 270.

2 M. Ham, *Mediesl Tought*, McMillian, 1985, p. 175.

3 P. Mondonmet, *Siger of Brbant*, Louvain, 1911, p. 59.

4 关于"七七禁令"详情,见赵敦华《中世纪哲学长编》,第九章第三节,江苏人民出版社 2023 年版。

5 D. Knowles, *The Evolunon of Medieval Thought*, London, 1962, p. 252.

时影响之大。

　　大阿尔伯特著作包括三类：一类是当时盛行的"大全"式著作，包括《箴言四书注》《被造物大全》，以及与托马斯·阿奎那的代表作同名的未竟之作《神学大全》；另一类是对亚里士多德著作所作的注释，他对亚里士多德的主要著作进行了广泛的评注，计有：《形而上学》《物理学》《论灵魂》《论天》《论生灭》《自然小著作》《动物志》《尼各马可伦理学》《政治学》《后分析篇》；第三类著作为一些论辩问题集。这些著作被编入《大阿尔伯特全集》，17 世纪的里昂版全集共 21 卷，19 世纪末的斐微斯版共 38 卷。

二

大阿尔伯特学说观点举要

　　在大阿尔伯特卷帙浩繁的著作中，我们选择一些对当时或后世具有影响的观点加以介绍。

1. 哲学与神学的区分

　　哲学与神学的关系问题是中世纪哲学的一个基本问题。在此问题上依时间先后流行过三种观念：一是圣奥古斯丁（Augustine）于 4 世纪提出的"基督教是真正的哲学"观点，二是圣达米安于 12 世纪提出的"哲学是神学的婢女"的论断，三是圣托马斯关于哲学与神学分属两门科学、共享同一真理的论述。托马斯·阿奎那的这一观点是在大阿尔伯特的影响之下形成的。大阿尔伯特在其《神学大全》的开端指出："启示有两种方式。一种通过自然之光。正如奥古斯丁在《论教师》中所说，这种光只能米自上帝的初始之光，亚里士多德的《论原因》（实际上是普罗克洛所著的《神学要义》。——本文作者注）也完全证明了这一点。另一种光是向着高于世界的实在洞见，神学在其中被揭示。第一种光照耀着由自身便可知的事物，第二种光照耀着信条提及的事物。"[1] 大阿尔伯特在这里虽然使用了奥古斯丁

1　大阿尔伯特：《神学大全》，1 部 1 篇 4 题。

"光照论"的语言,却提出了一个不见于奥古斯丁主义的重要区分:哲学和神学的认识途径不同,哲学依靠自然之光,按照事物自身认识事物;神学依靠超自然之光,根据信仰认识事物。当然,这两种光都来自上帝之光,哲学与神学殊途同归。大阿尔伯特一方面反对哲学与神学完全分离的"双重真理论",另一方面由认识途径入手区分哲学和神学。值得注意的是,这一立场也是托马斯主义的出发点。托马斯·阿奎那在其同名著作《神学大全》的开端也是这样论述问题的。按现在的观点衡量,说哲学与神学属于同一真理可谓陈旧之论,然而,在当时的历史条件下,能够把哲学与神学明确地区分开来,需要足够的理论勇气和远见。这种观点的提出,标志着哲学解放的历史进程迈出了第一步。

2. 自然研究方法论

大阿尔伯特对亚里士多德全部的自然哲学著作都作了评注,这固然是由于自然哲学在 13 世纪的大学里已取得与逻辑同等重要的基础地位,同时也反映出他对自然研究的特殊兴趣。在他的注释里,既有对运动一般原因和规则的阐明,又有对天空、金属、矿物、植物、动物、环境和人的行为等具体对象的探讨。后一种研究以观察和描述为依据。比如,为了获得矿物学方面的知识,他亲自到德国东部的采矿场作实地考察。依据观察到的事实,他纠正了亚里士多德著作的一些错误。比如,亚里士多德说彩虹在 50 年之内只发生两次,而大阿尔伯特在一年之内就看过两次彩虹,他据此说,亚里士多德的断言来自道听途说,没有经验根据。

大阿尔伯特区分了"实在科学"和"言语科学",前者指以实际存在的事物为对象的自然哲学,后者指形而上学的思辨。经院哲学盛行的方法是以演绎推理为特征的"辩证法"。他认为这种方法不适用于实在科学。他说:"我对研究事物时所用的逻辑推理不感兴趣,因为这种推理导致很多错误。"[1]但同时他对以格罗斯特(R. Grosseteste)为代表的牛津学者应用数学研究自然的方法也不以为然,称之为"毕达哥拉斯方式"。

大阿尔伯特在研究具体对象时注重经验观察,但他对世界整体和运动原因的

---

1 大阿尔伯特:《物理学注》,3 卷 1 篇 1 节。

说明却充满着思辨。总的来说,他使用经验和思辨相结合的方法。与亚里士多德一样,他对经验事实进行细致分类,作出概念上的区分,从中提炼原则,进一步构建自然体系。

3. 自然体系

大阿尔伯特以创世说为背景,建构了一个关于自然的思辨体系。他把创世过程分为四个阶段,每一阶段为一"纪"(Coaequevus)。在四纪里依次被创造的事物是质料、时间、太空和天使。他的《被造物大全》一书对创世四纪的论述描绘了一个世界图式,对经院哲学的自然观和实体观作了概述。

第一纪的被造物是质料。大阿尔伯特肯定质料是原初存在,它是一切生成变化的载体。他注意到亚里士多德的质料观所蕴含的一个矛盾:质料一方面被定义为没有获得现实性之前的潜在,另一方面又是一切运动变化和属性所依附的基体,因而不可能不具有实体性。大阿尔伯特解释说,质料的潜在是相对于形式而言的,但质料一旦与形式结合构成实体,便处于现实状态,具有个性。原初质料是与元素形成一起被创造的,不能脱离元素抽象地看待原初质料。因此,元素是最初的有形实体,对自然解释应从元素的性质开始。

第二纪的被造物是时间。大阿尔伯特认为,时间是处于生成变化之中的事物的量度,上帝不生不灭不变化,因此不处于时间之中。针对经院哲学家争论的"世界是否永恒""世界有无开端"等问题,他区分了两类运动:第一类是无始无终的运动,这类运动的实体称作"移涌"(aeon),它们随着时间一起被创造出来,虽在时间之中,却是永恒的;另一类是可朽事物的运动,在时间中有始有终的。两类运动产生出神学和哲学两种不同的时间观:神学中讨论的时间适用于一切运动着的实体,不管它们是可朽的还是不可朽的,有形的还是无形的。神学的时间概念给出一切运动的共同性——持续性;哲学的时间观适用于可朽事物的运动,它除有持续性之外,还有间断性。度量这类运动的时间是均匀流逝的"现在"。持续性和间断性相统一的时间即亚里士多德所定义的"依前后而定的运动数目"[1]。哲学所讨论的时间有因运动性质不同而不同的多样性:天体运动的

---

1 亚里士多德:《物理学》,210b2。

度量不同于地界物体运动的度量,地上有形物体运动的度量又不同于无形的理智和意志运动的度量。不难看出,大阿尔伯特的时间观与亚里士多德的观点一脉相承。近代物理学正是突破了这种观念的束缚,才形成了统一天界和地界运动的"绝对时间"的观念。

第三纪的被造物是太空。太空不同于天空。大阿尔伯特用两个后来在哲学史上产生重要影响的概念区分两者:"有一个能生的自然(natura naturans)和一个被生的自然(natura naturata)。能生的自然是上帝及其创造的天,被生的自然是可生可朽的存在物。"[1]大阿尔伯特虽然坚持上帝超越时间,却不认为上帝超越空间。上帝为自己创造了位置,这就是太空。能生的自然是上帝的领域。太空又被称作"三位一体的天",它是观察不到的,人所能知道的只是太空有"位置"的属性。可观察的天空是充满着运动变化天体的被生的自然。能生的自然和被生的自然的区分相当于神学空间观和哲学空间观的区分,这一区分和神学时间观和哲学时间观的区分一样,符合大阿尔伯特关于哲学和神学区分的基本构想。

第四纪的被造物是天使。按经院哲学术语,"天使"是"精神实体"或"无形实体"的代名词。当时有一种观点认为,一切实体都由质料和形式构造,精神实体也不例外,也包含有"精神质料"。这种观点被称作"普遍质型论"。大阿尔伯特不赞成"精神质料"这种说法。他指出,"质料(hyle)"和物质(matter)这两种概念的意义密切相关。纯粹潜在的质料不等于物质,但这种意义上的质料是不可指称和定义的,可指可说的质料总是物质,具有形体。在这种情况下谈论"无形的"质料或"精神的"物质岂非自相矛盾。

否认精神实体的质料构成并不等于否认它的复合构造。大阿尔伯特把精神实体分为"是这个"(quod est)和"其所是"(quo est)的组合。这一对概念取自亚里士多德关于"这一个"(tode ti)和"其所是"(ti estin)的区分。自波埃修始,中世纪哲学家对这一区分作过多方面阐释。大阿尔伯特的解释不落窠臼,富有新意。他把"是这个"解释为实体的个别存在,把"其所是"解释为实体的本质。按这一解释,精神实体是存在与本质的复合构造。托马斯·阿奎那后来发展了这一思想,

---

1 E. Gilson, *History of Christam Philosophy in Middle Ages*, p. 281.

作了如下区分：上帝是单一的精神实体，被造物是复合实体，被造的精神实体包含存在和本质两方面，被造的物质实体包含存在和本质、形式和质料两重区分。大阿尔伯特首先对"是者"（esse）意义作出存在和本质区分，在此基础上，托马斯·阿奎那又提出存在先于、高于本质的"存在主义"观点，谱写出形而上学史上的重要篇章。

4. 灵魂观

13 世纪中叶，关于灵魂性质的问题已成为经院哲学家争论的焦点。一派持柏拉图主义观点，认为灵魂是独立的精神实体，另一派持亚里士多德主义观点，认为灵魂是有生命实体的形式。大阿尔伯特说："只有同时理解柏拉图和亚里士多德的人才是完全的哲学家。如果我们研究灵魂自身，我们追随柏拉图；如果我们把灵魂当作激活身体的原则，我们同意亚里士多德。"[1] 据他的看法，灵魂就其自身而言，与天使不同之处在于，它能够与身体质料相结合。相对于身体而言，灵魂是一个有形实体的形式。与身体相分离之后，灵魂恢复其精神实体的独立性。并且，灵魂的存在是个别存在（"是这个"）。据此，大阿尔伯特毫不动摇地坚持"个人灵魂不朽"的立场，反对拉丁阿维洛伊主义的"统一理智不朽"的思想。

亚里士多德在《论灵魂》中对人的理性灵魂作了动力理智和可能理智的区分，引起后世注释者长达千年的争论。大阿尔伯特应用精神实体存在与本质的区分，作出别具一格的新解释。他说，动力理智是一种生命力，它是激活灵魂的活动，"这就是为什么'灵魂'（anima）一词来自动词'激活'（animardo）的原因"[2]。也就是说，动力理智是赋予灵魂现实性的存在活动，可能理智则是灵魂的本质。理性灵魂的本质在于认知普遍对象，但一开始处于潜在状态，只能接受感觉印象，但自身缺乏把感觉印象抽象为普遍概念的能力。但是人的灵魂的感性内容包含着成为理智概念的可能性，故被称作"可能理智"。可能理智从动力理智那里获得必要的抽象能力，才把灵魂中的潜在概念转变为现实概念。最后，可能理智还有记忆的贮存功能，将已获得的普遍概念融会贯通，使之成为科学知识。大阿尔伯特用

---

1 大阿尔伯特：《神学大全》，2 部 69 篇 2 题。
2 E. Gilson, *History of Chistian Philosophy in Middle Ages*, p. 287.

可能理智和动力理智的关系解释了从感性到理性的认识过程：可能理智提供认识材料，动力理智提供认识动力，两者的结合产生出针对感觉印象的理智抽象活动，最后再由可能理智贮存认识成果，实现其认知的本质。理智为什么能够从个别的感觉印象中抽象出普遍概念？这对于古人来说是一个难解之谜，即使现代心理学也未能描述抽象活动的全过程。大阿尔伯特的"抽象说"具有当时历史条件下所能达到的合理性，对今人也不无启发作用。

5. 伦理观

大阿尔伯特是《尼各马可伦理学》最早的拉丁注释者，他于 13 世纪 50 年代和 60 年代两次作注。他的注释在大学里被广泛采用。他力图调和亚里士多德伦理观与基督教道德，在注释中突出了伦理实践的世俗性。比如，他虽然相信上帝是幸福的终极原因，但同时强调人的行为是获得幸福的直接原因。他明确地说："我们的行为构成大哲学家（指亚里士多德。——本文作者注）所说的幸福的根本原因。"在介绍亚里士多德的德性观时，他强调："我们这里讨论的是自然德性，而不是神德性。"[1] 自然的或世俗的德性与神学的或宗教的德性的区分蕴含着人可以不凭信仰而获得美德的思想。

大阿尔伯特用理智和意志的结合说明人类自由选择的能力，自由的选择是对善的选择，因为人的灵魂有良心（synderseis）这一自然属性。良心是自然律在人心上铭刻的道德准则。中世纪的自然律观念最终归结为上帝的意志，但大阿尔伯特着重分析参与道德活动的各种自然因素，没有直接诉诸信仰。巴黎大学的教师在讲解大阿尔伯特注释时，进一步发挥了其中的世俗观点。比如，一个名叫杜埃的詹姆士的教师说："上帝不能直接赋予幸福。"这一观点遭到"七七禁令"的谴责。

---

1 N. Kretzmann, *The Cambridge History of Later Medieval Philosophy*, Cambridge, 1982, p. 660.

三 ————————————————————————

大阿尔伯特和科隆神秘主义思潮

由于大阿尔伯特与托马斯·阿奎那之间的密切关系,很多研究者把大阿尔伯特视为托马斯主义者。更新的研究成果表明了大阿尔伯特思想的复杂性。正如一个研究者指出,把大阿尔伯特思想纳入托马斯主义框架中去评价,"既夸大又缩小了他的贡献:夸大了他对亚里士多德主义的贡献,因为他根本不是一个纯粹的、自始至终的亚里士多德主义者;同时也缩小了他对托马斯主义以外的其他派别的贡献。他那宽容大度的心灵包罗众多的观念,对斯特拉斯堡的神学家以及弗来堡的蒂特里希(Dietrich de Vrieberg)为代表的新柏拉图主义者都产生重大影响"[1]。引文最后提及的那个派别指 13 和 14 世纪之交在科隆地区盛行的神秘主义。这一思潮对以后德国哲学乃至整个民族的形成具有重大意义。

我们在前面已经介绍了大阿伯特思想与亚里士多德主义和托马斯主义的亲缘关系。大阿伯特所知道的亚里士多德主义来自阿拉伯世界。从那里传入的亚里士多德主义与柏拉图主义、新柏拉图主义并无严格的分野。正如一位现代研究者所说,阿拉伯哲学家"相信只有一种哲学,它的两位大师是柏拉图和亚里士多德"[2]。混同柏拉图主义和亚里士多德的一个典型例证是,新柏拉图主义者普罗克洛斯的《神学要义》长期被人们误作为亚里士多德所著的《论原因》。在这样的理论条件下,大阿尔伯特对亚里士多德的注释不可避免地掺有柏拉图主义和新柏拉图主义的因素。但他并非完全没有意识到亚里士多德与柏拉图之间的差别。如前所述,他肯定柏拉图和亚里士多德的灵魂学各有所长,要求从不同方面去理解二者的观点。另外,他还讲授一些不见于亚里士多德著作的学说,如"存在的流溢"(de fluxuentis)、"形而上之光"(de luce)等。这些学说带有明显的新柏拉图主义色彩。

如果说,大阿尔伯特的倾向是综合,那么他的学生的理论倾向就不再是综合,

---

1 D. Knowles, *The Evolution of Medieval Thought*, p. 252.
2 M. M. Anawati, *Avicenne et le dialogues Orient-Occident*, p. 182.

而是分离。他们努力把大阿尔伯特阐述的柏拉图主义观点分离出来,结合伪狄奥尼修斯和爱留根纳(Eriugena)的思想,发展了以新柏拉图主义为特征的神秘主义的理论和实践。

13世纪后期,一向被误作为亚里士多德《论原因》的真实文本被多米尼会僧侣、著名翻译家莫尔伯克的威廉(William of Moerbeke)翻译出版,他还翻译了普罗克洛斯的其他著作,如《论天意和命运》《论恶的本性》《蒂迈欧篇注》《巴门尼德篇注》等。这些著作第一次向经院哲学家展示出新柏拉图主义的本来面目。大阿尔伯特的学生雨果·瑞佩林(Hugh Ripelin)和乌里希·恩格尔伯蒂(Urlich Engeiberti)等人发展了新柏拉图主义。他们借助于大阿尔伯特的权威,比如,瑞佩林于1268年出版的《神学纲要》一直被误认为大阿尔伯特所著。这部著作在14世纪流行甚广,以致人们把科隆的新柏拉图主义者称作"大阿尔伯特主义者"。他们中间有一个重要人物是弗来堡的蒂特里希,他在其主要著作《论理智与理性》一书中把"太一"解释为高于"是者"的范畴。太一被等同为上帝最初的显象,是圣道(logos)的代名词。太一向外弥散才生成出一切"所是的东西"。在亚里士多德主义已被普遍接受的情况下,这些新柏拉图主义的观点格外引人注意。

新柏拉图主义为神秘主义的实践奠定了理论基础。13与14世纪之交,科隆所在的莱茵地区发生了神秘主义的群众运动。众多的善男善女的狂热举动引起教廷的不安,教皇指示多米尼克会德国省负责指导这一运动。科隆学派的新柏拉图主义理论于是同神秘主义的实践结合在一起,著名的神秘主义者不仅是理论家,而且是身体力行的传道者。他们的领袖是约翰·艾克哈特。

艾克哈特曾是阿尔伯特在科隆的学生,后到巴黎大学神学院学习,毕业后在巴黎和科隆教授神学。1290年担任多米尼克会萨克森分会会长之后,积极领导神秘主义运动。他传授的神秘主义在其生前已遭到教会的反对。他于1327年逝世。两年之后,教皇约翰二十二世正式谴责他所宣扬的28个命题。从这些命题的内容上看,艾克哈特在理论上持新柏拉图主义和泛神论观点,在实践上主张个人与上帝直接交往,强调个人内在精神生活的价值,轻视外在的圣事和繁文缛节。艾克哈特倡导的这一神秘主义思潮并未被教会的谴责所扼杀。他的门徒约翰·陶勒尔(John Tauler)和亨利·苏索(Henry Suso)在14世纪把神秘主义推进至低地国家以及英国、西班牙,对欧洲的历史进程具有深远的影响。

从思想史的角度考察,艾克哈特具有双重影响。他的新柏拉图主义和泛神论对 15 世纪的哲学家库萨的尼古拉产生一定的影响;更重要的是他对 16 世纪德国宗教改革运动的影响:马丁·路德通过陶勒尔了解到艾克哈特的学说和主张,从中汲取了神秘主义和民族主义因素,发展了"因信称义"的教义。

库萨的尼古拉和马丁·路德对于德国哲学的形成所起的作用是众所周知的。关于前者,卡西勒(Cassirer)等人甚至认为库萨的尼古拉是近代哲学创始人。[1]至于路德对于德意志民族精神的重要性,更为世人所公认。有鉴于此,对尼古拉和路德都具有影响力的艾克哈特被视为德国哲学的先驱。我们需要进一步指出的是,如果没有大阿尔伯特开创的科隆学派,也就不会有艾克哈特的理论和实践。进一步考察从大阿尔伯特开始,到艾克哈特和库萨的尼古拉的中世纪的德意志民族哲学家,构成了德国哲学诞生的原初线索。

原载《德国哲学》第 16 辑,北京大学出版社 1997 年版

---

1 李秋零:《上帝、宇宙和人》,博士论文,第 194 页。

莫把康德当休谟

——从《实践理性批判》的一段译文谈起

　　韩水法把他翻译的《实践理性批判》一书送给我。我首先查阅边码 12 页的一段文字。译文是："有人为了补救客观的和由此而来的普遍的有效性的这种缺乏，就说：人们并没有看到给另外一种理性存在者赋予另外一种表象方式的根据。"[1]我知道韩君是依据德文原著翻译的，因此不会有错；假如他依据的是英译本来翻译，那就很可能出错了。现在流行的英译本是由著名的研究康德的专家贝克（Lewis W. Beck）翻译的。韩君在译后记中评论说："贝克译文比较注重英文的流畅和可读性，因而对于德文原文的句式结构有较大的改动。"[2]我们现在来看一看，对上面那段引文，贝克的译文做了什么样的变动？

　　贝克对那段文字的英译是：

As to attempting to remedy this lack of objective and consequently universal validity by arguing that there is no reason not to attribute to other reasonable being a different type of ideation… [3]

　　德文的原文是：

Diesem Mangel der objektiven und daraus folgenden allgemeinen Gültigkeit dadurch abhelfen wollen，dass man doch keinen Grund säbe，andern vernünftigen Wesen eine andere Vorstellungsart beizulegen，… [4]

---

1 康德：《纯粹理性批判》，"汉译世界学术名著丛书"，商务印书馆 1999 年版，第 10 页。

2 同上书，第 196 页。

3 *Critique of Practical Reason*，trans. by L. Beck，Bobbs-Memll，Indianapolis，1956，p. 13.

4 *Kants Gesammelte Schriften*，von Preussischen Akadanie der Wissenchaften，V，1922，s. 12；*Kants Werke*，von B. Cassirer，V，Beslin，1922，s. 13.

明眼人一眼就可以看出,贝克在译文中多加了一个 not,把德文原文的否定句式("没有理由赋予另外一种理性存在者以另外一种表象方式")变成了双重否定句("没有理由不赋予另外一种理性存在者以另外一种表象方式"),这岂止是"较大的改动",简直是南辕北辙。鼎鼎大名的贝克当然不会犯一个连初学德文者也不会犯的错误,合理的解释只能是:这个 not 是他有意加上的,他的理由是为了纠正康德的"笔误"。现在问题的关键是:贝克为什么要认为康德有笔误呢? 康德在这里究竟有没有笔误呢?

———

贝克的误译

康德著作的几个版本,如普鲁士科学院版、卡西勒版的编者和众多的注释者都没有在此处发现有笔误。当然,这还不是没有笔误的主要理由;贝克完全可以发现别人发现不了的笔误。判断康德在这里究竟有没有笔误的理由,首先要看这段文字是否符合康德一贯的思想。按照这个标准,我们可以肯定,康德在此并无笔误可言,倒是贝克的改动违反了康德的原意。我们这样说的理由有以下三条:

第一,从上下文的意思看,康德的目标是反驳"没有理由赋予另外的理性存在者以另外的表象方式",他紧接着指出,这是"无知的佯谬"(fallacy of ignorance)。他辛辣地讽刺说:"如果这个推论是有效的话,那么我们的无知就会比所有的沉思更有助于拓展我们的知识了。"这个意思在上下文中是非常清楚的,符合逻辑的。贝克的翻译把否定命题变成肯定命题,这就与康德随后指出的"无知的佯谬"衔接不上了。因为"无知的佯谬"表达为否定命题:凡是我们不知道的,就是不真的;如果康德反驳的是一个用双重否定形式表达的肯定命题,那么他后来的反驳就是无的放矢、不可理喻的了。

第二,贝克的翻译使人误以为康德反对设想人类以外有理性存在者,反对设想可能有不同于人的表象方式的另外的表象方式;但是事实恰恰相反。贝克的误译把康德所要维护的命题变成所要反驳的命题。我们且不谈康德在《道德形而上学基础》以及《实践理性批判》中有关道德律是适用于所有理性存在者的普遍原则的大量论述，即使在他刻意论证"人为自然界立法"的《纯粹理性批判》一书中，每一种人类的表象方式都是与另一种不同的表象方式相比较、相对照的。比如，在谈到人类直观的感性特征时，康德说："所有有限的思维存在者可能在这一点上与人类是一样的，虽然我们无法证明是否确实如此。但不管这种感性的方式如何普遍，它总是感性的。它是派生性直观（intuitus derivativus），而不是原创性直观（intuitus originarius），或理智直观。"（B72）再如，在谈到人类理解力与直观的对应关系时，康德又设想不同于人类的理解力："一种通过自我意识就可以给予自身以直观多样性的理解力——一种通过表象自身表象的对象就可以同时存在的理解力"（B139）；他还说："如果我想象一种自身就是直观的理解力（比如神圣的理解力），它不是表象被给予的对象，而是通过自身表象，对象就能够被给予或被理解，对于知识的这种方式，范畴就没有意义了。"（B145）又如，在谈到纯范畴时，康德说："理解力的纯概念只通过理解力与一般直观的对象相联系，不管这种直观是我们的，还是另外一种，只要是感性直观即可。"（B150）在另一本书中，康德说得更清楚："需要注意的是，这些范畴，或通常所说的一般谓词，并不专门需要某一种特定形式的直观（比如我们人类可能有的那一种），如时空的感性直观，它们是适用于一般直观可感对象的概念的思想形式，不管哪一种直观。"[1]总而言之，康德设想了与人类感性直观方式不同的另一种感性直观，又设想与一般的感性直观不同的理智直观，设想与人类理解力不同的神圣理解力，设想不局限于时空中感性对象的纯范畴的应用。康德到底赞成还是反对设想与人类不同的表象方式，这岂不是一目了然的吗？

最后，也是更重要的是，贝克的误译混淆了康德与休谟的区别。康德的那段话是针对休谟说的，因为他在下一个段落非常清楚地指出，休谟"认定一个单纯主观意义的必然性即习惯来替代客观意义的必然性"[2]。康德设想：如果人们指责主观的必然性缺乏客观的和普遍的有效性，那么休谟就会说，我们找不到比人类

---

1 Kant, *What Real Progress Has Metaphysics Made in Germany Since the Time of Leibniz and Wolff*, trans. by Ted Humphrey, Abaris, Books New York, 1983, p. 77.
2 康德：《纯粹理性批判》，"汉译世界学术名著丛书"，商务印书馆 1999 年版，第 11 页。

习惯更客观、更普遍的有效性,因为我们不能设想在人类的表象方式之外还有另外的理性存在者,他们有着不同的表象方式。康德紧接着反驳了这种休谟式的理由。《实践理性批判》序言的最后几段(从边码 12 页开始)都在说明先验主义与经验主义的差别。不过,康德的批判并不是简单的否定,他在批评经验主义缺乏普遍必然性的同时肯定休谟建立了"普遍的经验主义",在批评经验主义的怀疑论倾向的同时肯定休谟"至少在数学上留下了一块有关经验的可靠试金石"。[1] 这种批判性的分析往往使读者不知康德对待休谟的基本态度究竟是贬还是褒,这样,贝克的误读就不足为奇了。按照他的读法,康德先是赞成休谟为了补救经验主义缺乏普遍必然性而作的辩护,即我们不能设想比人类的表象方式更普遍的表象方式;接下来的文字于是都成了对休谟的"普遍的经验主义"的肯定。这样一来,康德在这里不是在批判休谟,反倒是与休谟相认同。我们于是知道贝克为什么会认为康德在此有笔误了。原来,他认为,康德与休谟在能否设想人类表象方式以外的另外的表象方式这一问题上没有区别;如果休谟在此问题上说否,而康德对此加以批判,那他就不能理解了,于是要把康德批判的目标由否定的回答改成肯定的回答。有鉴于此,我们需要进一步说明康德与休谟在此问题上的差别,才能从根本上说明贝克的改动是错误的。

二

康德与休谟的分别

应该承认,康德在理论哲学范围中谈论人类以外的理性存在者及其表象方式,是令人困惑的。早在一百多年前,著名的康德研究者维尔辛格(H. Vaihinger)就警告说:"康德所指的'其他思维存在者'并不像一般设想的那样,仅仅只是一个辩证的说法,而是非常认真地做出的。'精神世界'的存在和性质的问题从一开始就吸

---

1 康德:《纯粹理性批判》,"汉译世界学术名著丛书",商务印书馆 1999 年版,第 11—12 页。

引着康德的兴趣。"[1]康德"非常认真"的态度和终身的兴趣究竟有何理论意义,一般的解释有何不对?遗憾的是,对于这样一些关键问题,维尔辛格语焉不详。

我们理解,维尔辛格提到的"辩证的说法"指一种普遍流行的贬义的解释。表面上看,"其他理性存在者"和"另外的表象方式"的说法,与康德在《纯粹理想批判》的"辩证论"中处理的那些超验观念似乎没有什么区别:它们都在经验范围之外,不是人类知识的对象。康德从不否认这一点,每当他谈到人类以外的其他表象方式时,总要承认他的这些谈论只是不可证实的想法,人们永远不会知道是否真的如此。既然如此,他的这些谈论还有什么积极意义呢?按照他自己确立的原则,超出经验范围的观念都是不可知的;这些不可知的观念对于他的知识论何益之有呢?

我们知道,康德知识论的要旨之一是为人类知识划界,这个想法来自洛克开始的英国经验论。康德说,休谟把他从独断论的睡梦中惊醒,指的是经验论的划界标准对他的启发。从结论上看,他和经验论者一样,把经验作为知识的界限,经验之外无严格意义上的知识——科学知识。但是,康德划界的方法与经验主义是根本不同的。经验主义方法诉诸的,或是人类心理规律(如休谟的联想原则),或是人类认知的生理结构(如后来的行为主义者所说的刺激—反应机制),或是人类生活方式(如休谟所说的习惯)。康德把经验主义的划界方法称为"由著名的洛克创立的关于人类理解力的生理学"(A ix)。生理或心理规律可以告诉我们全人类共同的经验,达到了我们所能经验的最大普遍性,但这毕竟是从经验中抽象概括出来的普遍性;休谟所说的习惯是"主观必然性"。康德看到,经验主义方法所能够达到的普遍性缺乏的是逻辑必然性和客观有效性。他说,从经验中榨取必然性无异于"石中取水",是"一个不折不扣的矛盾"。康德用先验方法为人类哲学划界,所谓先验的意思指"可能性的条件"(condition of possibilities)。先验的方法归根到底是逻辑的方法,或康德自称的先验逻辑的方法。从逻辑上说,知识的可能性多种多样,不一而足;但康德力图说明,只有在经验的条件下,人类知识才有可

1 H. Vaihinger, *Commentar on Kants der Reinen Vernunft*, Bd. Ⅱ, Union Devtsche, Stuttgart, 1892, s. 345.

能,经验是人类知识的界线。不难理解,先验逻辑的方法是在与其他可能性的对比中回答人类知识何以可能的问题。

康德本人把经验主义与先验主义为知识划界的不同径路分别称为内部划界和外部划界,这是他关于"界线"(Grenzen)和"界限"(Schranken)区分的意义所在。在《未来形而上学导论》一书中,他说:"界线(对外在的存在者而言)总要预设一个空间,它外在于该界线所包含的确定位置;界限不需要这样的预设,它只是一个否定,表明一种不是绝对完全的性质。但是,我们的理性实际上在包围它的境域中看到了一个认识物自体的空间,虽然我们永远不能确定物自体这一概念,只能局限于现象。"[1]这段话清楚地表明,康德在为人类知识划界时考虑到界线的两边:界线之内是经验、现象;界线之外是物自体。"物自体"是一个客体的概念,它必须有一个与之相对应的主体概念,那就是"其他理性存在者""人类以外的表象方式"等。就是说,如果承认物自体的存在,也要承认其他理性存在者及其表象方式的存在。

人们都知道,"物自体"是康德用以表示人类知识界线的概念;我们也知道,康德坚持经验是人类知识界限的立场。这两个观点并不矛盾:前者从外部看人类知识,后者在人类知识以内看,在人类知识以内,人们所能认识的只是经验现象;经验主义到此为止,以此为界。康德在承认经验的界限的同时又突破了这个界限,但这不意味着他能够拔着自己的头发离开地面,用上帝的眼光看世界。当然不是这样的,康德仍然置身于现象界,但又能从外部为现象界划界。其中的奥秘就在于,从客观的角度,他把现象与物自体相比;从主观的角度,他把人类主体与其他理性主体相比,把人类表象方式与其他不同的表象方式相比。或者更确切地说,他从现象的可能性条件看到了物自体的可能性,从人类知识可能性的条件看到了其他表象方式的可能性。物自体和其他表象方式构成了包围人类知识的外部界线,人类永远不能认识它们,但也离开不了它们。这种外部界线是人类知识的必要条件,但不是充分条件;人类知识的充分条件是经验。必要条件和充分条件结

---

1 Kant, *Proloegomena to Any Future Metaphysics*, trans. by P. Carus, Hackell, Indianapolis, 1977, p. 93.

合在一起,构成了人类知识的可能性条件:没有物自体,就没有知识;但只是有了经验,才会有人类知识。经验主义者关于知识界限的看法可以说是只知其一,不知其二;只知内部界限,不知外部界线。他们对待外部界线的否定态度,被康德批评为"无知的佯谬":凡是不能被经验所知的对象,必不存在。康德的思路是:根据经验的可能性条件,我们可以肯定一些先验对象——物自体、理性存在者的可能性。

三

经验主义的误解

英语国家研究康德的学者大多(不是全部)不能脱离英国经验论的传统。从经验主义的观点看,康德从外部为知识划界的做法不可理解;如果真正被理解了,那也是不可接受的。贝克对康德原文的改动反映了他对那段原文所持的不可理解的态度。在他们看来,什么"理性存在者",什么"不同于人类的表象方式",统统是无意义的幻想;出现在康德著作中的这些词语,不是笔误,就是否定性的"辩证的说法",可以忽略不计,以免以假乱真,干扰了人们对康德的"正确"理解。贝克不声不响地改动康德原文是一种"为圣人隐"的做法,他或许以为,隐去康德的"笔误",显出康德与休谟的相同点,这是在"拯救康德"哩!

公正地说,对康德的这种误解并不局限于英美哲学家;即使在康德的家乡,早期新康德主义者赫尔姆霍兹(Hermann von Helmholtz)和郎格(F. A. Lange)等人,把康德的先验形式解释为普遍的人类心理—生理结构,他们被称为"生理学派"。但我们知道,生理学派恰恰是康德赋予经验论的一个称号,生理学的康德主义与其说是康德主义的,不如说是经验主义的。

还有一些英美哲学家,他们正确地理解了康德与休谟的分歧,但站在经验主义的立场上,对康德从外部为知识划界的做法大加鞭笞。斯特劳森(P. F. Strawson)是一个典型的例子。在评论康德的《感觉的界线》一书中,他高度赞扬康德以经验为人类知识界限的观点,但对康德设想的经验之外的其他认知的可能性予以坚决否定。斯特劳森说："对于一般性的可能经验的概念,甚至是概念思维存在者在时间中存在着的概念,我们最后的反对意见是,这些概念很少限制而过于宽泛,超出了能够接受的程度。"对于康德关于其他理性存在者及其认识形式的设想,他说："我们必须想一想:我们是如何想象,以及必须如此想象这些生物的经验的。除了与我们自己的经验进行简单的类比之外,我们没有其他的方法……对于这些生物的经验,我们能够给予的任何描述,我们能够想出的任何思想,都要用从我们自己经验中得到的那些概念。"[1]这是一个不折不扣的经验主义的论辩;除了我们人类的经验之外,我们不能想象任何不同的可能的经验。

我们可以为康德辩护几句。康德的先验逻辑不是以心理想象为基础的,而是从已知的可能性条件到未知的可能性的一种推理。比如,从人类以时空为形式的感性直观推导另一种可能的感性直观——非时空的感性直观,从一般的感性直观推导与之完全不同的理智直观的可能性,从人类以感性直观材料为对象的理解力推导以感性直观材料为对象的一般性的理解力,从人类理解力的十二范畴推导其他数量和种类的可能的范畴,从以感性直观材料为对象、以范畴为形式的一般性的理解力推导不需要感性直观材料和范畴的另一种可能的理解力。

经验主义者也许会问:这样的推导有什么意义呢? 脱离经验的思辨除了是幻想还能是什么呢? 对这些问题的回答牵涉康德为什么要从外部为人类知识划界的根本理由,前面已有交代,兹不赘述。针对经验主义贬低幻想在知识中的作用的观点,我们可以借用当代科学哲学家法费耶阿本德的一段话作一回答。费耶阿本德说:

> 我们怎么能考验我们无时不在应用着的东西呢? 我们怎么能分析我们惯常表达自己十分简单明确的观察结论和揭露其前提时所用的那些术语呢? 我们怎么能发现我们实际行事之前就已假定的那种世界呢?
>
> 回答是明白的:我们不可能从内部发现它。我们需要一种外部的批判标准,我们需要一组可供选择的假设,或者因为这些假设将非常一般,仿佛构成了完全另一个世界。所以我们需要一个梦幻世界,以便发现我们以为我们是

---

1 P. F. Strawson, *The Bounds of Sense*, *Methuen*, London, 1966, p. 272,273.

居住在其中的真实世界的特点。[1]

康德设想的人类以外的理性存在者及其表象方式犹如是一个梦幻世界,经验主义者对此不屑一顾。费耶阿本德来自奥地利,没有经验主义的传统包袱,因此能够把梦幻世界作为理解我们现实的经验世界的不可或缺的参照系。

英语国家的哲学家并不都是经验主义者,他们中间也有逻辑主义与经验主义之分。在有这样分别的地方,历史上康德与休谟之分就会再现。比如,奎因从逻辑的观点看,设想不同于我们的概念系统的可能的概念系统。戴维森反驳说,与我们的概念系统完全不同的概念系统不能通过我们的语言来理解,用我们的语言表述它本身就是一个矛盾。[2] 这个理由与斯特劳森反驳康德的理由相似。另一方面,胡塞尔当年反对心理主义时,也曾使用过康德反驳休谟的理由,说明人类的共识不等于真理。这样的例子还很多,它们显示了康德与休谟的分别在哲学上是何等的重要。

附记:本文是根据我在 20 世纪 80 年代写的一篇文章翻译改写的。那时我在国外求学,发现了贝克译文的错误,于是写了此文,寄给享有盛誉的国际权威杂志《康德研究》(*Kant-Studien*),不想不了了之。十几年间,贝克的译本修订了两次,我指出的这个错误依然存在,还压制批判,这不能不说是西方哲学界的一个丑闻。在《哲学门》创刊之际,希望我与同人们以此为鉴,不要崇拜权威,压制批评。孟子说:"说大人物则藐之",亚里士多德说:"吾爱吾师,吾更爱真理",我们应该有这种批判精神。

原载《哲学门》第一期,北京大学出版社 2009 年版

---

1 法伊尔阿本德(即费耶阿本德):《反对方法》,周昌忠译,上海译文出版社 1992 年版,第 10 页。
2 参见 D. Davison, "On the Very Idea of a Conceptnal Scheme", in *Proceedings and Address of the American philosophical Association*, 47(1973 – 1974), p. 20。

西方哲学研究领域史论关系的三种模式

我们常说哲学史就是哲学,哲学家同时也是哲学史家。这种说法在原则上无疑是正确的,但在实际上,我们通常看到的却是:哲学史和哲学原理成为两个泾渭分明的学科,哲学史家和哲学家分属两个在方法、风格和社会影响力等方面迥然不同的职业集团。不但中国哲学界如此,外国哲学界亦如此。

史和论的分家并不意味着两者无联系;相反,有区别才有联系。问题的关键在于,哲学史与哲学理论以何种方式相联系。综观西方哲学的历史和现实,史与论之间的联系大致有三种模式。为简练起见,我们不妨把这三种模式分别概括为"以论带史""就史论史"和"论从史出"。

"以论带史"的模式

黑格尔被誉为"科学的哲学史的创始人"。形容词"科学的"在这里指用哲学理论来指导和概括史料的研究方法。虽然很少有人认为黑格尔的哲学是科学的,但他按照自己的哲学理论来写哲学史的方法却被人们普遍认作是研究哲学史的科学方法。

黑格尔的《哲学史讲演录》并不是第一部哲学史。早在 1655 年,莱顿(Geirge Hom of Leyden)用拉丁文写了《哲学史研究:哲学的起源、继承和派别》一书;同年,斯坦利(Thomas Stanley)用英文写了《哲学史》一书。这些被认为是最早的现代意义上的哲学史著作。这些以及以后写的一些哲学史被黑格尔视为"材料的简单堆砌"，缺乏一以贯之的思想线索。但是要求按照特定的理论来写哲学史的始作俑者也不是黑格尔，而是布鲁克（Jacob Brucker）。后者写的五卷本的《批判性哲学史》（*Historia Critica Philosophia*）于1742至1767年在莱比锡出版。这部哲学史以基督教信仰和神学为标准，概括和评判哲学派别和理论。黑格尔批评这部书包含着"一连串错误的观念"，"抽象地把真理和错误两极化"，但他却使用了这部书中引用的大量史料。黑格尔用他的逻辑范畴来整理和概括哲学史的材料，哲学史的发展被等同于逻辑范畴的辩证运动，堪称"以论带史"模式的典范。黑格尔的哲学史模式有不少现代传人，它对欧洲大陆哲学家影响尤为深远。

　　如果说，现代欧洲大陆的哲学风格是用哲学史来验证、诠释某一哲学理论，那么现代英美分析哲学则与之形成鲜明对照。英美分析哲学在开始时是非历史性的，就是说，分析哲学家没有使用并认为没有必要使用哲学史来验证自己由分析语言而得到的结论。比如，罗素说，一切真正的哲学问题都可被归结为逻辑问题。他理应对哲学史上所有的哲学问题作出这样的逻辑分析，但他却没有这样做；不但在他作出这一结论的《我们关于外部世界的知识》这本书里没有做这样的工作，而且《西方哲学史》也没有拿出能够支持这一结论的系统分析。再如，当逻辑实证主义者把所有的形而上学命题都斥为无意义的伪命题时，他们应当逐个地批判形而上学命题，分析它们为何以及如何是无意义的。但是读遍他们的著作，也看不到能够证明哪一个形而上学命题是无意义的令人信服的分析。卡尔纳普对海德格尔《什么是形而上学》中的一些句子所作的批判常常被人们当作分析哲学家排拒形而上学的典型。在那里，卡尔纳普在与日常句子的对比中说明海德格尔所使用的"存在""非存在"等概念是无意义的，但他的方法和结论是难以令人信服的。

　　总之，非历史性是分析哲学的一个致命伤。当然，这样说并不否认一些分析哲学家也有利用哲学史的做法。比如，罗素在莱布尼茨哲学中找出两种对立的逻辑，并说明落伍的思想与传统的主谓逻辑有关，而先进的思想与莱布尼茨新发现的符号逻辑有关。再比如，赖尔（Gilbert Ryle）在柏拉图的《泰阿泰德篇》里发现一个完整的逻辑原子论；一些分析哲学家还把《泰阿泰德篇》《巴门尼德篇》《智者篇》等柏拉图的著作解释为哲学逻辑和哲学语法研究的先驱。但总的来说，分析哲学家对哲学史的利用是零星的、琐碎的，没有改变分析哲学的非历史性的总体特征。

相比而言，一向把系统性、严格性和完整性作为学术研究标准的德国哲学各派比较系统地利用哲学史来验证、诠释自己的观点。做得最成功的当属海德格尔。他的《存在与时间》原计划分两部分：第一部分建构他的理论，第二部分则把康德、笛卡尔和亚里士多德的哲学作为存在论哲学的发展阶段纳入他的理论体系。这样的构思与黑格尔的体系十分接近。第二部分虽然没有写出，但在几十年的教学生涯里，海德格尔用他的思想系统地改造哲学史，对赫拉克利特、巴门尼德、亚里士多德、奥古斯丁、邓·司各特、莱布尼茨、康德、黑格尔、尼采等人的研究尤为精深。他成功地把自己的思想和历史上的哲学家思想融合在一起，以至于人们很难分清哪些是他的观点，哪些是别人原来的观点。他的学说有很强的历史感，这也是他对中国学者有吸引力之处。海德格尔是原创性的哲学家，但他在课堂上讲授的却是哲学史课程。据说，他在晚年讲课时常用的开场白是："让我们像三十年来那样读亚里士多德。"这些课程讲稿构成了现已出版的《海德格尔全集》的大部分篇幅。但是人们不能把这些著作作为信史来读，充其量只能当作黑格尔的《哲学史讲演录》那样的著作。如同黑格尔一样，海德格尔对历史上主要哲学理论的评说以及对一些哲学概念的分析，并没有被哲学史家们所认可，甚至还遭到一些哲学史家的反对。有人批评海德格尔对希腊哲学术语 logos，physis，alethia，ousia，techne 等进行了系统地曲解，来为自己的哲学服务。黑格尔和海德格尔的哲学史观的命运告诉我们：虽然"以论带史"的模式要以理论统率哲学史，但结果却往往是哲学理论与哲学史的分歧。

二

"就史论史"的模式

人们常说，古希腊包含着西方一切学术思想的萌芽。古希腊不但有最早的西方哲学，而且也有最早的哲学史。如果说，亚里士多德的《形而上学》卷 A3—10 章和卷 a 对早期自然哲学家的学说所作的总结预示了后来的"以论带史"的模式，那么第欧根尼·拉尔修(D. Laertius)的《名哲言行录》则是另外一种写法：按照时间顺序，一一介绍哲学家和哲学派别。外国人把这种写法称为"纪录片式"（doxographical）。为了与"以论带史"的模式相对照，我把"纪录片式"的模式命名为"就史论史"，它的特点是历史记叙，但记叙的对象不仅仅是哲学家的生平，更重要的是他们的理论思想。拉尔修用历史记叙方法把哲学理论一一排列展现，这本是哲学史的原有之义，只是人们后来受到黑格尔的"科学的哲学史"观的影响，才嫌这样的写法过于简单，缺乏中心，没有线索；殊不知，简单的东西往往是原初的真理，而后来根据自己的成见附加上的结构和线索却会带来有意或无意的曲解。当人们认识到这个道理，就会走出"以论带史"的模式，返归"就史论史"。现在的哲学史家中间，自觉地按照某种哲学的需要来裁剪素材、抽取线索、判定是非的人已经越来越少了。我们以科普勒斯顿（Copleston）的《哲学史》为例，来说明这种模式的转变。

科普勒斯顿的九卷本《哲学史》的写作历时近三十年（1946—1974）。在此期间，作者的哲学史观也发生了很大的变化。当初，科普勒斯顿是自觉地站在新托马斯主义的立场上写哲学史的。在1946年出版的第二卷的前言里，他这样为自己的立场辩护：每一个哲学史家不可避免地要受到某一哲学派别的影响；既然马克思主义者能够写出马克思主义的哲学史，实证主义者能够写出实证主义的哲学史，托马斯主义者为什么不能写出自己的哲学史呢？这个辩护是不成功的。每一个哲学派别当然都有同等的权利写哲学史，但这并不意味着所有的哲学史都必须按照某一派别的观点来写，更不意味着只有按照这样的写法才能写出最好的哲学史。事实上，现存的最有影响力的哲学史著作都不属于哪一个特定的派别。科普勒斯顿的《哲学史》在英语世界最有影响，但它的成功之处与其说是宣扬托马斯主义，不如说是离开了派别的偏见，比较全面地处理材料，比较公正地评价是非。笔者曾去信问科普勒斯顿：他的《哲学史》与托马斯主义有何直接联系？他的回答是：在大多数情况下，没有。

从表面上看，"以论带史"和"就史论史"的分歧似乎是客观性问题。"以论带史"者的一个理由是，每一种解释都是在一定的理论指导下进行的，没有什么纯客观的解释。对此，"就史论史"者可以这样回答：历史不仅是解释，而且是事实；哲学史的解释不仅依据理论，也要依据事实。比如，人们对古希腊一位哲学家的理论作何概括,对其历史地位作何评价,见仁见智,很难确定一个客观标准;但是对于这个哲学家使用的某一希腊文概念的原意,对于这一概念的重要性等问题。完全可以通过文本的细致研究(如对照它不同文本或不同语境的使用情况,使用频率,等等)来解决。

现在黑格尔的"以论带史"模式似乎已经过时,相反,"就史论史"成为治哲学史的流行模式和风格。哲学史家现在普遍强调的是哲学史研究的专业性和技术性。研究的问题越来越细致,成果随之越来越深入。大多数研究专著的主题甚至不是一个哲学家的全部现实,而是针对某一个哲学家的某一本书或某一方面的思想,并且往往是被人忽视的细节。研究手法更加注意文字功夫,考证词语的原来意义。这一点在希腊哲学研究中表现得尤为突出。现代西文中的哲学词汇大多来自拉丁文,一些希腊哲学术语并无与之对应的拉丁文和现代西文词汇。比如,希腊文的 ousia 是动词 einai 的阴性现在分词 ousa,与之对应的英文应是 isness,而不是 substance,existence,essence,后面三种译法来自拉丁文,希腊文并没有这些词汇。但是另一方面,最接近希腊原文的 isness 并不是一个现存的英文词汇,isness 的特殊意义恐怕只有少数专家能够领悟。大多数人,包括一些不是专门研究希腊哲学的哲学家,很可能读不懂这种新的译法。现在剑桥一批学者正在重新翻译亚里士多德全集,以取代现在通行的 Ross 译本。他们也面临这样的难题:如何既忠于原意,又能使现代读者看得懂? 很显然,这不是一般哲学理论和原则所能解决的,需要进行细致的技术处理。

"就史论史"模式的一项突出成果是勘定版本、编辑资料。在希腊哲学和中世纪哲学领域,近年有一些经过细致的勘定和注释的资料集问世。这些资料集的取材、翻译、分类和注释反映了哲学史的最新研究成果,值得我们注意吸收。对于过去已有的哲学家原著或译本,经过重新勘定补充,现在也出了一些"批判版"(critical edition)。一本书好的批判版纠正了过去翻译、注释中的错误,甚至纠正了原书作者本人由于疏忽或知识缺陷而造成的笔误和错误;对于一些有争议的文字,也列举各家观点和证据,使历史上对这本书的研究成果一览无遗,有很高的学术价值。比如,我曾经指出,贝克翻译的康德《实践理性批判》英文本,在原书第11 页多添了一个否定词,把原来的否定变成双重否定,意思完全相反。这一错误在文字上很不起眼,而且由于贝克是大权威,很多年都没有人看出这一错误。后来我看到牛津出的《实践理性批判》的批判版已经改正了这一错误。"一叶知秋"。这一不起眼却是重大错误的纠正,不正反映出"就史论史"的严谨态度的成就吗?

　　"就史论史"的专业性、技术化的趋向虽然把哲学史研究引向深入细致,但也带来一些在我看来是负面的作用。最显著者是把哲学史研究局限在少数技术专家的圈子里,研究成果的社会影响越来越小。专业分工越来越细,研究古代的人不懂近现代,研究经验论的人不管唯理论,研究康德的不研究黑格尔,甚至研究黑格尔《逻辑学》的人不过问《精神现象学》,这样势必造成研究者的视域越来越狭窄,不利于学术交流对话,长远看也不利于专业研究的继续发展。我们还必须指出,"就史论史"是相对于"以论带史"而言的一种矫枉过正的提法。事实上,史和论的界限并不像哲学史专家们想象的那样能够严格区分开来。即使专业性、技术性很强的研究也无形受到研究者所处的学术环境、理论背景的影响,绝对地"就史论史"是办不到的。前面提到英国学者在古希腊哲学方面所取得的成就,并不完全是在"就史论史"模式中取得的,他们受到分析哲学的训练,所使用的语言分析的方法,已经潜移默化地渗透在他们"就史论史"的职业习惯里。同样,受欧陆哲学传统的欧洲哲学史家也有不同"就史论史"的职业习惯。两者的分歧在柏拉图研究领域暴露出来。对待柏拉图的对话,现在存在着英美分析学派和欧陆戏剧学派的分歧。分析学派专注于对话若干段落的逻辑结构,重建论证的步骤;他们感兴趣的不是柏拉图说了些什么,而是他是怎么说的。戏剧学派重视整体结构,认为一篇对话就是一出戏剧,对话的结构是关键,论证只是插曲,重要的是要像理解剧情那样去品味对话的意义。1988年,格里斯沃特(C. Griswold)编辑《柏拉图的写作与柏拉图的释读》一书,以戏剧学派为正方、分析学派为反方展开辩论。1992年牛津出版的《解释柏拉图及其对话方法》,则以分析学派为正方、戏剧学派为反方进行辩论。这样的争论在"就史论史"模式统治的西方哲学史界不时可见,这充分说明:"就史论史"的模式摆脱不了哲学理论的影响。"就史论史"与"以论带史"的分歧不是根本的分歧,而是程度上的不同,关键问题不是"哲学史要不要接受哲学理论的影响",而是"理论在多大程度上影响,用何种方式影响哲学史"。

三

"论从史出"的模式

最近西方哲学界出现的新理论、新观点和新问题，都与哲学史研究有不解之缘，都是通过哲学史研究而获得的，故把这种做法称为"论从史出"。"以论带史"和"论从史出"都强调史和论之间不可分割的联系。但"论从史出"强调，史论关系不是"以论带史"。

第一，对历史的解释不是对哲学理论注释、验证和依附，而就是哲学理论本身。比如，福柯的知识考古学就是对西方文艺复兴以来西方思想的文化学考察，他对古希腊以来性观念史，对精神病的起源和发展的历史，对监禁和惩罚制度的历史考察，本身就是被福柯称为"知识考古学"的那种哲学，并没有一个独立的、统一的哲学原则或线索贯穿在这些历史解释之中。同样，德里达的解构主义也不是一种统一的、独立的原则和方法，它存在于对哲学文本的解读之中。离开了这些历史文本，也就没有什么解构主义了。

第二，前人的思想不是自己理论的一个低级的、欠成熟的环节，而是不可或缺的基石和支柱。比如，哈贝马斯综合了奥斯丁等人的语言行为说、皮尔士的语用主义和康德的实际哲学等理论。这种综合不是为我所需的利用和改造，而是一种整体上的认同。这些理论和哈贝马斯本人的交往理论处于平等的交流关系。可以说，他所设想的社会交往行为首先在他本人思想和他人思想的交往中体现出来。

第三，哲学家出身于哲学史家，而不是在建立了自己的哲学理论之后再从事哲学史研究。比如，德勒兹（G. Deleuze）在被称为"公认的哲学家"之前，对卢克莱修（Lucretius Carus）、休谟、斯宾诺莎、尼采、康德、柏格森（H. Bergson）、弗兰西斯·培根等人作过系统研究，以哲学史家闻名。正是在对这些哲学家所作的非理性主义解释的基础上，他后来才发展出后结构主义的独特思想。

总之，与"以论带史"不同，在"论从史出"的模式中，理论没有先入为主的作用；相反，哲学史却有先见之明的作用。

以上以欧陆哲学家为例说明"论从史出"的特征，那么英美哲学家的情况又如何呢？应该说，在英美哲学家那里，早期分析哲学非历史性的模式已被逐渐突破，"论从史出"已经成为做哲学的重要模式。这种转变首先发生在政治哲学、道德哲学和科学哲学等分支领域，最后蔓延到分析哲学的核心领域——语言哲学。

1. 政治、道德哲学

波普尔(Karl Popper)的《开放社会及其敌人》是20世纪中叶最重要的一部西方政治哲学著作，以哲学史形式写成。上卷主要谈柏拉图，下卷谈黑格尔和马克思，其中穿插介绍赫拉克利特、亚里士多德、中世纪哲学家以及近代哲学家和费希特(J. G. Fichte)等人。波普尔把哲学史上的"规律""必然性"思想同专制主义的政治哲学联系起来，把历史主义描述成与自由主义相对立的西方哲学和政治传统，从而适应了战后西方民主制度的政治需要。相比而言，他的另一本政治哲学著作《历史主义的贫困》采取分析方法，没有以哲学史立论，虽然表达的思想与前书差不多，但影响却小得多。

20世纪后期西方政治哲学的最重要著作当属罗尔斯的《正义论》。他开宗明义地说，他的正义理论是从洛克到康德的社会契约的传承，该书的伦理学部分有浓厚的亚里士多德色彩。虽然这本书没有采用哲学史的写法，但罗尔斯后来所作的一系列补充说明再三强调康德的先验主义是他所遵循的原则。他的学说似乎符合我们前述的"论从史出"特征的第二条，即以前人思想为基础和支柱。至于他在后来出版的《政治自由主义》中放弃了这一方法和原则，则应另当别论。

美国道德哲学家麦金太尔的第一部著作《德性之后》所仿效的是亚里士多德的伦理学，不仅是仿效而已，实际上提出了自己的德性伦理学。这是"论从史出"的典型做法。另一部著作《谁之正义？何种合理性？》按照思想史的顺序，说明西方伦理传统的三个模式：亚里士多德的德性传统、奥古斯丁的神学传统和近代以来的自由主义传统。他的目的不是写一本伦理学史，而是解决西方思想界的一个重大理论问题，即既要防止绝对主义的独断论，又要避免相对主义的离心涣散力。他以历史叙事方式提出新的理论，得到学术界的普遍认可。

当前美国哲学界的一个趋向是：政治、道德哲学等一向被视为哲学分支的学科越来越受到重视，而本体论、认识论等纯哲学反受冷落，主次关系发生颠倒。个中原因可能是，这些分支学科成功地运用了"论从史出"的模式，而纯哲学受分析哲学非历史化方法的束缚太多,难以摆脱困境。

2. 科学哲学

西方科学哲学从逻辑经验主义到社会历史学派的转向已为众人所知。我在这里要补充的是,这一转向同时也是"以论带史"向"论从史出"的转向。逻辑经验主义,甚至包括波普尔的证伪主义,企图确定一个科学方法论,一种万变不离其宗的科学发现逻辑。它把科学史的事实看作这一方法论和逻辑的验证和表现,这不正是"以论带史"的典型做法吗? 社会历史学派否定了这种意义上的方法论和逻辑,主张对科学史案例作具体分析,从而揭示科学发展的模式和原因。科学发展原因是多种多样的:外在的和内在的,社会的和心理的,集体的和个人的。科学哲学是对这些原因的揭示和说明,案例的历史分析则是探索原因的途径。因此,科学的历史研究成为科学哲学理论本身。历史学派虽然受到来自各方面的批评,但它树立的"论从史出"的案例分析方法被广泛采用。

3. 语言哲学

罗蒂的《哲学和自然之镜》向分析哲学提出严重挑战。他在 1967 年主编的《语言转向》的资料汇编,表现出那时已经对分析哲学的起源、发展的历史过程有全面、深刻的了解。12 年之后出版的《哲学和自然之镜》可以说是一部分析哲学的发展和衰落史。他在时间上把分析哲学与近代的"笛卡尔—康德"模式相联系,在空间上将它与欧陆哲学作比较。从这种对近现代哲学史的解释中,他阐发了自己的后哲学文化的观点。按照他的结论,哲学作为独立学科已无必要存在,哲学史研究可以保留,作为哲学系研究和教学的主要科目。他似乎把哲学史只是作为陈列和鉴赏古董的学问。因为按照他的后哲学文化设想,哲学只是在与其他学科和文化形式的融会中才能产生一些新的文化形态,哲学本身已经没有创造独立理论的资源。这种看法有违他自己的实践。不知罗蒂有没有想到,他自己岂不是通过哲学史研究而提出新的哲学观点的吗?

罗蒂是分析哲学的离经叛道者,很多分析哲学家对他的批判不以为然。但分析哲学在历史性的批判面前难以为继,也开始采用"论从史出"的做法。比如,达米特(M. Dummett)通过弗雷格研究(《弗雷格的语言哲学》和《对弗雷格哲学的解释》),不仅确立弗雷格作为分析哲学创始人的地位,更重要的是再次提出了分析哲学的一个基本问题——语言和思想关系问题,并发展出新的非实在论回答这一问题。再如,克里普克(A. K. Kripke)在 1982 年出版的《维特根斯坦论规则和私人语言》一书不只是众多的研究维特根斯坦著作中的一本,而以自己关于怀疑主义、相对主义和自然主义的独创见解引起了关于遵守规则问题的讨论。

四

西方模式的影响和启示

中国对西方哲学史的研究不可避免地要受到外国哲学界的方法、风格和模式的影响。长期以来,我们接受的是从苏联传入的"以论带史"的模式。据说,这是唯一正确的模式,属于马克思主义的立场、观点和方法。其实,这种模式来自黑格尔的哲学史观。马克思确实从黑格尔那里继承了不少东西,但马克思是否也继承了黑格尔的哲学史观呢? 坚持马克思主义是否也要坚持黑格尔的"以论带史"的模式呢? 这是值得我们认真思考的。何况黑格尔的哲学史观本身有不少牵强附会和削足适履之处。事实证明,把这种模式凝固僵化,当作唯一正确的方法,不利于哲学史的研究。我们过去把西方哲学史研究作为马列经典著作的注脚,不能不说是这种"以论带史"造成的后果。

进入改革开放的新时期之后,我国哲学史工作者从一开始就批判了苏联日丹诺夫提出的哲学史是"唯物论和唯心论两军对阵"的定义,实际上摆脱了"以论带史"的模式。近些年来"就史论史"的模式大为流行。在研究水平还相对比较低、研究深度还不够的条件下,我们应该欢迎更多的专业性和技术性强的成果问世,提倡"就史论史"的模式无可非议。同时也要看到,这并不是我们的优势和长远目标所在。"就史论史"除了有我们在上面所说的那些缺陷,还很难使我国的西方哲学史研究提升到国际先进水平。陈康先生提出要让研究西方哲学史的外国人以不懂中文为憾。这一理想不是仅凭专业性、技术性的工作所能达到的。如前所述,这种工作在很大程度上依赖文字功底,用中文写作的作品很难逾越语言文字的障碍,成为西方哲学研究的典范。在我看来,陈康先生的理想如能实现,那也只能按"论从史出"的模式实现。

有人说,20世纪90年代中国学术时尚是思想家淡出,学问家凸显。这可以看作是对"就史论史"的学术时尚的一种批评。其实,真正的学问家何尝不是思想家,哲学史研究到广博精深的程度,自然会出新思想。中国的政治家和读书人都喜欢以史为鉴,从过去认识现在,预知将来。这种思路与我们要提倡的"论从史出"的道路岂不是一致的吗? 我希望,我们这支西方哲学史研究的队伍沿着这条道路,踏实苦干,涌现出一批思想家、理论家。兹以此发言与同志们共勉。

本文是1994年在中华外国哲学史学会第四届理事会上的发言稿,有改动

第三编

现代西方哲学研究

现代西方哲学的范围和类别

——《现代西方哲学新编》前言

现代西方哲学的时间范围

有的同学要办英文成绩单,问我"现代西方哲学"这门课的英文名称是什么,对于这样一个看起来很简单的问题,我却感到十分困难。我想,这种困难大概就是冯友兰先生曾经说到的中西哲学之间的"语言的障碍"。如果按照字面翻译,与"现代西方哲学"对应的英文名称是 Modern Western Philosophy。但是,西方人所说的 Modern Philosophy 不等于我们中国人所说的"现代哲学"。我在国外学的 Modern Philosophy 这一类的课的内容都是 17 至 19 世纪的哲学,相当于我们在国内学的西方近代哲学。西文中没有与中文"近代"相对应的单词,但用"现代前期"(early modern)这一词组表示中文"近代"的意思。中国人所说的"现代"相当于西文的"现代后期"(later modern),但西方人不大用"现代后期哲学"这一说法,而把"当代哲学"(Contemporary Philosophy)作为学科名称。我在国外学的 Contemporary Philosophy 这一类的课的内容都是关于 20 世纪的哲学。这对于西方人是很自然的,因为西文的 contemporary 的原义是"同时代";作为我们的同时代人,当代哲学家是生活在 20 世纪的人,当代哲学即 20 世纪哲学。但是这种时间概念却不大能为中国人所接受。中国人所说的"当代"只是指 20 世纪的后半叶至今,而"现代"大致相当于 20 世纪的全部。我们说"大致",是因为"现代"这一时间概念在有的学科里比 20 世纪长一些,在有的学科里较短一些,不一而足。我们中国人所研究的现代西方哲学有一点特殊，它的时间跨度比 20 世纪长不少。我们所说的现代西方哲学始于黑格尔和费尔巴哈之后，即从 19 世纪后期一直到现在的西方哲学；虽然 20 世纪西方哲学是其中最长的一段，但毕竟不是现代西方哲学的全部。

因为有上面所说的那些理由，西方"现代哲学"这一中文的概念既不能被翻译为 Modern Philosophy，又不能被译为 Contemporary Philosophy 或 20th Century Philosophy。如果实在要翻译的话，也只能意译，可译为 Philosophy after Hegel（黑格尔之后的哲学）。

我们说，中西方对于"现代西方哲学"的概念存有"语言的障碍"，正确的态度应该是，通过相互理解的途径消除障碍。对于中西方学者而言，不论"当代"还是"20 世纪"，都只是时间性的概念；而"现代"却是一个表示社会与文化变迁的理论性概念，它是与"传统"相对应的。传统与现代的界限在哪里？这不是一个时间性的问题，而是一个文化和思想史的分期问题。西方的现代化进程始于 17 世纪，因此，西方人把 17 世纪以来的哲学当作现代哲学。这种"现代"概念对于中国人当然不适用。但是中国人也没有把他们的"现代"概念强加于西方哲学。中国学者的理解是，17 世纪至 19 世纪前期的哲学（即我们所说的近代西方哲学）是一个新的传统，我们中国人所说的西方现代哲学，是既与 17 世纪以前的老传统又与 17 世纪以后的新的哲学传统相分别的哲学。在这种意义上区别现代哲学和传统哲学是否有合理的根据呢？是否符合西方哲学史分期的标准呢？我们的回答是肯定的。

哲学史分期的标准与哲学思想发展的内在标准是一致的。我们在《西方哲学简史》一书中已经看到，西方哲学的发展在黑格尔哲学中达到巅峰。黑格尔建立了历史上最庞大、最全面的体系，包括了哲学史上全部范畴和大部分重要命题，来解释思想、自然界和社会的一切现象。但是这一庞大体系在黑格尔去世后不久便崩溃了。黑格尔哲学体系的崩溃标志着西方传统哲学的终结，从此之后，西方哲学的发展进入了一个新的阶段，即现代哲学的阶段。"现代西方哲学"这一概念是相对于"传统西方哲学"而言的，它表示黑格尔之后的西方哲学。关于这一点，不仅国内研究者同意，很多国外研究者也赞同，虽然大家的理由可能不尽相同。

过去国内有一种普遍看法,认为西方哲学以黑格尔为转折点,主要与马克思主义的诞生有关。马克思之前的西方哲学中有积极、进步甚至革命的因素,集中表现于黑格尔的辩证法与费尔巴哈的唯物主义;马克思主义诞生之后,资本主义发展到了帝国主义阶段,西方哲学也走向了没落、腐朽和反动阶段。现在大家看得很清楚,这种说法以政治标准代替学术标准,用唯物史观的社会形态分期代替哲学史的分期。且不说资本主义是否真的发展到垂死的阶段,说现代西方哲学中没有积极因素不符合实际。现代西方哲学和传统西方哲学一样,是全人类精神财富的一部分,包含着真知灼见和可贵的探索,我们对它的态度与对传统哲学相同:批判性地吸收。批判不是简单地否定,而是重在分析,区分合理与不合理,适用与不适用。并且,由于现代西方哲学的时代感强,思想新颖,信息量大,我们更要注重吸收其合理因素,以适应现代中国文化建设和人民精神生活的需要。

二

现代西方哲学的分类

"现代西方哲学"不仅是一个时间性的概念,它包含着一百多年来西方各国(以英、美、德、法等国为主)众多的思想、观点、理论、流派。黑格尔说得好,哲学史不是哲学理论与观点的简单堆砌。西方哲学的现代历程也是如此。有句话说得好:科学就是分类。我们有必要把现代西方哲学的内容加以分类,这样才能建立一个科学的学科体系。应该看到,国内外对现代西方哲学内容的分类是多种多样的。分类依据的标准不同,这门学科的结构也就不同。我们兹对这些标准一一评论,以决定我们的取舍。

第一,按地域分,现代西方哲学可分为英美哲学与欧陆哲学。地域标准的好处是突出了现代哲学与近代哲学之间的联系,即突出了近代英国经验论与大陆唯理论分别对现代英美哲学和欧陆哲学的影响。众所周知,现代英美哲学的主流——分析哲学与英国经验论有直接的承袭关系,而现代欧陆哲学的现象学运动(包括存在主义)则受从笛卡尔到康德、黑格尔等法国和德国哲学前辈们影响。在

20世纪五六十年代,分析哲学与存在主义之间的壁垒已到了以邻为壑的程度,似乎在西方哲学界中形成了两大"地域集团"。但实际上,不管是分析哲学还是现象学运动的起源、内涵和影响,都不局限于地域。分析哲学的三个主要创始人中罗素为英国人,弗雷格是德国人,维特根斯坦是奥地利人。分析哲学的最早学派——逻辑实证主义是在德语国家产生的。同样,胡塞尔早期也受到经验主义的影响,现象学运动在英语国家的传播也非常广泛。至于70年代以后,英美和欧陆哲学的交流和对话更加广泛和频繁。地域标准的局限性在于,它不能反映出在西方各国哲学家对各种哲学流派的全面参与,按此标准写出来的西方哲学史将只是国别哲学的堆砌。

第二,按阶段分,现代分析哲学可分为四个阶段:19世纪后期,20世纪初到二次大战前,二次大战后以及20世纪70年代后。阶段性标准的优点是突出了社会文化环境对哲学的影响,基本上反映了现代西方哲学发展变化的趋势。19世纪后期是西方哲学的危机时期,黑格尔哲学体系的崩溃、自然科学的挑战以及这一时期哲学家对哲学传统的激烈批评,都使哲学面临着深刻的危机,于是才有20世纪初的"哲学革命"时期,产生出两大新的哲学运动:分析哲学和现象学。但这两大派别都未能实现"革命"的目标,相反却陷入深刻的理论危机。在后来的发展阶段,这些哲学走出纯理论、纯思辨,面向社会,面向生活,面向日常语言,对传统的思维方式和生活方式进行了猛烈的冲击。20世纪70年代以后的各种新的流派延续批评传统的方向,但更多地采取了"跨文化"的批评,而不是"反文化"的形式。一些重大的社会历史事件,特别是两次世界大战和1968年的"五月风暴",对哲学思想的转折和走向具有划时代的作用。把现代西方哲学划分为四个阶段,有利于对各个阶段的思想特征和时代背景作出合理的分析和解释。但也要看到,阶段性的区分也有不足之处,它不利于解释一些始终在起作用的哲学思潮在各个阶段的连续性。比如,在第二阶段发生的现象学运动在第三阶段发展为存在主义,在第四阶段还表现为解释学;再如,第二阶段的逻辑分析哲学与第三阶段的日常语言哲学有一脉相承的关系,它还与第一阶段产生的实用主义相结合,形成有美国特色的逻辑经验主义。这些理论之间的连续性和承袭关系,用阶段性的标准是难以衡量和解释的。

第三,按本质特征分,现代西方哲学可分为唯科学主义与人本主义两大阵营,以及理性主义与非理性主义的对立。本质标准的优点是突出了现代哲学与自然科学和人文学科、社会科学的关系。一般来说,现代西方哲学中的唯科学主义自认为是自然科学的同盟军,而人本主义与人文学科、社会科学有千丝万缕的联系;唯科学主义是以科学理性为标准的一种特殊的理性主义,而现代人本主义或多或少都有一些非理性甚至反理性的倾向。但这些只是一个大致的分别,任何一种本质都来自笼统的概括,都不足以囊括一切现象。按照本质标准所作出的唯科学主义和人本主义、理性主义和非理性主义的区分,也不是周延的。有一种流行的说法,认为现代英美哲学是唯科学主义,现代欧陆哲学是人本主义。这就混淆了两种不同的区分,把不周延的区分变成了周延的区分,也不符合实际。事实上,现代英美哲学中只有逻辑实证主义才算得上唯科学主义,日常语言分析哲学是自觉地抵制唯科学主义的,即使英美科学哲学中也有非理性主义因素。另一方面,欧陆哲学也不全都是人本主义,其中也有反人本主义的立场。并且很多欧陆哲学家在唯科学主义与人本主义之间也没有采取"非此即彼"的立场,而是力图解释适合自然科学和人文、社会科学的统一原则。

第四,按流派分,现代西方哲学的主要流派有:新托马斯主义(新经院哲学)、新黑格尔主义、新康德主义、意志主义、生命哲学、实用主义、分析哲学(包括逻辑原子主义、逻辑实证主义、日常语言分析哲学等),以及现象学、存在主义、社会批评理论、结构主义与后结构主义、解释学等。流派特征比本质特征更宽泛、更有弹性,因而有更大的适用性。这就是为什么大多数西方哲学教科书都采用这一标准来对内容进行分类。但也要看到按流派进行的区分也不是周延的,并不是每一个哲学家、每一种哲学理论观点都可以归属于一个流派。流派只是倾向,不能概括一个哲学家的全部观点,甚至不能概括他的主要观点。尤其需要注意的是,现代哲学家很有个性的自觉,比如海德格尔说他不是存在主义者,福柯说他不是结构主义者,维特根斯坦也不愿与任何一个派别为伍。他们不愿让自己的思想被贴上派别的标签,正是为了突出自己思想的特殊性。

最后,按研究对象分,现代西方哲学又可分为语言哲学、科学哲学、政治哲学、社会哲学、生命哲学、心理(或心灵)哲学、存在哲学、道德哲学、艺术哲学,其余诸如经济、法律、历史、文学、教育、女性主义等学科或领域,也都有各自的特殊哲学。对象标准的优点是突出哲学与其他学科的关系。现代西方哲学的一大特色是它的跨学科性。哲学以自然科学、人文学科、社会科学和社会生活各个领域为具体对象,进行"元"(meta)理论的研究。所谓"元"者,指研究对象的二阶关系,如"科学的科学""方法的方法""言谈的言谈""语言的语言"的关系。作为"元理论"的哲学虽然以某一学科或领域为对象,但其原则、方法和结论却不局限于它所研究的对象,而具有更大的普遍意义。比如,语言哲学在分析哲学的地位相当于本体论和认识论在传统哲学中的地位,科学哲学在很多方面也取代了传统认识论的地位。存在哲学和生命哲学也是有本体论和认识论意义的普遍理论。但哲学的另外一些"元理论"并不具有普遍意义,是名副其实的"分支哲学",如经济哲学、法哲学、文学批评理论、教育哲学、体育哲学、女性哲学等。对象标准给予哲学以"philosophy of x"这样的形式,其中 x 可以是任何对象,却不能告诉人们,哪些"元理论"深入到了哲学的核心和基础,哪些达不到这一步。而且,按研究对象作出的区分不利于反映一个哲学家或流派的全貌。如逻辑经验主义既是科学哲学,也是语言哲学,还是心灵哲学,并且这些类别的哲学互有联系,如果把这一流派的思想分派到这三类哲学之中,则它的统一的原则和方法就会被它所处理的对象分割开来。总之,哲学家的研究对象多是全方位的,把他们的思想分派到按对象划分出来的各部门中,难免使人有支离重复之感。

上述五个标准各有长短,没有一个标准是绝对完善的,没有一种区分是周延的。我们对待这些标准和区分的态度是兼收并蓄、广采博取、取长补短。

三

方法论问题

哲学史这门学科的研究方法与这门课程的教学方法的基本要求是一致的,这些基本点可以用下列几个关系来表示:

第一,广博与精深的关系。哲学史教材要有全面性,要尽量多地介绍流派与哲学家,还要介绍原著,让读者获得广泛的知识、信息、动态。但是哲学史课程的任务不仅仅是传授知识,更重要的是要让读者通过这些知识受到哲学思维的训练。我们要按照这一目标,合理地选择和编排哲学史料,把那些最有独创性、启发性和代表性的思想观点挑选出来,按照哲学史发展的内在线索,按哲学思维的逻辑,或某一哲学家提出问题和解决问题的特殊思路,把精选出来的材料建构成有思辨性的哲学论证(argument)。哲学史的编写应该是一种理论重建,在重建过程中,我们要有这样的意识:哲学史中的问题比答案更重要,论证的过程比结果更重要,资料的释义比资料的数量更重要。处理广博与精深关系的关键在资料的选择和解释。现代西方哲学比古典哲学流派多、人数多、著作多,不可能全部介绍,必须有所选择,有所偏重,有所为,有所不为。我们将选择那些在西方世界有影响、对哲学作出了新贡献的流派中选择公认的代表人物作重点介绍,其余则在概论中作一般性介绍,在对哲学家作重点介绍时,注意讲解原著,选择有中译本的代表作。

第二,述与评、介绍与批判的关系。在过去相当长的时间里,我们在尚未充分理解西方哲学的情况下就对它痛加鞭笞,在很多场合下把学术批判当作政治斗争的工具。现在,这种不良的学风理所当然地受到学术界的抵制,但是哲学的批判精神却受到不应有的阻碍。我们的哲学史研究往往是介绍复述有余,而评论批判不足,即使有一点批判,也往往是"穿靴戴帽"式的点缀或"画蛇添足"式的累赘。我们要知道,没有批判精神的哲学是没有生气的,哲学史著作既要有忠实的介绍、同情的理解,也需要批判的超越。批判评论要切忌个人好恶,尽量引用国内外权威性的意见和最新的研究成果为凭据。

第三,外部批判与内部批判的关系。所谓外部批判,就是站在一个理论的外部,按照另外的理论对其进行批判。外部批判可以加固批判者自身的信念,却不大可能说服被批判者。因为外部批判者和被批判的对象没有共同的前提和共同的语言,不能开展相互理解、相互同情、相互学习的对话。批判要成为真正的对话,就要以内部批判为主。所谓内部对话,就是在一个理论的内部,从它可以接受的原则出发,使用与它相同的语言与之对话,最后引申出与这一理论相违背的结论或它所不能解释的事实,以此揭露该理论内部的矛盾、困难或缺陷。按照内部批判的方法,我们可以把现代西方哲学的各种理论排列成这样一个系列,其中的一些理论是对另外一些理论的批判的否定,但所有的理论又相互补充;它们的全体包含着真理的因素,但每一单独的理论又暴露出各自的不足。黑格尔说得好:哲学史料经过"哲学工程的建筑师"的构造,便获得了批判的生命,成为"活生生的精神",哲学史不再是堆满了被推翻的理论的"死人的王国",这里展现的将是高尚心灵的更迭,思想英雄的较量。我们是按照这种哲学史观来看待西方哲学的全部历史的。

第四,哲学的社会条件和理论条件的关系。哲学不是凭空想象的产物,而是时代精神、民族精神的反映,只有联系西方哲学的社会条件,才能理解它的意义。理论条件指学说的承袭性,每一个哲学家都是在一定的文化和教育背景中,自觉或不自觉地在一定的哲学理论基础上开展新的探索。哲学史家既要写好"外史",更要写好"内史"。所谓外史,指影响一位作者思想的人生经历和社会事件的总和;"内史"则是一位作者思想发展的逻辑线索。内史是纯粹的思想发展史,其之所以是纯粹的,乃是因为他的思想有自身的逻辑性与合理性,不受外在事件和偶然因素的影响。与"外史"不同,"内史"是不可观察的,需要哲学史家根据自己的理解和解释进行理论重构。

最后,吸收国外成果与国内成果的关系。西方哲学是西方人的学问,西方学者对西方哲学的研究当然拥有不可比拟的优势。我们中国人学习和研究西方哲学,要依靠西方的研究成果,其重要性自不待言。但如果以为只有西方人才拥有西方哲学的解释权和裁决权,中国人在西方哲学研究领域只能复述西方人的成果,只能步洋人后尘而不能作出创造性的业绩,那就是妄自菲薄了。中国人研究西方哲学,自有独特的优势。用中国人的眼光解读西方哲学,可以看到西方人看不到之处。"不识庐山真面目,只缘身在此山中",这句诗说的不仅是自然现象,而且也是思想上的"盲点"现象。对于西方哲学研究领域的一些盲点和误区,局外人也许看得更真切。正如中国文化和哲学需要外国汉学家来研究一样,西方哲学也需要中国学者的研究。这是中西哲学对话的需要,文化交流的需要,也是未来的世界哲学的需要。

维特根斯坦 Ⅰ 到维特根斯坦 Ⅱ 转变的逻辑理由

维特根斯坦Ⅰ是《逻辑哲学论》的作者，维特根斯坦Ⅱ是《哲学研究》的作者。[1] 众所周知，这两本书的作者判若两人，但实际上代表了同一位哲学家前后两个时期截然不同的思想。

对于维特根斯坦Ⅰ到维特根斯坦Ⅱ转变的原因，研究者们给予的各种不同的解释，可用拉卡托斯(I. Luctos)在科学哲学领域作出的"内史"与"外史"的区分加以归纳。[2] 所谓外史，指影响一位作者思想的人生经历和社会事件之总和。维特根斯坦在1920年至20世纪30年代初经历的一系列事件，比如，他在山村小学任教七年，1928年在维也纳听到荷兰数学家布罗维尔(L. E. Brouwer)关于直觉主义的讲演，以及他在剑桥的同事斯拉法(P. Sraffa)对他早期观点的揶揄和批评，都促使他放弃早期的逻辑分析立场，走上了日常语言分析的道路[3]；所谓内史，则是一位作者思想发展的纯粹过程，其之所以是纯粹的，乃是因为它遵从自身的逻辑线索与合理性，而不受外在事件和偶然因素的支配。与外史不同，内史是不可观察的，需要研究者根据自己的解释和理解进行理性重构，才能揭示出一位作者的内史。比如，不少研究者认为，《逻辑哲学论》所包含的一些理论上和逻辑上的缺陷和困难，致使维特根斯坦对语言的意义、规则和范围的看法发生根本的转变。

毫无疑问，以上所说的"外史"和"内史"的分别，对于理解从维特根斯坦Ⅰ到

---

1 维特根斯坦Ⅰ和Ⅱ是罗素用以区别维特根斯坦前后期思想的称呼，见 B. Russell, *My Philosophical Development*, George Allen & Unwin, Unwin Book edition, 1975, pp. 160‑161.

2 拉卡托斯：《科学研究方法论》，兰征译，上海译文出版社1984年版，第163—167页。

3 关于这些事实，可参阅赵郭华《维特根斯坦》，台北：远流出版公司1989年版，第67—71页。

· 147 ·

维特根斯坦II的转变都是有益的、必要的。但是从哲学的观点看,内史无疑比外史更重要、更有意义。现有的关于维特根斯坦的传记和回忆录当属外史范畴,它们所能提供的,充其量只是对维特根斯坦思想发展轮廓和方向的粗略描述。要对维特根斯坦著作的具体观点和问题作出比较合理的解释,还是需要内史式的理论重建,对维特根斯坦各个时期的著作进行见微知著的比较分析,才能对他的思想全过程和各种观点之间的联系有深入理解。我们下面将按照"内史"重建的要求,对维特根斯坦前后期思想发展的逻辑理由进行理论上的分析。

《哲学研究》引起的一个困惑

维特根斯坦在《哲学研究》的"序言"中说,这本书只有以《逻辑哲学论》为背景,在与以前的旧思想的对照中才能得到理解。确实,《哲学研究》前一部分针对"奥古斯丁图画"为代表的旧有语言观的批判,很大程度上是针对《逻辑哲学论》所作的自我批评。最为明显的是,第38至63节包含着对他早期关于简单名称和基本命题的理论的尖锐批评。他从柏拉图的《泰阿泰德篇》中追溯到把语言分析到最终要素的做法的根源,并坦诚不讳地说:"罗素所谓的'个体'和我所谓的'对象'(《逻辑哲学论》)就是这样的基本要素"(PI.46)。

出乎意料的是,维特根斯坦在以后所进行的一些案例分析(这是他的惯用方法),似乎是无的放矢。比如,他在第48节,以9个颜色分块作为简单对象组合的范例,以此说明"简单"和"复合"并无绝对界限;再如,在第60节,他以"扫帚放在角落"这句话的分析为例,说明这句话不能被分析为"扫帚柄放在角落,扫帚头放在角落""扫帚头安在扫帚柄上"这样的形式,以此反驳他早期把命题分析为基本命题逻辑函项的思想。

对于那些仍然忠于《逻辑哲学论》的立场的读者而言,维特根斯坦在《哲学研究》中以这样的范例表明他早期关于简单对象和基本命题的概念,完全是一种漫画般的丑化手法。他以此所进行的反驳,也只是像堂吉诃德与风车作战那样的徒劳。他们有理由反问:《逻辑哲学论》并没有给出任何关于简单对象和基本命题的例子;维特根斯坦Ⅱ没有理由把"颜色方块"作为维特根斯坦Ⅰ关于简单对象的例证,也没有理由把关于"扫帚柄"和"扫帚头"之类的陈述作为维特根斯坦Ⅰ关于基本命题的例证。

对于维特根斯坦Ⅱ似乎是强加于己(过去的自己),同时也是强加于人的做法,人们会产生出种种困惑:或者维特根斯坦Ⅱ在这些场合并没有针对维特根斯坦Ⅰ进行严肃的理论上的反驳,或者维特根斯坦Ⅱ此时并不真正理解,甚至忘记了维特根斯坦Ⅰ的思想。这两种假设的任何一种如果成立,那么《哲学研究》针对《逻辑哲学论》的批评的有效性将大打折扣,从维特根斯坦Ⅰ转变到维特根斯坦Ⅱ的合理性将受到挑战。人们甚至将不得不重新评估维特根斯坦前后期思想的联系和价值:其后期思想将不再被视为前期思想的一种进展,而将被视为一种倒退,或者两者只是没有连续性的两个平行的思想阶段。

《哲学研究》针对《逻辑哲学论》关于简单对象和基本命题理论的批评所引起的困惑和问题,对于维特根斯坦研究具有根本性、全局性的意义,值得我们认真对待。下面的文字将说明,维特根斯坦Ⅱ对维特根斯坦Ⅰ所作的批评,是在经历了一个思想转变过程之后作出的;只是维特根斯坦Ⅱ没有把转变的理由写进《哲学研究》,才使不少读者对他的批评有无的放矢或强加于人的感觉。实际上,引起维特根斯坦思想转变的内在原因是《逻辑哲学论》中"简单""基本命题""逻辑分析"等概念所引起的逻辑上的困难。这些困难于30年代初在维特根斯坦思想中逐渐明朗,他为了解决这些困难进行了艰苦的思考。《哲学研究》只是记录了这一思考的结果,却没有对思考的问题和过程作详细交代,因此造成了《逻辑哲学论》和《哲学研究》之间的一个断层。为了填补这一断层,我们需要作一种理论重建,即重构《逻辑哲学论》引起的逻辑困难以及维特根斯坦的解决方案,并在此基础上,理解《哲学研究》对《逻辑哲学论》的批评的有效性,以及维特根斯坦Ⅰ转变为维特根斯坦Ⅱ的合理性。

二 ——————————————————————————————————————

维特根斯坦所看到的《逻辑哲学论》的逻辑错误

维特根斯坦于 1930 至 1933 年期间在课堂上对自己早期思想进行了深刻反省和自我批评。在穆尔(C. Moore)所记录的课堂笔记中,我们可以读到,他对《逻辑哲学论》的逻辑错误进行了发人深思的揭示。穆尔的这段记录如下:

> 就逻辑而言,他说当他写《逻辑哲学论》时,在两个最重要问题上所持的观点是完全错误的。
>
> (1)第一个问题涉及罗素所谓的原子命题和他自己在《逻辑哲学论》中所说的基本命题。他说,正是在基本命题及其与真值函项或分子命题的关系这些问题上,他大大改变了看法,并说这个问题与"事物""名称"这些词汇有关……他先指出,罗素和他都没有给出任何原子命题的例子。并说这一事实显示出一定的错误,但很难说清楚错在哪里……
>
> (2)第二个重要的逻辑错误与"推导"问题有关(他这里指演绎推导→,或"导致"的意思),即从一般命题向特殊例证,或从特殊例证向一般命题的推导。他使用《数学原理》里的公式,他要我们注意这两个命题:"(x)fx→fa"和"Ex fx→fa"。他说他在《逻辑哲学论》里被引入歧途,倾向于把(x)fx等同于"fa & fb & fc…"的逻辑积,把 Ex fx 等同于"fa ∨ fb ∨ fc…"的逻辑和,但这两个等式都是错误的。[1]

维特根斯坦承认的第一个逻辑错误与他早期关于基本命题和简单对象的概念有关。但他在这里语焉不详,觉得很难说清楚究竟错在哪里。其实,早在写作《逻辑哲学论》之时,他并非没有思考过什么是简单对象和基本命题的例证的问题,但他最终放弃了这种努力。他那时觉得没有理由一定要给出这样的例证,如他后来在回答他的学生马尔科姆(N. Malcolm)时所说:"那时他认为他是一个逻辑学家。作为一个逻辑学家,决定哪些事物是简单事物,哪些事物是复杂事物,这

———————————————

1 "Wittgenstein's Lectures in 1930~1933", in C. E. Moore, *Philosophical Papers*, George Allen & Unwin, 1959, pp. 296 - 297.

不是他的本分,因为那完全是一个经验的问题。"[1] 但到 30 年代初时,他却意识到,未能给出简单对象和基本命题一定包含着某种逻辑错误。为什么他先前认作"完全是经验的问题"会包含着一个重大的逻辑错误呢? 这是一个需要解决的问题。维特根斯坦所承认的第二个逻辑错误关系到把日常命题分析为基本命题的程式。但是他所指出的两个错误公式并不见诸《逻辑哲学论》;相反,他在该书还明确地指出:"弗雷格和罗素把普遍性与逻辑积或逻辑和联系在一起,引入普遍性,这样,使得包含这两个概念的命题 $E(x) \cdot fx$ 和 $(x) \cdot fx$ 难以理解"(T. 5. 521);另一方面,罗素在为《逻辑哲学论》所写的"导言"中,肯定维特根斯坦所使用的逻辑分析的一个根据是"关于普遍命题来自合取与析取的理论"(T. p. xvi)。这就是说,维特根斯坦相信,普遍命题可以被分析为基本命题的逻辑积或逻辑和。罗素对维特根斯坦的解释显然与维特根斯坦在 5. 521 节中对弗雷格和罗素的批评相抵牾。维特根斯坦后来所作的自我批评,似乎认可了罗素对他的解释,但他在 5. 521 节的批评反而变得难以理解了。为什么他在那里所批评的公式后来被说成是他当时所犯的逻辑错误?

　　虽然有以上疑问,维特根斯坦所承认的《逻辑哲学论》的两个重大逻辑错误,为我们理解他为什么会放弃早期关于简单对象、基本命题和逻辑分析等关键思想,而转向后期思想,提供了一个宝贵的线索。我们的理论重建工作将从这里开始,在这两个问题上阐述维特根斯坦思想转变的逻辑理由。

三

"简单对象"概念所引起的问题及其解决

1. "颜色不相容"问题

　　如上所见,维特根斯坦承认,《逻辑哲学论》的第一个逻辑错误与"简单"概念有关。当代研究者哈克(P. M. S. Hacker)把这一问题归结为他所称的"颜色不相

1　N. Malcolm, *Ludwig Wittgenstein*, *A Memoir*, Oxford University Press, 1984, p. 70.

容问题"(color exclusion problem)。哈克断言:"维特根斯坦早期哲学的崩溃在于它无力解决一个问题,即颜色不相容问题。这个问题的不可克服性显示出来之时,也就是全部体系的主要架构崩溃之日。"[1]

为什么一个不起眼的问题导致了一个严密的哲学体系的崩溃?为了理解其中的奥妙,我们首先应该清楚,《逻辑哲学论》里"对象"的概念是其理论基石,而这个概念的意义在很大程度上依赖于对颜色的分析。两者的联系在 6.3751 节中表现得尤其明显。他说:"两种颜色同时呈现于视域的同一位置是不可能的。实际上在逻辑上是不可能的,因为它为颜色的逻辑结构所不容。"他对这种逻辑不可能性还作了这样的论证:"显然,两个基本命题的逻辑积既不可能是一个同语式,也不可能是一个矛盾式。视域的一个点同时有两种颜色,这种说法是一种矛盾式"(T. 6. 375)。

按照这一论证,一块色斑,无论多么小,也不是简单对象。这是因为:

(1) 如果一块小色斑是一简单对象,那么对它的陈述将是一个基本命题。理由是:"只是在一个基本命题的连结中,一个名称才能出现于命题之中"(T. 4. 23)。

(2) 两个基本命题的逻辑积将不是同语式或矛盾式。理由是:"事态彼此独立"(T. 2. 061),"从一事态之存在或不存在,不可能推导出另一事态之存在或不存在"(T. 2. 062)。

(3) 陈述一块色斑同时有两种颜色的命题是一矛盾式,比如,"a 是红色,并且 a 是绿色"是一矛盾式。

(4) 因此,对一块小色斑 a 颜色的陈述,如"a 是红色""a 是绿色"不可能是基本命题。

(5) 因此,一块小色斑不能被认作为简单对象。

以上是维特根斯坦在《逻辑哲学论》中表达的思想。在 1929 年返回剑桥后发表的第一篇论文中,维特根斯坦对这一结论作了重新思考。他在这篇题为《关于逻辑形式的几点评论》的文章里,试图分析 T. 6. 3751 提出的"颜色的逻辑结构"。

---

1 P. M. S. Hacker, *Insight and Illusion*, Clarendon, 1972, p. 86.

问题是这样被提出的：既然一块色斑不是简单对象，而是有一定的逻辑结构的东西，那么对它可以作进一步逻辑分析，应该如何分析它的颜色结构呢？维特根斯坦回答说：只有两种可能的逻辑分析，一是把色斑的颜色分析为两种同色的叠合，于是得到以上公式：

$$E(2b) = Eb \,\&\, Eb \qquad\qquad (1)$$

（其中 E 表示色斑形状，b 表示色斑颜色）

二是把色斑的颜色分析为两种不同色的叠合，于是得到以下公式：

$$E(2b) = Eb' \,\&\, Eb'' \qquad\qquad (2)$$

但是，这一逻辑分析的两种可能的结果都是错误的。（1）式是一同语式，其结果为 Eb，两个 Eb 的逻辑积（合取）仍然是 Eb，而不等于 E(2b)。（2）式则为一矛盾式，因为它肯定一个位置可以同时被两种不同颜色所占据。设 b' 为红色，b'' 为绿色，Eb'&Eb'' 的意思是，E 是红的，并且 E 是绿的。这正是维特根斯坦在《逻辑哲学论》举例所说明的"逻辑不可能性"。

此时的维特根斯坦认识到，一块色斑不可能在逻辑上被分析，他被迫承认，对一块色斑的陈述是一个基本命题："这就是说，原子命题必定具有和它所陈述的属性同样的杂多性。"[1]这里所说的原子命题的杂多性应为原子命题（基本命题）的意义的复杂性。他在《逻辑哲学论》里曾认为，基本命题是对简单对象的陈述，但他现在承认，所谓简单对象的属性（如颜色）实际上并不简单，因此，陈述一简单对象具有某种属性的命题的意义也不简单。但是具有复杂意义的这类命题在逻辑上又是不可分析的，在此意义上仍可被称作"原子命题"。维特根斯坦此时似乎认为，不能再被分析的原子命题所陈述的对象不再是简单对象，而是复杂现象。他说："通过可以被称作逻辑研究的方式，我们只能对现象本身进行正确的分析，这就是，在后天的意义上分析，而不是对先天可能性进行猜测。"[2]

维特根斯坦在《逻辑哲学论》中没有给出任何关于简单对象和基本命题的实

---

1 "Some Remarks on Logical Forms," in I. Copi, *Essays on Wittgenstein's Tractatus*, Routledge & Kegan Paul, p. 32.

2 同上。

例,他相信,基本命题的符号形式显示简单对象的全部可能的联结方式,这也是事实和命题的同构的逻辑结构。但是他对"颜色不相容问题"的思考却引起了破坏性的结论,不但简单对象不再成其为终极实体,而变为复杂现象,而且基本命题也不再是先天的逻辑形式,而变为经验命题,比如"a 是红的"即是这样的命题。我们知道,"简单对象"和"基本命题"的概念是《逻辑哲学论》的基石,当两者的意义发生根本性变化,以此为基础的理论体系也就难以维持了。

2. 维特根斯坦 I 的曲折思想变化

如果追溯维特根斯坦酝酿写作和反思《逻辑哲学论》的全过程,我们可以看到维特根斯坦 I 的曲折思想文化。在《1914—1916 年笔记》的开始,维特根斯坦问道:"我们视域的斑点是不是一个简单对象,一个事物?"(NB. 3. 9. 1914)一年多以后,他对这一问题作了肯定的回答:"关于简单的例证,我总想到色域的斑点(正像色域的块状在我心中总是典型的复杂对象一样)"(NB. 6. 5. 1915)。但是,他又不放心地提出另外一个问题:"空间的复杂性是否也是逻辑的复杂性呢? 似乎肯定如此";"但是,我的视域一块单色形状是由什么组成的呢? 由最小感觉(minima sensibilia)组成的吗? 它们的位置是如何决定的呢?"(NB. 7. 5. 1915)他提出的问题涉及这样一个问题:我们能够感觉到的对象有没有最小单元;如果存在这样单元的话,它们的形状大小应如何被决定? 几天之后,维特根斯坦变换了提问题的方式,他问道:"最小感觉的视觉形象是否确实显得不可分割?"(NB. 25. 5. 1915)他的回答是肯定的:"对我而言,我们视域的色斑作为简单对象是完全可能的,因为我们感觉不到色斑中一个个单独的点,星星的视觉显象即是如此"(NB. 18. 6. 1915)。这就是说,视觉不可再分割的色斑(如我们看到的星星)就是简单对象的例证。

在《逻辑哲学论》中,维特根斯坦不再把色斑作为简单对象,他在 T. 6. 375 提出的"颜色不相容问题"蕴含着否证色斑是简单对象的结论。但是他并没有回避他在酝酿这本书时思考的那些问题,尤其是色斑是否可分的问题。他在《逻辑哲学论》的开始对这一问题作了重新思考。有三句话与此问题有关。

(1)"视域的点虽不必是红的,但必具有某种颜色,可以说被一个颜色空间所围绕"(T. 2. 0131)。

(2)"在某种意义上,对象是无色的"(T. 2. 0232)。

(3)"空间、时间和颜色(有色)是对象之形式"(T. 2. 0251)。这三段意义不相一致甚至从表面上看相矛盾的话向来是研究者的难题。我们注意到,这三段话各有不同的适用范围。第一句话适用视域里的对象,第二句话适用未进入视域的对象自身,第三句话适用联结对象的方式,即形式。综合这三句话的意思,我们可作出这样的解释:就对象自身而言,一个单个对象没有也无需有可感性质,在此意义上,孤立的对象是无色的。但是,"任何对象,离开与其他对象联结的可能性,不能被想象"(T. 2. 0121)。我们总是在对象相互联结的事态之中认识一个对象的。对象相互联结构成了一个个感性领域,空间、时间和颜色是它们必然构成的领域,或者说,任何对象都要进入这些领域才能被想象,因而此三者又被称作对象之形式,或内在性质["如果一对象没有它便不可被思想,则这一性质为内在"(T. 4. 123)]。因此,任何可被思想的对象都在视域之中,被一个颜色空间所包围。

应该强调的是,从以上意思我们只能推断对象的联结构成颜色,对象必然进入颜色领域与其他对象相联结,却不能推断,一对象在独立状态具有颜色。这在语言上意味着,我们只能用符号表达简单对象的形式,却不能陈述对象的经验属性。这也是为什么维特根斯坦拒绝使用基本命题来陈述对象的理由所在。并且,他还明确否认对一块斑点的颜色的陈述为基本命题。在这一问题上,他在《逻辑哲学论》的立场与更早的思想酝酿期相比,反差是十分明显的。

但是到了1929年,维特根斯坦似乎又回到《逻辑哲学论》之前所持的立场。他在此时承认对色斑的颜色的陈述不可再被分析,承认原子命题(基本命题)是对经验现象的陈述。这种结论不是对《1914—1916年笔记》立场的简单回复,而是对《逻辑哲学论》的批判性反思,用辩证法的语言说,是"否定之否定"。

3. 维特根斯坦 II 的理论背景

维特根斯坦早期思想的反复曲折过程有着深刻的理论背景。可以说,他的思想反映了自然科学中机械主义(mechanism)和现象主义(phenomenalism)的对立,反映了哲学中逻辑主义和经验主义的分歧。

当时物理学机械主义的主要代表人物赫兹(Hertz)和波尔兹曼(Boltzmann)对维特根斯坦有着深刻影响。前者的观点在《逻辑哲学论》中两次被引用,后者几乎成为维特根斯坦的导师,只是由于波尔兹曼突然去世,维特根斯坦才到英国留学。机械主义的一个基本立场是相信可观察的现象是由不可观察的微粒相互联系而成的整体,数学公式描述的是现象整体,却不能描述单个微粒状态。比如,麦克斯韦方程描述出电磁波运动状态,却不能表现运动的载体——以太。根据当时物理学家的信念、以太的存在却是必要的设定,否则电磁波现象的原因便得不到说明,麦克斯韦方程的有效性便无法最终证明。在机械主义者看来,当时观察不到的电子、以太等微粒是"理论对象"。我们可以从它们构成的现象肯定它们的必然存在,但不能从它们的物理性质推断现象的必然性,因为微粒只是表象可感现象的理论工具,它们的物理性质与表象是无关的。赫兹在《力学原理》的一开始就说:"对象是一种事物般的东西吗? 它们处在载体地位,还是性质般的东西,或是一种关系? 等等,这些问题都是没有意义的。只是因为有了同位的表象要素,我们才谈到对象。"[1]

维特根斯坦在谈到颜色时,几乎重复了赫兹的这段话。他说:"任何关于颜色的命题都可以用符号来表现。如果我们说原色有四种就够了,我们把那些同位符号称作表象要素,这些表象要素就是对象。"[2]维特根斯坦和赫兹一样坚持认为,可以描述的只是可感现象,但是描述的可能性条件在于被描述的要素和描述的要素之间的"同构"关系,即《逻辑哲学论》中所说的同构的图式关系。这种关系只能用符号来表象,在逻辑上,我们用名称指示对象,而不能在经验层面上用命题描述对象。我们可以看出,这种关于对象的观念与机械主义是完全一致的。

马赫(E. Mach)在物理学中发起的现象主义的一个动机是清除形而上学的残余。马赫把那些不可观察、仅凭思辨设立的实体(即被机械主义所肯定的"理论实体"),比如以太、原子、粒子等,都列作形而上学的残余。在他看来,表象的要素不是那些抽象的符号,而是感觉要素,任何不能被最终分析为感觉要素的概念都应从物理学中被清除出去。我们在这里不想重复马赫这些为人所熟知的观点,只是强调维特根斯坦在写《逻辑哲学论》前后的思想与这种现象主义之间的微妙联系。

---

1 H. Hertz, *The Principle of Mechanics*, McMillan, 1899, p. 1.

2 *Ludwig Wittgenstein and the Vienna Circle*, ed. by B. McGuinness, Basil Blackwell, 1979, p. 43.

如前所述,维特根斯坦在这些时期倾向于把像色斑这样的最小感觉作为简单对象,这种意义上的"简单"不正是马赫所说的"感觉要素"吗?研究者们注意到,1930—1934 年间,维特根斯坦在《哲学评论》(*Philosophical Remarks*)和《哲学语法》(*Philosophical Grammar*)的笔记里表现出现象主义的思想倾向。肯尼(Anthony Kenny)说:"维特根斯坦在《哲学评论》里比他一生其他时候都更接近于逻辑实证主义的中心立场。"[1] 辛提卡(M&J. Hintikka)也指出,维特根斯坦在前后期思想之间经历了一个以现象主义为特征的过渡阶段。[2]

人们过去曾把早期维特根斯坦当作逻辑实证主义的先驱,现在又过分强调他与维也纳学派的对立。如果我们理解他的早期思想所经历的现象主义和机械主义之间的反复,我们就不难看出那些简单化解释的片面性。维特根斯坦早期思想与罗素的逻辑原子主义的关系也是如此。虽然罗素在《逻辑原子主义的哲学》中开始明白地表示了他的观点"大部分是从我的朋友和以前的学生维特根斯坦那里学来的"[3],但是大部分研究者还是看出两者之间巨大的差别。罗素把"逻辑专名"解释为感觉材料的指示词,因此"这是红的"成为典型的原子命题。这种逻辑原子主义带有明显的经验主义倾向,人们正确地看到,《逻辑哲学论》中的基本命题不等于罗素所谓的原子命题。维特根斯坦对基本命题和简单对象的说明基本是逻辑主义的,而不是经验主义的。但是,如果把维特根斯坦 Ⅰ 与罗素的分歧简单化为逻辑主义与经验主义的对立,那也不免陷入片面性。

当维特根斯坦在某些时期以色斑为简单对象例证,或肯定"a 是红的"这类经验命题不可分析时,他的思想倾向于经验主义。实际上,他那时使用的"最小感觉"的术语也是从传统经验论者,如洛克的著作中借用来的,这一术语和罗素所说的"感觉材料"(sensedata)同出一辙。另一方面,罗素对"简单"的解释也不乏逻辑主义的因素。比如,他对"简单"所下的定义"个体=原子事实的关系词项"[4]即是一个逻辑主义的定义,与维特根斯坦对对象的说明十分接近。应该看到,早期维

---

1 A. Kenny, *Wittgenstein*, Harvard University Press, 1973, p. 130.

2 M&J. Hintikka, *Investigating Wittgenstein*, Basil Blackwell, 1986, p. 137.

3 B. Russell, *Logic and Knowledge*, ed. by R. C. Marsh George Allen & Unwin, 1956, p. 177.

4 同上书,第 177 页。

特根斯坦和罗素的思想中都既有逻辑主义又有经验主义的因素。差别在于,罗素在《逻辑原子主义的哲学》一书中,同时对"个体"作了逻辑主义和经验主义的说明;维特根斯坦对"对象"的观点却经历了从经验主义(酝酿期)到逻辑主义(《逻辑哲学论》),再回复到经验主义的反复。罗素似乎没有看到这两种立场的不协调之处,他的逻辑原子主义是两者调和的产物;维特根斯坦从他的思想斗争的经历理解到接受一种立场而放弃另一种立场的理由,因此,他后期批判自己和罗素的逻辑原子主义时能够超越两种立场,消解由于逻辑主义和经验主义的争论而产生的困惑。

4. 重新理解《哲学研究》对"简单"概念的自我批评

《哲学研究》对逻辑原子主义"简单"概念的批评,既针对其逻辑主义的理解,又针对其经验主义的理解。维特根斯坦Ⅱ列举两个典型事例,分别具有这两方面的批判意义。第一个事例是"石中剑"的意义问题(PI.39)。石中剑是传说中亚瑟王的魔剑,并不是现实存在,但为使关于它的陈述有意义,逻辑主义者设想"石中剑"必定能被分析为简单名称的组合。T.2.0211—2.0212实际上包含着这样的论证,反映出逻辑主义的对象观的一个特点,即对象不必是可感事物,而是那些最终能理解语言意义的名称所指称的对象。

《哲学研究》用来反驳经验主义的对象观的例证是九个有色正方形的组合和区别的问题(PI.48)。每一个有色正方形代表一"最小感觉"或感觉要素,它们之间的组合说明它们并不是同一事物的要素;它们的继续可分性说明所谓"简单—复合"的区分不过是相对的。虽然如此,每个正方形仍可视为简单,但并不是作为要素的简单或不可分析的简单,而是作为一种人为的衡量标准的简单性,如同标准米尺一样(PI.50)。总之,维特根斯坦Ⅱ在这里反驳的是经验主义的对象观。虽然这种对象观并不明显见于《逻辑性学论》之中,却是他在写作读书之前和之后的一段时间内所相信的观点,并且他之所以一度相信这种观点,是与他在《逻辑哲学论》里表明的那些观点和理由相关的。可以说,经验主义的对象观既是逻辑主义的对象观的前身,又是后者所导致的一个结果。因此,只有把两者联系在一起批评,才能对维特根斯坦Ⅰ乃至逻辑原子主义进行全面清算。我们作如此理解便可明白,维特根斯坦Ⅱ选择的有色正方形的案例分析,正可解开维特根斯坦Ⅰ围绕"颜色不相容问题"产生的种种困惑。他以此展开的对其早期思想的批评,有着深层含义。

四 ————————————————————

命题分析所产生的问题及其解决

穆尔记录的课堂笔记中维特根斯坦所承认的"推导"问题的困难,实际上涉及早期分析哲学家关心的一个中心问题:如何把日常命题还原在逻辑上不可再分析的子命题? 虽然弗雷格和罗素都在不同程度上认可了这种还原分析的可能性,但只是维特根斯坦在《逻辑哲学论》中才算明确而又严密地解决了这一问题。维特根斯坦Ⅰ的解决方案主要有二:一是肯定"一切命题都是基本命题的真值函项"(T. 5);二是通过逻辑运算,把所有基本命题的联结式都化约为一个一般形式 N (ξ)。(T. 6)这个公式化表对所有基本命题进行否定的合取,其结果是消除其他联词符号如合取、析取、蕴含、等同,并消除普遍量词和存在量词,最后只用舍弗尔(Sheffer)的合舍符号↓或析舍符号↑来联结基本命题。正如罗素在《逻辑哲学论》前言中指出,达到这种一般形式的逻辑运算在技术上是可行的。因为:第一,舍弗尔已经证明,可用合舍(↓)或析舍(↑)归约其他联词;第二,量词可归纳为合取和析取;第三,意向句(如"A 认为 p")可被归约为非意向句(如"P 认为 P")(T. xvi. 1930 年左右的维特根斯坦看出了上述第二条是一个逻辑错误。他说这一错误源于《数学原理》的公式。有趣的是,罗素在"前言"中对之表示肯定时却认为这是"维特根斯坦先生的理论"。两人似乎都在谦逊地推让"发明权"。不过,在 T. 5. 521 中维特根斯坦确实提到弗雷格和罗素把量词归结为合取或析取,并对此提出批评。维特根斯坦后来为什么又说,他在写《逻辑哲学论》时被罗素的这种观点误入歧途呢? 我们需要知道,维特根斯坦为什么要批评罗素的这一观点? 他在批评的同时又不自觉地接受了什么样的影响?

1. T.5.521 的批评所据的理由

事实上,不管是弗雷格还是罗素,都没有明确地把普遍量词归约为合取或把

存在量词归约为析取(只是在《数学原理》第一卷※59 接近于这一思想)。正是维特根斯坦自己明确地提出了这样一个公式:

$$(x)fx \leftrightarrow fa \& fb \& fc\cdots \qquad (1)$$

$$Exfx \leftrightarrow fa \lor fb \lor fc\cdots \qquad (2)$$

在1932—1934年间写成的笔记《哲学语法》中,维特根斯坦把上述公式称作"我关于一般命题的观点"(PG. p. 268)。

不可否认,维特根斯坦早期思想是在弗雷格和罗素影响之下形成的,他在后者的著作中找出了把量词归约为联词的思想。但是,如果只把存在量词归约为析取,把普遍量词归约为合取,那也不符合维特根斯坦提出的命题的一般形式。$N(\xi)$这种一般形式与公式(1)(2)区别何在呢? T. 5. 522 实际上回答了这一问题。"普遍性符号的特殊性在于,首先,它指示一个逻辑原型;其次,它强调常项之重要性。"显然,公式(1)和(2)都未能表示出普遍性符号的这两条特殊意义。如果我们对公式(1)和(2)进行真值运算,用舍弗尔符号代替合取和析取符号,我们则得到下列结果:

$$N(\xi) \leftrightarrow \sim (fa \& fb \& fc\cdots)$$

$$\leftrightarrow fa \uparrow fb \uparrow fc\cdots \qquad (3)$$

$$N(\xi) \leftrightarrow \sim (fa \lor fb \lor fc\cdots)$$

$$\leftrightarrow fa \downarrow fb \downarrow fc\cdots \qquad (4)$$

(3)(4)的优越之处在于,第一,它们指示出"命题的结构在于它们相互之间的内在关系"(T. 5. 20)。析舍和合舍符号在其中所显示的意义恰如 T. 5. 4611 所说的"标点符号",即显示出 fa, fb, fc 等命题的内在连续性,而不像合取和析取符号那样会误导人们相信在这些命题之外还有某种独立的逻辑关系。弗雷格和罗素曾倾向于把联词符号所指称的对象解释为"逻辑对象"。维特根斯坦则明确地表示"没有弗雷格和罗素意义上的逻辑对象"或"逻辑常项"(T. 5. 4)。维特根斯坦企图用比较易于显示内在关系的合舍或析舍来取代弗雷格和罗素体系中的逻辑常项的努力,正是他反对"逻辑对象"论争的一个重要环节。

维特根斯坦在 T. 5. 521 所批评的只是对量词所表示的普遍性的一种逻辑实在论的解释,即把普遍性解释为"逻辑对象"的关联项。维特根斯坦认为把量词归约为合取或析取的做法把强调的重心放在合取和析取关系方面,而不强调命题的内在关系,将会导致严重的误解。这种批评所针对的并不是把量词归约为合取和析取的有效性,而是对合取和析取的实在论解释;同理,维特根斯坦坚持用合舍和析舍取代合取和析取,也并不是因为前者与后者的真值有何不同,而是因为合舍与析舍更易于显示普遍性的特性——命题之前的内在关系。

2. 维特根斯坦 Ⅰ 所认可的逻辑分析

不管在 T.5.521 还是在其他章节,维特根斯坦与罗素同样坚持这样一个立场:日常命题都是有待继续分析的普遍命题。按传统逻辑的区分,日常命题有全称、单称、特称三种,在主词之前用"所有""有些""一个""这个"等词加以区别。这些词可以分别被全称量词和存在量词所代替。如果量词可以归约为联词,那么所有日常命题都可以被分析为子命题的真值函项。这正是早期分析哲学家们孜孜以求的目标。在这一方面,维特根斯坦 Ⅰ 与弗雷格和罗素并无不同之处。事实上,他有时把公式(1)(2)当作弗雷格和罗素的产物,有时又把它们当作自己的思想,这种混乱正反映出他在这里关心的是他们的共同点,即企图把日常命题分析为子命题的努力方向。把量词归约为合取或析取,可以说是这种努力的第一步,维特根斯坦 Ⅰ 并不反对这一步骤,但认为只有这一步是不充分的,会导致某种误解,因此还需要进一步通过真值运算,用合舍或析舍这样的"标点符号"来显示子命题之间的内在关系。总的来说,维特根斯坦对公式(1)(2)的态度是既肯定方向(如后来多次承认的那样),又提出改进方法(如 T.5.525 所示)。公式(3)(4)可以说分别是公式(1)(2)的改进型。

以上分析说明,T.5.521 的批评并不触及公式(1)(2)的逻辑分析方法前提,改进型公式(3)(4)也保留着公式(1)(2)的基本特征。首先,公式(1)(3),公式(2)(4)是等值的,用合舍和析舍取代合取和析取的真值运算并不改变命题的真值,只改变命题的形式。其次,真值运算也不改变真值函项的数目,比如,公式(1)(2)和(3)(4)都包含 fa,fb,fc⋯等分项。最后,合取与合舍、析取与析舍都是一种集合关系,合取与合舍分别肯定或否定一些元素组成一集合,析取与析舍分别肯定或否定一元素属于一集合。从真值、函目和关系性质三方面而言,公式(3)(4)与(1)(2)相比,并无多大改进,充其量只是在维特根斯坦心目中具有(1)(2)所没有的

"显示"(showing)作用。

3. 逻辑分析的两个根本困难

维特根斯坦后来认识到了对日常命题进行逻辑分析的困难,这就是把量词归约为合取或析取的困难。这样的困难大致有两条:

第一,日常命题的意义并不涉及具体事例的枚举,但是公式(1)(2)的子项却是一种枚举,有时甚至是无穷枚举。比如,普遍命题"凡人皆会死"的意义并不等于"张三会死和李四会死和王五会死⋯⋯"如果是那样的话,我们将永远不会得到普遍命题。再比如,一个否定的存在命题也不等于合取项的枚举。按公式(2),

Exfx↔∼(fa ∨ fb ∨ fc⋯)

↔∼fa & ∼fb & ∼fc⋯

维特根斯坦举例说明这种分析的错误:"'这间房间里没有人'不等于说'石里克教授不在这间屋,卡尔纳普先生也不在这间屋——×××先生也不在——'。我现在相信,我认识到这间屋里没有人的过程与我认识到一个正方形里没有圆形的过程一样。"[1]这个例子说明,像"这间房间里没有人"这样的存在判断是当下判断,根本没有一个枚举的过程。从逻辑上说,公式(1)(2)需要满足这样一个条件,即知道 x 的值域为 a,b,c⋯。但是这一条件在逻辑分析过程中是无法满足的,因为日常命题的主语(比如"人"或"这间房间里的人")的外延是不能一一枚举的,全称命题可能涉及的无穷事例更是不可能枚举。正因为这一条件不能满足,等式(1)(2)在逻辑上不能成立。

第二,普遍量词和存在量词表示的普遍性不是一种集合的性质,往往不能被分析为元素的组合。比如,"凡人皆会死"不是对每一个人的可朽性的枚举;"柏拉图存在"也不是对组成柏拉图和各种要素存在的陈述。但是公式(1)(2)表示的却是集合与元素的关系,即把 a,b,c⋯当作 x 的元素,这样才有可能分别把(x)fx 和 Exfx 分析为 fa,fb,fc⋯的合取和析取。维特根斯坦后来认识到,日常命题所表示的普遍和特殊关系不能被处理为整体和部分的关系,混淆这两种关系的结果是把逻辑分析变为化学分析。他说,罗素和他都希望通过逻辑分析找到最初的元素或

---

1 *Ludwig Wittgenstein and the Vienna Circle*, ed. by B. McGuinness, Basil Blackwell, 1979, p. 39.

"个体"，并由此找到可能的原子命题。比如，罗素认为主谓命题，二元关系命题可以是最终分析的结果。这显示出一种对于逻辑分析的错误观念。逻辑分析被当作化学分析。

把逻辑分析当作化学分析，并不是一个偶然的疏忽，而是企图对日常命题进行逻辑分析的必然结果。这种分析的前提是把日常命题看作量词适用的普遍命题，其首要步骤是把量词归约为合取或析取，如公式（1）（2）那样，把日常命题看作是一些子命题的组合。即使公式（1）（2）可以被分析为（3）（4），把逻辑分析当作化学分析的错误仍不能避免。因为合舍和析舍表示的不过是以否定形式来表示集合与元素关系而已。

4. 重新理解《哲学研究》对逻辑分析的自我批评

PI. 60 针对逻辑分析提出的批评准确地抓住了上述两个困难。维特根斯坦巧妙地以"扫帚"为例，指出：第一，关于扫帚的陈述不涉及扫帚各部分的枚举；第二，对这一陈述的分析也不是从整体到部分的化学分析，否则就会得到一些荒谬的结论。PI. 60 举出的那个荒谬例证恰恰是应用公式（1）（2）的结果。按照那些公式，对"扫帚放在角落"这句话可进行以下逻辑分析：

Ex. (x)（扫帚放在角落）↔Ex（扫帚柄放在角落，并且扫帚头放在角落，并且扫帚头安在扫帚柄上）

这种分析还不是最终分析，因为存在量词 Ex 还有待于被归约为析取。但是这一分析的第一步就是显示出意义的荒谬性。维特根斯坦在这里说明了一个简单而又常被人忘却的真理：日常语言的意义有其自身的确定性。他问道："说扫帚放在角落的人是否真的在说：扫帚柄放在那里，扫帚头放在那里，扫帚头安在扫帚柄上？——如果我们问任何一个人是不是这个意思，他也许会说他根本没有特别想到扫帚柄或扫帚头什么的"（PI. 60）。如果我们把这个听起来十分荒谬，在日常生活中根本不可能发生的说话方式，同维特根斯坦在写作《哲学研究》之前择公式（1）（2）所作的一系列批判性反思联系起来加以理解，我们便可领会到，维特根斯坦在这里选择了恰当的例证，对逻辑分析的根本错误进行了言简意赅的揭示。

维特根斯坦在这里没有提及《逻辑哲学论》里表达的对公式（1）（2）的不满，这大概是因为他已认识到他过去提出的改进并没有摆脱逻辑分析的根本前提，因而也不能避免逻辑分析的根本错误。他在对逻辑分析进行批判时,始终都以公式(1)(2)为目标,而不提及公式(3)(4)。这大概是因为公式(3)(4)涉及更多的技术细节,不易被普通人理解,而且它们只是代表了他在早期对逻辑"显示"作用的奇特看法,并不能代表早期分析哲学家对逻辑分析程序的一致意见。因此,他宁可以公式(1)(2)为目标,批评逻辑分析的一般方法,包括他早期所设想的公式(3)(4)显示出来的方法。

原载《德国哲学论丛》1998 年

解读《存在与时间》的现象学描述纲要[*]

无论关于海德格尔与纳粹关系问题的争论有什么样的结果,或在国内没有结果,《存在与时间》都不失为 20 世纪最重要的哲学著作之一。如果离开这本书,那么雅斯贝尔斯、伽达默尔、马尔库塞、阿伦特(Hannah Arendt),以及萨特、福柯、德里达、列维纳斯(E. Levinas)等人的著作将变得更加难以理解,甚至不可理解。然而,若要系统解读这本书,不论从哪个方面说都是一种智力挑战,不论皇皇巨著还是引论导读,尚未清晰地勾勒出该书的思想线索和阐述结构。[1] 为了理解此书,只有回到文本本身。

尽管海德格尔写作此书时与胡塞尔貌合神离,尽管他 35 年之后直言不讳:胡塞尔意义上的"现象学"与自己书中表述的"思的历史性始终毫不相干"[2],但是他在《存在与时间》中宣称"哲学是普遍的现象学存在论"[3],以及后来说那本书依据

---

* 本文系国家社科基金重大招标项目"20 世纪中国传统哲学与马克思主义哲学、西方哲学关系研究"(13&ZD056)阶段性成果。

1 比如,3 卷本的 F-W von Herrmann, *Hermeneutische Phänomenologie des Dasein* (Frunkkfurt am Main: Vittorio Klostermann, 1989)几乎逐节逐段解释《存在与时间》第一篇,但忽视了现象学最应该重视的解释结构问题。还如, Hubert L. Dreyfus, *Being-in-the World: A Commentary on Heidegger's Being and Tme*, *Division I* (The MIT Press, 1993)在英语世界享有盛名,其对第一篇解读虽然全面,但不得要领,最后以与他人合写的一篇离题的文章充当第二篇解读。约翰·塞尔说:"为了使讲英语的哲学家能够理解海德格尔的著作,德雷福斯所做的工作可能多于其他任何讲英语的评论者所做的工作";但塞尔最后讽刺他浪费了自己的"天赋"(参见《哲学分析》2015 年第 5 期,第 3、19 页)。再如,Paul Gorner, *Heidegger's Being and Time, An Introduction* (Cambridge University Press, 2007)篇幅不大,但内容空洞。

2 海德格尔:《给理查森的信》,见陈启伟主编《现代西方哲学论著选读》,北京大学出版社 1992 年版,第 690 页。

3 海德格尔:《存在与时间》,陈嘉映、王庆节译,生活·读书·新知三联书店 1999 年版。括号内数字系此中译本的页码,本篇内下同。

的是"对我至今仍然恪守的现象学原则的更加忠笃的坚持"[1]，应该读作真诚自白，值得认真对待。依我之见，若要把握全书内容，非得用海德格尔的现象学方法不可。本着他的方法，本文尝试用尽量短的篇幅尽量多地描述该书内容。

"显现"现象学的方法论

《存在与时间》第7节专门讨论现象学的方法论原则。海德格尔承认："现象学以胡塞尔的《逻辑研究》开山。下面的探索只有在胡塞尔奠定的地基上才是可能的。"(45)他接过了胡塞尔"回到事物本身"的口号和"显现"即现象的恒等式，但撇开胡塞尔的理论解释，而从希腊文词源上考察"现象学"的源始。通过对"显现自身"（*phainesthai*）和"话语"（*logos*），以及"真"（*aletheia*）这三个词语的解释，海德格尔把现象学的"先行概念"规定为"让被遮蔽着的事物本身显现出来让人看"，让人从显现的东西本身如其所是的样子来看它(41)。那么，"被遮蔽着的事物本身"是什么呢？《存在与时间》卷首语借用柏拉图之口说，存在的意义早已被遗忘。第1节首先阐明"存在"概念的意义不明，有必要主题化。接着作出"存在"与"存在者"、"存在者"与"此在"、"实在的"与"存在论的"、"生存"与"本质"、"本真"与"非本真"等五重关系。

（1）"存在"与"存在者"

第6节梳理了亚里士多德—经院哲学—笛卡尔—康德—黑格尔的传统把"存在者"混同为"存在"，"堵塞了通达'源头'的道路，传统甚至使我们忘掉了这样的渊源"(25)。海德格尔并不否认过去的哲学家在对存在者的研究中不同程度地触及存在的意义和时间性等问题，他终生的一件工作是解蔽哲学史著作，这种批判被称作"解构"（de-construction），即通过瓦解过去的哲学体系，把其中偶见的、非

---

1 海德格尔：《给理查森的信》，见陈启伟主编《现代西方哲学论著选读》，北京大学出版社1992年版，第690页。

主题化的存在论因素揭示出来，以验证海德格尔本人的存在论。

（2）"此在"与"存在者"

第2节从对存在意义问题结构的分析入手，阐明只有此在才能追问自身和其他存在者的存在意义。海德格尔承认，此在之所以能够提出存在的问题，是因为其已经对存在的意义有所领会。那么通过此在的领会追问存在的意义是不是事先已经设定了答案的循环论证呢？海德格尔回答说："就这个问题的回答来说，关键不在于用推导方式进行论证，而在于用展示方式显露根据。"（10）就是说，此在生活过程中对"存在"的先行领会是一个不自觉的整体把握，存在论的考察把此在先行领会的一个个环节展示出来，加以分析，从而达到对所有存在者存在意义加以全面通透把握的哲学建构。在第32节，海德格尔进一步指出"解释学循环"的概念，即"一切解释都活动在前已指出的'先'的结构中。对领会有所助益的任何解释无不已经对有待解释的东西有所领会"（178）。

（3）"存在论的"（ontologisch）与实在的（ontisch）

第3—4节和第10节利用哲学为科学奠基的传统观念，阐明只有通过对"此在"的存在意义考察，才能揭示"存在者"的存在一般意义，才能进而为考察同类别的存在者的一切实在科学（包括自然科学、社会科学和人的科学）奠基。因此，此在的生存论建构是"基础存在论"。按照海德格尔的计划，在此基础上还要进一步把握和表述存在的一般意义。他是否完成这一任务并不重要，《存在与时间》完成的基础存在论足以跻身于20世纪哲学的重要成就。

（4）"生存"与本质

第9节说明生存是专属于此在的存在方式，此在的生存有两个特征：其一，生存是"朝向存在"（Zu-sein）的生活过程，而不像其他存在物那样具有固定不变的类本质。在此意义上，"此在的'本质'在于它的生存"（49）。

（5）"本真"与"非本真"

"生存"的第二个特征是"我属"（Jemeinigkeit）。"我属"是词组"我的我"（Mein Ich）的名称，谈及此在的生存，只能用单称人称代词"我是"或"你是"。海德格尔区分了此在生存的两种状态：本真的和非本真的。本真的状态是专属于我的生存，非本真的状态是日常生活方式掩盖的生存。按照他对现象的解释，假象也是一种显示，"此在的非本真状态是实在的层次'最接近的和最熟知的东西'，但不意味着'较少'存在或'较低'存在"(51)；本真状态虽是存在论上的生存，却是"最远的和不为人知的东西"(51—52)。从存在意义的"显现"过程看，非本真状态"也先天地具有生存论结构"(52)。第 5 节明确地说："应当在此在的平均的日常状态中显示这个存在者"乃是生存论"本质的结构"(20)。在此结构中，此在的非本真状态与本真状态同样是源始的[1]，而且只有通过前者才能把后者从源始或派生的种种掩盖中揭示出来。

《存在与时间》导论和第 1 章阐述的上述五重关系是贯穿着全书的方法论原则，它们把现象学的方法和存在论的主题融为一体。此后的每一章节都运用某一种或某几种关系分析"存在论"概念，赋予海德格尔自创的术语以存在论意义。

二

"超越"现象学和此在生存的时间性

第 7 节有一段值得注意却常被忽视的文字："存在是地地道道 transcendens[超越者]。此在存在的超越性是一种与众不同的超越性，因为最彻底的个体化的可能性与必然性就在此在存在的超越性之中。存在这种的一切开展都是超越的认识。现象学的真理(存在的展开状态)乃是 veritas transcendentalis[超越的真理]。"(45)海德格尔把胡塞尔关于意识的超验现象学改造为关于此在存在的超验真理，即此在不断解蔽和展开自身存在的过程。可以说，《存在与时间》的阐述是四个步骤的超越：第一步从此在超越到此在的生存论意义(在世之在，共在)；第二步从此在的生存超越到此在生存的一般时间结构(操心)；第三步从此在的操心超越到此在本真生存的时间性结构(面向死亡的良心决断)；最后，从源始的时间性超越到此在共同体的历史性。

---

1 即使文本中有如此明确的区别，D. O. 达尔斯特伦依然坚持只有本真的时间才是源始的时间性，参阅他的《海德格尔的时间性概念——对近来一种批评的反思》，载《世界哲学》2016 年第 1 期。

(1) 此在的生存论意义(第 3—4 章:第 14—27 节)

此在的生存是处世处人的生活方式。"处世"方式即"在世之在","处人"方式即与他人"共在"。海德格尔用生存论的特有术语,对我们熟悉的生活方式的现象加以透彻描述和深入分析,揭示出此在在世界和社会之中的存在意义。

"在世之在"的全称是"世界之中存在"(In-der-Welt-sein)。海德格尔依次分析了"之中"和"世界"的生存论意义,由此规定世界之中的此在的存在方式。"之中"不是空间关系,而是"居住""依寓"的意思。此在依寓的世界是他的居住环境,此在在环境之中不是众多事物中的一个事物,而是与事物打交道的人的此在。此在打交道的"物",不是与此在并列的存在者,而是此在的"用具",即"人们在操劳打交道之际对之有所作为的那种东西",包括"书写用具、缝纫用具、加工用具、交通用具、测量用具"(80),乃至这些用具的制品,如"家具、窗、门、房间"(81)。广义的用具包括一切人造物以及被人利用的自然力,比如"森林是一片林场,山是采石场,河流是水力,风是'扬帆'之风"(83)。

此在与用具打交道的方式有两种:"上手状态"和"在手状态",前者是源始的,后者是派生的。以使用锤子为例,"对锤子这物越少瞪目凝视,对它们用得越起劲,对它们的关系也就变得越源始";而"在手状态"则是对锤子"属性的'外观'作一番'观察',无论这种'观察'多么敏锐,都不能揭示上手的东西"(81)。海德格尔还描述了"上手之物"如何派生"在手之物"的转变:当人得心应手地使用锤子时,锤子作为"上手之物"的功能是此在对打交道生存方式的先行领会,如果他发觉锤子不好使,感到"锤子太重了"的先行领会,他就要把锤子当作"在手之物"加以观察和研究,找出改进或取代它的办法,"锤子太重了"的感觉随之成为"锤子是重的"的判断。可见,海德格尔说:"在道出命题之际一向也依据有一种先行掌握"(184)。海德格尔用这个事例说明,在此在与用具打交道的过程中,用具派生出认识活动的客观对象,上手之物派生出关于外物的判断、解释和实在知识。

海德格尔把此在与用具打交道的生存方式称作"操劳"。存在论层面上的操劳不只关注或不关注某一件事,而是对周围环境的"寻视",一件事"指引"另一件事。仍以使用锤子为例,一个人的屋子漏雨,他使用锤子修屋顶,而他对房屋漏雨可能性和防止办法的操劳是他对周围环境寻视的一部分(98)。"某种上手之物的东西何因何缘,这向来是由因缘整体先行描绘出来的。"此在对操劳事件的整体关联的领会构成"意蕴"。"意蕴"不是因果关系,而是此在对其周围用具和环境的整体领会,"它就是构成了世界结构的东西"(102),即"世界之为世界的存在"。

"共在"的全称是"与他人的共同此在"(Das Mitdasein der Anderen)。海德格尔强调,他人和我一样也是"我属"的此在。他分析说:"这个'也'是指存在的同等,存在则是寻视着操劳在世的存在","他人的在世界之内的自在存在就是共同此在"(138)。"共在"的生存方式是"操持"。在实在的层面上,"操持"指"为衣食操劳,看护病体,社会福利事业等,以及操持的残缺样式,如相互怂恿、互相反对、互不需要、形同陌路、互不关心等。在存在论的层面上,"操持是由顾视与顾惜来指引的",在操劳的寻视和操持的顾视的指引中,"世界不仅把上手事物作为世内照面的存在者开放了,而且把此在和他人也都向他们的共同此在开放了"。"开放"是此在在相互"顾视"的共同指引,但"顾视"也有残缺样式,如不管不顾、冷漠、熟视无睹、离群索居等。

共在的操持有本真和非本真两种状态。本真状态的共在这里只是一笔带过,直到全书结尾处才有详细描述。反之,第 27 节对共在的非本真状态"常人"(das Man)的描述十分精彩。"常人"是所有人但又不是其中的任何一个人。海德格尔描述了"常人"的七个特征:从众(Untereinandersein)、淡漠(Abständigkeit)、平庸(Durchschnitt)、敉平(einebnen)、公众性(öffentlichkeit)、不承担(entlasten)和适应感(entgegenkommen)(147—149)[1]。"常人"的特征是此在的自我异化的过程,开始于不太情愿的服从,逐步地丧失了自己的个性,最后与众人生活方式完全认同,随波逐流,人云亦云,获得了机械的、麻木的适应感。海德格尔承认,常人是此在共在的一种源始状态,"常人是一种生存论环节并作为源始现象而属于此在之积极状态"(150)。人的社会状态首先并基本上是"常人",本真的此在被掩蔽在"常人"之中,只有存在论解蔽的超越才能揭示出此在的本真性及其共在的整体结构。

---

1 术语翻译根据德文有所改动。

（2）此在生存的时间结构（第 5—6 章：第 28—44 节）

海德格尔编辑过胡塞尔 1905 年手稿《内在时间意识的现象学》，他把胡塞尔"现在（原初印象）—将来（前摄）—过去（滞留）"的三合一纯粹意识状态转变为此在自身"绽露"（Estate）出去的展开状态，如海德格尔说："此在就是它的展开状态。"（155）"展开状态"也是"时间状态［temporal］"。第 5 节事先规定："一切存在论问题的中心提法都植根于正确看出了的和正确解说了的时间现象以及它如何植根于这种时间现象。"（22）换言之，此在存在的意义绽露于他对"现在—将来—过去"的贴己体验。

此在的当下体验是现身情态，它揭示出此在"现身于它的被抛境况中"，"被抛境况"指委身于生存境况的实际性。比如，在好的环境中兴高采烈，在坏的环境中垂头丧气，在顺利的条件下心平气和，在不顺利的条件下心烦意乱。非本真的现身情态是"怕"（Furcht），本真的现身情态是"忧"（Angst，原译作"畏"）。"怕"由于特定的可怕事物的临近可能造成威胁而引起，"怕主要以褫夺的方式展开此在。怕使人迷乱，使'魂飞魄散'"（165）。"怕"及其派生的胆怯、羞怯、慌乱、尴尬等情绪逃避现实和未来，沉沦在被抛的实际境况之中不能自拔。"忧"不是由于特定的可忧虑的事物所引起，而仅仅与此在自身的生存境遇相关联，"忧"是生存意义的失落感，所忧者是自身生存的"乌有之乡"。但"乌有"不是空虚的无，"忧在此在中公开出最本己的能在的存在，也就是说，公开出为了选择与掌握自己本身的自由而需要的自由的存在"。比如，人在忙忙碌碌地与外物打交道时不由自主地感到"人为物累"，人在他人中间风风光光之际的诚惶诚恐，都是"把此在带到它的'为……'的自由存在之前，带到它的存在的本真状态之前"之忧（217）。总之，"忧"和"怕"是两种朝向相反的生存体验："忧"把此在引向未来的自由状态，而"怕"则让此在沉沦在被过去规定的状态之中。

"领会"（Verstehen）即认识论传统中的知性、理解或理智。海德格尔认为人的认识活动是源始的生存方式的衍生。源始的"领会"是此在对本己的可能性的先行把握。"有所领会"的含义是"能够领受某事""会某事""胜任某事"，即此在的"能在"。此在的能在不是逻辑可能性或抽象的偶然性，而是对自己的未来的期待，对未来可能的处境加以抉择。在此意义上，"作为生存论环节的可能性是此在的最源始和最积极的存在可能性"(167)。此在的抉择被称作"筹划"(Entwurf)，这个词的本义是"抛出"，与"被抛"的意思相反。筹划是走出被抛境况实际性的可能性的领会，依可能之在改变实际境况，让其适应自己，而不像现身情态那样只是趋就或背离实际境况。存在论层面的筹划是此在对自身的领会，海德格尔称之"透视"(Dursichtigkeit)，意思是"看透自己"，而与对环境的"寻视"(Umsicht)和对他人的"顾视"(Rücksicht)不同。"看透自己"犹如苏格拉底的"认识你自己"，对海德格尔来说，此在首先认识到自身是谁，在世界之中能做什么，把自身生存境况敞亮地展开出来。反之，没有看透自己的筹划，无论个人有什么生活盘算或计划，都只不过是"浑噩不明"或忘记了自身生存的意义(169—171)。

海德格尔说："话语同现身情态、领会在生存论上同样源始"(188)。如果说，现身情态展示了此在的被抛境况，领会展示了此在未来能在的生存境况，那么话语展开了此在置身于过去既成产物的沉沦境况。沉沦境况是此在的一种"异化"状态，"跌落到非本真的日常生活的无根基状态和虚无中"(207)。在沉沦中，非本真的话语是常人公众意见的表达方式，闲谈、好奇和两可，它们是沉沦在异化社会的津津乐道，如"模棱两可心怀妒忌的约许和在常人及其所欲从事之业中的喋喋不休的称兄道弟"(340)，以及忙忙碌碌地"从诸事中为自己求乐"(353)。沉沦境况中本真的话语是"听和沉默"。"听"是聆听言语交流的意义，领会着同他人一道在世的存在；"沉默"琢磨言语传承的意义，把世代使用的共同话语当作"真正而丰富的展开状态可供使用"(192)。

海德格尔分析的现身情态、领会和话语的区别是相对的，每一存在状态都与另两种相交叉。"操心"(Sorge)展开了此在的完整时间结构。从字面上看，"操心"是"在世之在"的"操劳"(besorgen)和"共在"的"操持"(Fursorge)的一般形式。操劳和操持是针对特定对象的"操心"，操劳的对象是物或用具，操持的对象是他人，而操心本身却没有特定对象，它是一般的人生态度，即使无所事事的时候也会操心。"操心"的分析揭示出此在"将来—现在—过去"的时间结构，即"先行于自身的—已经—寓于世界内的存在"。[1] 这个词组是一个三联式：第一式"先行于自

---

1 参照德文版翻译，原文："Sich-vor-weg-im-schon-sein-in-einer-Welt"。Martin Heidegger, *Sein und Zeit*, Max Niemeyer Verlag, Tübingen, 1967, s. 192.

身"是将来式,第二式"已经"是现在完成式,第三式"寓于"(in)的意思是"依存于"(bei),表示依存于世内照面的存在者的过去式。第一式的生存境况和第二式的被抛境况与第三式的沉沦境况两两交错叠合。由于此在沉沦于世间事物与常人的遮蔽,此在自身展开的操心的整体结构需要进一步解蔽才能显明。第二篇接着完成解蔽的工作。

(3) 此在本真生存的时间性结构(第二篇第1—3章:第45—65节)

第二篇开始说,第一篇最后揭示出此在的时间性结构中,"'先行于自身'之为操心的本质结构环节是不可抹杀的"(272),而此在的"先行于自身"欠缺一个终结,"在世的'终结'就是死亡"(269)。换言之,"操心"是日常生活中存在状态和时间性结构,但"日常生活却恰恰是生与死'之间'的存在"(268)。此在"生死之间"的存在意味着此在乃是领会"向死亡存在"意义的存在者。在实在的层面上,"死亡是一种最广的意义上的生命现象"(283)。但人们只是从生物学、心理学或神学考察死亡的意义,那就沉沦"在死亡面前的一种持续的逃遁"(292)。比如,由于自己如同动物植物那样延续后代而感到"安定",受到人物传记的"诱惑"而想象自己死后的历史地位,被神学所"异化"的"永生"。对生命濒危的人惧怕、留恋、安慰或回忆的描述,在日常生活中对自身死亡的忽视,参加他人葬礼时的表情,对死者一生的评价,等等。这些都是"常人"的死亡观,它逃避死亡这一最终的生存可能性。从存在论层面上看,"死亡是完完全全的此在之不可能的可能性。于是死亡绽露为最本己的、无所关联的、不可逾越的可能性"(288)。"最本己"指任何他人不可取代,"不可能"指此在不可能有死亡的实际经验,此在在死亡到来时已不存在,而"绽露"是深度的生存体验,海德格尔称之为"悬临"。

海德格尔用"决断"(Entschlossenheit,原译为"决心")揭示死亡的生存论结构。他说:"这种缄默的、时刻准备忧的、面向最本己的罪责存在的自身筹划,我们称之为决断。"(339)"罪责"是此在"沉沦"在"被抛"境况的欠缺的生存方式,而"对良知呼声的领会展露出失落在常人中在状况,决断把此在拉回到他最本己的自身能在"(350)。简言之,"面向死亡的良心决断"是具有终极意义的此在的本真生存。"对有罪责的良知召唤的、面向死亡的决断"包含三个时间环节:面对过去的罪责的良知召唤,当下的决断,以及对死亡先行领会的筹划。这三个时间环节构成了本真的此在的时间状态,而不只是"操心"所显示的此在日常生活的一般时间状态。

(4) 源始的时间性和此在共同体的历史性(第二篇第4—5章:第66—77节)

《存在与时间》"导论"有一段破题式解说:"此在的存在在时间中发现其意义。然而时间性也就是历史性之所以可能的条件,而历史性则是此在本身的时间性的存在方式"(23);又说本书要"在存在论上把此在的历史性建构起来"(44)。第66节从本真的此在的时间状态过渡到此在存在的时间性。第4章(第67—71节)看似累赘,只是重复阐述第一篇中对此在存在的三个境况及其整体结构"操心"。海德格尔的用意是说明"时间性"(Zeitlichkeit)的源始,使之与"时间状态"(Temporalität)或"日常性"(Alltäglichkeit)相区别,把时间性作为操心之所以可能的源始条件,以达到"回答一般存在的意义问题的可能性"(421—422)。时间状态或日常性只是个人此在自身在生死之间的展开方式,而源始的时间性则是此在的历史性。

虽然全书只用一章篇幅(第72—77节)阐述"历史性",这一章却是全书的"画龙点睛"之笔。海德格尔说:而"时间性绽露为此在的历史性"(379)。这里所说的此在指此在的共同体,而历史性则是世代延续的此在的时间性,历史性把"所有延展的持立状态,此在作为命运始终把生与死及其'之间'都'合并'在其生存的状态中"(441)。海德格尔强调,此在的历史性"决断"是对组建他的共同体的"忠诚",以及"对自由生存活动所能具有的唯一权威的可能的敬畏"(442)。

在存在论层面,海德格尔区分了"命运"和"天命"。"命运"是此在个体在共同体中的本真生存,而"天命"是此在共同体"流传下来的生存可能性的重演"(436)"在交往中,在斗争中,天命的力量才能解放出来。此在在它的"同代人"中并与它的"同代人"一道具有命运性质的天命;这一天命构成了此在的完整的本真历事。(435)。

海德格尔存在论层面的"历史性"(Geschichtlichkeit)和源始的历事(Geschehen)派生出历史(Historie)和历史学(Historiologie)。海德格尔认为,实在的事物如"现成的遗物、纪念碑、报导"因为历史性而"具有世界历史的性质","成为历史学的材料"(445)。历史中的"用具和活计,比如说书籍有其'命运';建筑与机构有历史",自然物"作为庄园、居住区或垦殖区,作为战场和祭所而有历史"(439)。这些世界历史事物与当下的此在息息相关,是他们"重演"历史性的载体和材料。

历史性有本真和非本真的区分,表现为对待历史和传统的不同态度。"在非本真的历史性中,命运的源始延展隐而不露"(442)。"常人"没有对民族共同体过去的忠诚和敬畏,不知道重演的天命,沉沦于"当前化"的现状。按照海德格尔描述,"此在一面期待着切近的新东西,一面已经忘却了旧的。常人闪避选择;常人盲目不见种种可能性;它不能重演曾在之事,而只不过保持和接受曾在世界历史事物遗留下来的'实际之事',以及残渣碎屑与关于这些东西的现成报导。常人迷失于使今天当前化的活动,于是它从'当前'来理解'过去'"(442)。非本真的历史性在历史学研究中表现为历史主义和实证史学。海德格尔引用当时德国文化保守主义代表者约克伯爵的观点批判实证历史的考证:"真正的语文文献学把历史学理解为文物箱……他们在骨子里是些自然科学家;而且因为缺乏实验,他们更变成了怀疑论者。"他们没有看到,"'现代人'亦即文艺复兴以来的人,行将入墓"(452—453)。

三

"理解"现象学和《存在与时间》的结构

梅洛·庞蒂(Merleau-Ponty)说:现象学的理解是"重新把握全部意向",包括"一个被知觉的事物,一件历史事变,或一种理论"(735);理解是这样一种理论的反省:"只有当它成功地造成了它与理论历史和外在解释的会合,并把理论的原因和意义重又放进一种存在结构里之时,它的本身才是全面的。"[1] 如果把"全部意向性"理解为此在的时间性,把"存在结构"理解为此在的生存结构,那么《存在与

---

1 梅洛·庞蒂:《〈知觉现象学〉前言》,见陈启伟主编《现代西方哲学论著选读》,北京大学出版社 1992 年版,第 735、736—737 页。

时间》是对世界、历史和理论全部的现象学理解。

根据本文以上阐释，可把《存在与时间》结构用下图表示

存在＼时间	生存方式						存在境况	展开状态		
（时间）	在世之在			共在				一般	非本真	本真
	一般	源始	派生	一般	本真	非本真				
过去（曾在）	操劳	上手状态	在手状态	操持	表率 解放	常人	沉沦境况	话语	闲谈好奇两可	听沉默
现在（实际性）							被抛境况	现身情态	怕	忧
将来（能在）							生存境况	筹划	观望迷失忘记	透视
将来—过去—现在	意蕴			开放			先行于自身—已经—寓于世内的存在	操心	回避死亡，自欺解脱隔绝	面向死亡的—对有罪责的良心呼唤的—决断
此在共同体的时间性	一般						源始	派生	非本真	本真
	历史性						演历	历史史学	当前化实证历史	命运天命

注："一般"指此在对存在的"先行领会"，海德格尔说这是一种"先天的""超越的"结构，在"一般"的结构中，"非本真"蕴含着"本真"，"源始"衍化出"派生"。

原载《中国高校社会科学》2016 年第 6 期

海德格尔和维特根斯坦论哲学的"终极"

　　20 世纪哲学呈现在我们面前的是一幅幅扑朔迷离的场景,但不管 20 世纪哲学史今后将如何撰写,现在可以肯定的是,有两个名字是不会被人遗漏的。这两位哲学家就是海德格尔和维特根斯坦。他们恰似对峙的双峰,分别代表着 20 世纪哲学的两股主潮流:现象学—存在主义运动和分析哲学运动。撇开他们所代表的思潮的基本分歧不论,我们将会发现,两人思想有不少相同或相近之处。特别是他们关于哲学的"终极"的思考,成为当前西方哲学界的一个热门话题。有一本讨论这一问题的论文集有这样的评语:"很多在这里进行的论争事实上是业已反映在他们(指维特根斯坦和海德格尔。——引者注)著作中一些论题的回响或变种。"1

　　其实,不论是海德格尔还是维特根斯坦,都没有在完全否定的意义上谈论哲学的"终极"。他们用的词不是 Ende,而是 Vollendung 和 Ruhe。人们通常用"终极"概括他们的思想,意在突出西方哲学在现代所面临的危机。我们在这篇文章中也将从这一角度介绍他们对哲学的性质和前途的思考。

　　1966 年在巴黎召开的克尔凯郭尔讨论会上,海德格尔发表了《哲学的终极和思维的任务》一文。正如论文题目所表明的那样,海德格尔在这里提出了两个问

---

1 K. Baynes, etc. ed., *After Philosophy*, MIT Press, 1989, p. 2.

题：第一，在何种意义上西方哲学已经进入了它的最后阶段？第二，在哲学终极之际，思维还保有什么任务？

这篇文章最初用法文发表，用 achévement 表示"终极"，德文本译作Vollendung，英文本译作 end。英文的译法并不正确，因为海德格尔并不是从"中止""没落""消亡"等消极意义上使用这个词的。他强调，终极是一种完全（voll）的状态，一个完成了其最后可能性的终点。他说："哲学的终结是这样一个位置：全部的哲学史都集中于它的最为极端的可能性，终极是一种完成，意味着这一集中。"[1]那么，什么是他所谓的哲学的"最为极端的可能性"呢？

海德格尔对西方哲学的性质作了一个简明的论断："哲学就是形而上学。"形而上学在对存在事物的整体和存在自身的探讨之中，区分了存在事物（Seiendes）和存在自身（Sein）。关于两者之间的关系，有两种极端的可能性。第一种由传统的形而上学体现，它把存在自身作为存在事物的依据和基础。柏拉图提出理念世界和可感世界的区别，他是体现这么一种极端可能性的传统的首创者。在此意义上，"形而上学就是柏拉图主义"[2]。另一种极端可能性以尼采为代表。尼采把自己的思想当作柏拉图主义的颠倒，这是存在自身与存在事物关系的颠倒：个别成为整体的基础，生成变为存在的依据。马克思对黑格尔哲学的颠倒具有同样的意义。海德格尔承认，马克思主义哲学完成了哲学史的根本变革："随着卡尔·马克思对形而上学的颠倒之完成了，哲学为极端的可能性已经达到：哲学进入了最后的阶段。"[3]在海德格尔看来，哲学史的发展穷尽了存在自身与存在事物关系的两个极端：亚里士多德的实体论、康德的先验论、黑格尔的绝对唯心论穷尽了对于存在自身决定意义的探讨；尼采的意志主义和马克思的历史唯物主义则穷尽了对于存在事物决定意义的探讨。在此以后出现的哲学都不过是对上述学说模仿性的重复，失去了创新的活力。

如前所述，"终极"有集中全部成果的终点之意。具有讽刺意味的是，哲学的

1 Heidegger, *Basic Writings*, ed. by D. F. Krell, Routledge & Kegan Paul, 1978.（本篇内以下所引此书均指该版本。）

2 同上。

3 同上。

终点并不在自身,哲学思维的成果凝聚在现代科学技术里,或者更明确地说,哲学终极于控制论的技术。从古希腊时期开始,各门科学从哲学母体中分离出来,成为独立学科。现在,科学研究对象已经扩展到过去哲学所研究的一切存在事物的领域;现代技术已经发展到这样的地步:它不仅大规模地改变了自然界的面貌,而且可以无孔不入地控制人的行为。控制论通过"把语言转换为信息变换"的手段,对人类劳动的安排、计划作出精确的控制。控制论集中地表现出现代科学的技术性,亦即海德格尔后期时常谈论的"表象—计量思维的操作化、模式化"特征。他在《现代科学、形而上学和数学》一文中曾经分析过现代科学的实验、量化性与笛卡尔开创的主体化哲学的数学思维方式之间的亲缘关系。他在这篇文章中再次肯定科学的假说、标准和程序来自哲学的基本范畴。虽然实证主义者企图否认、排斥形而上学的影响,但是"哲学给予科学的出生证仍然表现在他们的科学态度之中"[1]。总而言之,以控制论为代表的现代科学技术凝聚着哲学思维的成果,它们把哲学所设想的可能性付诸实现,因而成为完成哲学最为极端可能性的终点。哲学的终极和科学的繁荣是同一进程的两个方面。海德格尔不无忧愤地谈及这一进程的性质:"哲学的终极证明了科学技术世界的控制、安排的胜利,以及适合这一世界的社会秩序的胜利。"[2]

一般认为,哲学是一种纯思辨活动。那么哲学的终极是否意味着人类将不再从事纯思辨活动了呢?海德格尔的回答是否定的。他认为,有一种思维,它的性质既不是形而上学,也不是科学,虽然它对于习惯于形而上学传统和科学技术世界的我们来说是陌生、奇怪的,却是可能的。它也无需今人凭空创造出来,但需从哲学的开端处把它挖掘出来。这种思维方式在哲学诞生时期业已萌芽,只不过后来形而上学思维方式崛起并成为哲学的主流,这就剥夺了它的发展处所,遮掩了它的显现。在此意义上,这一既非形而上学又非科学的思维仍然应当是一种哲学思维。但是既然海德格尔已经把哲学等同于形而上学,我们不妨称之为"前哲学思维"。海德格尔提出的"思维在哲学终极之际还保有什么任务"问题中,"保有"

---

1 Heidegger, *Basic Writings*.
2 同上。

一词蕴含着这样一个意思:"后哲学思维"是"前哲学思维"的恢复与发扬。

发扬光大即"无蔽",这也是巴门尼德的 alétheia 的本义。海德格尔在《存在与时间》中已经指出:"用'真理'这个词来翻译 alétheia,尤其是从理论上对这个词进行规定,就会遮蔽希腊人先于哲学而领会到的东西的意义。"[1] 于是把它解释为"无蔽"(Unverborgenheit)。但是在此之后,他又倾向于用"存在的真理"代替"无蔽"的意思。在这篇论文中,海德格尔的思想似乎又回到了《存在与时间》中坚持"无蔽"与"真理"相区别的立场。当然,这是一种在更高层次上的回复。海德格尔曾经用"树根"和"土壤"的比喻说明形而上学和存在论的区别:笛卡尔把形而上学比作人类知识之树的根,却忘记了这棵树扎根在存在的土壤中。现在他又用"光线"和"空域"的比喻说明"真理"和"无蔽"的区别。自柏拉图始,哲学家就已注意到"真理"与"光线"之间的联系:没有光的照耀,实体、事物、对象将不会显明,则无真理可言。于是,我们在哲学史中读到了把"善"比作太阳的理念论,把上帝颂为"真理之光"的光照论(illumination),以及用理性之光进行启蒙(enlightenment)的思想解放运动。但是他们却没想到:光线只能穿透一个敞开的领域,"自然之光、理性之只在开放领域发光"[2]。如果说,光照是真理的条件,那么敞开就是光照的先决条件。

海德格尔再次施展他那追溯词源的娴熟技巧,解释"敞开"与"光线"的关系。他说:两者虽然有共同的形容词形式"licht",但意义不可混淆。"敞开"的动名词形式"Lichtung"(廓清)才是它的原初意义。"廓清"是从"植林"(Waldung)和"开垦"(Feldung)两词演变而来,它的原初意义是在森林中开拓出一块空地,让光线照进来,照亮原来闭塞黑暗之处。应该强调,光线本身并不能创造敞开之地,相反,廓清出敞开的空间,才能产生光照的效应。使用形象的比喻和词源学的考察,海德格尔说明:"无蔽不能等同于真理",它"首先给予真理以可能性"。[3]

海德格尔对于"无蔽"的意义作了这样的说明:"先于其他任何东西首先赋予无蔽的是思维追寻一事物并感知它的道路";"廓清首先给予显示的道路以所有的

---

1 海德格尔:《存在与时间》中译本,第 264 页。
2 Heidegger, *Basic Writings*.
3 同上。

可能性"[1]。"无蔽"本身不是思想,而是思维的"通道"、思维方式。思维通道也不是现成的存在,它是在好似密不透光的丛林中被开辟出来的。每一条无蔽的通道都给了我们一种重提处置和看待事物的可能方式。遥想当初的希腊人,当他们从神话世界观的桎梏下解脱出来时,展现在眼前的是一个多么新奇的世界,一个多么广阔的存在的场所。然而,形而上学的兴趣以及由此而来的科学知识专业化规范了人的思维,人们的视野变得狭窄,存在场所被形而上学和科学塞满堵实;人们尽情地享受真理的效用,却没有想到,是否有另外通向真理的道路,是否有另外类型的真理。海德格尔重提思维的"无蔽"任务,旨在廓清一块独立于他所说的"科学技术世界"的自由空间,开拓出一条新的道路,为存在设计出新的可能性,让不见诸哲学的道理显现出来。并且,存在的显现不再遵守任何模式,包括《存在与时间》中设计出来的过去—现在—将来三位一体的"绽出"(Ekstasen)之动态模式。因此,海德格尔最后说:思维的任务不再是"存在与时间",而是廓清与呈现。

二

当我们把目光转向维特根斯坦的笔记本时,看到的是一种完全不同风格的思想。维特根斯坦不像海德格尔那样旁征博引哲学经典,按照历史发展的线索引申了自己的观点。他从语言分析入手,直截了当地宣告,一切哲学问题都应消解。《哲学研究》中有这样一段话:"真正的发现使我得以按我的愿望停止从事哲学。它给哲学以安宁(Ruhe),使之不再受产生问题之问题的折磨。"[2]这句话使人想起他在早期著作《逻辑哲学论》结尾处的另一句话:"哲学的正当方法固应如此:除可说者外,即除自然科学的命题外——亦即除与哲学无关的东西外——不说什么。"[3]确实,维特根斯坦晚期思想较前期有重大转变,但他要消除哲学问题的主

---

1 Heidegger,*Basic Writings*.

2 L. Wittgenstein,*Philosophische Untersuchengen*(以下简称 PU),133.

3 L. Wittgenstein,*Traclatus logico-philosophicus*,6.53.

张却始终不渝。我们知道,问题是推动哲学活动的枢纽,哲学问题的消解不啻是哲学活动的停止。因此,有人认为,维特根斯坦给哲学以安宁,让哲学沉默的企图是一种"自杀性的哲学概念"。但英国哲学家赖尔(G. Ryle)却认为,关于哲学的新概念是维特根斯坦的一个"杰作"[1],它引起人们对哲学的对象、性质、方法和前途重新进行反思。

维特根斯坦多次说过,哲学问题是语言造成的一种思想困惑,陷入哲学问题的人好像捕蝇瓶中的苍蝇。语言中如何产生思想困惑,造成哲学问题的呢?根据他的晚期思想,日常语言是一种由用法千差万别、意义重叠交错的繁多语言-游戏构成的复杂网络,它不能被还原为简明的逻辑规则,也不能被一个或几个本质特征所限定。人们缺乏对语言整体和本质的清楚把握这一事实并不会损害日常语言的功能,正如生活在迷宫式城市的居民虽然不知道城市全貌,却能毫无困难地找到各种方便的生活设施。麻烦发生在哲学家的头脑里。哲学家的任务是对存在、世界、知识的本质进行全面的把握,而"本质由语言表达"[2]。当他们用本质尚不清楚的语言表达研究对象的本质时,困惑便由此而生。

语言对思维的困惑首先是语言的表面特征对语言用法的掩盖。从表面上看,语言的形式是整齐规范的:它是由有限数量的音素和书写符号组成,服从可以归纳的语法、逻辑规则。但另一方面,语言的用法却是一个个不能互相取代和还原的语言-游戏。维特根斯坦说:"当语言被看待时,所看到的是词的形式,而不是词的形式所造成的用法。"[3]语言整齐规范的形式对语言用法复杂网络的掩盖构成了全面把握语言本质的障碍,这就是维特根斯坦所说的语言的"不可概述性"。

哲学问题根源在于,哲学家被语言形式的单一性所迷惑,他们以为语言的用法和形式是一致的,把语言的某一用法作为语言的单一本质,把其他用法都归纳为这一本质。但是他们对哪一种语言用法是本质却无共同意见,于是各执一端,互相攻讦,导致哲学问题的争论。维特根斯坦说:"哲学疾病的主要原因是偏食,

---

1 *Andlysis*, vol. 12(1951), no. 1, p. 7.

2 PU,37.

3 *Lectures and Conversations*, ed. by C. Barrett, Basil Blackwell, 1970, p. 2.

人们仅用一种例子来滋养他的思想。"[1] 比如,他说,唯心论和经验实在论之间争论的焦点在于哪类词的用法更重要。唯心论者的主张实质是:"意识""自我"这些词的意义高于其他词的意义;经验实在论者则认为指称个别事物的名词才具有这种优越性。如果人们认识到,这两类词汇各有各的用法,各有各的不可取代的作用,那么哲学家也就不会为着坚持他们的立场而争论不休了。

除了语言形式和语言用法的差异造成的困惑,科学思维的影响也是哲学问题产生的原因。哲学家为什么习惯于把语言的本质看作是单一的而忽视了语言用法之间的不可还原性呢?他说,这是出自"我们渴望倾向"[2]。科学家使用从特殊到普遍的方法发现事物的本质是有益的、正当的。但是哲学家按照科学思维方式看待语言,企图从几种特殊用法概括出普遍的本质,就会出现以偏概全的毛病。这是因为:第一,科学概念化的语言仅仅是一类语言-游戏,它不能概括其他语言-游戏的用法。第二,哲学家考察的语言的本质与科学家在某一角度、层次、领域考察的事实的本质相比较,前者更加全面、广泛、复杂,是后者的语言无法概括的。哲学家使用的科学概念化语言来指示一个无所不包的本质,这既无助于理解语言如何工作,也不能像科学那样指示事实的本质。维特根斯坦说:"当哲学家使用一个词,比如'知识''存在''客体''自我''命题''名称',并试图把握事物的本质,他们必须问一问自己:这个词是以这种方式被实际地运用于语言-游戏——它的原初处所的吗?我们所做的是把词从它们的形而上学用法带回到日常用法。"[3] 词的"日常用法"是各种各样的语言-游戏,科学语言的抽象、概括用法是从这些原初用法中抽象出来的,"形而上学用法"则是对科学概括语言的再度概括,并最终离开了语言-游戏的背景,失去了语言的功能。用维特根斯坦的比喻,形而上学用法是"空转的机器""放了假的语言"。[4]

维特根斯坦把形而上学用法给思维造成的混乱和困惑比作一种思想疾病,并声称他的哲学的目的是治疗这种哲学病。他开的药方包括:

1 PU, 593.

2 *The Blue and Brown Books*, Basil Blackwell, 1958, 9.7.

3 PU, 116.

4 PU, 38.

(1) 消解哲学问题。注意：哲学问题应当消解，而不是解答。哲学问题是由误解语言而产生的，它没有正确的答案。提出一个答案或反驳另一个答案只能导致新的问题。对付这些问题的方法是改变偏颇的思维方式，正确地看待和使用语言，使它们不再成为问题。

(2) 摒弃解释、推论的方法，仅仅描述语言用法。"哲学仅仅把一切摆在我们面前，既不解释，也不推导任何事情。"[1]解释和推论是科学的归纳和演绎方法，应用范围是事实。哲学的对象不是事实，而是思维方式。人的思维方式也是他们对语言的理解和运用，把语言意义网络描述清楚，人的思维方式便得以显明。

(3) "从不明显的无意义走向明显的无意义。"[2]这是把语言的形而上学用法转回到日常用法的一种方法。比如，"世界是我的世界"这一唯我论命题是不明显的无意义命题，它可以被转变为强调"我"这个词义重要性的命题："'我'不是一个人的名称。"后一命题明显地无意义，却正是前一命题所要强调的东西，即"我"不是一个事物，它可以用作一切判断的主词。（如："这是红的。"可以被写作"我想这是红的。"等等。）

(4) 达到表现的清晰性。哲学的描述并不是简单地罗列日常语言用法，它是"对我们已知东西的重新安排"[3]并通过这一重新安排把语言用法复杂网络的经纬清晰地表现出来。维特根斯坦说："一个清晰表现产生出一种理解，它在于'看出联系'，因此，发明和发现中间环节是重要的。"[4]可见，他所说的清晰表现是对语言用法，因此也是对事物本质的全面把握，它把以前片面、孤立地理解的知识对象联系起来，使人看到前所未有、前所未见的东西，在此意义上，哲学就是"那些在所有新发现和发明之前的可能的东西"。[5]

"清晰表现"（Ubersichtilchen Darstellung）是维特根斯坦哲学的一个重要目标。他说："清晰表现的概念对我们有重大意义。"从否定的意义上说，只有达到清

---

1 PU, 124.

2 PU, 464.

3 PU, 109.

4 PU, 122.

5 PU, 126.

晰表现语言用法网络的境界，才能完全消解哲学问题。如前所述，哲学问题并不产生自哲学家理解力的缺陷或嗜癖的不正常，它产生自语言自身的迷惑。"我们理解错误的主要根源是我们对我们语言用法没有一个清楚的观点，我们的语法缺乏这种清晰性。"达不到这种清晰性，哲学家把握语言和世界本质的正当努力必遭失败。从肯定的意义上说，清晰表现"标志着我们给予说明的形式和我们看待事物的方式。（这是一个'世界观'[Weltanschauung]吗?）"[1] 清晰表现是思维方式和世界观的统一，从整体上清晰地把握了语言用法的思想也是用这些语言描述世界的思想。

全面地考察维特根斯坦的"治疗性哲学"，我们看到，这种哲学不完全是否定、批判性的，更不是消极的。它同时包含着通过描述语言用法来表现我们的思维和世界的积极的、建设性的努力。尽管这种努力或许是不成功的，它却与海德格尔的思想一样，构成一种对哲学性质和前途的新反思。

三

比较海德格尔和维特根斯坦在哲学终极问题上的观点，我们发现这两位哲学家用不同方式表达了同样的意见：长期支配着人们思想方式的传统哲学正在终结，哲学如果要继续承担启迪和开拓人们思维的任务，它就必须改弦易辙，向新的方向发展。

他们的思想在一定程度上反映了西方哲学所面临的深刻危机。20 世纪初，哲学家们发现了科学进步和哲学争论不休状况之间的强烈反差。无论是分析哲学自诩的"哲学革命"还是胡塞尔宣称的"第四次哲学革命"，都作出了彻底解决哲学基本问题，使哲学与科学知识同步增长的承诺。但这些"哲学革命"的结局同样使人失望：老问题并未获得真正解决，反而产生出新的问题和争论。维特根斯坦和海德格尔都亲身经历了这种思想转折。维特根斯坦早期企图用逻辑分析消除

---

1 PU, 122.

哲学命题。受到他的思想鼓舞的逻辑实证主义不仅未能消除形而上学,反而被由此而产生的问题和争论所淹没。后期维特根斯坦认识到逻辑分析的偏颇,他的目的不仅要消解传统的哲学问题,而且要消解包括他的早期思想在内的分析哲学的问题。他的"治疗"究竟有多大效力是值得怀疑的,但这种想法无疑代表了一些哲学家不堪哲学问题困扰的心态。海德格尔的思想转向反映了同样的问题。他的《存在与时间》致力于解决在传统哲学中提出但又被曲解或遗忘了的问题,但在《哲学的终极和思维的任务》一文中,他承认要让"《存在与时间》的问题的起点接受内在批评"。他说,如果坚持发问,那么最后的答案"存在于思维的演变,而不在于对一个关键事实的命题式陈述"[1]。也就是说,如果用一种既非形而上学又非科学的命题看待存在,那么存在将明白地显示,不成其问题。维特根斯坦和海德格尔提出哲学的终结,首先是传统哲学提出问题、解决问题方式的终结。这一思想反映出这样一个事实:20世纪哲学仍然在本世纪初陷入的危机困境里徘徊。

西方哲学的危机归根到底是自然科学的挑战。海德格尔看到,近代哲学培育的量化—操作化思维已占据科学领域,科学技术成果的功利和效用取代了纯粹的思辨。哲学在西方文化中的优越地位已无可挽回地丧失了。他说:"哲学的终结意味着建立在西欧思维之上的世界文明的开始。"[2]他在不同场合都表达了对现代西方文明的不满之情,尤其对思维技术化、教育专业化、文化工业化、人际关系商品化的倾向进行了或明或暗的鞭挞。维特根斯坦对唯科学主义持同样的批判态度,他指责"我们爱好自然科学方法的偏见"是"形而上学的真正源泉,把哲学引向完全的黑暗"[3]。他同样表现出对现代西方文明的愤懑,认为我们处在一个黑暗的时代,他感到自己是在为生活在另一种文化中的人而写作。

值得我们注意的是,他们思想的基调不是愤世嫉俗,而是对一种新的思维方式的召唤。他们虽然不能对之作出充足的描述,却用"无蔽""清晰"这样一些带有直观创造色彩的词汇表达了这样一些意思:这种思维方式的对象是整体性,而不是局部性;它着眼于联系,而不是分析;它进行具体的描述、呈现,而不是抽象的概

---

1 Heidegger, *Basic Writings*.
2 同上。
3 *The Blue and Brown Books*, p. 18.

括、推演；它的目标是尽可能多的可能性，而不是特定的现实性。不难看出，这些要求是针对传统理性主义提出的，它们可以读作对西方哲学之出路所作的最初设想，如果这些设想能够成立，那么哲学和文学，科学思维和艺术想象，自然科学和人文、社会科学之间的界限将变得模糊甚至被抹杀，哲学将脱离它所建构的模式而融会在更加广阔的文化背景里。因此，哲学的"终结"实际上是一种"融会"。

四

如何看待和评价海德格尔和维特根斯坦的上述思想呢？有两种不同的认识。

有人认为，"哲学终极论"是保守没落心态的产物。西方评论家现已注意到维特根斯坦和第一次世界大战后哈布斯堡王朝覆灭之后的维也纳文化的密切关系。[1] 罩在颓废、悲观的文化气氛之中，生长于此的维特根斯坦很容易接受当时在欧洲兴起的新保守主义思潮。斯宾格勒(O. A. G. Spengler)的《西方的没落》对这股思潮起过推波助澜的作用，曾被德国法西斯所推崇。它对维特根斯坦的思想也产生过直接影响。[2] 按照这种说法，维特根斯坦哲学是对启蒙运动的反动和对浪漫主义运动的继承，其实质是否认启蒙理性的作用和历史进步观，推崇社会常规和习俗传统(由日常语言所表达)的权威。至于海德格尔，人们一直在争论他与纳粹的邂逅是否同他的哲学有某种必然联系的问题。法里亚斯(V. Farias)在《海德格尔与纳粹主义》一书中为海德格尔哲学勾勒出一幅"南德意志和奥地利天主教保守主义"的背景。这种保守主义的基本特征是恪守传统的乡村生活，反对经济和文化的现代化，带有中世纪思想的残余和浪漫主义的情调。[3] 按照这些评价，维特根斯坦和海德格尔当属同一保守主义思想的阵营，他们所谓的"哲学之终极"也不过是为了对抗现代化进程而唱出的一曲无可奈何的挽歌。

---

1 参见 A. Tanik，*Wittgenstein's Vienna*(Simon&Schuster，1973) and R. Monk，*Ludwig Wittgenstein*(Free Press，1990)。

2 参见 J. Nyiri，*Wittgenstein's Later Work in Rdlation to Conservativism*。

3 V. Farias，*Heidegger et le naziame*，Verdier，1987.

　　然而,根据他们的思想在实际中表现出来的日益重要的积极意义,我们觉得相反的评价更有道理。美国哲学家罗蒂在其《哲学和自然之镜》中充分表达了这一评价:"维特根斯坦、海德格尔和杜威把我们带进了'革命的'哲学时代","他们的目的是启发,即帮助他们的读者或社会全体从过时的词汇和态度中解脱出来,而不是为现存的直观和习惯提供一个'基础'"[1]。他把杜威与维特根斯坦和海德格尔相提并论,这是出于自己的实用主义立场,却抓住和发现维特根斯坦和海德格尔的一个共同点:他们的思维都有超前特点,他们预示了西方哲学摆脱危机的方向。

　　从最近西方哲学发展动态看,他们预示的方向似乎是可行的。17世纪以来的西方哲学曾为自然科学的发展设计了一些可能性。到了19世纪,人类知识以自然科学的发现为基础达到了世界观高度的综合。然而,20世纪新学科的繁荣发展,尤其是新的人文、社会学科的关系,以及人文、社会学科自身的统一性作出新的反思,使人类知识达到新的综合。显然,为适应自然科学发展需要建立起来的哲学(罗蒂称之为"笛卡尔—康德模式")已经无力完成这一任务。因此,最近的西方哲学流派都自觉地批判近代哲学,企图完成这一任务。解释学对艺术、历史、语言、宗教等文化现象的解释,结构主义向语言学、人类学、历史学、社会学、心理学、政治学等人文、社会学科的广泛渗透,解构主义融哲学和文艺于一体的努力,社会交往学说等社会、政治哲学关于启蒙理性、意识形态和现代文明关系的探讨等,大致可以看作西方哲学家按照海德格尔和维特根斯坦预示的方向所作的努力。现在判断这些努力的结局还为时过早,但可以肯定的是:西方哲学已经走到了一个十字路口,"终结还是转向"的问题对于哲学家来说恰如莎翁笔下哈姆雷特面临的痛苦抉择:"To be or not to be"(是生还是死)。

原载《德国哲学论文集》第12辑,略有改动

---

1 R. Rorty, *Philosophy and Mirror of Nature*, Princeron, 1979, p. 6, 12.

波普尔论科学与民主的统一

问题：科学精神与民主精神相符合吗？

五四先驱提出"科学与民主"的口号已有百余年，科学精神与民主精神是否相符合在今天反倒成了一个问题。造成这个问题的原因很复杂，但有两点值得我们注意。

第一，20 世纪哲学经历了科学主义与人本主义的分裂。海德格尔流露出的对现代技术的不信任感，法兰克福学派对"工具理性"之意识形态特征的批判，最后竟致费耶阿本德作出了"科学是最新的教条、最新的宗教"的断言。[1] 哲学家常常指责说，科学的进步非但没有提高人的价值，甚至以忽视或牺牲人的价值为代价。这种指责引导一些人相信，民主精神崇尚价值观念，与科学精神难以相容。

第二，科学思想和民主思想在中国的传播呈现出不平衡的趋向。科学思想已如此普及，以致"科学"与"不科学"在现代汉语中分别成了"真理"与"错误"的代名词。相比之下，民主观念还相当淡漠，还未形成价值判断的一个公认标准。有人把这一不平衡归咎于科学主义的影响，以致对崇尚科学的行为多有微词。

本文的主人公卡尔·波普尔也曾有过一段觉得科学与民主不相符合的经历。当他还是 17 岁少年的时候，接触到一些流行的理论，发现这些理论总能对事实作出自圆其说的解释，却排拒批评和反驳，就不可能是真正的科学。同时，他也曾参

---

1 M. Heidegger, "The Question Concerning Technology", in H. Marcuse, *Eros and Civilization*, *One-Dimensional Man*; P. K. Feyerabend: *Against Method*.

加民众运动,看到了这一运动所导致的暴力流血事件。他于是领悟到,一个运动尽管能吸引大多数民众,但如若违反了冷静、理性的科学精神,它也不可能是真正的民主。[1] 那么,什么是真正的科学与民主?这是他从那时起一直在不息地探索的问题。波普尔的探索尽管有许多不周全之处,但他提供了一条解决上述问题的新思路。

二

波普尔对流行理论的批判

波普尔提倡的批判理性主义要求对流行学说进行批判。在 20 世纪初,科学哲学领域流行着逻辑实证主义,在政治哲学领域流行着法西斯主义和功利主义。波普尔对它们都加以彻底批判。下面是批判的几个要点:

(1) 科学＝被证实的真理?

波普尔的科学哲学的一个重要内容是对流行已久的实证主义科学观的批判。这种科学观包括经验基础论、归纳法以及证实原则。人们通常喜欢把人类知识比作一座大厦,科学知识的增长好比在地基上面进行的一砖一瓦式的循序渐进。波普尔认识到这是一个错误的比喻。经验基础论的错误在于认为在理论之前就有未经任何理论污染的中立的经验观察。波普尔说:"观察总是有选择性的,它需要选择一个对象,一个明确的任务、一种兴趣、一种观点和一个问题。"[2]这就是说,在观察之前,人们已经有了某种先入之见,它规定了观察什么,如何观察。这种先入之见是一种假说,波普尔说,如果把"鸡(H＝hens)和蛋(O)谁在先"这一古老的悖论变为"假说(H＝hypothesis)和观察(O＝observation)谁在先"这样一个有意义的问题,那么答案将是:假说在先。当然,最初状态的假说不是用理论语言表达的学说,但这不妨碍波普尔的中心论点。对他来说,假说是一种尝试性的反应,在

---

1 波普尔这段经历见他的《思想自传》,第八节:"A Crucial Year"。
2 波普尔:《猜想与反驳:科学知识的增长》,傅季重等译,上海译文出版社 1986 年版,第 35、66 页。

此意义上，"从阿米巴到爱因斯坦只有一步之差"[1]。任何生物都有假说解决问题。科学假说的特殊性在于它能够接受经验的检验而不断地发展、修正。

科学知识的增长是假说的更迭和跃进，而不是理论在数量上的递增与内容上的渐进。基础论不仅对科学的性质作了稳态的理解，更重要的是，它忽略了科学的批判精神。波普尔尖锐地指出："经验主义者的问题：'你如何知道？你断定的根源是甚么？'在提法上就是错误的。这不是表述得不精确或太马虎，这正是企求独裁主义答案的问题。"[2]经验基础论与独裁精神之间的联系在于，它企图在一个坚实的基础之上一劳永逸地建立科学的真理；科学活动的本质成了寻求证实；证实的方法是归纳。但是归纳法有一个致命弱点：它不能完全证实一个全称命题。波普尔通过详细的论证，得出结论：无论枚举归纳法还是现代归纳逻辑，都不能在确证一个全称命题的同时保证它的经验内容的丰富性。人们在寻求确证而不能得的情况之下，往往会借助一些辅助性的特设来为预先设定的理论辩护。假如人们发现了一万个证据证实"所有的天鹅都是白色的"，却在第一万零一次的观察中发现了一只黑天鹅，他们可以提出一些特设，修改或限定"天鹅"概念的原初意义，或把黑天鹅排除在天鹅之外，或使天鹅的属性只能让白天鹅满足。这样，证实主义常常堕落成为教条进行辩护的工具。

（2）民主＝大多数人的统治？

传统认识论的中心问题是知识的基础，传统的政治哲学的中心问题是统治者的资格。波普尔说"谁应当统治"这样问题本身蕴含着专制主义的答案，因为它以错误的方式提出了统治权的问题，它已经把统治权设定为一个完整的实体。它不容分割，不允许其他权力超乎其上。它是由某个集团或个人独享、不容他人染指的圭臬。正是从这一前提出发，才产生了谁有资格拥有统治权的问题。从柏拉图的"哲学家王"、中世纪的"上帝选民"，一直到法西斯主义的"雅利安人"，都是对这一问题的直接回答。

我们当然不能说，历史上的政治哲学都是专制主义的。波普尔意在说明，即

---

1 波普尔：《客观知识：一个进化论的研究》，上海译文出版社 2001 年版，第 259 页。
2 波普尔：《猜想与反驳：科学知识的增长》，傅季重等译，上海译文出版社 1986 年版，第 35、66 页。

使那些具有民主思想的人,对"谁应当统治"这一问题的回答也不能摆脱专制主义的窠臼,这就是"民主的悖论"。这个悖论是这样的:民主主义者的回答是只有大多数人才有资格统治;但是大多数人的意愿往往是让一个强者来统治,他们同意把权力交给一个独裁者。试问:是否应当服从独裁者呢? 如果不服从,那么就会违背大多数人的意志,也违背了民主;如果服从,那么也就抛弃了民主的理想。波普尔指出,这一悖论"不只是一个遥远的可能性,它已经多次发生,每一次都使那些把大多数人统治的原则或相似形式的主权原则作为政治信条基础的民主主义者陷入精神绝望的境地"[1]。波普尔在写这段话时,大概会想到希特勒通过选举上台这一事件吧。显然,民主的悖论根源是把民主看作大多数人的统治。这种民主观似乎对"谁应当统治"这一问题作出了与专制主义不同的答案,却产生了殊途同归的后果。民主和专制绝不应是对同一问题的不同答案,它们本来就是解决不同问题的不同方案。

"谁应当统治"问题的提出,反映了人们为政治活动寻求一个坚实可靠基础的愿望。这个基础就是历史规律。波普尔把相信社会进程受历史规则决定的信条称作"历史主义"。历史主义是源远流长的古老传统。历史主义者相信,人类的进程是一个谜,谁掌握了这一进程的规律,谁就掌握了打开理想大门的金钥匙;那些掌握了历史规律的人,必定是社会的主人。因此,"谁应当统治"的核心是"谁掌握了历史规律"。历史决定论与专制主义有着不解之缘。

(3) 权威主义

波普尔宣称,他的批判目标在科学与哲学和政治哲学领域都是权威主义。认识论领域的基础论是信奉确定不变的真理的权威主义,政治哲学领域的历史主义是信奉不可分割的权威主义。

波普尔用"文明的张力"(strain of civilzation)这一概念说明了权威主义的社会、心理根源。这一概念源于弗洛伊德的晚期著作《文明及其不满》。(具有讽刺意义的是,波普尔多次把弗洛伊德的学说称作"伪科学"。)弗洛伊德认为,人类的本能需要首先是安全和庇护。儿童在家庭的庇护下得到安全感的满足,人类在其

---

1 K. Popper, *The Open Society and Its Enemies*(2nd ed., 1952), vol. II, p. 109,162,225.

童年时代则在血族或部落中获得安全感。后来的文明给予个人以相对多的自由，但自由意味着独立自主以及对自己选择承担的责任，这在人的心理上造成一种负担、压力，甚至恐惧感，这就是所谓的"文明的张力"。波普尔把人类初期的部落社会称作"封闭社会"，其特征是权威崇拜。人们为了获得安全感对家长首领的意志、传统的习俗、宗教的仪式等唯命是从，对权威的怀疑和批判被视为大逆不道。文明的成果是开放社会，它以牺牲安全感为代价换取自由，以抛弃权威尊严为代价换取平等，以打破心灵平静为代价换取批判的权利。但是那些承受不了文明张力的人们对能够给予他们安全和庇护的任何权威都有本能的爱好。对灵魂不死作出承诺的宗教，对知识的确定性作出保证的知识论，以及对尽善尽美的未来社会作出承诺的历史主义，都是借用权威（神、真理、历史规律），使人们摆脱对死亡、未知世界以及未来的恐惧感。波普尔说权威主义的实质是把人们从开放拉回封闭社会，"如果我们梦想回到儿童时代，如果我们试图依赖他人并由此而幸福，如果我们抛弃背负的人性、理性和责任这个十字架的任务，如果我们丧失勇气，不堪重负，那么我们必须顶住，要清楚地理解面临的是这样一个简单的抉择：我们可以返回到野兽。但如果我们仍然希望做人，那么只有一条路，通往开放社会之路。我们要继续勇敢地走进未知之处，用我们具有的理性为安全和自由筹谋"[1]。

在波普尔看来，流行的科学观/民主观的共同缺陷是没有摆脱权威主义：两者都企图依赖一个固定牢靠的基础（经验主义的观察/历史主义的预言），都以确定性（终极的真理/最好的社会）为目标，都以感性的认可（经验证实/幸福生活）为是非标准，都相信数量上的优势（证据的高概率/大多数人的意见）。这是一种统一的科学观和民主观。

---

1 K. Popper, *The Open Society and Its Enemies*(1st ed., 1945), vol. II, p. 77, 107.

三

波普尔的理论

波普尔提出了另一种统一的科学观和民主观,它有极强的针对性。我们最好用"反向思维"的方式来理解它,即从流行理论的相反方向来理解它。

(1) 科学＝对假说的证伪

与证实原则相反,波普尔提出证伪原则:科学与非科学的界限在于能否被经验所证伪。因此,一切科学理论都是猜想思想和假说,它们不会被最终证实,但都会随时被证伪。证伪度与经验内容成正比,证伪度愈高的理论,包含的经验内容愈多;反之,那些对事实作出判断,但又不能被事实所证伪的学说,恰恰表明了它们是伪科学。因此,科学理论不应害怕或躲避反证,而要积极地寻找反证。经受了反证企图证伪而又证伪不了的检验才是严格的检验;并且,反证在背景知识中发生的概念愈高,检验也愈严格。经受了严格检验的假说不是被证实了的真理,它只是比背景知识更接近真理(有较高的"逼真度"),它最终还会被新的假说所取代。没有一个假说是最好的。最好的假说是终极真理的代名词,是与科学的证伪精神格格不入的。

与搜集证据的归纳法相反,科学的方法是寻求反证的试错法。它的一般步骤是根据一个问题(P_1),提出假说作为尝试性的解决(TS),然后用证伪排错(EE),得到一个较好的假说,这一假说又将面临新的问题(P_2),于是开始了新一轮试错。试错法没有终极,科学知识的证伪、修正和积累是无止境的。

试错法是一种演绎,它具有通过否定后件(理论的全称命题)的推理形式。比如,有这样一个命题:若牛顿引力理论成立,则光线在引力场中直线传播。现在观察到光线在引力场发生弯曲的反证,由此可证牛顿引力理论的错误,从这个例子我们可以看到试错法相对于归纳法的优越性:虽然日常经验提供了无数光线直线传播的证据,但仍不足以证实牛顿的引力理论。相反,1919 年 5 月 19 日爱丁顿爵士按照爱因斯坦的预测,观察到光线在太阳引力场偏斜的证据,一个反证足以证伪牛顿引力理论,相对论也通过了严格检验。波普尔认为,科学发现的逻辑是试错法,而不归纳法。

与经验基础论相反,波普尔指出了科学知识增长的非决定论的模式。他的论点是:科学假说的尝试性和暂时性意味着,科学知识描述的是迄今为止所发生的状况,但过去的状况不能决定未来的状况,因此不能对描述未来状况的科学知识作出完全的预测。科学知识的增长既无固定不变的基础,又无一定规律可循。从广义上说,科学知识增长的模式与生物进化的模式是相同的,两者都处于充满着偶然性、随机性的开放状态。因果律不适用这种状态,对这一状态运动的全预测是不可能的。唯其如此,科学发现过程充满着未知、不确定、不可控制和冒险的想象、大胆的跳跃和自由创造精神。这正是人类理性的精华所在。

(2)民主=避害的合理框架

波普尔认为,社会科学也要运用在自然科学中行之有效的证伪原则和试错法。这意味着,它必须以批判的精神,而不是以证实的精神,从否定的方向,而不是从肯定的方向,提出问题和解决问题。

民主思想并不是对"谁应当统治"这一问题的回答,这个问题要求证实和确认统治者的资格,民主思想的前提恰恰是对权力的不信任;没有一个大权在握的统治者是值得信任的。人们应该一开始就正视权力被滥用的现实,不应把希望寄托在统治者个人良好品质上。政治科学考虑的问题不是权力归谁所有,而是"如何建立制度以防止坏的或不称职的统治者造成过多的损害"[1]。"民主"就是对这个问题的回答,它涉及的是"制度的问题,合法框架的问题,而不是人的问题"[2]。因此,不能用人与权力的关系或人与人的关系限定民主("大多数人的统治""少数人服从多数人"),民主是权力与权力之间的某种结构关系,用波普尔的话来说:"民主真正重要的东西是权力的牵制和平衡。"[3]

然而,仅仅把民主看作权力的制衡是不充分的。事实上,任何权力都可以被分割、牵制,即使最专制的君主,他的权力也常受其臣仆的掣肘。虽然一切权力都受制衡,制衡的方式却有两种。在专制制度下,权力制衡的表现为权力斗争,采取了你死我活的激烈方式,这是除了通过成功的革命另无他法罢免统治者的方式。

---

1 K. Popper, *The Open Society and Its Enemise*(1st ed., 1945), vol. II, p. 177,107.
2 同上书,第 2 卷,第 109、106、225 页。
3 同上。

民主制对权力制衡有两个特点：第一，它是被统治者对统治者、被管理者对管理者的监督；第二，权力制衡的制度化，使选举、监督、辩论、协商等温和、合理的手段得以施行，可以把由于统治者个人缺点而造成的危害性降低到较低程度，这是可以用不流血的方式罢免统治者的方式。

民主制度只提供一个制衡权力的合理框架，它不给予人们任何可以通过他们自己努力争取的利益。它的可取性与其说在于趋利，不如说在于避害。这需要从否定方面，而不是从肯定方面看待它的目标和成就。19世纪的功利主义者认为，政府的目标应当最大限度地增加最大多数人的幸福。波普尔却提出"最大限度地排除痛苦"的目标。"增加幸福"和"排除痛苦"似乎是同一目标的正、反两个方面，其实不然。幸福和痛苦并不是同一体验的两个方面，一个并不能补偿另一个，锦上添花不如雪中送炭，排除痛苦是比增加幸福更为直接和迫切的任务。再者，人们对产生痛苦的原因和消除办法有着比较明确的共识。幸福却有因人、因时、因地而变化的差异性，在一般情况下，只有在亲密关系的人之间，一个人才会知道如何有效地增加另一个人的幸福。政府却不能达到这一目标。波普尔相信自由主义的一句话：各人谋求自己的幸福，政府为他们铲除祸害。

在他看来，由政府增加人们的幸福，那是认为我们能"在人间建立天堂"的错误。[1] 错误之一在于掩盖了专制的弊病和民主的成就。现在让我们这样看问题：如果把政体分为开明专制、独裁专制和民主制三类，那么几乎可以肯定，开明专制能够以比民主制更有效率的方式创造更多的社会福利，这引导不少人相信开明专制是最理想的制度。但是开明专制只是偶然、暂时的现象，由于缺乏权力制衡的制度框架，开明专制总要过渡到独裁专制，人们最终会失去已经得到的福利。民主制的成就主要是防止独裁专制，采用民主制的理由不是两利相权取其大（因为开明专制或许可以带来更大的利益），而是两害相衡取其轻（因为民主制的错误比专制者的错误危害性较小，且易于纠正）。

社会领域排除痛苦的方式与科学的排错法同出一辙。但是由于社会现象不可重复性，解决社会问题方案不可能像自然科学假说那样受到严格检验，这样产

1　K. Popper, *The Poverty of Historicism*，ARK(paperbacds)，p. 75，fn. 3.

生社会科学与自然科学的一个重大差别：社会科学的对象不应是带有规律性的东西。企图制定出大规模、彻底地改造社会长期规划的理论和实践是违反科学的"乌托邦工程"。科学的做法是"渐进的社会工程"（piecemeal social engineering）。它的优越性在于它的试验性，它用谨慎的、温和的、循序渐进的改良取得社会的进步。社会的进步只能零售，不能批发。但是它的渐进性并不意味只顾眼前、抱残守缺、琐屑平凡；相反，渐进社会工程也有计划，亦可触及社会重大问题。但是它的计划是短期的，解决的问题是个别的、分步骤的，它的方案的利弊在短期内便可察觉，可以及时调整、修改乃至废除，避免了无法收拾、不可挽回的损失。

（3）批判理性主义

波普尔把开放社会特征归结为批判理性主义。批判理性主义既是一种能力，也是一种态度。它是生物进化的最高产物。生物有机体总是根据具体的境况随时调整自身，改变反应方式，适者生存。它们服从的是没有固定程式与确定性的"境况逻辑"。作为生物进化最高产物的人类理性优越性并不在于搞出了一个甚么更高明的逻辑，归根到底，人的理性也服从境况逻辑。不过，它用语言、假说代替器官功能作为尝试性反应，即使人对自然的反应失败之后，人自身也不会遭到自然淘汰的厄运。理性的这一特点使它能够自觉地批判假说，通过批判寻找更好的假说，人因此具有动物所不能比拟的适应性和创造性。如果一些人不能充分发挥自然赋予的理性批判能力，从开放社会退到封闭社会，不啻由人退化为动物，最终为自然所淘汰。一些种族连同他们的封闭社会从地球上消失的历史就是见证。

波普尔这样说明批判理性主义的特征："批判理性主义是一种随时听取理性争辩，并从经验中学习的态度，它是这样一种基本态度，它承认：'我可能是错的，你可能是对的，我们可以通过努力更接近于真理。'"[1] 这种态度的基本特征是向真理开放的心灵，随时准备与对手讨论的意愿，批评和接受批评的可错论立场。

波普尔的科学—民主观体现了批判理性主义的精神。科学—民主是一个排错的过程（证伪/避害），都服从一个非决定论的操作程序（科学知识增长模式/渐

---

1 K. Popper, *The Open Society and Its Enemies*（2nd ed., 1952）vol. Ⅱ, p. 109,162,225.

进的社会工程），都向来自对立面的批判开放（严格检验/权力制衡），都给个人主义的自由留下了广阔的天地（猜想不受拘束/个人幸福不被控制）。在波普尔的笔下，无论按权威主义的理解，抑或按批判理性主义的理解，科学与民主都是相统一的。波普尔批判的流行理论大致上是 19 至 20 世纪之后流行的实证主义的科学观和功利主义的民主观。实证主义和功利主义分别在认识论和伦理学两方面承袭了经验主义的传统。五四时期传入中国的科学观与民主观基本上属于这一模式。以后随着社会条件的变化，人们关于科学与民主的流行观念也发生了变化。如果依据以后变化了的价值观看待这一时期的科学观，并进而得出民主精神与科学精神不一致的结论，这是混淆不同范式的错误。

本文介绍的波普尔没有犯这种错误。他以自己的科学观批判流行的科学观，以自己的民主观批判流行的民主观，并从整体上比较了自己理论的基础与流行理论的基础的优劣是非。我们并不完全赞同波普尔的批判和他的理论（限于篇幅，我们没有展开对他的思想的评论以及各范式之间的比较）。波普尔思想给人这样一个启示：科学精神与民主精神是相一致的，却没有一个统一的模式。人们可以并且必须根据不同的社会条件和时代精神（范式），建立不同于以往的统一的科学与民主一体观。

原载《二十一世纪》1992 年第 11 期

罗尔斯的自由主义哲学和政治自由主义

　　罗尔斯是当代美国著名哲学家、政治学家和伦理学家。他于 1950 年获得普林斯顿大学哲学博士学位。1950 至 1953 年间,罗尔斯在普林斯顿大学任讲师,1953 至 1959 年期间在康乃尔大学任助理教授(讲师)和副教授,1960 至 1962 年在麻省理工学院教授哲学,从 1962 年起任哈佛大学哲学教授,曾任哲学系主任。

　　从 50 年代末开始,罗尔斯一直研究社会正义这一政治哲学的关键问题,最初的研究成果发表于一系列论文之中。1972 年,罗尔斯发表了集二十余年研究正义问题的成果的专著《正义论》,在学术界引起强烈反响。在该书出版后的十几年时间里,数以百计的学者、评论者纷纷对之加以研究和评述。当然,在产生重大影响的同时,《正义论》也遭到广泛的批评。如巴赖(M. Barry)在其著作中批评说:"罗尔斯的正义理论行不通,他的很多具体论证靠不住。"[1]

　　面对潮水般涌来的各种评论,罗尔斯选择一些击中要害的批语加以答复,写了《答里昂斯》《答亚历山大》《最大的最小值标准的几点理由》等申辩文章。在哥伦比亚大学 1980 年度的杜威讲座上,罗尔斯发表了长篇演讲"道德哲学中的康德构造主义"(Kantian Construtivism in Moral Philosophy),在 1981 年度的"人的价值坦纳讲座"上,发表了题为"基本自由权及其优先性"(The Basic Liberties and Their Prority)的长篇演讲,强调他的正义理论与康德道德学说之间的联系,企图通过加强政治哲学的伦理学基础的途径,来解决批评者所设置的一些难题。通过与来自不同方面论战者的不断辩论以及对自己原有思想的审慎反思,罗尔斯在

---

1 Brian M. Barry, *The Liberal Theory of Justice : A Critical Examination of the Principal Doctrines in a Theory of Justice by John Rawls*, Oxford University Press, 1973, p. Ⅸ.

20世纪90年代发生了思想上的转变。他于1993年发表的《政治自由主义》（*Political Liberalism*）一书标志着他思想上的重要转折。在这本书里，罗尔斯把自己的理论严格限制在政治领域，明确宣称政治自由主义不需要一个形而上的或伦理的学说作为理论基础；相反，政治自由主义是解决各种形而上的伦理的学说引起的理论和实践冲突的合理途径。罗尔斯关于政治自由主义的思想一开始就遭到当代德国著名哲学家哈贝马斯的批评，由此引发了两人之间的一场引人注目的论战。本文将在当代西方哲学界批评和反批评的对话语境中，对罗尔斯的思想加以评析。我们认为，只有在这种对话语境中，才能比较全面地理解罗尔斯思想的发展和变化，以及他对当代政治哲学的贡献。

《正义论》中的自由主义哲学

罗尔斯的正义理论是自由主义政治哲学的第三块里程碑。以洛克为代表的社会契约论开创了英美自由主义的传统。社会契约论仅仅是一个假说，它之所以能够流行，是因为它符合17、18世纪"理论朝代"的真理标准。这个理性假说比"君权神授"的信仰更令人信服。到了19世纪的"实证时代"，人们要求用可观察的经验证据支持理论假说，却没有任何历史学或考古学的证据能够证明社会起源于契约。社会契约论遂失去说服力。边沁（Jeremy Bentham）、穆勒（John Stuart Mill）等人以功利主义取而代之，继续推进自由主义传统。根据功利主义原则，国家与政府的合法性在于最大限度地增加最大多数人的幸福。英美的政治家以及"二战"后的西欧政治家大多用功利主义解释他们的政策。

罗尔斯说，他的意图是建构一个新的理论体系，用它取代在政治哲学和道德哲学领域占支配地位的功利主义，"为民主社会奠定一个最合适的道德基础"[1]。在他看来，功利主义是一个不可操作的原则。"最大限度幸福"首先就是一个无法

---

1 John Rawls, *A Theory of Justice*, Oxford University Press, 1972, p. Ⅶ.

确定的概念。不论功利主义"为了最大多数人的最大幸福"的口号,还是传统的"民主""自由"的观念,在当代西方社会都已不敷用。于是他提出正义才是社会的第一要义:正义之于社会,犹如真理之于理论,正如不含真理的理论迟早要被摒弃,没有正义的社会也不会长久维持。他对社会正义的首要性作了斩钉截铁的论断:"每一个人都拥有一种基于正义的、即使以社会整体名义也不能践踏的不可侵犯性。因此,正义否认为了一些人分享更大利益而剥夺另一些人的自由是正当的,不承认为了多数人享有更大利益而迫使少数人作牺牲。因此,在一个正义的社会里,公民的平等的自由权是不容置疑的,正义所保障的权利不能屈服于政治交易或对社会利益的算计。"[1]这是对自由主义、个人主义原则的一个最为强烈的申明。从这段话可以看出,罗尔斯反对功利主义是为了更加坚定地维护功利主义所无法继续坚持的自由主义原则,因而,他的正义理论可被视为继古典的社会契约论和功利主义之后的自由主义新阶段。

罗尔斯所说的"正义"主要指公正的社会分配。他提出的"正义即公正"的定义,道理很简单:一群人只是为了谋求比单干所能获得的更大利益,才组成一个社会,因此,他们实际上所能分得的利益份额是否公正,决定了这个社会是否正义。罗尔斯没有区分权利与利益、责任与义务,把它们统称为"基本利益"。由于社会分配的基本利益不仅是物质财富,也包括政治权利、岗位职务和权利、就业以及实现个人能力的其他机会,罗尔斯的正义论主要是关于权益公正分配的理论。

罗尔斯在理想的条件下建立一个公正分配的理论模型,然后用这一模型描述和规范现实。理想化的模型在经济学中已被广泛运用,但罗尔斯的方法更能让人联想起马克斯·韦伯(Max Weber)在社会学中使用的"理想类型"方法,因为他赖以建立理想模型的工具不是数学,而是康德式的"实践理性"。更出乎人们意料的是,他诉诸已被淡漠了的社会契约论,"努力把洛克、卢梭和康德所代表的传统的社会契约论普遍化,并提升到一个更加抽象的高度"[2]。"普遍化""更加抽象"都是理想化过程。"社会契约"不再是一个历史事实,而是一个理想模型;"原初状

---

1 John Rawls, *A Theory of Justice*, Oxford University Press, 1972, pp. 3 - 4.
2 同上书,第Ⅷ页。

况"也不是原初的自然状态,而是理论的原初条件。罗尔斯所谓的社会的"原初状况",实际上就是他的理论的原初条件,它由数目最少的几条必要的公设构成。

第一个公设曰"互不关心理性"。实践理性是每一个人对自己利益的关注。除此之外,无须就人性作更多的假设;人的本性既不损人(恶),也不利他(善),只是各人顾自己而不关心他人而已。第二个公设曰"最大的最小值原理"。实践理性的特征是瞻前顾后般的谨慎,它优先考虑最坏的可能性,并在最坏情况下争取最好的结果。第三个公设曰"无知的面纱"。实践理性对行动目的以及达到这一目的的手段有着必要的知识,它对属主的特殊身份、地位、能力等知识都必须从原初状况中排除,好像用一块"无知的面纱"把它们掩盖起来。这样,每一个人都不能从一己私利出发来要求符合其特殊的优越性的分配原则,社会成员才能站在公平的立场达成一致的协议。

在上述条件下,社会成员会达成什么样的协议呢? 结果是不难推断的,首先,他们会同意,每一个应该平等地享有尽可能广泛的自由权。自由权代表了一个人在社会的基本地位,保证一个人不受他人奴役的地位。它是每一个人即使在最坏的环境下也要首先争取的利益。在"无知的面纱"后面的人根据"最大的最小值原理",必不敢拿自己的自由权作冒险的赌注,要求一部分人比另一部分人享有更多的自由权,他们必然会选择"自由权的平等原则"。

第二条正义原则是社会和经济的差别原则,它在下面两个条件限制下承认社会和经济权益分配中不平等的公正性。这些条件是:(1) 对所有人都有利,对处于最不利地位的人最有利;(2) 社会和经济的职务、岗位在机会均等的条件下对所有人开放。人们之所以选择差别原则,是因为他们知道,绝对平均的分配使得大规模的、高效益的社会协作成为不可能,他们在这种条件下分配到的平均份额的绝对量可以大大小于在不平等的条件下分配到的最小份额的绝对量。但是为了保证后者确实大于前者,必须服从上述两个条件。人们同意"机会均等的原则"的理由与同意"自由权的平等原则"的理由基本相同。考虑到竞争机会对于分配的先决作用,人们不敢贸然主张给一部分人以更多的机会。他们也不会同意竞争及其造成的不平等对一部分人不利,因为他们很可能包括在那一部分人中间。优先考虑最坏的可能性,他们会同意给处于最不利地位的人以可能达到的最大利益。所谓处于最不利地位的人,指体力、智力上的弱者,或出身贫困与未受教育的人等。一个分配制度能否做到对所有人有利,同时对他们最有利,这是一个需要论证的问题。罗尔斯证明,在帕累托效率曲线[1]上可以找到这样一个坐标点,它向表示最有利地位的轴线倾斜,又在表示最不利地位的轴线上达到了最大值,这一点表示了既有最佳效率又体现了正义原则的分配。

罗尔斯在"理论篇"里所建立的正义原则还只是一个理论模型。在"制度篇"里,他接着详细说明了这些正义原则在社会政治和经济制度上的具体应用。他声称,"有序社会"(Well-ordered Society)是他理论的应用范围。虽然他没有直接将有序社会等同于资本主义社会,但在他谈论"有序社会"的每一个地方,描述是如此明白,以致人们可以无误地读出"西方社会"几个字来。

在罗尔斯看来,西方社会"三权分立"的民主制度,保障基本人权的法律制度,自由市场的经济制度,保证公正优先于效率和福利的分配制度,都是合乎正义原则的"有序社会"的应有之义。在这里,他的正义原则充分体现出一种温和的自由主义精神。他的自由主义立场表现在:第一,他认为自由权的平等原则优于差别原则,公民的自由权不服从于社会、经济利益,不能以发展经济或增加福利为理由剥夺或限制公民的自由权,也不能以多数人的名义损害少数人的自由权。他把自由权当作不可剥夺的基本人权,既反对集权主义的人权观,也反对功利主义的人权观。第二,他承认自由市场经济的竞争机制和分配制度的合理性。第三,他主张竞争的机会均等原则,不但在形式上均等,而且在实质上均等,保障每个人都有选择和实现自己抱负的平等机会,这些都具有鲜明的个人主义色彩。

另一方面,应该看到罗尔斯的自由主义的温和性质,他所主张的正义原则并非与社会主义的分配原则格格不入;相反,其中包含着福利社会主义的因素,可以导致国家干预主义的后果。他认为社会和经济利益分配的不平等应该受到限制,公正的要求高于对经济效益的算计。采取差别原则的理由不是增加或保障强者、富人、精英们的权益,而是最大限度地使弱者、穷人和未受教育者等最不受惠者获

---

1 帕累托(V. Pareto, 1848—1923),意大利经济学家和社会学家。他提出效率原则:只有群体内部各个体都处于平衡状态,即群体不通过自身变化提高一部分个体的现状水平,并同时降低另一部分个体现状的水平,这一群体才是有效率的。

得权益。国家对最不受惠者实行"补偿原则",使他们享有高于平均水平的社会福利和受教育机会,同时对经济收入进行再分配,缩小贫富差距,这些都是符合正义原则的措施手段。反之,便违反了正义原则,动摇了社会秩序和政府合法性。

罗尔斯认为适用正义原则的"有序社会"并不一定指资本主义社会,他并没有强调资本主义与社会主义的对立。相反,他在《正义论》第 42 节"关于经济体系的一些评论"中对这两种经济制度的差异作了较为含糊和温和的说明。他指出,计划和干预并不是社会主义经济特有的,任何制度的国家为了公共利益而采用强制手段是完全合理的,"政府的许多传统活动的正当性都可以这样来说明"。政府对市场的干预也是必要的,因为"在私人和社会的统计之间存在着市场不能显示的差异。政府和法律的一个重要任务就是制定必要的纠正方案"。另一方面,市场经济也不是资本主义所特有的。罗尔斯指出:"自由市场的使用和生产资料的私人占有之间没有本质的联系。……自由市场与资产阶级的联系实属历史的偶然,因为至少可以从理论上说,一个社会主义政权在自身内也能利用这一体系的优点,其中一个优点就是效率。"[1] 罗尔斯在写这些话时,当然不会预见到中国的经济改革。中国经济改革的总设计师邓小平也指出:"计划经济不等于社会主义,资本主义也有计划;市场经济不等于资本主义,社会主义也有市场。"[2] 这不禁使人想起"真理不会反对真理"这句格言。

《正义论》末篇"目的篇"阐述了正义原则相适应的道德哲学。按西方哲学传统,政治哲学一般以道德哲学为基础。罗尔斯却颠倒这一顺序,把政治哲学的原则作为道德哲学的前提。他指出,政治哲学和道德哲学都关心价值问题。作为基本价值的好处(good)既是利益,又是善良。《正义论》第一篇的价值观是关于利益的浅显理论(thin theory of the good)。因为在这里,正义原则并不是从任何道德原则中演绎出来的。原初状况中人们选择正义原则的出发点是他们自身的利益,而不是任何善良观念。但是一旦正义原则实施于社会制度之中,并成为人们的行动准则之后,人们对利益的关切可以发展为善良观念和道德原则。《正义论》第三

1 John Rawls, *A Theory of Justice*, Oxford University Press, 1972, pp. 267 - 268, p. 271.
2 《邓小平文选》第三卷,人民出版社 1993 年版,第 373 页。

篇阐述的价值观是关于善良的完全理论(full theory of the good)。从浅显理论到完全理论的过渡相应于从政治哲学向道德哲学的转变。但不论在政治哲学还是在道德哲学领域,正义原则都起根本性的决定作用。"目的篇"首先提出了与正义原则相吻合的理性主义的伦理原则(第七章);然后探讨了"有序社会"里人们正义感形成的过程和规律(第八章),最后又用道德原则反过来检验正义原则的社会基础和可行性。罗尔斯虽然拒绝以伦理学为前提来推论政治哲学原则的传统方法,但他承认,以理性为基础的政治哲学至少应该符合伦理学的原则。两者的一致表现为相辅相成、相互说明的"反思平衡"关系。他的正义理论正是这样一个政治哲学相统一的理论体系。

二

最初的批评与回应

《正义论》出版之后,招致大量批评。有人指出罗尔斯并未真正划清与功利主义者的界限:他的正义原则没有考虑到行使权利和能力的过程,只是用它来标明一种分配结果,而不管过程、只顾结果,恰恰正是功利主义的一个特征。比如,诺齐克(Robert Nozick)在《无政府、国家和乌托邦》一书中指出,近现代西方政治哲学的传统是分配和再分配主义,罗尔斯按此传统建立了关于公平分配的"模式化理论"。诺齐克针锋相对地提出按照行使权利的历史过程来决定财产权分配的"资格理论",一时产生重要影响。还有不少批评者指出,"原初状况"和"无知的面纱"等假设事先已包含着罗尔斯心目里的正义观念,而把其他类型的正义观念都排斥在外,在此条件下,人们除了选择罗尔斯事先设计的正义原则以外别无他路,因为选择的条件本身已包含了选择的结果。比如,巴赖在《关于正义的自由主义理论》一书中说:"原初状况"包含着自由优先的假设,这种假设在正义原则尚未贯彻在实际生活之前是不能确定的。

这些批评提出了这样一个实际性的问题:罗尔斯仅仅依靠一个关于利益的"浅显理论",是否能够充分地论证他的正义原则的合理性和可行性? 面对这一问题，罗尔斯对他的论证作了一些修改和发展。他不再突出"无知的面纱"的作用，而是强调，自由、平等观念是选择正义原则的基础。在《正义论》中，自由、平等观念不是正义原则的出发点，相反，这些观念的合理性只是作为正义原则的推理才被确立。这一论证过程符合罗尔斯在《正义论》中强调的政治理论先于伦理学的次序。但是在后来发表的文章中，他却逆向而行。他公开承认，他的关于正义的理论是建立在康德伦理学的基础之上的。在"道德理论中的康德构造主义"的演讲中，他说，"正义即公平"的观念和康德的构造主义的伦理学一脉相承。康德伦理学的要点是把每个人都看作自主、自由和平等的主体，道德原则不是从外部世界强加于人的，不是为了取得物质利益所采用的手段。这些原则是人们在平等条件下自由自主地作出的选择。罗尔斯把自由自主的选择说成是一个自我构造道德体系的行为，他因此称康德的伦理学为"构造主义"。构造主义的最终目的不是确定真理，而是实践一种社会生活。构造主义原则的过程同样是自由选择一种社会生活的过程。罗尔斯现在认为，只要康德关于人是自由和平等的主体这一论断是可信的，那么人们也可以相信，这些主体为了社会合理的需要必然会构造出正义原则。

在这里，罗尔斯用"人"（Person）这一概念取代了"无知的面纱"的假设，使它成为人们选择正义原则的基础。"原初状况"的假设仍然保留着，它假设了人们选择正义原则所需要的公平的环境。但处于原初状况中的人并不是对伦理观念一无所知，相反，他们具有两种基本能力，即按照正义感行动和按照善的观念行动的能力：具有正义感的能力体现在合理的判断之中，具有善的观念表现为人们对理性的追求。罗尔斯区别了合理的（reasonable）和理性的（rational）。在康德的构造主义的伦理体系中，合理性是权利的特征，理性是善的特征。权利先行于善，因为权利规定了社会合作的公平条件，保证了社会合作的可行性。而只有在社会生活中，人们才能通过理性实现对善的追求。人们在选择正义原则的时候，按照正义感对社会合作的条件作出合理的判断，因此都会同意自由权平等的原则。差别原则是以互相尊重的平等协商为基础的，是按照善的观念对自己生活进行自我调节的产物。这样，从康德伦理学的基本观念出发，罗尔斯构造出《正义论》中论证了的正义原则。

　　罗尔斯在 1981 年的讲演"基本自由权及其优先性"与上述讲演基本精神一致，但侧重于答复批评者。哈特（H. L. Hart）曾指出《正义论》有两个缺陷：第一，它没有给基本自由权的优先位置提供充足的基础，没有解释原初状况中的人为什么不同意牺牲某些基本自由权以换取更多的物质利益；第二，当正义原则被运用于实际社会中，罗尔斯未能提出一个可以将基本自由权转化为公民政治权利的标准。哈特说，罗尔斯关于基本自由权的概念是一个先入为主的观念，它反映了自由主义者的理想。根据这一理想，公共的政治活动高于经济活动，精神生活高于物质生活。这种未经证明的理想被悄悄地移植到原初状况中人们的理性之中，成为选择平等的自由权和规定其优先地位的依据。

　　罗尔斯承认，哈特的批评迫使他进一步发展和修改自己的理论，因为他确实没有充分地论证基本自由权的优先性。在《正义论》中，他曾从历史发展的角度，说明经济利益的边际意义逐渐缩小，自由权的重要性相应上升，并因此得出了自由权优于经济利益的结论。但他现在说，这一论证是错误的。他在康德关于人的概念中找到了赋予自由权以优先位置的新根据。他的新论证大致是这样的：原初状况中的人虽然有不同的生活目标和需要，但是他们都是自由和平等的主体。只有符合他们主体意识的原则才具有稳定性，被他们自觉遵守。并且，处于自由和平等地位的人们的自尊心会使他们把平等的自由权放在首要地位：丧失了平等的自由权，一个人最重要的社会利益——自尊也将无法维持。

　　罗尔斯还认为，在康德伦理学基础上建立起来的正义原则并不一定适用于一切社会，但它们必然会在秩序良好的民主社会中得到认可和实现。原初状况中的人实际上不过是秩序良好的社会中的公民的化身。正义原则的稳定性、人的自尊和秩序良好的社会环境是平等的自由权高于其他社会利益的三点依据。这些依据是以理性思考和证明为基础的，它们可以避免哈特所指出的先入为主的自由主义的理想。

三 ———————————————————————————

《政治自由主义》的思想转变

罗尔斯为了应付批评者,让康德伦理学在他的思想中占据重要位置,他对正义原则的论证说明随之趋向伦理化、思辨化。然而,这种伦理化、思辨化的正义理论易于遭受哲学家们的批评。桑德尔(M. J. Sandel)在《自由主义和正义的局限》一书中指出:罗尔斯一方面坚持康德式的义务论,另一方面又要把其理论基础由先验唯心论改造为经验论,这种企图并未成功,因为这两个目标"归根到底是不可结合在一起的,折中的观点产生出一系列矛盾"[1]。更为严重的是,麦金太尔从伦理学说史中总结出德性伦理学立场,以此批判自由主义的正义理论。在《谁之正义? 何种合理性?》一书里,他还用历史叙事法,指出自由主义正义观只是西方文化诸多传统中的一种正义观,有着历史局限性和理论局限性。面对这些批评,罗尔斯并不愿用更多的哲学和伦理学的理由来为自己的理论辩护。他深知这会使他陷入无止境的哲学争论,削弱自由主义的政治色彩和现实目标,有违他的初衷。在他的《政治自由主义》(1993)一书里,他直截了当地阐述了自己的政治理论主张,回避了各种有争论的哲学的和伦理的学说,并说明了他的理由所在。

罗尔斯在该书的前言中指出,这本书与《正义论》的精神和内容是相一致的。但同时也说明了两书的主要差别。《正义论》所发扬的社会契约论传统属于道德哲学范畴,罗尔斯当时并未区分道德哲学与政治哲学,政治观念被置于广义的哲学与道德的框架里才得到说明。然而,罗尔斯现在却说:"政治自由主义不是广义的自由主义","道德哲学的一般问题与政治自由主义不相关"[2]。他为什么要强调政治学说与一般的道德和哲学学说之间的分别呢? 这要从他现在所承认的《正义论》的缺陷谈起。

我们知道,《正义论》的理论对象和适用范围是"有序社会",这是一个稳定、和谐的社会,其成员对于社会基本利益和道德规范有着大致相同的看法。但罗尔斯

---

1 Michael Sandel, *Liberalism and the Limits of Justice*, Cambridge University Press, 1982, p. 40.
2 同上。

现在却说，这是一个"不现实"的设定。民主社会的特点是"合理的多元化"，各种宗教的、哲学的和道德的普遍学说互不相容，但都并存于民主社会之中，没有一种普遍学说拥有先定的优越性，可以主宰全社会的走向。这种合理的多元主义不仅不与民主社会的制度相抵触，相反，它是在自由和法制的条件下规范地运用人类理性所产生的结果。现实的民主社会并不是罗尔斯原来设想的"有序社会"，但民主社会同时又是稳定的社会，这样便产生出这样的问题："自由、平等的公民们被不相容的宗教的、哲学的和道德的学说所分裂，一个稳定的正义社会何以能够一直存在？或者说，各种深刻对立着的合理的普遍学说何以能够共存并都认同一个法治的政治观念？"[1] 罗尔斯说，这些问题是政治自由主义试图解决的关键问题。很明显，政治自由主义不能诉诸任何一种普遍的学说来解决这一问题。因为不管一种普遍学说如何合理，它都有自己的对立面。把民主社会的政治理念统一于某一种普遍学说势必会招致另一些普遍学说的反对。各种普遍学说共享的政治理念，其依据只能在这些学说之外去寻求。罗尔斯因此认为，作为体现异议社会共同的政治理念的政治自由主义必须与民主社会里的各种普遍学说区别开来。

罗尔斯使用"重叠共识"（overlapping consensus）的概念来说明各种普遍学说共享一些政治理念的可能性。各种普遍学说虽然互不相容，但它们之间有一定的交叉点，在这里汇集产生一些中心观念，这就是它们在政治上达成的共识。罗尔斯在《政治自由主义》演讲IV中详细讨论了重叠共识的作用、性质和意义，以及达到重叠共识的步骤。就是说，一个公民既可以信奉一种普遍理论，又可以与信奉其他普遍理论的公民达成重叠共识。在罗尔斯看来，民主社会公民所能达到的重叠共识即是政治自由主义的中心观念，其中"正义即公平"的观念尤为重要。他的《正义论》对这一观念的论述仍然有效。在《政治自由主义》这部著作中，他一方面继续阐述以前的一些观念，如权利优先、构造主义、正义原则等；另一方面着重探讨一些新问题与新观念，如政治稳定性问题，合理多元主义与简单多元主义的区分，关于善的政治观念，关于自由平等个体的政治观念等。罗尔斯此时注重在政治学说范围内讨论问题，而不依靠哲学的思辨论证和伦理学或知识论的原则。与《正

---

1 John Rawls, *Political Liberalism*, Columbia University Press, 1993, pp. XVII-XXVIII.

义论》相比,这本书与其说是政治哲学著作,不如说是一般政治学理论的论文集,其理论深度、系统性和广泛性远不及《正义论》。我们认为,不能说罗尔斯在这本书中达到了一个思想发展的新阶段,但可以把它作为《正义论》的补充和修订。

四

罗尔斯—哈贝马斯之争

《政治自由主义》一书出版后不久,首先招致哈贝马斯的批评。哈贝马斯和罗尔斯可谓是西方政治哲学界的当代双雄,两人在欧洲和英美各执牛耳。两人有不少相似之处,比如,都自觉地运用自己的学说为西方民主制度服务,都自称继承了康德的伦理学基本原则,在非理性主义、怀疑主义和相对主义泛滥的氛围里坚持理性主义的立场。但是他们之间的差异也是十分明显的。哈贝马斯不属于自由主义阵营,他继承的是欧洲自启蒙运动以来的理性主义传统。哈贝马斯的社会交往理论与罗尔斯的正义理论的旨趣、内容、方法和风格迥然有别。哈贝马斯利用评论《政治自由主义》的机会,对罗尔斯的理论提出全面批评,罗尔斯在其答复中也对哈贝马斯的理论提出反批评。1995 年《哲学杂志》(*Journal of Philosophy*)第 3 期刊载了哈贝马斯的书评和罗尔斯的答复。我们以此为材料,对哈贝马斯—罗尔斯之争的要点作一综述。

在哈贝马斯看来,《正义论》本来在理论论证方面存在一些不足之处,有待于哲学认识和伦理学方面进一步深化,但《政治自由主义》却采取相反方向,宣布政治理论与哲学和伦理学脱钩,结果出现了论证方面的新问题,缺乏坚实的理论基础。此外,他还指出了罗尔斯学说未能避免的自由主义的通病。他的批评包括这样三个部分:(1) 关于《正义论》的不足之处,他着重分析了罗尔斯关于原初状况的观点需要进一步深化之处;(2) 关于《政治自由主义》的新问题,他指出了"重叠共识"概念的缺陷;(3) 针对自由主义者的共同失误,他提出,应该注重古典自由权与现代自由权这两种形态的区别和联系。

(1) 哈贝马斯指出,原初状况不能为正义原则提供充分的证明条件。在原初状况中,人们还不具备道德上的自主性和正义感,缺乏普遍准则所要求的自律的理性形式。他指出:"罗尔斯不能够自圆其说地认为,缺乏完全自主性的参与者能够代表完全自主的公民。"[1] 就是说,原初状况既然是达到正义原则的理想状况,它就不能没有正义社会所需要的伦理基础,参与社会契约的各方不能没有正义原则所需要的公平、自主和协商的观念。因此,罗尔斯首先需要论证一个关于道德主体的概念,就像康德论证"绝对命令"的普遍性时所做的那样。但是罗尔斯却只设定"原初状况"和"无知的面纱"。这两者都无伦理意义,而且不具有理性普遍形式,因而不能达到普遍有效的正义原则。当罗尔斯将个人权利也当作可分配的社会基本利益时,他混淆了权利与利益。一个人只有运用权利时才拥有权利,权利不是供消费用的现成利益。如果原初状况里的人不是自由、平等的道德主体,他们不能运用个人权利,何以能够具有权利的观念,又遑谈达成关于权利的协定呢?

(2)罗尔斯的"重叠共识"概念同样需要首先论证政治主体的自主性,但是罗尔斯非但没有提出这样的证明,反而说政治上的正义观念要与形而上的正义观念相脱离。这样,"重叠共识"只是作为政治上的工具来使用,缺乏知识论所要求的真理性。在政治参与者能够达到共识之前,他们起码需要有关于正义的共同观念。但是,关于正义的共同观念不能仅仅局限于政治领域之内,它必须具有真理和伦理的内涵,才能说服人,才能有实践效力。罗尔斯把知识论和伦理学的标准划归"合理的普遍学说"范围搁置起来,但又没有深究"合理"的意义所在,因此不能回答为什么各种合理的普遍学说能够在政治领域达到重叠共识的问题。哈贝马斯指出,罗尔斯之所以不能或不愿意回答这样的问题,可能是因为他认为一个世俗的、自立的道德是不可靠的。道德信念必定落入形而上或宗教的窠臼。罗尔斯以近代以来保障信仰和良心自由的政治制度为样板,正是这种制度使西方社会摆脱了因宗教冲突而引起的内战。对此,哈贝马斯提出这样一个问题:"如果宽容原则以及信仰和良心自由不诉诸一种道德有效性,这种道德有效性不依靠形而上

---

1 Jürgen Habermas, "Reconciliation through the Public use of Reason: Remarks on John Rawls's Political Liberalism", in *The Journal of Philosophy* 92, no. 3 (1995), p. 112.

学和宗教,宗教冲突还会结束吗?"[1]

(3) 哈贝马斯在 1992 年出版的《事实与规范》(Faktizitat und Geltung)一书里发现,自由主义者强调的是个人权利,比如生命权、私人财产权和自由权等;然而在历史上,自古希腊民主制以来的传统所强调的是公共权利,即由民主宪法表达出来的大众意志或主权。在近代,洛克和康德等人的学说表达出现代自由权的观念,卢梭的学说表达的是古典自由权的主张。但自 19 世纪以来的政治哲学混淆了这两种自由权的概念。共和主义者以多数人的名义,把某种特定的价值观写进法律,以此限制个人权利的范围和行使;自由主义者相反,他们以道德自主性的名义,要求对法律的权威加以限制。哈贝马斯认为,应该正确处理个人权利和公共的权利的辩证关系,应该把民主当作一种合法的程序,而不是权利的要求或法律的规定。依靠民主的程序,可以达到权利和法律的平衡,实现个人权利和公共权利的内在联结。

按照上述观点,哈贝马斯批评罗尔斯和其他自由主义者一样,混淆了现代的(个人)权利和古典的(公共)权利的观念。罗尔斯在原初状况的条件下达到的正义原则规定的只是个人权利的关系,但他却把这些原则作为国家法律和社会福利制度的基础,这样就把个人权利置于公共权利之上。罗尔斯以现代权利观念为前提解决社会公共问题,不仅与共和主义的法治和宪政精神相违背,而且不符合历史事实。在历史上,个人权利和公共权利的范围和重要性不时转化,正义的政策在某些条件下要求以公共权利限制个人权利;在另一些条件下则要限制公共权利的运用以保障个人权利。一种政治理论不能一劳永逸地制定出不变的正义原则,用以保障个人权利对于公共权利的优先地位。哈贝马斯说,罗尔斯的正义理论正是这样的实质性学说,也就是说,对正义社会和民主制度的内容作了过多的实质性规定,而没有对其程序的合法性作更多的论述。当然,哈贝马斯所说的正义和民主的程序指的是社会交往行为的合法化。他的商谈伦理学关心的是如何用合法的程序来保证个人权利和法律制度的合理与公正,而罗尔斯的正义理论却要用

---

1 Jürgen Habermas, "Reconciliation through the Public use of Reason: Remarks on John Rawls's Political Liberalism", in *The Journal of Philosophy* 92, no. 3 (1995), p. 112.

普遍原则来规定正义社会的权利和法律的具体内容。两人的理论出发点、目标和旨趣都明显不一致。

罗尔斯写了双倍于哈贝马斯书评篇幅的答复,他不但对哈贝马斯所提出的几条批评逐次予以回答,而且联系哈贝马斯的商谈伦理学和最近发表的政治哲学观点,提出反批评。他所针对的问题主要有:(1)他是否需要首先提出一个关于道德主体的形上理论来作为政治学说的基础?(2)他是否没有解决各种普遍学说何以能够达到政治上的重叠共识问题?(3)正确的政治哲学理论是否只是程序性的,而不能是实质性的?

(1)罗尔斯说:"我认为政治自由主义是属于政治范畴的学说,它完全在此领域之内,而不依靠任何外在的东西";与一般的政治哲学不同,政治自由主义不是宗教的、形而上学的和伦理的普遍学说的应用结果,它"主要由一些不同的、自立的关于权利的正义的政治观念所构成"[1]。哈贝马斯的社会交往理论却是比政治哲学更加广泛的普遍学说,它要求对理论和实践的意义、对象、真理性和有效性作广泛的探讨。正因为两者的性质和范围不同,一些分歧也表现出来。比如,政治自由主义承认其他一些自立的政治哲学的合理性,而哈贝马斯却按照自己学说制定的普遍标准,否定有比之更高或更深的学说;即使有这样的学说,它们也会缺乏逻辑力量。但哈贝马斯所说的逻辑是"广义的黑格尔式的逻辑,是对理性言谈(理论和实践理性)所作的哲学分析,于自身之中包含宗教和形而上学学说的一切自认为本质的要素"[2]。再比如,哈贝马斯认为,罗尔斯的正义理论需要超出政治哲学范围,对个人主体作哲学分析,并要涉及理性和真理的认识论问题,还要像康德那样诉诸先验形而上学的理性。但罗尔斯否定这些都是他要做的工作,他认为自己的正义观念在政治哲学领域是自立的,不需要依赖外在的普遍学说。他在原初状况条件下对正义原则所作的证明是在政治哲学领域的自立的证明,其有效性不依赖形而上学、宗教和伦理的基础。

(2)罗尔斯认为,他已为重叠共识的合理性提出论证,这一论证也是政治哲

1 John Rawls, "Political Liberalism: Reply to Habermas", in *The Journal of Philosophy* 92, no. 3 (1995), p. 133.

2 同上书,第137页。

学领域内部的自立的证明,并不诉诸认识论领域的真理问题。他认为,各种不同的普遍学说所能够达到的重叠共识,已在政治领域得到充分证明。事实上,这些学说赖以生存的社会的基本结构被一个合理的正义观念所指导,这个社会容忍那些不承认这一正义观念的学说,政治上的公开讨论在这一观念以及与之相关的其他观念指导下进行,都是重叠共识的明证。换句话说,民主制度之所以能够有效地、稳定地运行,一不能没有普遍学说的多元化;二不能缺乏多元的统一性。民主政治的事实既是多元化的普遍学说的重叠共识的产物,又是它的自立的证明。罗尔斯反驳哈贝马斯说,要求为人们共同的政治信念提供政治领域之外的普遍理性的证明,这是传统人道主义的要求,即认为只有在政治活动中才能充分实现人性,达到最大的善。但政治自由主义不把重叠共识的可能性建立在普遍人性、真理和善的基础之上,当然不能满足哈贝马斯的要求。

(3) 针对哈贝马斯对自由主义者混淆现代自由权和古典自由权所作的指责,罗尔斯指出,自由主义同样注意到两者的内在联系,承认两者同等重要。他在原初状况条件下论证的正义原则不仅基于个人权利的要求,而且考虑到公共权利的作用。再说,从原初状况到现实的正义社会的推论过程,并不意味着以个人自由权为前提来规定公共权利,因为不管在理想的还是在现实的环境中,个人权利和公共权利都不可分割地联系在一起。在这一点上,罗尔斯的原初状况与哈贝马斯的理想的交往环境所起的作用是相同的。

罗尔斯强调,所不同的是,他的重心是正义观念,而哈贝马斯强调的重点是合法性问题。罗尔斯说,合法不同于正义,君主专制可能是合法的,却不是正义的,"与正义相比,合法性是一个较弱的观念,对我们所能做的事情对它的限制也较弱"。比如,哈贝马斯设计的商谈的过程不管多么合法,最后也要靠投票来决定商谈的结果;人们的决定也要接受正义观念的指导和衡量。罗尔斯说:"考虑到人类政治程序的不完善性,不可能有政治上公共的完善程序,程序也不能决定自身的实质性内容。因此,我们总要依靠对正义的实质性判断。"[1] 也就是说,正如政治

---

1 John Rawls, "Political Liberalism: Reply to Habermas", in *The Journal of Philosophy* 92, no. 3 (1995), pp. 176-177.

哲学不能只讨论合法性问题而不关心正义问题,政治学的理论也不会只停留于程序的形式而不深入实质性内容。任何政治学都是实质性的理论,即使哈贝马斯的商谈伦理学也是如此,只不过他过分看重合法程序,反而看不清自己理论的实质内容。

罗尔斯和哈贝马斯都宣称他们的批评和反批判是建设性的、家庭式的争论,但是"费厄泼赖"的风格并不能掩盖两者分歧的深刻性。他俩一个要扩展到广泛的理论和实践领域,另一个要后退到单纯的政治学领域;一个要为现代社会的文化建构一个理性框架,另一个则专注于解决西方民主制度提出的现实问题;一个以发扬理性主义和人道主义的传统为己任,另一个则自以为是政治学专业学者。不过,应该看到,《正义论》的内容和意义比《政治自由主义》更为广泛、深刻、系统。罗尔斯为什么最后只谈当代政治学,不再过问哲学和伦理的根本问题? 这里有理论上实践上的原因,值得我们仔细玩味思索。

法西斯主义引起的哲学反思

习惯于抽象玄学思维的哲学家们似乎不屑把法西斯主义当作直接的批判对象。然而,当法国哲学家德勒兹和居塔里(Felix Guattari)于 1984 年完成了《反俄狄甫斯——资本主义和精神分裂症》一书,福柯在书的序言中一语中的:"这本书的主要敌人和战略上的对立面是法西斯主义。这不只是历史上的法西斯主义,希特勒和墨索里尼曾经有效地动员和利用了群众欲望的法西斯主义,而且是存在于我们所有人中间,存在于我们头脑里和日常行为中的法西斯主义,使得我们爱慕权力,渴望被支配和被压迫的法西斯主义。"福柯不愧为法国最时行的哲学家,一句话就把 20 世纪哲学中时隐时现的幽灵抓到了前台。第二次世界大战以后出现的很多哲学著作都贯穿着反法西斯主义的精神。这是因为,作为时代精神体现的哲学,不可能回避或忽视 20 世纪最重大的事件——第二次世界大战。本文旨在说明第二次世界大战对 20 世纪哲学发展方向的影响。

哲学家面临的新问题

第二次世界大战对于西方哲学家是一场噩梦。从噩梦中醒来,他们再也不能像过去那样重温关于理性和人性的美梦了。自从 17 世纪以来,西方哲学的主流是理性主义、人道主义和科学主义。哲学家们普遍崇尚人的理性:理性不仅是人的"自我意识"的核心,而且是人类发展科学、征服自然和改造社会的动力。以启蒙为己任的哲学家们乐观地认为,一旦理性由混沌的潜在状态转化为科学思想,社会就会变得民主、文明、和平。第二次世界大战之前,在欧洲各国知识界流行的是逻辑实证主义思潮。这表明,启蒙时期诞生的理性主义已经发展到了科学主义的极端。逻辑实证主义者以为,人类一切文化和知识都可归结为自然科学的模式,经验是证实真理的唯一标准,不能被经验观察和实验证实的思想观点,不是伪科学,就是无意义的胡说。

逻辑实证主义者攻击的直接目标是传统的哲学和神学,但实际上也间接地否认了非实证学科(即现在称为"软科学"的学科)具有真理性。这一否认蕴含着恐怕连逻辑实证主义者自己也未料想到的后果。传统哲学大多以真善美为理想,西方社会伦理学说的宗旨也不外是自由、平等、正义。如果这些理论都被排斥在科学和真理领域之外,或被当作主观感情和意志的自由抒发,那么在人文学科中发生的争论将是无是非、无意义的纠纷。这种立场最后只能通向善恶不分的伦理观和以强凌弱的政治观。不幸的是,这种逻辑上的结论被法西斯主义者变成了现实。逻辑实证主义者尝到自己酿出的苦酒,在理论上也濒于破产。

法西斯主义的崛起和蔓延,迫使哲学家不得不重新思考理性和非理性、科学和人之间的关系。法兰克福学派的创始人阿多诺(Theodo Adorno)和霍克海默(Max Horkheimer)在《启蒙辩证法》一书劈头就提出了这样一个问题:"为什么人类非但没有进入一个真正人道的环境,反而沉沦到新形式的蒙昧主义之中?"具体地说,他们的问题是:为什么在启蒙主义的故乡欧洲会产生出反理性、反人道的法西斯主义?为什么具有高度哲学、科学和艺术修养的德意志民族会被纳粹组织成一架疯狂的战争和屠杀机器?为什么科学昌明、教育的普及未能阻止愚昧、迷信、狂热和专制独裁?为什么平时具有良好道德修养的人面对惨绝人寰的种族灭绝悲剧,居然会无动于衷,甚至助纣为虐?

二

个人责任和自由

面对这些无法回避的问题,把法西斯罪恶的根源归结为少数人对群众的欺骗和愚弄是无济于事的。法西斯主义在当时的德国和意大利是一场群众运动。哲学家们开始思索群众性的非理性活动这一课题。在传统哲学中,"理性"是用来说明个人本质的概念,人们对社会和国家的研究也以个人的理性为基础。然而,在法西斯主义运动中,人们却看到群众性的非理性淹没了人性和价值。这一事实促使人们思考个人的责任、独立的人格和他人不可取代的个人价值等问题。存在主义由此应运而生。存在主义者把个人在群体生活中所感受到的恐惧、焦虑和躁动,把个人在寻求自由自主的过程中所经历的孤独和不安的状态都淋漓尽致地展现出来,从而鼓励人们勇敢地承受追求自由所付出的心理负担,实现自己独特的价值。存在主义是对个人责任感的召唤。雅斯贝尔斯和萨特的思想突出地体现了这一特点。

雅斯贝尔斯是德国海德堡大学哲学教授,他厌恶、反对法西斯主义,被法西斯当局解除了教授职称。在恶劣的环境中,他保护犹太血统的妻子。但他未因此而宽恕自己,也没有原谅他的同胞。他呼吁全体德国人都应正视和承担罪责。1945年,战争刚结束,他写了《德国人的罪责问题》一书。这是一本在历史上罕见的民族忏悔录。

雅斯贝尔斯把罪责分四个层次:第一层次是法律上的罪责。只有战争罪犯才负有法律上的罪责。第二层次是政治上的罪责。凡是没有公开反对和抵制法西斯政府的人都负有这种罪责。这是大多数德国人应该承担的罪责,因为他们都在不同程度上卷入了法西斯主义的群众运动。因为政治上的罪责是民族性的,对它的惩罚也是民族性的。面对战后国土分裂、灾荒、萧条和破落的局面,德国人没有权利怨天尤人,因为这一切都是他们自己的过错造成的。第三层次是道德上的罪责。那些在自己的亲友、熟人、邻居遭到迫害和杀害时没有站出来阻止暴行的人都应受到良心的责备。但是雅斯贝尔斯接着提出了这样的问题:在当时恐怖环境里,任何公开的反抗者非但不能搭救他人,还会有生命之虞。在这种形势下,人们没有以牺牲自己生命的代价来拯救他人的义务。既然如此,为什么普通德国人还要承担道德上的罪责呢?雅斯贝尔斯在更高的层次上用"本体上的罪责"这个概念回答了这一问题。他说:"我们以一个懦弱的,然而却是正确的理由,宁可选择活着:因为我们的死不可能有任何用处。"但是,他近乎冷酷地说:"我们还活着这一事实便是我们的罪责。"这是在道德律和造物主面前所感到的内疚和自责。只有上帝才能审判"本体上的罪责"。雅斯贝尔斯的存在主义是有神论,但是他代表德国民族所作的忏悔,却超出了基督教"原罪"的观念。他不只是责备德国人,而是引导他的同胞对人生价值作出新的判断。德国战后的历史说明,能够勇敢地承担历史罪责的民族,也有勇气开创未来。

萨特作为一个法国人、无神论者和抵抗运动的积极分子,在责任问题上有着和雅斯贝尔斯不同的体验和见解。萨特的存在主义特征可以用一句话来概括:没有任何借口可以开脱责任。面对错误或邪恶行为,我们不能以"人的本质就是恶"这样的借口来减轻当事人的责任。因为人的存在就是他的所作所为,不存在什么人的本质和人性。我们也不能以"我是被迫的""我是随大流的"这样的话来推卸自己的责任。萨特举了这样一个例子:一个犯罪的纳粹警察辩解,"我只是执行了我的职责而别无选择。"萨特说,其实不然,他有多种选择,他可以拒不执行命令,可以逃亡,可以反叛。这些选择的代价是沉重的。但是不愿意付出这种代价的人实际上作出了继续做一个纳粹分子这样的选择。他同样必须为自己的选择的后果承担责任,接受法律和道德的审判。

萨特把各种企图开脱个人责任的借口称作"自我欺骗"(mauvaise foi/bad faith)。"自我欺骗"之所以是自我欺骗,正是因为不敢面对自我选择的后果,却用外界环境或他人的影响来掩饰选择的自主性。根据自我选择的真实性和"自我欺骗"的虚假性,萨特主张"绝对自由"。哲学上所说的自由并不指行动上的为所欲为,但它也不只是想象中的自由。自由总是和行动和现实相联系的。萨特强调自由的绝对性,因为他认为,不论在何种条件下,人都有选择的自由。客观条件可以限制或剥夺个人的行动和人身自由,却并不因此而削弱个人选择的自由。在他的笔下,甚至监狱里的犯人也没有丧失萨特所说的绝对自由。萨特设想了犯人所能作出的各种选择:或者越狱,或者在狱中构思革命的哲学,或者陷入绝望。即使他什么也不想,什么也不干,只是注视着墙上的苍蝇,这也是一种选择。环境和他人既不能强迫,也不能代替他选择某一种可能性。从这一意义上说,他的选择是绝对自由的。

萨特关于"绝对自由"的概念易于引起争论和误解。这个概念并不解决主观愿望和客观条件、精神自由和行动自由之间的关系,它的着眼点在于强调个人责任感。自由意味着选择,选择导致责任。绝对的自由实际上是不可推脱的负担。

孤独、恐惧和惶惑等感觉都是在责任这一负担的压迫下产生的，是每个人为他的自由、他的选择乃至他的存在所必须付出的代价。

三

法西斯主义的心理基础

在存在主义者对个人责任进行反思的同时，法兰克福学派对法西斯主义的本质和根源也进行了探讨。法兰克福学派是西方马克思主义的一个主要流派，它的代表人物虽然赞成马克思的社会历史观点，却不满意经济决定论。他们中的一些人把弗洛伊德的精神分析学说糅合在马克思的社会历史观之中。

弗洛伊德晚年写了一系列文章，其中一篇题为《文明及其不满》。他把自己关于下意识的学说引进了社会学领域。他认为，下意识不仅包括追求快乐的性行动，而且包括一种破坏性的侵略本能，一种寻求死亡的行动。这些行动的宣泄是富有创造性的意识的根源，因此它们是文明的心理基础。但是，另一方面，文明的制度、规范和意识又压抑了下意识的行动，把原初的本能限制在不可名状的境界里。这是人在文明社会中感到不满足的根本原因，社会中很多不幸与苦难也源于此。根据此文的启示，马尔库塞在《爱欲与文明》，阿多诺在《权威的人格》等书中用弗洛伊德对人的心理结构分析来补充马克思对社会结构的分析，把马克思关于经济基础/上层建筑的两分法变成经济关系/心理结构/意识形态的三分法。要了解他们这些努力的真实意图，人们最好还是阅读早期法兰克福学派成员对纳粹主义的心理基础理论的分析。这些生活在法西斯主义猖獗时代的哲学家亲身体验到，群众性的非理性狂暴行为和专制集权的制度有着密切的关系。如果把集权主义的社会比作一个疯狂的社会的话，那么人们需要的不是能够治疗精神病的人的心理学，而是一种诊断出疯狂的社会毛病所在的群体心理学或社会心理学。

威廉·赖希（Wilhelm Reich）在《法西斯主义的群众心理学》（1946）中指出："法西斯主义不是一个人、一个民族或者一个种族或政治集团的意识形态和行为。普通民众的原始的、生物的需求和行动在被压抑了几千年之后，他们非理性的性格结构的表现就是法西斯主义。"换而言之,人心中有法西斯主义倾向。

　　法兰克福学派的另一成员弗洛姆在《逃避自由》(1941)一书中,对人心中的法西斯倾向作了详细的分析。自启蒙时代以来,人们普遍相信,人生而自由,自由是人的天性。弗洛姆却反对这一传统的见解。他认为,人有天生的依赖性,而自由意味着独立、自主、摆脱天生的依赖性。在大多数时间和场合中,人宁可依赖,不要自由,甚至逃避自由。这可以由心理学来解释:人的第一需求是自我保存;安全感是取得心理平衡的第一要素。家庭是人的天然的但也是临时的庇护所。当一个人以社会成员的资格走向社会之后,他的安全面临着挑战。如果他幸运地生活在一个安定、繁荣的社会,他的安全感在与其他成员合作的过程中成熟、增强,自由的意识也同步培养起来。然而,在一个疯狂的社会里,在动乱、争夺和恐怖的环境中,人与人之间稳定的合作关系不复存在,人人自危。为了重新取得丧失了的安全感,个人必须依附于某一集团、机构或者一个强有力的人。这种人身依附导致思想上的盲从与迷信。正因为安全先于自由、高于自由,人们宁可以牺牲自由的代价来换取安全。

　　弗洛姆不但从社会关系的角度解释了人类逃避自由的倾向,还以精神分析法剖析了逃避自由的心理机制。如前所述,弗洛伊德区分了寻求快乐的性本能和寻求死亡的破坏本能,弗洛姆将这两者结合在一起,认为下意识有施虐与受虐两种形式。施虐下意识产生出支配欲和权力欲,受虐下意识则在自我责备或外来的压迫中获得满足。下意识的这两种形式都要在对他人的依赖中获得满足。人的下意识结构决定了人在本能上是厌恶自由的。当施虐与受虐下意识受到社会制度和伦理规范的压抑之时,它们或者在性格行为上不知不觉地流露出来,或者在性施虐狂与性受虐狂的行为中明显地表露出来。一旦理性的藩篱被撤除,潜意识便发展为施虐癖与受虐癖。在法西斯主义运动中,原始的本能尽情宣泄,人的自由丧失殆尽;一方面是施虐癖者耀武扬威,另一方面是受虐癖者的忏悔和认罪。弗洛姆在《逃避自由》一书之后,又写了《健康的社会》,从精神分析学角度论证自由社会的合理性。这已不属于本文论述范围,我们就不在此介绍了。

　　　　　　　　　　　　原载《二十一世纪》创刊号,略有改动

批判理论与保守主义、后现代主义之争

早在 1969 年,欧洲著名的评论家利希特海姆(George Lichtheim)就已经注意到崭露头角的哲学家哈贝马斯对西方文化的重要贡献。他就:"对于一个专业研究范围遍及科学逻辑和知识社会学,研究了马克思、黑格尔和欧洲形而上学更深奥的根源的学者,要评价他的著作是非常不易的……当他的大多数同事还在刻苦地把握某一领域的边缘部分时,他已在深度和广度上掌握了全部。(在他的著作中)没有被割裂的角落,没有被回避的困难,也没有未经研究而发表的虚假结论。不管他批驳波普尔,分析查尔斯·皮尔士的实用主义,还是深究谢林形而上学的中世纪前驱,或把马克思主义社会学现代化,总是表现出对材料的大胆理解以及澄清逻辑困惑的才能。他似乎天生有一种消化最坚硬的材料,并把它重新组建成有序整体的能力。"[1]文中提到的哈贝马斯的这一才能已在 1981 年出版的两卷本的《交往活动理论》这部现已闻名遐迩的著作中得到充分的体现。

然而,自 20 世纪 80 年代以来,哈贝马斯在社会文化和政治领域表现出来的理论与实践紧密结合的才能却很少为国内的读者所知。西方各国的政治与经济自 70 年代以来转向新保守主义,与这一气候相适应的后现代主义也成为西方文化的主流。在新保守主义和后现代主义的氛围里,哈贝马斯独树一帜、力挽狂澜,高扬启蒙运动的理性主义旗帜,写作了一系列政治和文化评论文章。这些论文被收辑于《关于现代性的哲学言论集:十二篇讲演》《哲学—政治侧记》《公共领域的结构性转变:对资产阶级社会的一个范畴的探索》《"时代的精神局势"论文集》。

---

1 George Lichtheim, "From Historicism to Marxist Humanism", in *From Marx to Hegel*, New York: The Seabury Press, 1971, p. 175.

这些著作表达出的立场已使哈贝马斯成为当今"现代主义"的最主要代表,后现代主义者称他为"最后一个伟大的理性主义者",却很难超越这个最后的障碍。哈贝马斯上述著作的题材极为广泛,几乎涉及社会文化和政治的各个方面,我们在这里只能从哲学的角度介绍他与新保守主义和后现代主义的论战。

批判理论实践的统一

西方哲学向来有涉足政治实践的传统,从柏拉图、亚里士多德到康德、黑格尔的伟大哲学家都在本体论、认识论的基础上建立了道德哲学和政治哲学。然而,西方哲学界最近却出现了主张哲学完全不受政治限制的倾向。例如,法国的后结构主义者福柯说:"在哲学观念和援引它的人的具体政治态度之间只有非常脆弱的、'分析性'联系;'最好'的理论并不能有效地阻止灾难性的政治抉择;像'人道主义'之类的伟大论述可被用作不管什么样的目的。"[1] 美国哲学家罗蒂也按同样的观点看待海德格尔,认为他在 30 年代的纳粹主义政治立场与他的哲学无关。[2]与这些后现代主义相比,哈贝马斯的立场趋向传统,他从事哲学研究有着强烈的政治动机,他的理论始终跳动着政治生活的脉搏。他虽然批评法兰克福学派的理论弱点,却恪守学派创始人霍克海默的一个原则性区分:批判理论不同于传统理论的根本点在于积极地沿着理性和正义的方向推进社会生活。哈贝马斯在《理论和实践》一书中明确地说:"我们可以按照是否可能与解放有结构性联系这一点来区分各种理论。"[3] 他在早期著作《知识和人类利益》一书中作出了"经验—分析科学""历史—解释科学"和"批判导向的科学"的区分,后者与解放的认识利益相配

---

1 Foucault, Michel and Paul Rabinow, *The Foucault Reader*, 1st ed., New York: Pantheon Books, 1984, p. 374.

2 Richard Rorty, "That old-time philosophy", in *The New Republic*, no. 14 (1988), pp. 28 – 34.

3 Jürgen Habermas, *Theory and Practice*, vol. 21, Boston: Beacon Press, 1988, p. 37.

合,是哈贝马斯专门从事的领域。[1] 他的社会交往理论可以说是"批判导向的科学"的典范。如果脱离了争取人类解放这一根本的社会实践,哈贝马斯的理论不但失去了目标,而且根本无法理解。

哈贝马斯是第二次世界大战后成长起来的德国哲学家。他从一开始便正视德意志民族在两次世界大战中的命运和责任,并由此开始了对德国民族精神、文化与哲学的严肃思考。他曾经这样谈到法西斯主义暴行在他心灵上引起的震撼:"十五六岁时,我坐在收音机前听纽伦堡审判的现场讨论。当其他人对大恐怖沉默,却在争论审判的公正性、程序问题和司法问题时,就已经有了第一次决裂,这一分歧依然存在。正因为我特别敏感,易被激怒,我才不会用大多数长辈的标准来衡量集体实现的非人性的事实。"[2] 在学生时代,哈贝马斯的脑海里一直萦绕着这样一个问题:为什么一个产生了康德和马克思的民族,一个具有批判理性和争取解放和自由传统的民族,会成为希特勒与纳粹生成的沃土? 为什么德国人未能有力地抵御内部的隐患,使之蔓延成世界性的灾难? 从这些问题出发,哈贝马斯对德国文化传统,特别是对集中反映了德国民族精神的哲学传统作了全面的探讨。理性、自由和正义的问题对于他来说不仅仅是纯理论问题,更重要的是有待于实现的社会问题。由此我们不难理解,虽然哈贝马斯与法兰克福学派其他成员的理论差距甚大,他却始终没有放弃学派所追求的解放目标,始终以"批判理论"为旗帜。在这一点上,他可以说是法兰克福学派的忠实传人。

然而,并非所有的德国思想家都像哈贝马斯那样严肃认真地思考德国的过去和现在。恰恰相反,战后除了雅斯贝尔斯等少数人曾就这些问题作过深入探讨之外,大多数人或保持沉默,或采取回避态度,或做翻案文章。哈贝马斯在少年时代经历的"第一次决裂"一直未能弥合。1949 至 1963 年间,德国人把全副精力倾注在经济建设方面,创造出战后复兴的奇迹。但是在经济成就下面掩盖着政治分歧。当德国再次成为强国之后,"协调过去"(Aufarveting der Vergangenhrit)成为舆论界的焦点。特别是在 70 年代以后新保守主义的气氛里,一些历史学家公开

---

1 Jürgen Habermas, *Knowledge and Human Interests*, Boston:Beacon Press, 1971, p. 308.
2 Jürgen Habermas, *Philosophical-Political Profiles*, Cambridge, MIT Press, 1983, p. 41.

为纳粹德国开脱罪责,例如,斯图姆尔(M. Sturmer)呼吁历史学家为过去提供一个正面形象;赫尔格鲁伯(A. Hillgruber)在 1986 年出版的《两种毁灭:德意志帝国的灭亡和欧洲犹太人的结局》一书中称颂德国军队抵抗苏联红军;海德格尔的学生诺尔特(E. Nolte)在 1986 年 6 月 6 日的《法兰克福邮报》上发表文章说,奥斯威辛集中营只是希特勒效仿斯大林的古拉格岛的产物。这些历史学家的言论为日益猖獗的新纳粹主义推波助澜。哈贝马斯写了《辩护主义的倾向》等文批驳这些论点。

引起哈贝马斯关注的另一严重问题是新保守主义对左派知识分子和左倾文化的全盘否定。1968 年学生抗议运动失败之后,少数极端分子展开了恐怖活动。德国恐怖组织"红色旅"激发起朝野一致反对,新保守主义势力乘机把恐怖主义的根源归咎于 60 年代左派知识分子对资本主义的批判,知识分子被指控为操纵文化形势的"新阶级"。美国新右派代表人物斯藤费尔斯(P. Sreinfels)在 1979 年出版的《新保守主义者》一书中深恶痛绝地说:"新阶级和他们的敌意文化必须被驯服,或从一切敏感领域清除出去。"[1] 德国的新保守主义者号召重建"秩序的思想"(Ordnungsdenken)。哈贝马斯指出新保守主义的指控混淆了因果关系,恐怖活动的原因只能到造成社会分裂的政治经济因素中去寻找,而不能将责任归咎于先锋派艺术家和思想家的"新阶级";关于"秩序的思想"的实质,不过是调动历史上一切可被资本主义社会接受的思想,平息历史上一切批判和否定资本主义的思想。因此,新保守主义不是不分选择地恢复传统,批判理论也不是不加区别地否定传统。两者分歧的焦点在于如何对待伴随着资本主义社会而产生的现代文化传统。围绕着这一点关键问题,哈贝马斯以其深邃的洞察力,区分出各种不同类型的保守主义。

---

1 Peter Steinfels, *The Neoconservatives : The Men Who are Changing America's Politics*, New York: Simon and Schuster, 1979, p. 65.

二 ————————————————————————————

现代主义和保守主义的对立

　　哈贝马斯在1980年发表的论文《现代性对后现代性》里，对保守主义思潮作了著名的三重区分：老保守主义、新保守主义和青年保守主义。用他的话来说，老保守主义者"要求回到前现代的生活方式"；新保守主义者接受"技术进步、资本主义的增长和现代化的管理"，却"要求一种清除文化现代主义的暴露内容的政治"；最引人注目的还是他对青年保守主义者的描述："青年保守主义者概括了美学现代主义的基本经验，展示了一个非中心的主体性，避免了理性认识和目标的限制，也避免了劳动和实用的强制，并用这种方式突破了现代世界。他们因而通过现代主义的态度来建立一种不妥协的反现代主义。他们努力把想象的任意力量、自我和情感的体验转换为遥远的本源，并以摩尼教的方式，设置了一个与工具理性相对立的，只能通过'召唤'而认识的原则：它或是强力意志，或是主权、存在，或是诗的狄奥尼索斯力量。这一倾向在法国从乔治·巴泰莱导致福柯和德里达。尼采的精神在70年代重被唤醒，高悬在他们之上。"1

　　不难看出，哈贝马斯是按照对现代主义的不同态度来区别保守主义的。老保守主义主张返回前现代时代，其逆历史潮流而动的保守特征非常明显，在现实中充其量只是浪漫的幻想或美化前工业化时代的怀旧之怀，对现代主义并无实际威胁。哈贝马斯关注的是新保守主义和青年保守主义对现代主义的冲击。然而，在上面描述的特征中，新保守主义对现代主义都从某一方面接受了现代主义的影响，这便产生出一个问题：他们在何种意义上被称作与现代主义相对立的保守主义者呢？

　　为回答这一问题，我们首先应该理解哈贝马斯对现代化的看法。在这一方面，他承袭了马克斯·韦伯的思想。韦伯认为，现代化就是社会文化领域的分化；在前现代社会，一切文化领域都服从于一个无所不包的"宇宙论世界观"的统摄，神话或宗教的文化形态支配着其他一切文化形态。启蒙运动开启了"独立的逻

———————————————————————————

1　Hal Foster ed.，*Postmodern Culture*，London：Pluto Press，1985，p. 14.

辑"的思维方式,开始了不同价值领域的"自我立法"的进程,分化出三个独立自主的价值领域:科学技术、道德法律和艺术。现代化是三大人类价值领域的制度化,确定性的科学、普遍的道德准则和自由的艺术创造成为现代化的成果和标志,为人类带来了前所未有的物质财富和精神财富。[1]

哈贝马斯接受了韦伯对现代化特征所作的分析,但他进一步指出,三大价值领域在现代化进程中的发展是不平衡的,体现在自然科学技术之中的"认知—工具"价值领域占据主导地位,工具理性的超常发展以牺牲道德、艺术所代表的文化功能和价值为代价,其结果是经济势力和国家政权超越自身范围,侵入"生活世界",哈贝马斯称之为"生活世界的殖民化"[2]。他认为这是现代化的负面,也是现代社会日益严重的痼疾所在。哈贝马斯对工具理性及其后果的态度早已由法兰克福学派成员表达出来,但是他并没有简单地重复前人的观点,而是在此基础上作出新的贡献。我们在这里只需指出两个要点:第一,法兰克福学派对工具理性的批判态度导致了对由启蒙理性开启的现代文化的全面批判,霍克海默和阿多诺在《启蒙辩证法》一书中论述了启蒙运动的理性主义导致工具理性和专制、不可避免地走向自我毁灭的辩证过程。哈贝马斯则不同意全盘否定启蒙运动:不能因为"工具理性"的超常或畸形发展便从整体上否定现代主义的价值观。"整体批判"混淆了现代文化与前现代文化的一个根本区别:工具理性虽然在迄今为止的现代文化中占主导地位,但尚未像前现代文化中的神话和宗教那样取代和抹杀其他价值领域。例如,工具理性虽然侵入道德领域,但人们不能因此得出现代道德观念的实质是工具性的结论;事实是,现代道德是一种价值观,其普遍性早已由康德提出的"不应把人当工具,而要把人当作目的"的准则所表达。第二,法兰克福学派成员阿多诺、马尔库塞等人后来企图用审美活动抵制理性活动,把改造希望寄托于"审美革命"。哈贝马斯反对任何非理性主义的企图,他认为需要克服的是理性

---

1 韦伯的这些观点见于《宗教对世界的否决及其导向》一文,见 Hans Heinrich Gerth and C. Wright Mills, *From Max Weber : Essays in Sociology*, New York: Oxford University Press, 1946, pp. 323 – 359。

2 Jürgen Habermas, *The Theory of Communicative Action*, vol. 2, *Lifeword and System : A Critique of Functionalist Reason*, Boston: Beacon Press, 1985.

主义被归结为功能主义的偏颇,理性思维被限制为因果关系以及目标与手段关系的狭隘,而不是理性主义本身。他指出,适用于"生活世界"的理性只能是交往理性,它以"理解"为纽带沟通人与人的社会关系,同时也培养了社会成员的个性类型。可以说,交往理性既满足了现代道德观的普遍要求,又满足了现代艺术观的创造性个性的要求。

以上谈及的哈贝马斯与法兰克福学派对现代文化的共同看法和不同看法,恰与他对保守主义和青年保守主义的批判相对应。如果说他所继承的批判理论延伸到对新保守主义的批判,那么他对阿多诺和马尔库塞等人的审美价值观的温和批评则被发展为对青年保守主义的抨击与批判。

哈贝马斯大概受美国文化保守主义者丹尼尔·贝尔的《资本主义文化矛盾》(1976)一书的启发,看到资本主义现代化进程中社会现代化与文化现代化的矛盾。所谓的社会现代化指通过工具理性的强大杠杆发展经济、管理社会,控制个人的行为和思想,文化现代化却是提倡个人主义、自由主义的价值观,破坏现代社会的理性价值观和合法性。被哈贝马斯称作"新保守主义者"的人接受社会现代化,却压抑文化现代化或删除其中的破坏力量,把它"中立化"为与工具理性相适应、与社会现代化相兼容的文化形态。这是一种抗拒批判与变革,以辩护主义态度维护现行经济、政治制度的文化,其保守主义色彩是显而易见的。然而,被称作青年保守主义者的那些人按照一般人的观点很难被归于保守主义阵营。他们通常被称作"后现代主义者",宣扬解构、怀疑、否定和游戏,似乎与工具理性格格不入,哈贝马斯有什么理由称他们为"保守主义者"呢?

后现代主义以超越现代文化、超越启蒙运动的理性主义理想为宗旨。哈贝马斯在这里看到了它与新保守主义殊途同归的秘密。他说:"从新保守主义观点看问题,最重要的是必须遣散道德普遍原则的爆炸性力量。普遍性的道德只允许用所有人都同意的准则作为充分讨论的基础,无需任何胁迫……这引起了保守主义者的特别反感。道德在本性上不承认任何限制,甚至使政治活动服从于道德考虑。相比之下,保守主义者要最大限度地减轻加诸政治系统之上的道德正当性的负担。"[1]按照这样的分析,后现代主义对现代文化的否定,尤其是对现代道德观的普遍性价值的否定,迎合了新保守主义压抑现代文化、排拒批判力量的需要。后现代主义以"具体化"的要求瓦解社会关系的凝聚力,以"解构"的游戏精神取消了普遍的价值观,以艺术和文本的"自由想象"动摇"生活世界"不可缺少的理性基础,以"反人道主义"的口号抹杀个人价值和人的尊严感。总而言之,他们站在现代艺术强调自由创作的浪漫主义的一隅,否定现代文化的全部。这种做法与工具理性侵入现代文化其他领域的偏颇属于同一模式,两者站在两个极端否定现代文化的全部成果。

再说,后现代主义对工具理性的批判是一种"伪激进主义","伪"者至少有两处:首先,后现代主义者的激进批判主要是针对现代主义的,他们从尼采那里继承了全盘批判现代价值观的手法,不愿就工具理性在现代文化内部的地位、作用和发展过程作历史的、内在的分析,笼统地把现代文化连同工具理性一起抛弃。哈贝马斯说,这是"把婴儿和洗澡水一起泼出去"的做法。其次,后现代主义者非政治化的超脱背离了历史上激进主义所具有的改造社会、追求解放的目标。当然,他们的言谈在实际上并非没有政治效果:在减少了资本主义社会现代的文化摩擦力之后,又不触动现行的政治、经济制度,其后果必然为新保守主义所欢迎。正如哈贝马斯尖锐地指出:"对文化现代性的排拒和对资本主义现代化的崇拜巩固了一种普遍的反现代主义,要把婴儿和洗澡水一起泼出去。如果现代性除了赞扬新保守主义的辩护主义之外不能提供任何东西,人们便可理解为什么今天年轻知识分子的一部分会通过德里达和海德格尔回到尼采,在尚未被妥协所扭曲的青年保守主义对复生的崇拜的怪异声音里寻求拯救。"[2]

---

1 R. J. Bemstein ed., *Habermas and Modernity*, Cambridge: The MIT Press, 1985, pp. 90 - 91.
2 同上书,第93—94页。

三 ————————————————————————————

现代主义与后现代主义之争

哈贝马斯不但从原则上揭示了后现代主义的保守主义实质,而且在与福柯、利奥塔、伽达默尔和海德格尔的对立中展开了自己的观点。福柯和利奥塔是法国后现代主义的主要代表人物,伽达默尔和海德格尔的思想与后现代主义也有间接或直接的联系,哈贝马斯与他们的矛盾是西方哲学界令人瞩目的重要话题,集中反映了现代主义与后现代主义之争。下面分别加以评价:

1. 什么是启蒙运动?

福柯在《事物的秩序》等一系列著作中对启蒙运动人道主义、理性主义和历史进步观的纲领进行了深入的分析和批判。然而,他并未建立一个替代启蒙主义的理论纲领,因为他唯恐因此而陷入他所反对的理性主义和意识形态的窠臼。哈贝马斯指出,福柯"用一个权力言谈公式的二元论代替由马克思和弗洛伊德发展的压抑和解放的模式。这些公式相互交叉、连续,因风格和强度而相互区分。它们的有效性却不能判断,而在压制和解放的意识反对无意识对抗的消解的情况下,这种判断却是可能的"[1]。就是说,福柯的后现代主义缺乏启蒙运动的现代主义那样的理论说服力和有效性。福柯为什么主张放弃理论说服力和有效性呢?哈贝马斯在 1988 年福柯逝世后发表的一篇纪念文章中更具体地说明了他与福柯之间分歧的原委。原来,福柯曾向他提议于 1984 年和美国哲学家罗蒂等人一起讨论康德在 1784 年所写的《什么是启蒙》一文。他一直以为福柯要与他争论启蒙运动的是非,但直到福柯关于康德的讲演在死后发表之后,他才理解福柯对启蒙运动的真实态度。福柯把《什么是启蒙》与康德的另一篇论文《学院之争》(1794)结合在一起考查。他认为"什么是启蒙"问题的潜台词是:"对于我们来说革命意味着什么?"福柯在康德的文本中读到了世界人民朝向实现道德方向前进的历史进步观和道德理想。他还认为从青年黑格尔派和马克思开始的一系列思想家,包括

---

[1] Jürgen Habermas and Thomas Y. Levin, "The entwinement of myth and enlightenment: Re-reading dialectic of enlightenment", in *New German Critique* 26 (1982), p. 29.

荷尔德林(F. Hölderlin)、尼采、超现实主义者、卢卡奇(G. Lukács)、梅洛-庞蒂和西方马克思主义者都继承了这一理想;令人感兴趣的是,福柯把自己也列入这一阵营里。哈贝马斯提出这样一个问题:既然如此,福柯为什么在公开发表的著作里批判启蒙运动呢? 哈贝马斯指出:"福柯提醒我们反对一些人的虔信态度,他们只想保留启蒙运动的残余……他说,今天我们的任务不能只是把启蒙运动和革命当作理想的模式,重要的是探讨自 18 世纪后期以来被普遍主义思想接受的和隐藏的具体的历史力量。"[1]按照这种理想,福柯把启蒙运动的理想转变为具体的历史考查。在历史中起作用的力量,包括政治力量(权力)和理论力量(知识)都表现为自发的、无目的性的活动,它们于事先不可预测,但于事后被解释。福柯大概愿让自己的观点成为解释性的理论,他才放弃了判断理论有效性的标准。然而,哈贝马斯却认为,社会历史力量都是可被理解的,理解既预示未来,又解释过去,并在一定的社会历史条件下提供是非标准。由此可见,他与福柯的分歧不在于对启蒙运动持肯定或否定的态度,而在于继承启蒙运动的方式。福柯与其说是青年保守主义者,不如说是批判动机被保守主义所扭曲的思想改革家。

2. 启蒙运动的"偏见"问题

伽达默尔在《真理与方法》一书中谈到启蒙运动的偏见。他认为一切企图颠覆传统(包括艺术的、认识论的和政治的传统)的学说都不可避免地接受那些遭到否定的原则。启蒙学者猛烈抨击传统意识形态,但他们所崇尚的理性并没有超越意识形态;相反,理性主义本身就是启蒙时代的意识形态。哈贝马斯在《社会科学的逻辑》一书里对《真理与方法》作出评论,后来又写了题为"解释学和普遍性要求"的第二篇评论。他一方面高度评论伽达默尔关于语言、翻译和理解的论述,另一方面批评了其中的保守主义倾向。哈贝马斯认为解释学是通过对话而达成共识的社会实践,但伽达默尔把这种社会实践局限于语言交流,忽视了意识形态的影响。他说:"社会行为只有在语言、劳动和控制共同建构的客观体制中才能被理解。"[2]然而,伽达默尔反驳说,意识形态和语言并不是相互独立的社会因素,意识

---

1 Peter Steinfels, *The Neoconservatives : The Men Who are Changing America's Politics*, New York: Simon and Schuster, 1979, pp. 177 – 178.

2 Jürgen Habermas, *On the Logic of the Social Sciences*, John Wiley & Sons, 2015.

形态只有通过语言才能起作用,依靠语言的理解和交流不可能摆脱意识形态的偏见,没有一个超然的中立的理性标准可以纠正这些偏见。解释学充其量只是利用"历史的间隔"解释出前人在当时条件下看不到的偏见。哈贝马斯却坚持认为,在给定的社会环境中必然有一个理想的标准,否则将无社会交往行为的可能性。这种"理想化的条件""理想化的言语环境"在伽达默尔看来好像是中世纪"天使理智"的概念,代表了一种"对上帝本质的优越认识"[1]。当然,这种想法的直接源头是启蒙运动理性主义理想。伽达默尔和哈贝马斯争论的一个重要问题是:启蒙运动精神究竟是"偏见",还是有待发展与实现的理想? 正是以对待启蒙运动的态度为分水岭,显出了批判理论与保守主义的分歧。

3. 什么是现代性?

法国哲学家利奥塔第一个把后现代主义带入哲学,他在《后现代状况》一书中说:"现代"一词的意义"表示任何通过言谈学使自身合法化的科学,明显地诉诸一些宏大叙事,如精神辩证法、意义解释学、理性或工作主体的解放或财富创造"[2]。这里所说的"言谈学"(metadiscourse)指使科学获得合法地位的言谈,即哲学的言谈。利奥塔认为现代哲学的基本精神是通过思辨的、文化的或社会的理论(即"宏大叙事")奠定科学主导地位,使之成为占统治地位的文化形态。毫无疑问,他以为哈贝马斯关于解放的批评理论继承了现代哲学,属于"宏大叙事"之列。他声称自己要"摧毁哈贝马斯的研究所依赖的一个信念,即作为集体(普遍)主体的人性,通过把所有语言游戏容许的'运动'规则化的途径,来寻求共同的解放,任何陈述的合法性存在于它对这一解放所作的贡献之中"[3]。

哈贝马斯的一贯立场是坚持科学、文化和社会的统一的理论基础,并且坚信可以通过发展启蒙理性的途径来建构这一理论基础。他认为,包括利奥塔在内的法国后现代主义者企图瓦解现代文化的理论基础,必然导致动摇现代民主社会基础的保守主义。正如罗蒂在归纳哈贝马斯与利奥塔之间的分歧时指出:"任何被

---

1 E. Linge David ed., *Philosophical Hermeneutics*, Berkeley: University of California Press, 1976.
2 Jean-François, Lyotard, *The Postmodern Condition*, trans. by G. Bennington&B. Massumi, Minneapolis: MN, 1984, p. XXIII.
3 同上书,第 65 页。

哈贝马斯当作'理论态度'而坚持的东西都被不信任的利奥塔当作'叙事学'。任何对这种态度的摒弃都被哈贝马斯视为'新保守主义',因为这将取消用于证明各种改革的观念,而这些改革标志着启蒙运动以来的西方民主史。"[1]应该说,罗蒂正确地指出了两者分歧的焦点。不过,哈贝马斯在评论罗蒂的意见时说:"哲学不应该放弃理性卫士的作用";他的哲学"必须对自身的产生背景和在历史中的位置作出反思性的说明。因此,在'最终基础'或整体性和历史哲学意义上所说的'叙事学'不可能产生"[2]。这段话也是对利奥塔"叙事学"批控的回答。

4. 海德格尔与纳粹主义的关系问题

哈贝马斯一直认为海德格尔属于 20 年代魏玛共和国的"青年保守主义"阵营,并认为福柯和德里达与海德格尔等人有亲缘关系,"他们都从尼采那里接受了与现代性决裂的激进姿态和恢复前现代能量的转变,通常回到原初时代"[3]。战后人们时常提起海德格尔一度参与纳粹活动的话题,特别是 1988 年法里亚斯《海德格尔与纳粹主义》一书出版之后,海德格尔的哲学与他的纳粹主义政治立场有无必然联系的问题更成为热烈争论的话题。哈贝马斯在为法里亚斯著作德文版所写的前言里,指出了海德格尔思想由保守主义走向纳粹主义的演变过程。根据他对海德格尔思想著作的分析,海德格尔思想在 1929 年左右经历重大转变。在此之前,他基本上不参与现实的政治生活,因此,他在这一期间写作的《存在与时间》与后来的政治立场并无必然联系。但这并不是说,这部著作表达了超越意识形态的世界观,相反,海德格尔在这一时期接受了一战之后在知识分子中间流行的文化保守主义思潮,其特征有:"对学术界精英式的自我理解,对精神的神化崇拜,对母语的偶像崇拜,对任何社会现象的鄙视,完全缺乏已在法国和美国长期发展的社会学方法,自然科学和精神科学的两极化等等。"这种意识形态构成了《存在与时间》的文化背景。这本书津津乐道的"命运"(Schicksal)和"命定"(Geschick)也反映了青年保守主义视死如归的虚无主义气概。哈贝马斯说,文化上的保守主义与纳粹主义虽无必然联系,但至少是可以相容的。1929 年之后,海

---

1 R. J. Bemstein ed., *Habermas and Modernity*, Cambridge: The MIT Press, 1985, p. 162.

2 同上书,第 196 页。

3 同上书,第 229 页注 6。

德格尔接受了荷尔德林和尼采的影响,思想转而返回原初的神话道路,"此在"
(Dasein)几乎成为反对资产阶级平庸性的"超人"。另外,他对哲学家的使命有了
一种非职业化、非学术化的理解。这些思想都导致了投入现实政治生活的热情,
在当时的社会环境里,这意味着投入纳粹主义。比如,他开始谈论"世界的命运"
"德国人民的此在""德国命运的引导者和护卫者"。他在1933年大学校长就职演
说中说,大学是以非常规手段培育精神再生的最好工具和场所。这些事实表明,
海德格尔在1933—1934年任校长期间表现出的纳粹思想并不是毫无思想准备的
邂逅。在此之后,海德格尔是否如他以及为他辩护的人所说,脱离了与纳粹的关
系呢? 哈贝马斯的回答是否定的。他在海德格尔1935—1945年的著述中找出三
条证据:

第一,通过批判形而上学史批判理性,这包含着对现代文明成果(即海德格尔
所说的"技术")的否定;

第二,把德意志视为古代希腊的唯一继承者,表达了德国人是"所有民族中
心"的民族主义;

第三,对纳粹主义的实质作了肯定性评价,认为它包含着"内在的真理",只是
其外在表现被错误的哲学和现代"技术"引入歧途。

按哈贝马斯分析,海德格尔即使在战后著作中也用不同概念表达出同样的意
思:人民的"此在空间"(Daseinsraum)变为"家园"(Heimat),语言成为此在的家
园;德意志民族主义转变成一种语言观,即德语是古希腊语的唯一合法继承者:
"领袖升华为诗人和思想家;哲学家达到了与存在的直接联系;曾经恪守的政治现
在被普遍化为对存在命运的服从"[1]。由于海德格尔战后思想并无实质性变化,
难怪他始终保持着拒不谴责纳粹,又不为自己过去的纳粹言论承担责任的顽固态
度。世人对他的这一态度既恼怒又不理解,哈贝马斯却通过对他的著作的分析提
供了一个较为圆满的解释。当然,哈贝马斯在这里不仅仅讨论一个哲学家的历
史,他以海德格尔为范例,指出了反现代主义的文化保守主义与政治上的保守主

---

1 Peter Steinfels, *The Neoconservatives : The Men Who are Changing America's Politics*, New
York: Simon and Schuster, 1979, p. 159.

义之间的联系。虽然现在的后现代主义者对哈贝马斯的分析大不以为然，他们的政治立场恐怕也很难被概括为一种倾向，但是哈贝马斯的理论解释、历史性说明和范例分析无疑对我们认识后现代主义的社会、政治意义有启发作用。

原载《德国哲学论文集》第 14 辑，略有改动

后现代哲学与现代西方哲学的终结

"后现代哲学"的界定

后现代主义指的是正在西方流行的纷纭繁杂的社会思潮和文化氛围,对它可作狭义和广义两种理解。狭义的理解如最新版《牛津英语词典》对"后现代"(post-modern)条目的定义:"一种艺术或建筑学思潮或作品,以背离或抛弃被认可的或传统的风格和价值为特征。"广义的理解把后现代主义当作一种广泛的社会思潮和文化现象,除后现代艺术、建筑之外,还包括后工业社会的社会学和后结构主义的哲学。

我们认为,这两种理解都低估了后现代主义的哲学内涵及其在现代西方哲学发展中的地位和作用。狭义的理解没有看到后现代主义同时也是一种哲学思潮,作如是理解者或许也承认后现代艺术和建筑包含某些哲学因素,但往往把这些因素归结为美学观点,或仅仅把它们当作文学批评理论的工具来使用。作广义理解者虽然承认独立的后现代哲学的存在,但又把它等同于后结构主义,未能把它置于现代西方哲学的全景中去考察,难免产生一些狭隘和片面的解释。

与上述两种理解不同,我们把"后现代哲学"界定为现代西方哲学的最后阶段。这里所说的"最后"不仅是一个时间概念,就是说不仅指发生于 20 世纪最后二三十年间的哲学;更重要的是,这是一个表示现代西方哲学必然结局的逻辑概念。我们将说明:后现代哲学集中了现代西方哲学内部一切自我怀疑、自我否定的因素,它标志着现代西方哲学终结,却未能超越西方哲学的传统和现实,而成为一种全新的哲学或文化形态。为此,本文将考察:(1) 后现代哲学与其他哲学流派的关系;(2)后现代哲学是否超越了现代西方哲学的问题和结论?(3)后现代哲学是否摆脱了现代西方哲学的理论危机?

二

后现代哲学的"谱系"

"谱系学"是后现代哲学的专门术语,取自尼采《道德谱系学》一书。据福柯解释,谱系学是现在史,即为了知晓现在而审视过去,它关注"局部的、间断的、不合格和不合法的知识"[1]。后现代主义者用谱系学为武器向公认的知识、准则和一切权威挑战。然而,这个武器也可以反转过来对付他们自己。如果我们跟踪后现代哲学的谱系,便可明白:它正是产生于现代的各种"局部的、间断的、不合格和不合法的"思想观点的组合。

后现代哲学所要超越的"现代"主要指启蒙运动的理性、理想和意识形态。它对启蒙运动的批判来源于法兰克福学派。霍克海默、阿多诺等人认为启蒙运动的遗产是极权主义和工具理性对自然、社会和个人的全面控制,现代科学技术是实现启蒙运动纲领的新神话。后现代哲学用不同的语言表达出同样的意思,它的一个主要代言人利奥塔把"现代性"定义为"依据言谈学的言谈使自身合法化为科学",以科学为代表的现代知识是法国启蒙运动和德国的黑格尔辩证法这两个民族神话的产物。他把"后现代性"定义为"对叙事学的叙事[2]的不信任"。[3]

---

1 M. Foucault, *Power/Knowledge*, ed. by Colin Gordon, Pantheon: New York, 1980, p. 83.

2 "叙事学的叙事"(metanarratives)和"言谈学的言谈"(metadiscourse)一般译为"元叙事"和"元言谈"。其实,被译为"元"的 meta 这一前缀表示研究对象与研究学科之间的先后关系。如 metaphysics 是以物理学为对象的科学,即形而上学。metahistory 是以历史为对象的学问,可译为"历史学",metaphilosophy 可译为"哲学学",metaethics 可译为"伦理学学理"等。同理, metalanguage 指用来研究语言的语言,即"语言学的语言",依此类推,metanarratives 可译为"叙事学的叙事"。维特根斯坦曾指出语言学的语言自我指涉的性质。后现代主义者也说,言谈学的言谈或叙事学的叙事包含着自我指涉的恶性循环,是一种使某一特殊言谈或叙事成为普遍真理的自我合法化的手法。

3 Jean-François Lyotard, *The Postmodern Condition : A Report on Knowledge*, vol. 10, University of Minnesota Press, 1984, p. XXIII, 5.

有些研究者指出,后现代哲学与结构主义、存在主义、现象学、解释学等哲学派别和西方马克思主义、平民主义、浪漫主义、虚无主义和无政府主义都有亲缘关系。[1] 综合他们的研究成果,我们可以勾勒出后现代哲学的大致谱系。后现代哲学继承了结构主义反人本主义的立场,从存在主义那里吸收了"绝对自由"的价值观,从解释学那里继承了对经验主义和理性主义的批判和排拒普遍科学方法的态度,从现象学那里获得了对常识、理论和传统的存疑态度以及分析意识现象的方法。对后现代哲学影响最大的哲学家,当推尼采、海德格尔和维特根斯坦。尼采和海德格尔否认客观真理的可能性,贬低理性的普遍准则,强调是非善恶的相对性,揭示人类理解中主观解释的冲突的不可避免性。从维特根斯坦后期思想发展出来的意义理论认为,语义随语境和语用的变化而流动,意义附属于社会关系,是日常生活的构造。这些观点在后现代哲学著作中比比皆是。后现代哲学与其他一些现代社会思潮的渊源关系也很明显。它与虚无主义一样对生活和知识持悲观态度,与平民主义一样反对理智主义,推崇民众的自发性和私人抵制。后现代哲学带有无政府主义倾向,特别赏识"一切都行"的"方法论的无政府主义";它涂有浓厚的浪漫主义色彩,对幻想玄思、圣洁激情、异国情调、非常举止和原始境况等主题抱有强烈兴趣。

后现代哲学当然不承认自己的谱系,它以割裂传统、超越现代的彻底姿态标新立异,唯恐落入其他派别思潮的窠臼。比如,它反对法兰克福学派依社会历史条件解释文本的意义,后者探索真理的热忱被斥为幼稚态度;它批评西方马克思主义的解放纲领是"逻各斯中心主义"和人本主义延续,反对用牺牲局部和日常生活利益为代价来换取对社会全局的改造;对于结构主义试图建立人文、社会研究的科学性、合理性和逻辑的努力,加以猛烈抨击;它与解释学也有重大分歧,它否认解释文本的一个目标是确定社会政治行为的意义,也不同意说后来的解释融会了先前的解释、一种解释比另一种更优越。

后现代哲学对其他派别思潮的激烈批判和排斥并不能抹杀它们之间的连续

---

1 Pauline Marie Rosenau, *Post-modernism and the Social Sciences: Insights, Inroads, and Intrusions*, Princeton University Press, 1991, pp. 13 – 14.

性。倒不如说,它的批判展示了现代西方哲学各派之间错综复杂的矛盾;它往往用一派观点反对另一派,又用第三派观点批判其中一方或双方。所谓后现代性不过是先锋派、超现实主义、未来主义等现代艺术流派的翻版。著名后现代主义者詹克斯(C. Jencks)在看到这点之后,建议用"现代后期(Late-modern)代替"后现代"[1]。这一主张也适用于后现代哲学,按照我们在上面所作的分析,后现代哲学是后期现代西方哲学,或者说是现代西方哲学的最后阶段。

三

超越和复归的怪圈

后现代哲学自诩超越了传统和现代的哲学理论,但实际上它所关注的问题仍然是哲学的基本问题,它提出的解决方案和结论也符合现代西方哲学的原则、思路和趋向。它的特殊风格在于沟通了哲学和其他领域的联系,擅长于把哲学概念和逻辑论辩转译成文学、艺术、符号学、心理学、社会学、政治学等领域的语言,从这些领域出发,以迂回包抄、旁敲侧击的方式解决哲学问题。然而,风格毕竟是表达形式,问题以及解决问题的理由才是哲学的"硬核"。我们可以从哲学问题出发,看一看后现代哲学的"超越"努力如何最终归入西方哲学的主观主义、怀疑主义和相对主义。

1. 主体性问题

自笛卡尔开始,主体性问题一直占据着西方哲学认识论的中心。现代西方哲学贯穿着主体性哲学与反主体性哲学两种对立倾向。两者使用不同的策略:主体性哲学使用严格的逻辑论证,按照还原主义的步骤,奠定自我意识在认识领域的核心和基础地位;反主体性哲学则在认识论以外的领域发起对认识主体的攻击。例如,尼采按照"主人道德"的标准,指责主体是自我欺骗的产物;弗洛伊德通过精

---

1 Margaret A. Rose, *The Post-Modern and the Post-Industrial : A Critical Analysis*, Cambridge University Press, 1991, p. 17.

神分析,揭示出隐藏在自我意识之下和之前的分裂的、盲目的心理能量,从而瓦解了自我的决定性作用;维特根斯坦用语言分析方法,把主体或自我转变为逻辑或语法的特殊功能。

后现代哲学在"主体性黄昏"的时刻加入了反主体性哲学的行列。后现代主义者所反对的主体性指"个体性和自我意识这些作为主体的条件",指"先于文化和历史经验的构造中心"[1]。反主体性并不意味着维护客观性,因为主体性被视为主客观对立的根源,主客观关系将连同主体性一起消解。

后现代哲学承袭了反主体性哲学的策略,以政治学、社会学、心理学、语言学诸方面的理由否定哲学认识论的主体性范畴。后现代主义者说,主体是现代的象征,一个已经过去的时代的遗迹,"仅仅是一个面具、角色、牺牲品,往坏处说,是意识形态的构造,往好处说,是怀旧的摹拟像"[2]。他们认为现代主体是人本主义者的化身,是启蒙运动和理性主义的产物。伴随着现代科学代替宗教的进程,现代主体取代了上帝的位置,成为"现代主义"核心。一切现代的思想观念,不管是科学上的"外部实在""因果性""科学观察",还是政治上的"权利""民主代议制""人道主义""解放和自由",都以独立的主体为前提。因此,抹杀主体成为超越现代的必要步骤。若无主体,则现代社会政治赋予社会地位、集团和阶级的重要性将被取消,决策、设计和管理的理性也将不能操纵科学界乃至全社会的活动方式。

有一些后现代主义者从语言分析入手消解主体。他们认为主体是语言常规或思维定式的产物,自我是固定的定义和确定的意义的聚集点或参照点。福柯和德里达都说,自我只是言谈的效果,在自由流动的符号、阅读和解释过程中,不需要自我作为意义的源泉,相反,语言构成并解释主体。

后现代哲学虽然宣布了主体的终结,却没有结束主体性哲学所依赖的个人主义传统;相反,如著名后现代主义者哈森(L. Hassan)所说,后现代是"个人的黄金

---

1 Julian F. Henriques, Wendy Hollway, Cathy Urwin, Couze Venn and Valerie Walkerdine, *Changing the Subject: Psychology, Social Regulation and Subjectivity*, London: Routledge, 1984, p. 3.

2 Peter Carravetta, "On Gianni Vattimo's Postmodern Hermeneutics", in *Theory, Culture & Society* 5, no. 2-3 (1988), p. 395.

时代"[1]。后现代主义者笔下的个人不再是社会行为和历史使命的承担者,也不承受道德责任和政治义务;他们不按照理想或长远目标追求和实现个人价值,只是满足于以幻想和幽默为特征的"欲望文化";他们在社会边缘和日常领域欣赏和享用生活,而不对真理、自由和解放作艰苦的探索。艾柯(U. Ecco)在《玫瑰的名字》这部哲理小说前言中说:"我将不沉溺于对人的描写……因为(人的)外在形式是最流动不居的东西,像秋景中的花一样凋谢和变化。"[2]

然而,不管后现代主义者如何显示个人的非主体性、无中心性和无本质,他们很难剥夺个人的独立和自主性,而这些正是主体性哲学所要维护和证明的基本特征,后现代个人不可避免地保留着现代主体被赋予的自由、自主等特性。最近一些后现代主义者于是呼唤着主体的复归。他们说,主体的无中心并不意味着主体的消解,后现代主体是"突现的主体""过程的主体""实现和享用生活的主体",或各种不同的特殊习性的载体;还有人预测,"主体的消亡"仅仅是一个短暂的、现已接近尾声的现象。不管"后现代主体"被赋予怎样的意义,它仍然属于现代哲学的"主体"范畴,因为它不可能没有个人主义、自主意识和自由行动等规定性。

2. 反映论问题

反映论是现代西方哲学各派共同攻击的一个目标,后现代哲学也不例外。后现代主义者说,反映论预设了外部事物存在以及内在感觉和观念与外在事物相符合,预设了中立的、不受个人主观因素影响的观察者和唯一可靠的观察、认识过程,预设了判断真假是非的固定不变的标准,他们指责所有这些预设都是没有根据的。这些怀疑或否定反映论的理由几乎全部都已由现代西方哲学家们以更周密的方式提出。后现代哲学的新招在于把反映论的原则同西方社会政治理论和实践联系在一起批判。

---

1 Ihab Habib Hassan, *The Postmodern Turn*:*Essays in Postmodern Theory and Culture*, Columbus:Ohio State University Press, 1987, p. 17.

2 Umberto Eco, *The Name of the Rose*, US:Harcourt, 1983, p. 7.

西方的"反映"（representation）概念[1]本来具有代表（delegation）、代替（substitution）、相似（resemblance）、再现（replication）、重复（repetition）、复制（duplication）等意思。后现代主义者根据这些相关词的意义说，反映论的原则是取代或再现对象（包括人、事物和观念）；代议制的民主、律师代理制、现实主义的文艺、记录真实的历史都遵循反映论的原则。他们争辩说，真正重要的对象是独一无二、不可反映（取代或再现）的，任何反映都会失去对象的内容和价值；反映的功用在于安排、控制对象；反映的规则在政治、文化、语言和认识论上都是任意的，只是出于反映者的利益、习俗或某种下意识的原因，反映的关系才被断定为相似，无视被反映的对象所失去的内容和价值。

后现代主义者把反映与被反映的关系归结为统治与被统治、支配与被支配的关系。有人说："各种各样的反映行为阻碍着人，索取他们的时间，控制他们的空间和身体，对他们的所说所为强加限制，决定着他们的存在。"[2]确实，反映论是禁锢极端个人主义和主观主义的精神枷锁，却不是政治压迫和限制自由的工具。否则的话，后现代主义者很难解释这样一个事实：反映论早已被排挤出现代西方哲学之外，但代议制民主却一直是现代西方社会的支柱。他们企图通过批判反映论来匡正社会政治的弊病，可以说是开错了药方。

3. 主客观（体）关系问题

后现代主义者很少谈论主客观或主客体关系，却因对作者、读者和文本的关系的阐述而名噪一时，如果我们把后现代主义解构理论的语言转译为熟悉的哲学语言，就可以看出，解构主义阐述的问题其实不过是主客观关系这一传统问题的

---

1 一般把 representation 译为"表象"，而将"反映"译为 reflexion。其实，reflexion 在认识论中表示概念之间、思想之间的关系，应译作"反思"。与"表象"对应的英文概念应是 presentation，意思是"呈现出来的样子"，指构成认识的材料，如观念、印象。Representation 则是对表象进行再（re-）认识，即通过表象进一步认识外部对象，认识表象代表着外部对象，与外部对象相似，这正是"反映"之意。"表象"与"反映"之间的一个重要区别在于前者只涉及认识内容，后者则进一步涉及认识内容与外部对象之间的符合、一致。现代的一些哲学家，尤其是继承经验论传统的哲学家认为认识论应是表象论（presentationalism），而不是反映论（representationalism）。后现代主义者也反对反映论，但不反对表象、反思的概念。

2 Richard K. Ashley and Rob BJ Walker, "Introduction: Speaking the language of exile: Dissident thought in international studies", in *International Studies Quarterly* 34, no. 3 (1990), p. 261.

最新翻版。"作者"代表着传统的和现代的认识主体,"读者"代表着后现代的观察者、解释者,"文本"则是一切被观察和解释的现象和事件。解构主义的策略是:首先用读者多元论代替作者中心论,然后用读者与文本的相互作用避免主观主义和客观主义两个极端,并因此超越或消解主客观关系。

后现代主义者以反主体的热情反对作为文本意义创造者和赋予者的作者。艾柯宣布:"当完成写作之时,作者就应该死去,以免堵塞文本之路。"[1] 作者消亡之后为解释留下的余地将由读者来填补,如巴尔特说:"读者的诞生必须以作者的死亡为代价。"[2] 但是,读者并不会取代作者而成为新的中心或意义的源泉。这是因为:第一,读者是在文本面前人人平等的群体,没有一个读者具有超越其他读者的解释特权;第二,读者并不是文本意义的唯一决定者,读者和文本处于相互作用的关系之中。读者在阅读时重写或建构了文本,但另一方面,文本又反过来以其风格和语言控制着读者。有一些后现代主义者更强调文本自身包含着无限多的解释,可以自发地产生出意义。用他们的术语来说,文本是无名氏或佚名的"写作文本"(scriptible),而不是"读者文本"(lisible)。艾柯说,文本是"产生解释的机器"[3]。德里达的名言则是:"文本就是一切,文本以外什么都没有。"[4]

不管是"读者与文本相互决定论"还是文本决定论,都以曲折的方式否定外在于文本的客观实在,表达出解释决定事物的意义和存在的主观主义的观点。按照解构主义的观点,解释只能是读者自己的活动,"文本就是一切"只是说读者意识不到自己的解释方式和解释所产生的意义,但并不否定解释的主观性。一个后现代"读者"说得很清楚:"读者到处寻找,找到的只是文本,在文本里找到的只是他自己。"[5]

---

1 Umberto Eco and William Weaver, *Postscript to the Name of the Rose*, 1st ed., San Diego: Harcourt Brace Jovanovich, 1984, p. 7.

2 Roland Barthes, *Image-music-text*, New York: Macmillan, 1977, p. 148.

3 Umberto Eco, *Faith in Fakes: Travels in Hyperreality: Essays*, trans. by William Weaver, San Diego: Harcourt Brace Jovanovich, 1986, p. 2.

4 Jacques Derrida, *Of Grammatology*, trans. by Gayatri Spivak, The Johns Hopkins UP, 1976, p. 158.

5 Hayden V. White, *Tropics of Discourse Essays in Cultural Criticism*, Baltimore: John Hopkins UP, 1978, p. 265.

4. 实在性问题

后现代主义者从"文本就是一切"引申出"实在除了词语什么都不是"的口号，在消除主体和作者的同时"消解事物"。他们不但把事物的概念规定性归结为主观解释，而且把事物的时空存在也归结为主观体验和想象。关于时间的直线性观念和关于空间的"广延性观念被说成是现代主义的一个重要特征，成为他们攻击的重要目标"。

德里达在《位置》一书中把认为时间按直线顺序流逝的流行观念命名为"语音计时主义"（Chronophonism），把对"语音中心主义"的批判延伸到对时间客观性、单向性和均匀连续性的批判。法国著名后现代主义者鲍德里亚（J. Baudrillard）说，现代时间观"从属于生产的绝对命令，代替了工作和庆祝的节奏"[1]。现代人的时间意识具有技术性、理性、科学性和秩序性的特征，生活在这种时间之中的人被剥夺了想象的自由和生存的娱乐。他主张用无序的、间断的、任意的时间意识取而代之，让时间依个人情感和想象的变化而流逝。比如，他在 1988 年写道，那些对现实世界感到不快的人，可以"省略这个世纪的剩余时间，直接从 1989 年跨入 2000 年"；他还煞有介事地宣布：灭绝人类的核战争和第三次世界大战业已发生。

同样，在后现代主义者看来，空间也不是固定、恒常、可测定的；常规科学的客观空间观念产生于个人确定自己身体与周围环境的位置这样一种主观能力，这种能力是可以超越或取消的。他们说，后现代领域是"超空间"（Hyper-space），永不停驻的、不可预测的文字流动和欲望流动打破了地理疆域、经纬界线和几何轨迹；只能随着"心灵体操"的动作来想象超空间，既可以发明它、扩展它，也可以取消它。

无须进一步分析就很容易看出，后现代哲学时空观以实在和幻想相混淆为特征，实在世界也被等同为心理世界、梦幻世界。有人说，我们研究的对象只是内在于个人心理构造的东西；有人说，物理世界是个梦，人们一旦被唤醒，就会发现梦者才是事件的原因；鲍德里亚说，迪斯尼世界才是真正的世界，被称作实在的世界只是"摹仿的摹仿"（simulacra）。这些离奇的观点在历史上的唯心主义者的著作

---

1 Jean Baudrillard，"Modernity"，in *C Theory* 11，no. 3（1987），p. 67.

中都可以读到，所不同的是，历史上的唯心主义者尚且小心地论证和维护他们的结论，后现代主义者则以主观体验为标准，毫无顾忌地抹杀了现实与幻想的区别。一些严肃的评论家指出，只有那些终日嬉娱游戏的人才会无视苦难的现实，如此轻率、不负责任地取消现实与幻想的差距。当然，这种极端主观主义的反实在论不完全是个人幻想的产物，它是在特定的文化氛围里应运而生的。例如，后现代哲学的时间观与"历史终结派"和"新历史派"的流行，它的空间观与政治地理学的新进展之间的联系是十分明显的。

5. 真理问题

后现代哲学的真理观与它在前述问题上的立场相一致。例如，它否认真理是外部实在的正确反映，否认真理是主客观相符合，因为它在根本上反对反映论，反对实在论和主客观关系说；它把主体或作者当作真理化身，把前者的消亡当作后者的沉沦。我们在上面对后现代哲学的极端主观主义所作的揭露和评论同样适用于它的真理观。

尤其值得注意的是，后现代哲学承袭并发展了现代西方哲学怀疑主义、相对主义的真理观，把它推向极端。这表现在下面两个方面：

第一，否定真理的可能性。海德格曾把"真理"定义为显示的过程，后期又依"在场"（Presence）和"不在场"（absence）的区分说明真理的暂时性、变动性和相对性。后现代主义者进一步指出，这种区分是不可能的。后期维特根斯坦认为求真是遵从约定的语言规则的行为。后现代主义者进一步指出，真理只是内在于语言的一种"言谈效果"，它是"我们情愿接受语言迷惑的产物"。

第二，抹杀真理和谬误的区别。有人以尼采的口吻写道，真理的作用在于"证明强者的权利，使弱者感觉到自己的错误和不足"。真理被当作一种修辞和宣传的手段。福柯把真理等同于作为权力的产物和行使权力手段的"意识形态"（即错误、歪曲的宣传）；鲍德里亚说，以真理的名义说话是一种恐怖主义行为，用作威胁和挑衅，使持不同意见者沉默。[1]

---

1 Margaret A. Rose, *The Post-Modern and the Post-Industrial : A Critical Analysis*, Cambridge University Press, 1991, pp. 78 - 79.

当后现代主义者不得不正面使用"真理"这个词时，他们或把真理的内容相对化，使之成为因人而异的"自我理解"，或把真理的形式重新定义为非理论性的关于日常生活的局部言谈。"真理"在他们的术语中已成为与知识和科学无涉的游戏规则，而且是没有普适性的"规则"。德里达说："没有真理自身，只有真理的放纵，它是为了我的真理，关于我的真理，多元的真理。"[1] 稍微有一点逻辑思维能力的人都知道，没有一定范围的普适性的"规则"不成其为规则，自我认可"真理"或"规则"所进行的"认识不可能主义"或"认识虚无主义"的游戏，已取消了逻辑思维的地盘。

6. 方法论问题

后现代哲学在本体论上用"文本间性（intertextuality）代替事物的因果性，在认识论上用"无基础""不确定性"代替人类知识的可靠性与确定性，在方法论上用"游戏规则"代替科学方法论。如前所述，他们所谓的规则既无客观实在的基础，又不受公共约定的限制。"游戏说"实际上就是反方法论、无方法论。后现代主义者批评近现代哲学所提供的方法论都是些陈旧的、封闭的原则，他们尤其反对实证主义的方法论和唯科学主义的思维模式，但由此走到另一个极端，认为个人的经验、情绪、感情、直观、想象和主观判断都可以成为创造、变更和废止游戏规则的根据；实证科学的定量和定性方法只是诸多游戏规则的一类，并不比其他规则更优越；以理性和思维逻辑为准绳的科学方法论不但不能适用于人文、社会学科的言谈，而且束缚了自然科学的繁衍和发展，应该把它连同"普遍规范""人类思维模式和样板"的思想一起，当作科学史的遗迹来看待。

虽然后现代主义者竭力避免方法论，但他们的主观解释不可避免地带有"家族相似"的特点，这些方法和风格上的特点可被概括为"内省"和"解构"。"内省法"在这里应被理解为与科学观察和实验方法相对立的方法，因此又被称作"反客观主义方法"。反省法可以不顾观察的证据，只凭想象的"意境"（vision），要求取消自我与他人、事实与价值、叙事与理论的区别，把现有知识的边缘问题以及被排

1 Jacques Derrida, *Spurs : Nietzsche's Styles*, trans. by Barbara Harlow, University of Chicago, 1979, p. 103.

除在知识之外的不可思议、不可重复的现象都纳入意境之中加以叙述、解释，使言谈在意境中自由驰骋，让意境在言谈中扩展视野。不难看出，反省法是与混淆幻想与实在的反实在论相配套的，反实在论为反省法的合法运用扫除障碍，反省法反过来又为反实在论开拓意境、提供材料。

解构方法"自始至终都是一种文本活动，是对形而上学偏见的根源所作的质疑"[1]。这种方法考察被文本的中心意义所遗忘、排除和隐蔽的意义，找出普遍概念无法概括的例外，在传统哲学发现本质与统一性之外处展现"分延"（差异与推延），在合理的结构内部颠倒中心和边缘的关系，消除精心安排的范畴之间的二元对立方式，以避免常规概念和表达方式带有的根深蒂固的偏见。比如，德里达使用"消除法"，在一个概念上打上×，用像 Sein 这样的表达提醒人们，Sein 除了众所周知的"是""在""有"的意义之外，还有一些隐藏在文本之中和之间的其他意义。

后现代主义的方法，尤其是解构方法，震动了崇尚严谨的学术殿堂，引起强烈的反应。这些方法满足于相对主义和多元论的批判，却不能提供建设性的知识，充其量只是借助修辞手段的批判方法。滥用这些方法只能导致解构的无穷倒退和不知所云的文字游戏。我们只需指出这样一个简单的事实：一个文本并没有无限多的可能解释，比如《共产党宣言》或《独立宣言》只能被解释为政治纲领，而不能被解释成与《足球协会章程》有什么"文本间性"。再者，为了理解文本的意义，不能只研究符号和文字，更重要的是关注符号和文字所指示的实在。解构主义割断了语言和实在之间的联系，沉溺于臆想、猜测和揭露，这不会对人类知识的增长作出积极的贡献。

---

1 Christopher Norris, *The Deconstructive Turn：Essays in the Rhetoric of Philosophy*, vol. 844, London；New York：Methuen, 1983, p. 6.

四 ————————————————————————————

几点评价

　　我们从多方面列举了后现代哲学所汇集的现代西方哲学各派的消极、否定和破坏因素，努力揭示出后现代哲学的阴暗面。同时，我们认为有必要对后现代哲学的社会基础、文化背景、理论意义及它所能提供的启示，作出积极的、实事求是的评价。

　　第一，不管后现代哲学的一些极端观点听起来是如何荒谬离奇，它们都不是异想天开的产物；相反，它们在某种程度上反映了西方社会所经历的深刻变化，代表了一定的阶级和阶层的利益和心态。英国评论家柯林尼可斯（A. Callinicos）以马克思主义阶级分析方法，得出新中产阶级是后现代主义的社会基础的结论。[1]据统计，被称作"新中产阶级"的白领阶层上层人数已从20世纪初的5％—10％上升到最近的20％—25％。这些人大多是高级技术、管理和经营雇员，社会地位介于资本家和劳工之间，传统的"小资产阶级"的概念已不足以描述他们复杂的阶级属性。他们从事的信息化工作和追求的消费生活充满着游戏精神；他们嫌弃传统价值观，热衷于参与性的文化娱乐活动；他们缺乏完整的阶级意识，在政治上表现出消极、离心的态度。

　　新中产阶级的特征不但有助于我们理解后现代哲学的个人、主体和读者的观念，而且可以解释后现代主义在西方社会政治格局中的复杂处境：左右翼阵营中都既有它的反对者，又有它的支持者。比如，某些西方马克思主义者批评后现代主义是"资产阶级的现代主义"，迎合了全球性的保守主义浪潮。哈贝马斯维护启蒙主义的理想，也批评后现代主义是新保守主义的同盟。但另一些西方马克思主义者，尤其是"后马克思主义"和"新马克思主义"派别加入了后现代主义的行列。另一方面，一些文化保守主义者和新右派人士批判后现代主义是六七十年代激进主义的变种、失意的左派的庇护所，指责它以无政府主义和享乐主义破坏社会团

————————

1　Alex Callinicos, *Against Postmodernism : A Marxist Critique*, Cambridge: Polity Press, 1990, pp. 162 - 171.

结。但有些自由主义赞赏后现代主义的个人主义精神，认为有利于"最小限度政府"的政治主张和自由竞争的经济政策。

第二，后现代主义文化的一般特征是调和与融会，包括各种文化形态的融合和不同民族文化的融合。利奥塔说："调和主义是当代一般文化的零度状态，人们听霹雳舞乐，看西方人演出，以麦克唐纳快餐当午饭，晚上吃地方风味食品，在东京用巴黎香水，在香港穿旧款时装；知识是电视游戏的内容。"[1] 就后现代哲学而言，它的调和特征表现在两个方向：将哲学融会在各门学科之中，向人文、社会科学乃至自然科学领域渗透，把哲学改造成非专业性的综合文化形态；吸收外来文化和哲学因素，铸成东西合璧的哲学范畴、思维方式和理论形式。美国哲学家罗蒂曾把哲学的新形态概括为"一种文化类型，一种'人类交流的声音'"[2]。虽然后现代哲学试图沿着这两个方向为处于危机中的西方哲学寻找出路，但未取得突破性进展，只留下耐人寻味的教训。

第三，后现代哲学着意突破哲学与文艺、逻辑与修辞的分野，一反传统哲学的纯思辨、纯理论的风格，把一些非哲学的主题、术语和风格引入哲学领域。这在客观上有利于文化哲学、应用哲学的发展，促进人文、社会科学的成熟和统一，导致更多边缘学科的形成。但是后现代主义者囿于主观主义、怀疑主义虚无主义，摒弃科学精神和方法，用时髦的游戏代替严谨的学术。他们以为游戏规则可以无限地翻新，文本解释可以无穷繁衍，实际上既毁坏了哲学，又阻碍了知识的增长。它一方面加深了现代西方哲学的危机，激化了其内部业已存在的矛盾和悖论，结束了在既有理论框架和思维模式中发展西方哲学的可能性，在此意义上我们说后现代哲学标志着现代西方哲学的终结。另一方面，后现代主义没有或很少提供新知识、建立新的学科，却迎合标新立异的时尚，为了吸引众多的业余爱好者而不顾专业研究者的批评，致使刻意创新流为矫揉造作，一味否定、解构、怀疑和揭露已显露出单调、重复、贫乏的窘相。可以预见，后现代主义和其他一些曾经流行的社会思潮一样，都是昙花一现的文化现象。

---

1 Jean-François Lyotard, *The Postmodern Condition : A Report on Knowledge*, vol. 10, University of Minnesota Press, 1984, p. 6.

2 R. Rorty, *Philosophy and the Mirror of Nature*, Princeton, 1979, p. 264.

第四,至于如何融会东西方哲学和文化的问题,后现代主义者谈得不多、做得更少。有些人虽然反对欧洲中心主义和文化帝国主义,呼吁在后殖民时代把保护异族文化,特别是少数民族文化习俗,列为与环境保护同样重要的任务。但是他们所持的理由只是出于文化多元论和无公度性,并没有认真研究各民族文化的融会贯通的可能性。我们认为,后现代主义的一个失误在于没有预见到:即将到来的新世纪将不是西方后现代文化的时代,而是世界文化的时代。

原载《哲学研究》1994 年第 1 期,略有改动

第四编

中西哲学和文化的比较

中西形而上学的有无之辨

早在 1941 年,唐君毅在写《中西哲学思想之比较论文集》时,就已提出了中西哲学比较应侧重同还是异的问题。他引用庄子的话说:"自其异者视之,肝胆楚越也;自其同者视之,则万物皆一也。"但他不同意这种相对主义态度,主张应该注重中西哲学之异,其理由是:"惟知其大异者,乃能进而求其更大之同。"[1] 近几十年来,中西哲学比较研究在"知其大异"方面取得不少进展,却未能"进而求其更大之同",反而迎合了现代相对主义的"无公度性"理论。按这一理论,中西哲学分别有不同范式,没有交流意义和判断价值的共同标准;如果对两者加以比较,不是用西学格中学,就是用中学格西学。"格,量度之也。"(《仓颉篇》)这两种正相反对的"格法",正是看不到两者的公度而导致的两难选择。

最能反映中西哲学比较研究这种状况的,莫过于关于中西形而上学的种种流行意见。黑格尔把中国以"无"为开端的哲学,说成是"连手都不用转了"的"表面的抽象游戏"[2]。国内现在也有一种说法,认为中国哲学的概念之间没有逻辑关系,因此没有本体论。[3] 这些可谓是"用西学格中学"的例子。另一方面,牟宗三认为西方的形而上学"为实有而奋斗",是"执的存有论",中国的慧解传统是"无执的存在论"[4];唐君毅也说,中国哲学传统是"即现象见本体",西方哲学传统是"离现象求本体",现代才趋向于"即现象求本体"[5],这些可谓是"用中学格西学"的例子。

---

1 唐君毅:《中西哲学思想之比较论文集》,台北:学生书局 1988 年版,第 5、140、141、9—11 页。
2 黑格尔:《逻辑学》上卷,商务印书馆 1974 年版,第 90 页。
3 王森洋、范明生主编:《东西方哲学比较研究》,上海教育出版社 1994 年版,第 120—122 页。
4 牟宗三:《中国哲学十九讲》,台北:学生书局 1983 年版,第 255—256、91、122 页。
5 唐君毅:《中西哲学思想之比较论文集》,第 5、140、141、9—11 页。

本文拟通过中西形而上学共有的有无之辨来说明两者之间的公度性。但是，为了使两者的论辩和辨析能够相比，我们首先要了解中国形而上学所说的"有"与西方形而上学所说的 being 之间的差异。大多数学者，如持上述各种意见者，认为这种差异致使中西形而上学无共通之处，成为两种根本不同的哲学形态。我们则将通过中西哲学家关于有无（being/non-being）之辨的比较，从中西形而上学的差异之处揭示出相同相似之处，以验证"知其大异，能进而求其更大之同"的道理。

———

最近二三十年来，中外学者对中西形而上学基本范畴的差异有了深入的理解。亚里士多德把西方形而上学（metaphysics）定义为研究 to on be on（英文 being as being）的学问。being（举英文为例）被认为是西方形而上学的核心范畴，其他范畴都是它的演绎或展开，以致 18 世纪德国哲学家沃尔夫（C. Wolf）在整理哲学体系时，干脆将形而上学命名为 ontologia。中译"本体论"是一种意译，on（英文 being）不等于中国哲学的"本体"。中国形而上学或本体论的对象不能用单一概念来表示，而是"道""太极""天""理""心""性"等范畴。这些都是哲学专用术语，与汉语文法并无必然联系。beiag 则不同，它是系词 to be 的动名词形式。系词是西文中使用最广的词汇，为西文文法不可缺少的要素。西方形而上学研究对象的普遍性与西文系词的广泛使用和多重意义是分不开的。古希腊哲学家巴门尼德、柏拉图和亚里士多德，无一不是从系词的逻辑分析开始，确定 to on（英文 being）的哲学内涵。其结果有二：一是奠定了形而上学作为"第一哲学"相对于其他科学的基础地位；二是建立了哲学与逻辑之间不可分割的联系。这两点可视作西方形而上学源远流长的传统。

与西语系词相比较，汉语"是"作为系词的用法出现得较晚，如王力认为始于六朝或两汉之间 [1]，裘锡圭认为始于战国后期 [2]；用法不广，如王力所说："无系词

---

[1] 王力在 1937 年《中国文法中的系词》中认为系词"是"始于六朝。在 1958 年出版的《汉语史稿》修订版中认为始于西汉末年或东汉初年，见该书中册，中华书局 1980 年版，第 353 页。

[2] 裘锡圭：《谈谈古文学资料对古汉语研究的重要性》，载《中国语文》1979 年第 6 期，第 437—442 页。

的语句几乎可以说是文章的正宗……几千年来,名句(nominal sentence)里不用系词,乃是最常见的事实。"[1]。在"是"用作系词之前和之后,汉语用作系词的词语多种多样,如"为""即""乃""系""非""……者……也"等等皆是。尤其重要者,这些系词与中国哲学的基本范畴并无逻辑关系。

西语系词发达,且与形而上学研究对象有逻辑联系;汉语系词不发达,与形而上学的范畴无关,这些事实说明了中西语言与形而上学各自的特殊性,却并不能表明两者孰为优孰为劣。这本是一个简单的道理,但是由于两者各自的特殊性所造成的中西形而上学范畴之间的重大差异,使得研究者在选择和解释比较对象时,往往自觉或不自觉地按照自身哲学传统所确立的标准来理解和评价对方的传统,在两者之间作出优劣高下之分。我们下面分析这种状况是如何造成的。

二

西方形而上学的对象由于与系词有逻辑联系,形成了一个核心范畴 being,其他范畴都可从中生发出去。中国形而上学里范畴众多,虽相互关联却没有一个共同的核心范畴。这种情况可能与中国形而上学范畴与汉语文法无特定联系有关。在进行中西形而上学比较时,研究者首先面临的一个难题是:如何在中国形而上学里选择一个能够与 being 相对应的范畴? 对此问题有三种可能的选择。

第一种选择是在中国形而上学诸多范畴中人为地确定一个核心范畴,拿它去和 being 相比较。一种常见的做法是把中国形而上学的特征概括为"生",以突出与西方形而上学之 being 的不同。如牟宗三说:"中文说一物之存在不以动词'是'来表示,而是以'生'字来表示",并说从"是"字入手是静态的,从"生"字入手却是动态的。[2] 张东荪说,中国人的心思根本是"非亚里士多德的","《周易》也罢,《老子》也罢,都是注重于讲 Becoming 而不注重于 Being"[3]。唐君毅将中国宇

---

1 王力:《中国文法中的系词》,载《清华学报》12 卷第 1 期,第 7 页。

2 参见牟宗三《圆善论》,台北:学生书局 1985 年版,第 337—338 页。

3 张东荪:《知识与文化》,台湾:北溟出版社 1976 年再版,第 64、58 页。

宙观概括为七个特征,如"无定体观""无往不复观""合有无动静观""无定命观"
"生生不已观"等,凸显出与西方"视本体为固定不变之说"之根本差异。[1]

对于这种比较法,我们有以下质疑:第一,"生"的范畴并不能反映中国形而上
学的全部特质。中国人固然把宇宙视作大化流行、生生不息的过程,但西方宇宙
论又何尝不是如此?当中国人探究生成变化的根本时,则往往追溯到一个不变的
统摄原则。"天不变,道亦不变",这是相当有代表性的中国形而上学思想。朱熹
曾用人骑在马上,马动而人不动的比喻来说明气动而理不动的道理(《朱子语类》
卷九十四)。很多事例都可说明中国形而上学有"主静"的一面。第二,西方形而
上学由于与宇宙论和自然哲学有明确分野,致力于探究运动变化之中或之上的不
变的统摄原则。但应看到,这种特征并不是其核心范畴 being 的必然之义。对
being 的解释是多种多样的,固然可解释为不变的本体,但也可以赋予它动态的解
释。早在中世纪,托马斯·阿奎那就已把 being 解释为纯活动,"存在的活动"(act
of being)。黑格尔把 being 解释为由空洞到完满的自我运动过程,作出了"实体也
是主体"的动态实体观。至于被唐君毅欢呼为西方形而上学向中国"无定体观"的
归复,也不是由于他们突然发现了"生成"(becoming)高于 being 的"真理",而是对
being 的涵义作了合乎时代精神的新解释。柏格森的生命哲学、海德格尔的存在
论、萨特的存在主义,都可谓是"动态"的,但其出发点仍然是 being!

第二种选择是新造出一个中国哲学的术语,来与 being 相对应。这原是一种
翻译的主张,认为现有的中译概念"有"(或"存有")或"存在"都不能把 being 因与
系词相关而具有的意义表达出来,因此建议将 being 译为"是"或"是者"。这种翻
译主张实际上是一种隐性的中西形而上学比较观,认为西方形而上学范畴因为与
系词有联系而具备严格的逻辑规定性,中国形而上学因为无此联系而缺乏逻辑,
因此没有一个能与 being 相匹配的范畴,需要另起炉灶。有鉴于此,我在《"是"
"在""有"的形而上学之辨》一文中说:"这三种译法都有其自身的依据和合理性,
各有各的适用范围……我们不必为在中文中找不出一个与西文'是'动词相应的

---

1 唐君毅:《中西哲学思想之比较论文集》,台北:学生书局 1988 年版,第 5、140、141、9—11 页。

词汇而感到遗憾。在我看来,这甚至还是一件幸事呢!"[1]

300 年来,西方人逐渐认识到,形而上学范畴与系词的逻辑联系并非幸事,反而造成概念混淆和逻辑差错的根源。18 世纪的康德指出:"Sein(英文 being)不是一个真实的谓词",它"在逻辑上只是判断的系词",根本不能指示事物之存在。因此,从上帝之 being 推导出上帝存在的"本体论证明"犯了概念混淆的错误。[2] 康德的批判在哲学史上有石破天惊的意义,它从逻辑上割断了形而上学范畴与系词的联系。19 世纪的约翰·斯图尔特·穆勒接着批判说,"形而上学家们忽视了动词'存在'和系词'是'的不同用法之间的差异",才会"对 Being 的性质做无谓之思辨"。20 世纪的分析哲学家常以 being 的意义混淆为例,揭露形而上学命题之伪。罗素说:"'是'这个词非常含糊,因此不要把 Being 作为统一的概念来使用,而要对'是'的多重意义作出区别,这些意义包括存在、等同和指谓等等。"[3]

在西方人努力用不同表达方式来区别单系词"是"的多重意义的情况下,汉语系词的多种表达方式和多义性显然是一件幸事。我们不妨作一个有趣的比较。维特根斯坦建议用符号逻辑把"是"的意义区别开来,其存在意义可用存在量词 $\exists x$ 表示,其指谓意义可用直谓命题形式 Fx 表示,其等同意义可用等同联词 $\longleftrightarrow$ 表示。[4] 英国汉学家葛拉汉(A. C. Graham)发现:"古汉语的句法接近于符号逻辑,它有一个存在量词'有',这避免把'存在'误读为谓词,并和系词(包括表示等同、关系的特殊系词)区别开来。古汉语在主词和形容词的谓词之间不用系词,并且没有一个系词的共同符号。"[5]

我们不敢由此说,中国形而上学比西方形而上学更有逻辑性。因为中国形而上学范畴与系词无关,古汉语系词的"符号逻辑功能"并不影响中国形而上学的对象和性质。我们也不打算否认西方形而上学至少在形式上比中国形而上学更具有逻辑性。我们所要否认的是,西方形而上学的逻辑性来自与系词的联系。当西

---

1 《学人》第 4 辑,江苏文艺出版社 1993 年版,第 395 页。

2 康德:《纯粹理性批判》,A598 - 9,B626 - 7。

3 S. Knuuttila and J. Hintikka(eds),*The Logic of Being*,D. Reidel,1986,p. 4.

4 维特根斯坦:《逻辑哲学论》,3,323。

5 A. C. Graham,*Disputers of the Tao*,La Salle:Open Court,1989,p. 412.

方人已经认识到单一系词的多重意义给形而上学带来的灾难之时,我们何必把现代汉语的标准系词"是"转变为哲学概念,以求与 being 相对应呢?

第三种选择是在特定的语境中来比较中国形而上学之"有"与西方形而上学之 being。虽然"有"并不是 being 的唯一中译概念,但应该承认,它是最接近于 being 的意义的中国哲学概念。葛拉汉说"有"相当于"存在量词",相当于英文的 there is,如"执有命者"(坚持认为命运存在的人),又起系词作用,如"马固有色"(马当然是有颜色的)。[1] 更重要的是,"有"又是中国哲学的一个常用概念,但与 being 不同,"有"不是核心范畴,只在一定的语境中使用。在绝大多数情况下,"有"总是与"无"相对出现的,总是在与"无"的关系中,以"无"为参照而确定自身的地位和意义的。"有无之辨"既是中国形而上学的一个基本问题,又是我们理解"有"和"无"的具体语境。这样的问题和语境在西方形而上学中同样存在。与有无之对一样,being 与 non-being 也是相对的。中西形而上学这一相同的问题和语境,为我们的比较研究提供了新的路数:我们不是孤立地比较范畴"有"与 being,或"无"与 non-being 之异同(因为两者的意义不是在任何情况下都相对应),而是围绕有无或 being 与 non-being 的关系问题,比较中西形而上学一些基本命题的意义对应和异同。或者说,在有无之辨的特殊语境中,比较"有"与 being(或"无"与 non-being)之异同,这是一个比较可行的选择。以下将我们所选择的比较方式作一具体阐述。

三

中国形而上学的有无之辨可被归纳为五个基本命题:(1) 以无为本,(2) 以有为体,(3) 有无相待,(4) 无不待有,(5) 无皆待有。其中,(1)与(2),(4)与(5)是相反对的一组命题,(1)与(4),(2)与(5)是相支持的一组命题,但这两组命题的各方都以命题(3)为支持。中国哲学有无之辨的材料非常丰富,非笔者所能穷阅。

---

1 A. C. Graham, *Disputers of the Tao*, La Salle:Open Court, 1989, pp. 110 - 111.

好在张岱年先生在《中国哲学大纲》和《中国古典哲学概念范畴要论》两书中对"有"和"无"两范畴有专节介绍。[1] 我们将在这些资料的基础之上,对中国形而上学有无之辨的命题意义和逻辑关系作一分析。

1. 以无为本

老子说:"天下万物生于有,有生于无。"(《道德经》40 章)这被认为是首先提出了"以无为本"的思想。老子所说的"无"不是虚无,而是超越了一切具体规定性("有")的"道"。用老子的话来说,道是"无状之状,无物之象","状"和"象"都说明了"无"的存在状态,这是尚无区别、不与任何具体事物相等同的整体状态,"是谓惚恍"(《道德经》,14 章)。

魏晋之时,何晏明确提出"天下万物皆以无为本"的论断。他所说的"无"也指"开物成务,无往不存者"(《无为论》,据《晋书》王衍传)。王弼为"以无为本"思想作了有力辩护,他说:"无形无名者,万物之宗也。"其之所以无形,因为"形必有所分……故象而形者,非大象也";其所以无名,因为"凡名生于形……故有此名必有此形,有此形必有其分"(《老子指略》)。如果人们再追问:为什么"万物之宗"不可分呢? 王弼的回答是:"万物万形,其归一也。何由致一? 由其无也。由无乃一,一可谓无。"(《老子注》42 章)这段话清楚地表明,王弼把"道"视为统摄万物的统一性,因此不可分,可谓无。

宋时周敦颐作《太极图》,首句究竟是"无极而太极",还是"无极而生太极""自无极而为太极",这是朱熹引起的一桩公案。争论的核心是,是否以无为本? 如果如后两句所言,朱熹唯恐《太极图》与当时流行的释老思想相符合。经过理学的极力辩驳,"以无为本"思想才受到抑制。

2. 以有为体

魏晋时的裴頠作《崇有论》,驳老子"静一守本无,虚无之谓也"。但平心而论,他崇有的理由,与老子并不相悖。他说:"形象著分,有生之体也","无以能生,故始生者,自生也"。所谓自生,即物物相生之理。"理之所体,所谓有也。"我们或者可以这样概括:有是事物生成之本体。其实,老子也承认万物生于有。他把无称

---

1 《张岱年全集》卷二,第 171—177 页;卷四,第 527—533 页,河北人民出版社 1996 年版。

作"天地之始",把有称作"万物之母"。始者不必是生者,万物本于无而生于有。崇有论者与老子的分歧在于,不同意在生成源泉之外和之上再设定一个超越者。

崇有论的另一支是气论。其代表者张载以气为本体,说:"凡有状,皆有也;凡有,皆象也;凡象,皆气也。气之性本虚而神。"(《正蒙·乾称》)气无固形可见而散聚自如,称作"太虚"。他又说:"知太虚即气则无无。"(《正蒙·太和》)气无论聚散,都是不离状象之有,只是气聚则明,气散则幽,只有幽明之分而无有无之分。

3. 有无相待

以上两家之言,不论以无为本还是以有为体,大多同意有无相待。老子说有生于无,但又说:"有无相生。"(《道德经》2 章)两者并不矛盾。作为始源之道,超越一切区分和变化,不可名状,只能称作"无"。另一方面,道又在万物之中,"有无相生"描述了万物从无到有,再从有到无的"周行不殆"之道。

庄子更多地对道的有无之表述作语义分析,指出"有"与"无"的相对性。他说:"有有也者,有无也者,有未始有无也者,有未始有夫未始有无也者"。俄而有无矣,而无知有无之果孰有孰无也。(《齐物论》)。

庄子说明两点:第一,不能说有之前有无;因为有无之"有"之前还将有无,有无之前有无的"有"(第二个"有")还有无,如此循环不止。第二,甚至不能说"有无",这种表达在肯定"无"的同时已肯定了"有",到底肯定哪一个呢? 庄子还说:"因其所有而有之,则万物莫不有;因其所无而无之,则万物莫不无。知东西相反而不可以相无,则功分定矣。"(《庄子·秋水》)"相反而不可以相无"指意义相对立但不相互否定,即"有无相待"的意思。

张载一方面说"无无",无有无之分,另一方面也不完全否认"无"这一概念,提出"有无皆性,是岂无对""有无一"(《正蒙·乾称》)等主张。他理解的"无"指无形。气散无形,气聚有象,因此,"有无、虚实通为一物"(《正蒙·乾称》)。

虽然贵无与崇有两派都有"有无相待"思想,但"有无相待"可自成一家,不必依附另外学说。程朱理学既反对释老贵无,也不同意气论崇有。程颢说:"言有无则多有字,言无无则多无字。有无与动静同。"(《语录》11)贵无者用"有"字强调"无"的存在,崇有者用"无"字否定"无",都不自觉地附和于对方,他们不懂有中之无、无中之有的道理,正如动中有静、静中有动一样。朱熹把"太极而无极"这句话解释为"无形但有理"(《朱子语类》卷94),即把"有无相待"看作为理的特征。

4. 无不待有

"无不必待有"原是《墨经·经下》中一句话。说的是否定性的表达不必依靠肯定性的表达。以无为本者常常说明无的先在、自立,也可用此命题概括。

《庄子·外篇杂篇》中"无不待有"思想较为明显。为了避免"有无"而产生的对待,这里使用了"无无""无有"的说法。"无无"不是对无的否定(如前述张载的用语),而是"无之而无"之意。"无有"不只是对"有"的否定,更是在对"有"加以否定之前的自在状态,故又作"无有—无有"。"无不待有"说的是道超越万物的情况,如"泰初有无无"(《庄子·天地》)、"天门者,无有也。万物出乎无有"(《庄子·庚桑楚》),这与万物之中"有无相待"之道并不相悖。

王弼贵无黜有的一个重要理由是:动以静为本,"凡动息则静,静非对动者也,语息则默,默非对语者也"(《周易》复卦象传注)。有者不能免于生,因此生生不息,最后必然要归复于"寂然至无"之"天地之心"。他提出了动返本归静、静不与动对的论辩,来为"无不待有"辩护。何晏也说:"有之为有,待无以生;事而为事,由无而成",他由"有"之生成追溯到不待生成之"无",说明无不待有,有却反过来"待无以生"。

5. 无皆待有

魏晋时的崇有论反其道而行之,说明有不待无,无却待有。裴𬱟说:"无以能生,故始生者自生也。自生而必体有,则有遗而生亏矣。生以有为己分,则虚无是有之所遗者也。"(《崇有论》)"无"不过是"有"的生成"所遗者",好像妇女生孩子而身体亏空一样。郭象反驳"有待无以生"的说法,"夫有之未生,以何为生乎? 故必自有耳,岂有之所以能有乎?"(《庄子·庚桑楚》注)"自有"既不待于有,也不待于无。如果"有"能为"有",则无自有;如果"无"能为"有",则不再是"无"。

王夫之从两方面说明了"无皆待有"的道理。从语言表达上说,无是对有的否定,"言者必有所立而后其说成",不能在未立之前便"立一无在前",这样的"无"甚至不能说出,"既可曰矣,则是有而无之也。"(《思问录·内篇》)凡是能被肯定的东西都是有而不是无。其二,从事物本身来看,物之相依,"夫可依者,有也。"(《周易外传》卷二)如果看不到事物之间的实在关系和事物与思想之间的关系,"寻求而不得,怠惰而不求,则曰无而已矣。"(《正蒙注》卷一)"无"成了不努力认识"有"的一个托词。

以上是中国形而上学中"有无之辨"的主要命题。

四 ————————————————————————————————

我们再来看西方这一边。

赫拉克利特提出的"逻各斯"可谓是西方最早的形而上学概念,颇像老子所说的"道",它既是统摄万物的同一原则、不变的智慧,又在万物之中表现为"一切皆流,无往不返"的变化过程。赫拉克利特残篇也充满着《道德经》所说的"相反相成"的事例。他的名言是"我们踏入又不踏入同一条河流",这句话的后半句甚至说踏入河流的"我们"也在变化:"我们既是又不是我们自己。"[1] 这种"既是又不是"的表达方式类似"有无相待"之理。

爱利亚派反对这种观点和说法,提出了"有不能不是,无什么也不是"的论辩。这个道理如用希腊文表示是自明的。在巴门尼德残篇中,我们所说的"有"即estinte(即英文 it is),"无"即 ouk estinte(即英文 not it is),省略了不定代词,把estin 和 ouk estin 作为名词,便有这样的判断句:estin einai, ouk estin me einai[2],einai 即系词"是"(英文 to be)。这句话的意思如直译就是:是者是,不是者不是。这是同义反复(重言句),必然为真。巴门尼德就是这样从系词的意义引申出西方形而上学的最高范畴 eon(英文 being)。与中国的"有"不同,巴门尼德的 being 与"生"无关。巴门尼德说,无不能生有,有亦不能生有。能够生有的无不再是无,能够生有的有不再是被生的,因此,有只能与自身等同。这个论辩与郭象对于"自有"所作的论辩相似。

古希腊原子论者则与中国气论者相似,从本原的"虚实"两面说明有无相待。

————————————————————

1 赫拉克利特残篇 49a。后一句一般译作"我们存在又不存在"。但原文系词在这里不应被理解为存在,而表示与自身等同之义。
2 此句为巴门尼德残篇 4 和 5 的缩写,全文应译为"是者不能不是,不是者必定不是"。

他们把"原子"和"虚空"看作同样真实的本原,原子没有虚空则不能运动,虚空没有原子则没有运动的东西。如果说原子是充实的"有"(being),虚空就是"无"(non-being),原子论者按照合理的解释,合乎逻辑地得出了"有是,无亦是""有并不比无更是"[1]的结论。

柏拉图也是"有无相待"论者。他综合了以前各家之言,特别是巴门尼德和赫拉克利特的学说。他同意巴门尼德所说,本原必须是不变、同一的,但也同意赫拉克利特所说,我们所处的世界处在永恒的流变之中。于是,他区别了两个领域,把本原归属于理念领域,把变化事物归属可感领域。理念不变,与自身同一,我们能确定它们是什么,因此是知识对象;可感事物处在生成变化之中,既是自身,又是他物,我们对它们只能有两可的意见。柏拉图说:"意见的对象既不是有,又不是无","它既是又不是,此类事物介乎纯粹的、绝对的有和全然的无之间"[2]。

柏拉图用"分有说"解释可感事物与理念之间的关系。这就给他带来一个困难:如果可感事物之存在(是某物)分有的是"有"的理念,那么它们之不存在(不是某物)也应分有"无"的理念,但若按巴门尼德说法,"无"什么都不是,既不能想也不能说它,"无"何以能够成为"理念"呢?柏拉图后期提出的"通种说"解决了这一困难。"有"和"无"是一对通种,两者既有否定关系,又有相容关系。我们既可以说,有(to on,英文 being)是(esti,英文 is),无(to me on)不是(ouk esti,英文 is not);也可以说,有不是,无是。[3] 用庄子的话来说就是:有无,无有。

亚里士多德不同意其师的理念论,尤其反对分有说,开创了形而上学的实体说。他说,to on 虽有多重意义,但有一中心意义,即 ousia,一般译为"实体"。其实,ousia 是系词名词形式的阴性,仍然是围绕系词的意义做文章。它把系词表述的主词作为系词的中心意义。他说:"正因为这个道理,我们说'无'不是什么东西。"[4]亚里士多德不同意说"无"不可表达,"我们仍可用系词来判断无,但其中道

---

1 分别引自亚里士多德《物理学》,118a22;《形而上学》,985b7。
2 柏拉图:《理想国》,477a,478d。
3 柏拉图:《智者篇》,241d:"无按某种方式是,另一方面,有在某一意义上不是。"
4 亚里士多德:《形而上学》,1003b5。

理只是因为系词的中心意义是有（即实体），无只是对有的否定"。这与"无皆待有"的道理相吻合。

亚里士多德的后学逍遥派在希腊化和罗马时期并不是显学，他的形而上学也只是本体论的一种形态，其他派别并不把 being 作为最高范畴。新柏拉图主义把"太一"作为最高范畴。按其创始者普罗提诺的说法，太一不是"有"，因为"有"的种种规定性，如"是事物"、形式、运动、理智等等，都不适用于太一。太一是万物的统一性，理智的区分依赖的同一性，正因为如此，太一高于"有"；"任何东西失去一也就失去了有"[1]。普罗提诺把太一称作"首要的"（hypostasis），一般译为"本体"，而亚里士多德的 ousia 有时也译作"本体"。其实这两个范畴差别很大，hypostasis 表示无形的本原，普罗提诺明确地说它不是有，高于有。虽然他也并没有说它是无，但它的规定性，如不可区分、不可名状、寂然不动、万物所归的一，类似于中国形而上学"无"的意义。从这一点来看，把普罗提诺所说的 to en（英文 one）译作《庄子·天下》篇表述老子学说时所用的"太一"（"主之以太一"），是很恰当的。普罗提诺说："有"只是第二本体"理智"的属性，是由太一"流溢"出来的，这与老子"有生于无"之说也并行不悖。

新柏拉图主义对后来的神秘主义有深远影响，因此不难理解，西方神秘主义的形而上学多多少少都包含一些类似于"有无相待""无不待有"的主张，与亚里士多德传统形成鲜明对照。6 世纪开始流行的伪狄奥尼修斯著作认为否定神学高于肯定神学。中世纪后期的艾克哈特用否定神学方法，说上帝创造的万物是"纯粹的无，这不是指它们的缺乏，而是指它们什么都不是"[2]。受他影响的 15 世纪的库萨的尼古拉把关于无限者的知识称作"有学问的无知"。不过，最详细地作出有无之辨的，当属 9 世纪的爱留根纳。他从五个方面论证"无不待有"的道理。第一，有是知识对象，不可知者可称作无，但无的不可知不等于不存在。比如，上帝超越了人的知识，在此意义上可以说上帝是无，但不能由此否定上帝存在。第二，自然是由低到高的事物等级，"正如否定较低事物是对较高者的肯定，肯定较低事

---

1 普罗提诺：《九章集》，6 集 9 章 2 节。

2 E. Gilson, *History of Christian Philosophy in the Middle Ages*, New York, 1955, p. 757, note 26.

物是对较高事物的否定"。被肯定者为有,被否定者为无。比如对人类生死的肯定是对天使不朽的否定,天使相对人类而言是无,却是更高的存在。第三,万物是潜存的种质的实现。规定为有,潜存为无,无决定了有。第四,事物有质料和形式两方面,形式为有,质料则为无,两者同为存在,才能构成事物。第五,上帝按自己形象造人,原罪之后,人失去神性,与上帝相比,人是无,但仍然存在。[1]

神秘主义不是基督教神学的正宗。正统神学根据《圣经》里耶和华宣称"我是自有永有的"(I am who am,《出埃及记》,3:14),把这句话与形而上学的 Being 相联系,把上帝解释为最高的 Being,最高的实体。海德格尔把这种以实体为中心的形而上学传统称作"形而上—神学"传统。由于这种传统的压抑,与新柏拉图主义和神秘主义传统相关的"有无相待"或"无不待有"的思想,逐渐被人遗忘。黑格尔虽然把有无之辨作为他的哲学体系的第一辩证环节,但他仍然代表了"以有为本"的传统。他把"纯有"作为科学的真正开端。"纯有"虽然是最空洞贫乏的,却贯穿在整个辩证发展过程之中,最后达到"自为与自在"的同一。"无"却不同,作为"纯有"的一个抽象否定,它很快就被当作一个环节被扬弃了。按照辩证法和历史相统一的观点,"以无为开端"的中国哲学也被当作哲学史的一个最初阶段而被扬弃了。这不能不说是一种偏见。黑格尔不但不懂中国形而上学的有无之辨的丰富内容,而且忘记了西方形而上学的另一支传统,包括他的德国哲学前辈——艾克哈特和库萨的尼古拉,都不是以有为本的。

现代西方哲学颠覆了"形而上—神学"传统。在海德格尔和萨特著作中,"无"(Nothing)的意义被刻画得淋漓尽致,但所涉及的是自由、自我选择、焦虑等人的生存问题[2],已超出本文比较中西有无之辨的语境。如把他们的思想与中国古代的"无"论相比,则恐有牵强附会之嫌。在此方面,我们难以苟同牟宗三所说,中国哲学的"无"是个实践、生活上的观念,是个人生命的问题,不是知解的形而上学问题。[3]

原载《北京大学学报》1998 年第 2 期

---

1 参阅爱留根纳《自然的区分》,第一卷 3—7 章。
2 参阅海德格尔的《存在与时间》29、53、62 节,《什么是形而上学》以及萨特的《存在与虚无》第一章。
3 唐君毅:《中西哲学思想之比较论文集》,台北:学生书局 1988 年版,第 5、140、141、9—11 页。

中西传统人性论的公度性

　　当前中西文化比较研究的一个主要难题是两者有无"公度性"（也作"通约性"的问题）。这个问题包括两个方面：第一，两个论题有无可比性？第二，能否以及如何公正地评价两个论点的是非优劣？"公度性"问题的挑战，把不少论题排除在比较研究范围之外，限制了比较研究的主观任意性，对于突破跨文化研究的"欧洲中心模式"也有积极意义。但是"公度性"的标准既不需要也不能够取消各民族文化之间比较研究的可能性和可行性。

　　本文以中西传统人性论的比较为例，证明"公度性"可以而且应当成为文化比较研究的一个学术标准。就中西传统人性论的"公度性"而言，首先，两者的论题有可比性。每一种文化不但展示出特定时代的民族性，而且对人性作出各自的反思：越是久远、成熟的文化传统，对人性的反思越普遍、越深刻。在长达两千多年的时间里，人性论不论在中国还是在西方都是思想家的不朽论题之一，中国和西方的思想家都提出了"性善"和"性恶"两种对立的观点以及介于两者之间的各种调和观点，论辩分析和解释引申也有相似性。其次，一种合乎哲学思维方式的方法论可以保证比较中西不同观点和论证的公正性。我们通常按照西方哲学史的派别划分来整理中国哲学史的脉络，用西方哲学的概念范畴解释中国古代术语的意义，其结果会自觉或不自觉地把中国传统人性论纳入西方哲学思维框架。我们提倡以中国古代典籍为依据，分析概念，提炼观点，概括问题，然后看西方思想家是如何解决这些问题的。这种从中学到西学的诠释方法并不是以"中学格西学"来反对"西学格中学"的矫枉过正，而是着眼于中西思想家提出问题、解决问题的哲学思维方式的相通之处，揭示人性问题对于不同文化传统的重要性、持久性和普遍意义。

儒家人性论的几个关键问题

儒家学说包含着中国古代最丰富、最成熟的人性论,我们于是能够以儒家为代表,把中国传统人性论各种不同观点的分歧和焦点概括为以下一些问题:

1. 人性是善还是恶?

通常认为孔子没有提出人性论,主要依据是子贡的一句话:"夫子之言性与道不可得而闻也。"(《论语·公冶长》)孔子确实没有谈及性与天道之间的关系,但这不等于说,孔子没有人性观,实际上,孔子强调的"仁"不就是值得推崇的人性吗?因而《中庸》和《孟子》有"仁者,人也"(《孟子·尽心下》)之说,以致外国有人主张干脆将"仁"译为英文 humaneness(人性)。

孟子的人性论一方面在人心深处挖掘道德根源,另一方面从天道高度提升道德境界,奠定了儒家心性、性命之说的基础。由于孟子从道德立论说人性,他所谓人性指人的道德本质。只有道德本质才是"人之所以异于禽兽者"(《离娄下》)。这种特质就是"恻隐之心""羞恶之心""辞让之心""是非之心"的仁义四端。

孟子的"性善说"在儒家内部不断遭到非议。荀子首先提出"性恶说"与之抗衡。荀子主张性恶的主要理由是:"今人之性,生而好利焉,顺是,故争夺而辞让亡焉;人而有疾恶焉,顺是,故残贼生而忠信亡焉;生而有耳目之欲,有好声色焉,顺是,故淫乱生而礼义文理亡焉。"(《性恶》)荀子在这里讲的"今人之性"显然不是孟子所说的"性",后者指"仁义四端",由尧舜体现("尧、舜,性者也"《尽心下》),但为一切人所具有("人皆可以为尧舜"《告子下》)。荀子所说的"性"指人的自然本能,即"好利疾恶""耳目之欲",而不是人的道德本质。人性究竟是道德本质还是自然本能?这是孟子性善论和荀子性恶论分歧的一个焦点。公允地说,孟子并非没有看到人所具有的声色之欲和好逸恶劳的自然本能,他于是进一步在人性之中作了"性"和"命"的区分:"口之于味也,耳之于声也,鼻之于臭也,四肢之于安佚也,性也,有命焉,君子不谓性也。仁之于父子也,义之于君臣也,礼之于宾主也,知之于贤者也,圣人之于天道也,命也,有性焉,君子不谓性也。"(《尽心下》)这是一段意蕴深远的论述,可作这样理解:人的天赋既是不可避免的"命",又是有待实现的

"性"。君子并不企图改变感性天赋,但不以此追求感官享受,故对感性天赋言命不言性;另一方面,君子不满足于道德天赋,而要努力践履它,实现它,故对道德天赋言性不言命。

以上分析表明,孟子并不认为人的一切天赋皆为人性,只有那些符合人类道德需要的天赋才能算作人性。荀子以感性欲望为人性为由,论证道德不出于人的本性,而是圣人"化性起伪"的产物。"化性"是"起于变故,成乎修为"的过程(《性恶》),"变故"即改变已有的本性。荀子对道德起源的解释,经历了"故"(本性)、"变故"(圣人作为)和"起伪"(制作礼义)的曲折流转,不如孟子依故言性那样直截了当。孟子依据的"故",既是人心"已然之迹",又是外在既成事实,两者的一致证明了他的性善论。再者,荀子作了性伪之分,把感情个体欲望归诸感性("性之恶、喜、怒、衰、乐谓之情"),把理性行为归诸伪("心虑而能为之动谓之伪"),性情是先天的,心虑是后天的。按孟子的观点,这是"先立其小",剥夺了思想活动对于感性欲望的优先地位。荀子虽然也强调礼义在于心虑节制情欲,但按孟子观点,如果道德是后天的"伪",情欲是先天的"故",道德对情欲的节制不啻于"将忧戕杞贼柳而后以为栖棬""将戕贼人以为仁义"(《告于上》)的不道德行为。

比较孟荀学说,可见孟子的性善论更加全面,既以道德本质为人性,又承认自然本能对人性的影响,并且对道德本质和自然本能的作用作了先后、高下之分,使两者能满足合理的个人生活和社会道德的要求。这些都比荀子的性恶论高出一筹。当然,理论分析不能代替历史分析,历史事实是,后世儒家的心性之学以道德本质和自然本能的张力为特征,这一张力是性善说和性恶说共同造成的。

2. 什么是善恶的"中道"?

先秦以后的儒家致力于寻求性善与性恶的"中道"。东汉初期的王充在《论衡》的《本性篇》中列举了七种人性观。除孟荀之说外,其余五种可以说都是介于孟荀之间的"中道",后世儒家基本上也是沿着这一方向阐述人性论的。我们所说的"中道",有两种情况:一是平等对待性善论和性恶论,将两者相调和,甚至相混合;二是以性善论为基本价值取向,接受性恶论的某些因素。

第一种意义上的"中道"的代表性论点是"性有善有恶"。据王充说,周人世硕

（又按《汉书·世文志》,世硕是战国时陈国人）首先提出此论:"举人之善性,养而致之则善长;性恶,养而致之则恶长。"王充本人在各种人性观中唯推此说为"实者","颇得其正"(《论衡》卷三,本性篇)。表面上,"性有善有恶"与孟子所反驳告子所说的"性无善无不善"似乎是同一意思的正反两种提法,但两者有一个重要差别:"性无善无不善"否定的是天生的善性或恶性,"性有善有恶"肯定的是天生的善性和恶性。后者分为两派:一派认为,每一个人都同时兼有天生的善性恶性;另一派认为,有人天赋为善,有人天赋为恶,有人天赋既善又恶。

第一派以扬雄的"性善恶混论"为代表。他说:"人之性也善恶混,修其善则为善人,修其恶则为恶人。"(《法言·修身》)王充认为,这一说法只适用于"中人",不适用于中人以上的善人和中人以下的恶人。王充主张的"性有善有恶论",实际意义是:"人才有高有下也,高不可下,下不可高。"(《论衡》,本性篇)在王充前后,董仲舒和韩愈分别更加明确地提出"性三品说"。

宋儒基本抛弃了"性三品说",其思路可用我们所说的第二种意义的"中道"加以概括。朱熹对张载、程颐首次作出的"天命之性"和"气质之性"的区分给予高度评价:"孟子说性善,但说得本原处,下而却不曾说得气质之性,所以亦费分疏。诸子说性恶与善恶混,使张、程之说早出,则这许多说话自不用纷争。故张、程之说立,则诸子之说泯矣。"(《朱子语类》,卷四)

宋儒能作出"天命之性"和"气质之性"的区分,在于对"性"的定义比前人宽泛得多。古时"性"与"生"通用,故人们一直把"性"理解为"天生的材质",各种人性观正是基于这种理解而展开争论的。宋儒所理解的"性",首先指宇宙的本性,所以程颐说:"性即是理。"(《遗书》,卷十八)"理"是宋明儒学最高范畴。程颢说:"天者理也"(《遗书》,卷十一),朱熹说:"太极理也"(《朱子语类》,卷九十四),陆九渊则说:"心即理也"(《与李宰书》),说法各异,但总的倾向是一致的,这就是,把孟子的心性之说提升为形而上学。

在形而上层次,宇宙本性为善,这是儒家的一元本体论立场。宋儒胡宏提出"善不与恶对"的命题。朱熹后来对这句话提出质疑,认为善与不善是对子,但他又说这不是"横对",即不是同一层次上的对子。按他的说法,形而上的"理"与形而下的万物的对子是"一对万、道对器"(《朱子语类》,卷九十五),善与不善之对当属形而上与形而下的"竖对"。

人性属于"气质之性",即由气所产生的有形器物的材质。形而下的"气质之性"有善恶之分。孟子以"水就下"比喻人性向善。程颢则说,水也有清浊之分,即使水源清澄,在流动行程中也会受到不同程度的污染,"不可以浊者不为水也"。同理,"善固性也,然恶亦不可不谓之性也"(《遗书》,卷一)。这是在"生之谓性"的意义上谈性的善恶的。

我们看到,宋儒在形而上层次上坚守性善说的立场。但他们所说的意义与孟子已大不相同,不但"性"的意义不同,连"善"的意义也不同。如胡宏所说,形而上的"善",乃是表达"天地鬼神之奥"的"叹美之辞"(《知言疑义》)。本体之善并不是人性之善,因而并不与伦理意义上的恶相对立,因此程颢有"善恶皆天理"(《圣贤篇》),后来王阳明也有"无善无恶心之体"之说。本体论意义上的善与人性论意义上的作为道德本质的善差距甚远,前者既不能保证后者的实现,也不能为后者克服与之相对的恶提供必要的动力。在理学家提倡的修养过程中,存在着"学问"和"道德"、"知"和"行"、"道心"和"人心"不同价值取向的分歧,其根源正在"性"和"善"的两种意义的隔阂。

陆王心学的兴起可以视作打破这些隔阂的努力。他们所谓的心,也是一个本体论概念,但本体之心和人心是同一个仁义之心。陆九渊说得明白:"万物森然于方寸之间,满心而发,充塞宇宙,无非此理。孟子就四端上指人,岂是人心只有这四端而已?"(《象山先生全集》,卷三十四)心学比理学更接近孟子的性善说,它也面临孟子常遭人诘难的问题:恶的来源何在? 人的道德实践何为?

3. 如何认识和克服恶?

前面谈及的荀孟之争还涉及恶的来源问题。严格地说,荀子并没有说人的自然本能为恶,只是因为顺着本能("顺是")才会产生恶。人之所以顺着本能,那是因为"情"和"欲"的缘故。按他的分析:"性者,大之就也;情者,性之质也;欲者,情之应也。以所欲为可得面求已,情之所必不免也。"(《正名》)用现在的话来说,性是天生的本能,情是本能的实现,欲是情的对象,受到能够达到的可欲对象的感应,情的发生不可避免。恶的根源不只在性,而在于性、情、欲之间"感而自然"的一致。反之,礼义行为"皆反于性而悖于情"(《性恶》),需要圣人的规范才能确立,需要"注错习俗"(《荀子·儒效篇》)的修养才能得以履行。

孟子也主张性与情的天然一致。他说:"仍若其情,则可以为善矣,乃所谓善也。若夫为不善,非才之罪也。"(《告子上》)"情"在这里也可理解为性的实现,只有被实现了的性("乃若其性")才能算作善,未被实现的性只是"才"。孟子说:"相倍蓰而无算者,不能尽其才者也"(《告子上》),所指的正是善性未能实现的情形。"不善"或"恶"在于人不能实现其本性。

关于"不能尽其才"的原因,孟子谈到内外两方面。他以水受阻上山,牛山之木砍伐殆尽,麦种发育与土地、雨露和人事的关系等事例,说明善性会因外部环境和条件的阻碍而无法实现。人自身的疏忽则是善性不能实现的内部原因。孟子称这种疏忽为"放其心"或"失其本心"。心的功能为思,"放其心"表现为"弗思""无算"。孟子所说的"思"常指对各种欲望和利益的权衡选择。他说:"所以考其善不善者,岂有他哉?于已取之而已矣。"(《尽心上》)"考"即权衡,"取"即抉择,"考"是为了"取",权衡利害的目的是意志。与现在所说的"意志"相近的术语,是孟子所说的"志"与"气"。首先,"志气"是心身活动的动力("夫志,气之帅也;气,体之充也""志壹则动气,气壹则动志");其次,有助于心志的气("浩然之气")是与道义相配的能动力量("其为气也,配义与道"《公孙丑上》)。

孟子所提倡的道德修养以"存心""求其放心"为目的,以培养志气为主要内容。他所说的"养气"(《公孙丑上》)、"存夜气"(《告子上》)、"尚志"(《尽心上》)、"寡欲"(《尽心下》),充满着对择善行善的意志力的推崇与弘扬。这些道德修养有着极高的要求,需要作出极大的努力。当孟子说人有"不学而能""不虑而知"的良知良能时,他指的是不与其他欲望相冲突的本性的自然流露,如孩提爱亲敬长,"今人乍见孺子将入于井,皆有怵惕恻隐之心"。但是,当善心与其他欲望相冲突、涉及意志的抉择时,比如要在生命和仁义之间作出抉择时,那些杀身成仁、舍生取义的仁人志士的境界何等崇高!那些指责孟子性善说忽视了恶的存在和人为努力的人,大概只把善性等同于良知良能,而没有注意到他的"尚志""养气"之说的崇高目标和严峻要求。

荀孟都没有把性与情相对立,区别在于,荀子以性与情的一致论性恶,孟子以性与情的一致论性善。先秦之后儒家寻求两者中道,他们以孟子观点看待性,按荀子观点看待情,性情对立于是成为善恶的对立。

董仲舒按阴阳学说,用仁性比附阳,用情欲比附阴,天象以阳禁阴,人也应该"损其欲而辍其情以应天"(《深察名号》)。在董仲舒影响下,西汉后期纬书也以阴阳说性情,如《钩命诀》说:"阳气者仁,阴气者贪故情有利欲,性有仁也"(《白虎通义·惰性》引)。南北朝时的刘昼也提出"防欲""去情",以保全善性。唐代李翱更明确地说:"性无不善""情者妄邪",主张"灭情复性"(《复性书》)。

性情的关系在宋明理学那里演化为"天理"和"人欲"以及"心"和"情"的双重区分。前者为善恶之分,后者是静动之分。两者有这样的关系:心是未发生之性,或称寂然不动的"圣人之心",情是已发生之性,有善不善之分,符合"中"为善,不符合"中"为不善;按另一种分法,未发之性为天理,发而过中之性为人欲。平心而论,理学家"存天理、灭人欲"并不是要灭绝一切自然情欲,而只是要克服超出自然需要的情欲的放荡,"人欲"所指的是"私欲"。但是在理学体系里,总的原则是以静制动,将"已发"收敛至"未发",把"允执厥中"作为修养目标;被束缚的"情",泛指心理活动,不仅指感性的情欲,而且指意志的激情。如果说克服情欲放纵有利于陶冶性情的话,那么限制意志则不利于道德实践。

心学目的之一是解除对意志的束缚。有人说,陆九渊所谓的心是"意志本体"和"一种意志能力和主体精神"[1]。这一解释很有道理。陆九渊指责理学"天理人欲"之分"专言静是天性,则动独不是天性",此言源于老子(《语录》)。但是,陆学修养方法也只是静坐内观澄心而已,因此朱熹反讥:"陆子静之学,自是胸中无奈许多禅何"(《朱子语类》,卷一二四)。应该说,不论心学还是理学,都不自觉地吸收释老思想,削弱了道德实践所需要的意志动力。即使以"知行合一"著称的王阳明,在他那总结性的"四句教"中,虽然首次明确提出意志是善恶根源("有善有恶意之动"),但他所说的"为善去恶"的"格物"主要也是指"正意念",去"私欲之昏",达到"胜私复理"的境界。他的"致良知"说也不如孟子所弘扬的"志""气"具有那样强烈的实践意义。后世儒家所遗忘而又缺乏的,正是孟子"志气"之说所提供的道德实践的动力。

---

1 张立文:《宋明理学研究》,中国人民大学出版社1985年版,第471页。

二

西学人性论的相关观点

一般而言，讲西学"言必称希腊"，然而，讲西方人性大可不必如此。希腊哲学家看到的人主要是人的灵魂，所理解的人类之善只是幸福。他们没有（就我现在知识而言）或者很少（如果有的话）思考人的本性是善还是恶的问题；希腊伦理学的基础是幸福主义，而不是人性论。西方可与中国人性论相匹配的理论，主要是从其他文化资源发展出来的。这些文化资源包括基督教、文艺复兴运动、近代理性主义和启蒙主义等。

1. 近代天赋人性论的善恶观

17 和 18 世纪是大讲"天赋"的时代。"天赋观念论""天赋人权论"广为流行，但现在人们很少谈到的"天赋人性论"同样值得我们重视，因为这一理论具有特殊的政治伦理意义。"天赋人性论"有两种相对立的说法，一派认为人天生为恶，一派主张人天生为善。

早在文艺复兴时期，马基雅维利（Machiavelli）明确地表明一种性恶论的观点："关于人类，一般可以这样说，他们是忘恩负义、容易变心的，是伪装者、冒牌货，是逃避危难、追逐利益的。"（《君主论》，16 章）面对这样的臣民，君主有理由也有权利不受道德约束。性恶论在这里成为不负道义、不守信用的君主统治术的辩护词。

近代政治理论的主体是"社会契约论"，它以"自然状态"的"自然人"为理论前提，当然离不开对人的本性的猜测。但是思想家们往往是把"自然状态"和"自然人"的本性当作一种史前事实加以描述，避免对人性的善恶进行价值判断。比如，当霍布斯说，"自然状态"是"一切人对一切人的战争状态""人对人是狼"时，他并没有作出人性恶的结论。在他们看来，善恶要由法律来裁决，而一切法律最终以"社会契约"为其合法性依据，因此，在人未进入社会之前，人的自然本性无所谓善恶。这也就是"性无善无不善"的意思。我们今天或许会感到这种观点混淆了伦理上的善恶与政治上的公正这样两种不同标准，但在当时，这确实起到把善恶裁决权从神手中夺回到人手的作用。

正是基于同样的立场,但按照更加彻底的启蒙精神,卢梭明确提出性善论的观点:"正如我在所有著作所理解,并尽我所能用最清晰的方式所阐述的那样,一切道德的基本原则是:人是本性为善的存在者,热爱正义和秩序;人心中没有原初的堕落,自然的最初运动总是正确的。……我已经表明,一切加诸人心上面的邪恶都不出于本性。"(《致克里斯多夫·包芒》)卢梭是在反对基督教"原罪说"时提出性善论的,他把"原罪说"当作性恶论来批驳。有意思的是,自称卢梭教会了他尊重人的康德,也把"原罪说"理解为性恶论,但给予它强有力的哲学辩护。

康德于人类天性中区分出"禀赋"(Anlage)和"倾向"(Hang)。禀赋包括动物性、人类的理性和人的个性。动物性表现为自我保存的能力,理性表现为自爱的能力,个性表现为遵从道德律的能力。康德断言人的禀赋为善。即使人的动物本能本身也是一种善,非此人类将不能保存和延续。同时,他又断言人的倾向为恶,这是指意志的薄弱、不纯和堕落这样的三种活动倾向。虽然善的禀赋和恶的倾向都是天生的,但康德却不作出人性有善有恶的结论,他宁肯说:"人在本性上是恶的。"他解释说,人性恶不能归咎于客观必然性,人并不是天生的恶人,他被赋予善的天性;恶的原因在于这样一种主观必然性:意志会摆脱良心感受的道德律的规范,这就是恶。恶的本性指意志的主观必然性。康德的性恶论可谓另辟蹊径、别具匠心,"性恶"既不否定人的善良天性(禀赋),又不与日常道德经验相矛盾,它是解释充满罪行与邪恶的人类历史的先验条件。恩格斯说:"在黑格尔那里恶是历史发展的动力借以表现出来的形式。"[1],以此说明性恶论比性善论更深刻。黑格尔的思想根子其实在康德那里。

2. 基督教"原罪说"的调和性诠释

康德区别了人性善恶问题上的不同立场:那些认为性善与性恶是非此即彼的对立关系的人被称作"严格派",不承认这种对立的人被称作"自由派";自由派又分两种:认为人性既不善也不恶的人是"中立派",认为人性既善又恶的是"调和派"。康德本人赞同严格派立场。他说:"不管在行动还是在人类品格上,尽可能地避免道德上的中道,这对于普遍的伦理学有很大的重要性,因为中道的模糊性

---

1 《马克思恩格斯选集》第 3 卷,人民出版社 1995 年版,第 218 页。

会使任何准则陷入丧失准确性和稳定性。"[1]康德的区分非常有针对性。在基督教思想史上,很少有人把"原罪说"解释为严格意义的性恶论,持性善论解释的人更少。大多数神学家在此问题上的立场,当属康德所称的"自由派"。

在形而上的层面,神学家肯定上帝创造的世界为善,一切事物的本性来自上帝,人的本性也不例外,故《创世记》说上帝按照自己形象造人。奥古斯丁出于神正论的立场,把恶解释为本性的悖逆,因而是违背本性(存在)的"缺乏"(即亚里士多德所说的 privatio,指应该存在但尚未存在的东西)。奥古斯丁通过否定存在论意义上的恶,排除了把恶归咎于人的本性的可能性(参见他的《论自由意志》,第二卷 19 章)。

在人性论层面,大多数神学家同意原罪造成人性堕落,但这不意味着本性的完全丧失,他们或多或少肯定现实人性的正面价值。如此肯定的人性在基督教传统中首先指自由意志(libero arbitio),其次指良心(synderesis),再次指理性(ratio)。这些都是现实的人所具有的善的本性。正如托马斯·阿奎那所说:"人的本性既不是罪加诸人,也不是因罪而丧失的东西。"他还说:"人性并不因为罪而完全腐败到全然没有本然之善的地步,因而人有可能在本性遭腐败的状态也能依其本性做一些具体的善事。"[2]

不可否认的是,"原罪说"毕竟包含着对人性邪恶的严厉谴责,它肯定人生而有罪,不可避免地要承担人神关系破裂的恶果。当然,基督教所谓的罪(sin),不是指实际罪行(crime),而是指"错""弱""惰""缺"等负面性格。很多神学家之所以不愿把它发展为一种严格意义上的性恶论,而以调和态度,将其解释为类似于性善恶相混的中道,其内在根源在于"原罪说"启示意义与伦理意义之间的冲突。

"原罪"本是犹太教经典的《旧约》的一个传说,使徒保罗后来强调耶稣基督在十字架上为人类赎罪,人只有信仰上帝才能摆脱罪而被拯救,"原罪说"于是与"救赎说"一起成为基督教的基本教义。从奥古斯丁到马丁·路德这样一些具有强烈宗教热忱的神学家都捍卫这些教义的纯洁性,强调人性在原罪之后已经堕落到不

---

1 康德:《单纯理性限度内的宗教》,卷一,"评论"。
2 托马斯·阿奎那:《神学大全》,1 集 1 部 98 题 2 条。

能自主行善的地步,必须完全依靠上帝的恩宠才能成为义人、善人。但是在历史上还有另外一种解释。公元四五世纪的佩拉纠(Pelagius)认为原罪不会遗传给后代,只是使人类失去了完美的道德原型。上帝的恩典在于创造,他赋予人理性趋善避恶的意志。人可以利用自己善良本性而获求。佩拉纠主义可以说是一种基于性善论的泛道德主义,不符合保罗的神圣教义,因此于 416 年被罗马教会谴责为异端。

然而,佩拉纠主义的影响始终存在。基督教作为一种伦理化宗教,不能忽视人的道德努力的作用和价值。在中世纪,教会的基本立场在"救赎说"的教义和提倡"善功"的政策之间保持一种平衡。前者需要强调"原罪"的危害,后者需要肯定人有自主择善的能力。为了达到两者的平衡,需要以调和态度,把"原罪说"的教义解释为介于性恶论与性善论间的中道,这样就产生了基督教人性学说的模糊性和调和性。

3. 意志自由说与善恶抉择问题

黑格尔说:"恶也同善一样,都是导源于意志的。"[1]这虽不是独创的,却是典型的观点。古希腊哲学的一些术语,如柏拉图所谓的"激情"(thumoeides)、亚里士多德所谓的"实践智慧"(phronesis)、斯多亚派所谓的"自主"(ethemin)等概念,都具有现在所说的"意志"的意思。但是首先把意志作为一种选择善恶的能力、与灵魂的其他能力(如理智、欲望)相区分的,却是基督教思想家的一个贡献。基督教所谓的意志自由首先指选择自由,择善则为善良意志,择恶则为邪恶意志。奥古斯丁在《论自由意志》一书里解释说,伦理的恶源于人的自由意志。按照不完善事物服从完善事物的原则,上帝、灵魂和肉体三者之间的正当秩序是:肉体服从灵魂,灵魂服从上帝。然而,由于灵魂具有自由选择的禀性,灵魂可以服从或违背这一秩序。伦理的恶在于正当秩序的颠倒。他说:"当意志背离了永恒普遍之善,追求个人的好处,即外在于自身、低于自身的好处,他便在犯罪。"(第二卷 53 节)肉体并不是恶,它有自身的完善性,但比灵魂的完善性低级。灵魂如果不追求更高的完善性,反倒趋向比自身低级的肉体完善性,沉溺于官能享受和肉体快乐,那就

---

1 黑格尔:《法哲学原理》,商务印书馆 1979 年版,第 145 页。

是恶。奥古斯丁开启"意志自由说"之先河。西方伦理学从此关注意志,把意志当作道德实践的直接动力,其他精神因素如理性、欲望,只有通过意志才能影响行动。意志的伦理特征在于,它决定着人的善恶品性,也决定着人要对自己选择所负的道德责任。人性善恶与意志自由和道德责任等问题从此结下不解之缘。

对于意志的道德属性,历来有三种不同态度。第一种是理智主义的解释,比如,托马斯·阿奎那将意志自由选择的能力解释为亚里士多德所说的审慎,自由在于理智对可欲目标以及手段作出正当的判断。如果理智放弃对意志的指导,听任情欲对意志的奴役,那就意味着自由的丧失。托马斯由此得出"意志即理性意欲"(《神学大全》,1集2部6题2条)的定义。经院哲学流行的"自然律"理论把人的自发道德意识理解为"良心",良心接受并服从自然理性,由此产生道德律。康德提出"善良意志"概念,其内涵一是自由,二是实践理性。他的道德学说可视为对理智主义的意志自由说传统的继承和发展。

第二种态度把意志自由理解为意志完全不受外在力量支配的任意状态,既不受理智也不受情欲影响的自主选择。在经院哲学中,邓·司各脱首先提出了与托马斯·阿奎那的理智主义相对立的意志主义。他论证说,意志不受外在于它的因素的支配,也没有一个动力因。意志本身并无善或恶的特征,善或恶只是意志选择所造成的结果。这种解释给予善和恶以同等的被选择和实现的机会。15世纪的布里丹(J. Buridan)提出了这样一个悖论:一个驴子的左面和右面分别有一垛草料,如果它向左的意愿和向右的意愿完全相同,那么它将既不能吃左面的又不能吃右面的草料而饿死。"布里丹驴子"表明了意志主义的善恶抉择问题上所面临的道德困境。摆脱这一困境的方案是:或像奥康那样,诉诸上帝意志,以此为判断和选择善恶的最高标准;或像叔本华、尼采那样,以生命的价值取代或判别日常的伦理价值;或像萨特那样,把选择所造成的结果和责任全部压在人的身上,让个人的道德主体意志接受困境悖论的磨炼。

第三种态度属于性恶论,认为人的意志自"原罪"之后,已丧失趋善的能力,人的自主已沦为邪恶的根源。奥古斯丁在其后期反佩拉纠著作中写道:"人既然利用自由意志犯罪,被罪恶所征服,他就丧失了意志的自由"(《教义手册》30章)。马丁·路德后来继承了奥古斯丁精神,强调人自身已无行善能力,只有依靠上帝恩典,才能"因信称义"。为此,他与当时崇尚人性的人文主义者爱拉斯谟就意志自由问题展开论战。性恶论解释面临的问题是:如果意志没有选择善的能力,那么它如何能接受来自上帝恩典的善?"选择"和"接受"不过是同一能力的主动和被动方面,否认其主动方面,恐怕连"因信称义"的可能性也要被否定。因此,安瑟尔谟后来修订奥古斯丁的提法,说人并无丧失自由选择的能力,丧失的只是行使这种能力来趋善避恶的实际做法,需要恩典的帮助才能行使自由选择(《自由选择》3 章)。路德后来也申明他并没有否定意志自由,他提出一句把自由与义务统一起来的名言:"基督徒是所有人的完全自由的主人,不服从任何人;基督徒是对所有人负责的仆人,服从一切人。"(《基督徒的自由》)这些情况说明,性恶论也不得不接受某些性善论因素。

纵观对意志自由说的各种解释,我们发现其伦理的内涵在于提供内在的道德动因。这一学说不满足意志所具备的趋善避恶的自然倾向(不管这一原初禀赋是否在现实中起作用),而使个人始终面临着善恶抉择,并为选择的后果承担全部责任。意志是发自每个人内心的行为支配力,强调意志的自由选择,能够提供严峻的道德压力和不可推卸的道德责任,激励人们在任何恶劣环境中也要恪守普遍的道德规范,增强个人的道德主体意识。这些都是意志自由说对西方伦理学最有特色、最有价值的贡献。

三

简短结论

1. 中西思想家对人性的看法大致都可分为性善论、性恶论和介于两者之间的调和观点(性有善有恶论或性无善无恶论)。但就理论的系统性和连续性而言,儒家的人性论比西方各家人性论更胜一筹。儒家对善恶的不同层次进行了辨析,对人性的善恶加以辩说,对各种观点加以比较、综合,建立起与形而上学相通,涵盖认识论、伦理观、政治历史观等各领域的性命心性之学,形成了关注人性问题的学术传统。相比而言,西方关于人性的观点分散在各家各派理论之中而很少自成体系,各种观点也缺乏横向交流和纵向承袭。在大多数情况下,只是对人性的一个方面,如灵魂、理智、意志、幸福等进行深入探讨,没有把人性作为中心问题和关注焦点加以研究。

2. 儒家对人性作出道德本质和感性情欲的区分,通常在"性"与"情"、"理"与"欲"二元对立的框架里讨论人性的善恶,表现出道德主义和理性主义的倾向。西方思想家却发展出关于人性的三重区分,即理智、意志和欲望,并以意志为枢纽,讨论善恶的区分和抉择。比较而言,儒家关于人性的分析缺少"意志"这一维度。虽然孟子的"志气"之说和陆王心学充满着对意志的推崇,但在性情之分的格局里,其理论意义未能凸现,实践意义也没有拓展。相反,意志主义对西方人性学说具有十分明显的影响。这是非理性主义、信仰主义和神秘主义得以长期发展的一个重要原因。

3. 儒家对各种人性论加以比较,最后与性善说认同。究其原因,固然与孔孟首倡有关,但更重要的是,历代统治者大多以"仁政""王道"相标榜,性善说能为之提供理论基础。西方思想家对于人性善恶大多不作定论,而持性有善有恶的中间立场,究其原因,基督教"原罪说"教义具有很重要的影响。中西人性论虽然都有道德内涵,但儒家的学说更具有政治功效,西方的学说带有更多的宗教色彩,这也反映出中西文化的差异。但是,即便是儒家性善说和基督教"原罪说"这样两个表面上格格不入的人性观,对它们的理论解释也有相通之处,比如,宋儒承认人性有恶的方面,神学家也不否定人性的根源和归宿为善。

4. 中西人性论在理论上可以互补,取长补短,相得益彰。儒家性善说把道德实践和准则看作本性的自然流露,把人心作为人伦关系的根源和基础,其中包含着道德自律的思想。另一方面,西方关于意志自由的学说由于强调选择自由以及由此而产生的个人责任,能够为个人道德实践提供强烈的动力。如果说,道德自律是道德主体意识所追求的目标,那么道德动因便是达到这一目标的手段。缺乏手段的目标仅仅是良好愿望,缺乏目标的手段会导致盲从。道德自律思想不应局限于康德的实践哲学(这一哲学已面临着严峻的挑战),而且可以从儒家源远流长的性善论传统汲取养料;另一方面,一向以儒家提倡的"心志""气节"来砥砺德性的中国人,也可以从西方意志自由说接受更多的道德实践动力。

以上对中西人性论相同、相通、相异之处的比较，就是我们关于两者之间存在的公度性的判定。

原载《北京大学学报》1996 年第 2 期

儒家道统与基督宗教的自然律

公元9世纪的韩愈受佛教"法嗣"观念的启发,提出了儒家的"道统"。"道统"之说一出,儒风为之大开,直至宋明时期达到儒学的巅峰。但近代以降,"道统说"渐受冷落。很多人以为这是封建正统观念的产物,由韩愈杜撰、经道学家弘扬才大行其道;或以为儒家思想丰富,流派繁多,难以归结为单脉相传的线索。如果我们现在把"道统"理解为"主流",便可在其中发现不少有益之处,因为任何传统都有一个主流,或一些决定该传统之为传统的基本思想特征,儒家当然也不例外。现在大家都承认儒家的主流来自孔孟。韩愈把这一主流传统上溯至尧、舜、禹、汤、文、武、周公,并说孔子传道至孟子,"轲之死,道之不传也"。韩愈所说的传与不传,指的是什么呢?从《原道》看,韩愈强调的是仁义之道,即"博爱之谓仁,行而宜之之谓义,由是而之焉之谓道"。这里的"仁义"不仅是一个道德范畴,因为释老也讲道德,但他们"绝天伦",故"仁与义为定名,道与德为虚位"。儒家的仁义是人伦与天道的统一,故合称为"天伦"。他说:"以之为文,则顺而文章;以之为人,则爱而公;以之为心,则和而平;以之为天下国家,无所处而不当。"这里的"之"指人伦。"夏葛而冬裘,汤饮而饥食""生则尽其情,死则尽其常;郊焉而天神假,庙焉而人鬼飨",指的则是天道。

韩愈对儒家主流思想的诠释对不对呢?孔孟是如何将人伦与天道结合在一起的呢?人们常常根据《论语》中子贡"夫子之言性与天道,不可得而闻也"(《公冶长》)这句话,否认孔子重视天道。殊不知这句话中的"与"是关系连词,而不是并列连词。"子不语:怪、力、乱、神"(《述而》),表示并列关系的四件事之间不用

"与"："子罕言利与命与仁"（《子罕》），这里的"与"表示三者关系，而不是说孔子很少谈利、命、仁这三件事。忽视《论语》中"与"的用法，说孔子很少谈天道，这和说孔子很少谈仁一样荒谬。《论语》中"天"与"道"尚未连用，但孔子谈"天"之处，比比皆是，且多有"天道"之意。如，"四时行焉，万物生焉，天何言哉"（《阳货》），"子在川上，曰：'逝者如斯夫，不舍昼夜'"（《子罕》），说的是自然法则；"获罪于天，无所祷也"（《八佾》），君子"畏天命"，"小人不知天命而不畏"（《季氏》），说的是惩恶扬善的天；谈得更多的是与个人命运息息相关的意志，有人格的天，如，"天生得于予，桓魋其如予何？"（《述而》），"天之未丧斯文也，匡人其如予何？"（《子罕》），"五十而知天命"（《为政》），"不怨天，不尤人，下学而上达，知我者其天乎！"（《宪问》），"颜回死，子曰：'噫！天丧予！天丧予！'"（《先进》），"予所否者，天厌之，天厌之"（《雍也》），如此等等。

　　孔子谈论天的不同方式，使得后儒作出"自然之天"与"义理之天"的区分。但需注意的是，"自然之天"不等于自然界，"义理之天"也不是抽象的原则。两者的一致，在《论语》中已见端倪。孔子对待天，一是以上观下，一是由下达上。以上观下，则万物一体，人事亦不例外，也服从自然法则；由下达上，则人与天相通，天也有道德属性。要之，明清之际的王夫之说得好："天与人离形异质，而所继者惟道也。"（《尚书引义》）虽然"大"与"人"是两个相互独立的领域，但"天道"与"人道"却不是表示两个独立实体的范畴，而是一种你中有我、我中有你的关系范畴。以天道观人，人有天性；由人道达天，天也有人性。用现代语言哲学的术语来说，它们是两个不同的表意方式："天道"表示"必然""应然"的模态意义，"人道"表示"或然""实然"的模态意义。因此，人事的必然性和价值被归诸天道，而自然界和社会的偶然性和自由，则与人道相联系。古人固然不知现代哲学"必然"与"偶然"、"价值"与"自由"、"应然"与"实然"的范畴和辩证关系，但这并不妨碍他们用不同的概念谈论同一事情，或用同一概念谈论不同的事情。倒是我们现代人被各种各样的哲学解释弄糊涂了，以为"天"和"人"分别指两大领域，"天人合一"指人与自然和谐统一。《论语》虽然既论天道，又论人道（"仁"就是人道、人性），但孔子确实没有明确两者关系，故子贡说"夫子之言性与天道，不可得而闻也"。到了孟子那里，这个问题才讲清楚了。陆象山有一句话总结得好："夫子以仁发明斯道，其言浑无罅缝,孟子十字打开,更无隐遁"(《陆九渊集》,卷三十四,语录上)。孔子以"仁"为本,并不特意谈论天道与人道关系,故浑然一体;孟子十字打开,故能区别天道与人道,并展开谈论两者关系。

孟子谈性善,善性既是天性又是人性。孟子与告子论战时,并不反对"生之者之为性"的命题,而是进一步阐明,人的自然本性具有道德天赋,犹如杞柳之于桮棬;人性具有价值取向,犹如水之趋下。另一方面,仁义四端是人之区别于禽兽的特性,应与其他种类的自然属性相区别。虽然人性既属于天道,又属于人道,但孟子有时强调其天道的一面,有时强调其人道的一面。在强调人性的普遍性、必然性时,他凸显人性与天道的联系。他引用孔子对《诗经》"天生蒸民,有物有则,民之秉夷,好是懿德"一句的评论:"为此诗者,其知道乎! 故有物必有则,民之秉夷者,好是懿德。"(《告子上》)就必然性而言,人的善性与动物感性并无区别,故曰:"形色,天性也"(《尽心下》),"理义之悦我心,犹刍豢之悦我口"(《告子上》)。人性与动物性的区别,并不在于是否与天道有联系,而在于与天道的哪些方面有联系。动物性只与必然性相联系,人性除此之外还与天道善的价值相联系。人性的特殊性在于,人能自觉地实现天道的价值,能够自由地决定自己的实然状态;如果人放弃了这种自由,服从于自然的必然性,那就是"放其心",与禽兽没有什么区别了。人的仁义四端与感性欲望不是宋儒所说的"天理"和"人欲"的区别;两者都与天道相联系,但只有人性中才有实现天道善的价值的自由。孟子说:"口之于味也,目之于色也,耳之于声也。鼻之于臭也,四肢之于安逸也,性也,有命焉,君子不谓性也。仁之于父子也,义之于君臣也,礼之于宾主也,智之于智者也,圣人之于天道也,命也,有性焉,君子不谓命也。"(《告子下》)"命"即天命、必然性,"性"即天生的价值,以及人的特性、人的自由。孟子的意思是,人的善性和感性都有必然性(命)和天生的价值(性),但君子不追求官能享受,只是顺应自然,利用感官,故对于感性欲望言命不言性。另一方面,君子积极实现道德本性,不只是消极地服从必然性,故对善的本性言性不言命。孟子以性善论贯通了天道与人道,故能提出尽心知性而知天,解决了孔子遗留的人性与天道的关系问题。《中庸》则用"诚"的概念来表示天道与人道的统一:"诚者,天之道也;诚之者,人之道也。"(二十章)"诚"不仅是人的德性,还是《易传》说的"一阴一阳之谓道,继之者善也,成之者性也"这句话中"成"的意思。这种意义上的"诚"本天人，合内外，是一体平铺、彻上彻下之道。正因为人之诚与天之诚是相惯相通的，所以才有"天诚而人诚之""人与天地参"这样一些表达"天人合一"思想的命题。

韩愈把孔孟关于天道与人道合一的思想追溯到唐虞时代，现代疑古派以为是杜撰，以为记述孔子以前之事的《书经》是后人的伪造。至于古文尚书，早就被人指责为伪书。撇开今文派与古文派的争论不论，古人都认可的今文尚书是否伪造，这不是一个单凭文字、章句的考据就能决定的问题，除了有待未来可能出现的考古证据之外，我们现在还需要福柯式的"知识考古学"，从思想发展史的角度来解决这类问题。我们可以考察一下，今文尚书的思想观念是否只是孔孟思想的折射，甚至比后者更为先进；抑或只是后者的萌芽，并且在当时历史条件下，只能有这样的初步萌芽，由前者到后者的发展，也是由社会历史条件的变化引起的。现在治古代思想史者，大概都会同意，从《尚书》的天命观到孔子思想是一个历史的进步。雅斯贝尔斯把这一进步作为"轴心时代"的一大成果，但这一进步并不像他所设想的那样是一场根本性的革命，而是一种历史的渐变。中国的"前轴心时代"与"轴心时代"之间有承传关系，这就是韩愈所说的"道统"。

《尚书》中的天命观是一种神权政治论，并不是宗教迷信。"天命"总是与统治者的德性相关的，这种"以德配天"的统治术从唐虞时代开始，经历夏、商、周三代，不绝如缕。如"天命有德""天讨有罪""天聪明，自我民聪明，天明威，自我民明威""侥志以昭受上帝，天其申命用休"（《皋陶谟》）；"有夏多罪，天命殛之，予畏上帝，不敢不正"（《汤誓》）；"唯天无亲，克敬唯亲"（《太甲下》）。后来的殷商统治者似乎忘记了这一思想传统，深信天命不易，统治权亦不易，如盘庚曰："予迓续乃命于天"，纣王曰："我生不有命在天"（《西伯戡黎》）。汤武革命对统治者曾经是严重的教训，先有伊尹的"天难谌，命靡常"（《咸有一德》）之说，后来的周统治者也据此得出了"天不可信，我道唯宁王德延"（《君奭》）的结论。这种道德自觉还只是出自对天命的畏惧或对天赋神权的需要，因此只限于少数统治者。对于那些无权统治而只能被统治的民众而言，他们既不需要，也不可能获得德性。春秋时代，随着统治权的下移，"德"（原义为"得"，得天命之"得"）也由少数统治者享有的特权变成民众普遍的要求。孔子最早反映了这一时代的进步要求。"仁"是他的学说中一以贯之的原则。"仁者，人也。"(《中庸》)郑玄注曰："人也，读如相人偶之人，以人意相存问之"。可知"仁"即"以人意相存问"的亲密的人伦关系。孔子讲道德的基础由天人关系转移到人伦关系，由此才能完成道德普遍化的任务。但天人关系并未取消，儒学"极高明而道中庸"的特点使其得以达到天道与人道的中道。上述对孔孟思想的阐述已经表明了这一点。

孔孟之后，关于天与人的中庸之道向两个极端倾斜，所以韩愈有道统中断之叹。这两个极端，一个是以荀子为代表的自然主义，一个是以董仲舒为代表的宿命论。荀子在《天论》中把天归结为自然现象和规律，没有道德属性，"天行有常，不以尧存，不以桀亡"。人性是自然属性，也无道德属性，这是"性恶"的根本道理。人道"化性起伪"的产物，即人为的礼义。广而言之，人还要"化天起伪"，对天要"物畜而制之"。他的"明天人之分"的命题把天和人分为两截，而且要"制天命而用之"。他明确地以人道否认天道，说："道者非天之道，非地之道，人之所以道也。"(《儒效》)另一方面，董仲舒的思想代表了用天道代替人道的倾向。他虽然说天地人为"万物之本"，"三者相为手足，合以成体，不可一无也"(《春秋繁露·立元神》)，但他把天道当作唯一的统摄原则，说"天之常道，相反之物也，不能两起，故谓之一""一不二者，天之行也"(《春秋繁露·天道无二》)。他虽然也谈"天人合一"，但这是"以类合之"(《阴阳义》)，就是说，天与人是一类，类的合一不过是天统摄人，人并归于天。这个意思董仲舒说得很清楚，如"为人者天也，人之为人本于天"(《为人者天》)，又说："人之形体，化天数而成；人之血气，化天志而仁；人之德行，化天理而义；人之好恶，化天之暖清；人之喜怒，化天之寒暑；人之受命，化天之四时。"他最后总结说："天亦人之此曾祖父也，此人之所以类天也。"(《阴阳义》)"天人合类"完全不是孔孟所致力的天道与人道的合一。"天道"成为支配一切的总类的代名词。"事无大小，物无难易，反天之道，无成也。"(《天道无二》)人的道德自觉完全被大一统的天(地上的皇权就是其象征)所吞噬。

宋明儒学大抵以传承道统为要，故可统称"道学"，但道学家所谓的道与韩愈的道一样，"非向所谓老与佛之道也"。道学之道是天道与人道的统一，如二程说："天人本无二，不必言合""道一也，岂人道自是一道，天道自是一道？"(《语录》，二上，二二上)。在这一点上，道学深得孔孟的心传。道学有理学与心学之分，总体来说，理学的路数是由天道下行至人道，心学的路数则由人道上达天道。虽然他们都认为，天、理、性、心为一以贯之的道，人之心性与天道是贯通的，但由于路数的不同，各有不同的强调，从中又生出种种区分和对待。理学强调性与天理无别，心是理和性的载体，有天理之性与气禀之性，道心与人心。心学强调心为本体，与性和天理同一不二，心亦无二；陆象山更否认天理人欲、道心人心之分。理学强调理的生成动静法则，不特意以人的道德禀性比附之；朱熹否定胡宏"善不与恶对"的命题，说如果善与恶不相对，则"天下事都尖斜了"（《语类》，九五）。心学则肯定"心无不善"。理学强调"与理为一"，格物致知从格物理开始，循序渐进格得天理。心学则强调"格良知"，括而充之，大而化之，直至本心。我们要了解，这些分歧只是相对的，因为他们无不以天道与人道之统一为首要原则，路数的分别以及其他分别对待都要服从这个大原则。比如，理学的开创者张载谈大心无我，民胞物与，但同时承认，这只是"订顽"，即矫枉之言，"只欲学者心于天道，若语道，则不须如是言"（《语录》）。心学的先驱程颢以"仁"为本体，以医书的手足不仁之比喻，说明"仁者以天地万物为一体"，但他同时也承认："除了身，只是理，便说合天人。合天人只是为不知者引而致之。天人无间"（《语录》二上）。就是说，无论从天道出发，还是从人道谈起，都要落实到天道和人道的一致处。朱熹虽强调天理超越性，但也时而依人道解说天道的法则，如说："仁之为道，乃天地生物之心"（《仁说》），即是把仁心扩充为生成法则。王阳明虽然肯定"至善为心之本体"，但又说"无恶无善，即是至善"（《传习录》）。这种超乎善恶对待的"至善"与朱熹所说的"以与万对"的"理"有异曲同工之妙。王阳明又以动静说心，把心说成"廓然大公，寂然不动之本体"，善恶动静只是心的发用，因此不难理解，为什么他与陆象山不同，认可理学家的道心人心、天理人欲之说。从修养方式上说，理学家用以与天理合一的"用敬用一"和"心统性情"是一致的，心学家"致良知"与"体认天理"也是一致的。

　　总而言之，宋明道学在孔孟之道的框架中，从各种层次阐发了天与人、自然与道德的关系，用丰富的哲学概念、命题和论证，用分析与综合方法、下行与上达的途径，把天道与人道相统一的原则发挥得淋漓尽致，至此，天道与人道牢不可分，两者与儒家传统亦牢不可分。这就是我们对韩愈提出的"道统"的诠释。

二

　　以上只是对儒家传统的一种诠释，其目的是为了给儒家与基督宗教的比较寻找一个新的角度和视野。西文中与古汉语"天道"最接近的概念大概是"自然律"（natural law）。这里的"自然"不是指一个独立的实在，如自然界，而是指万物的本性，首先是人的本性；自然律也不是后来所谓的统摄自然界的自然规律（law of nature），而首先并主要指道德律，是在人心中起作用的神圣命令。这与中国儒家的天道和人道合一的传统极为相似，为我们比较中西思想传统提供了一个新的切入点。

　　西方自然律的思想不像儒家天道观那样是一以贯之的传统，自产生于古希腊之后，自然律的思想经历三变：一变为神圣的道德律；二变为"自然人"所遵循的社会法则；三变为自然界的法则。第一次嬗变发生于中世纪，第二、三次发生于宗教改革时代及近代，但这三次都与基督宗教的变化有关。我们拟从基督宗教的角度，以儒家的天道观为参照点，对自然律的思想作一诠释。

　　自然律思想由斯多亚派的倡导，而流行于古罗马，但在亚里士多德那里已见端倪。亚里士多德在《修辞学》中说："有两类法律：特殊法律和普遍法律……普遍法律是自然律，因为确实有人人都深信的自然正义和非正义，人们即使互不联系、互不商量，也都服从它。"[1] 斯多亚派提出"按照自然生活"的原则，把自然律作为最高的道德律。按他们的解释，自然律是宇宙理性的法则，人类理性也不可避免地受它的支配，有德性的人则自觉地顺从它。自然律思想对于罗马法的发展有重要的作用，成为罗马大一统政治和法律的理论基础。罗马共和国晚期的西塞罗区别了自然法（lex naturalis）和民法（lex civilis），以为前者是神统辖世界的永恒法则，是后者的基础和依据。[2] 不难看出，古代自然律有两个要点：一是理性；一是普遍性。理性不仅只是指人类理性，而首先是宇宙理性的普遍原则，并因此具有神圣的权威，能够为一切有理性的人所接受，成为一切社会准则的合法性基础。

1　亚里士多德：《修辞学》，1373b3—9。
2　西塞罗：《论立法》，Ⅱ，4；《论国家》，Ⅲ，22。

　　基督教在诞生时期与希腊罗马文化处于既冲突又融合的复杂关系中,对自然律的思想也加以改造和吸收。它接受了古典自然律的普遍性和理性的标准,解决诸如基督徒与外邦人或异教徒、信仰与道德、神圣戒律与世俗法律的关系问题。保罗为了把基督教从犹太地区向希腊化地区传播,曾借用自然律的思想说服早期的基督徒。他说:"没有律法的外邦人若顺着本性行律法上的事,他们虽然没有律法,自己就是自己的律法。这是显出律法的功用刻在他们心里(罗 2:14—15)。第一个拉丁教父德尔图良(Tertullian)对此解释说,存在着"自然律和启示自然之律⋯⋯但我们是首先通过自然的教导而认识上帝的"[1]。德尔图良虽然是以信仰反对理性著称的,但他却用自然律的普遍性代替了理性的普遍性,因而得以为信仰提供一个普遍的合理性(而不是希腊哲学的理性)的基础。这是德尔图良信仰主义中鲜为人知的合理性因素。另一个拉丁教父伊里奈乌(Irenaeus)为了说明基督教与犹太教的关系,把《旧约》中的戒律说成是"自然命令"。他说:"所有这些自然命令对于我们和犹太人都是共同的,它们确实在犹太人中开始发生,但只是在我们之中才得以发展和完成。"[2]希腊教父安布罗斯(Ambrose)赋了自然律以普遍的道德律的意义,他肯定"存在着适用于所有人的自然律,我们都受之约束,为了所有人的善而活动",并说:"似应按照自然生活⋯⋯凡是与自然相违背的都是可耻的。"[3]

　　基督教思想家并不像希腊罗马思想家那样,把自然律当作人类社会准则的最后依据,他们把最高的权威归诸上帝。基督教从诞生时起就存有的信仰与理性的张力,也反映在对自然律的解释中。托马斯·阿奎那综合前人的各种解释,提出了关于自然律的全面学说。首先,他确认自然律之上还有上帝创造世界的永恒律,说:"自然律只是理性被造物对永恒律的分有。"[4]因此,自然律的权威和功用来自上帝。其次,他又肯定自然律是人类所能知道和实行的神圣法则,它与人的本性相合相称,涵盖了发自人的本性的一切行为,从自我保存到繁衍后代,从道德

1 德尔图良:《论王权》。
2 伊里奈乌:《反异端》,Ⅳ,xiii,4。
3 安布罗斯:《论责任》,Ⅲ,iii,21;Ⅰ,xuiii。
4 托马斯·阿奎那:《神学大全》,2 集 2 部 91 题 2 条。

到政治，从精神到物质生活，无不依照自然律行事。他说："自然律的规定之于实践理性，犹如科学的第一原则对于思辨理性的重要性。"[1] 再次，他肯定自然律是自明的原则，由上帝"铭刻"在人心上，表现为意志择善避恶的自然能力。在实践中，人并不需要先用理智来认识自然律，然后按之行事。按照自然本性行事就是遵从自然律。托马斯·阿奎那把这种遵守自然律的自然能力称作"良心"，并区别出两种良心：synderesis 和 conscientia。[2] 前者是与自然律相对应的一般的道德意识，相当于孟子所说的"不虑而知"的"良知"；后者是在具体环境中自觉应用自然律的能力，类似于"不学而能"的"良能"。最后，自然律是人类社会一切律法，包括宗教戒律、道德准则、教会法和国家法律的来源和依据。自然律直指人心、见诸人心，无声无息地起作用，是不成文法；人类的立法则是成文法。成文法又分两种：一是由上帝直接颁布，或由天启而来的神律；一是人们通过自身的信仰和理性，发掘并表达良心而得到的人律，包括教规和民法。托马斯·阿奎那肯定自然律高于成文法，成文法中的神律高于人律，人律中的教规高于民法，依法建立了关于律法的等级系统。

托马斯主义的综合体系在中世纪后期遭到其他派别的挑战。奥康（Ockham）对自然律思想的破坏尤为严重，他以彻底的唯名论否认了普遍戒律对于道德生活的作用，只承认上帝的意志对人的意志的作用，而上帝的意志是绝对自由的，不是任何普遍概念或规则所能概括的。再者，上帝是至上的，对于被造物而言，上帝不负任何道德责任。因此，如果上帝命令一个人去做违反自然律的事，不仅是可能的，而且是合理的——合乎上帝全能全善的信仰。奥康甚至说："上帝愿意做某件事就是人做这件事的权利……因此，如果上帝在某人意志中造成了对上帝的仇恨，就是说，如果上帝是这一行为的全部原因，那么，上帝和该人都没有罪过。"[3] 同样，如果杀人、偷盗、通奸是上帝愿意某人所做的事，那么这个人也没有犯罪。奥康的这些极端说法似有否认道德、混淆善恶之嫌，但他的真实意图只是否认普遍的道德律，而不是否认道德本身。他为道德树立的标准是"正当理性"（recta

---

1 托马斯·阿奎那：《神学大全》，2 集 2 部 94 题 2 条。
2 同上书，2 集 2 部 79 题 12 条。
3 奥康：《箴言书注》，第四卷 9 题。

ratio)。正当理性实际上和托马斯·阿奎那所说的良心具有同样的道德内涵,不同的是奥康否定了普遍的自然律作为它们的客观依据;另外一个相应的差别是"正当理性"的普遍性要小于"良心",它不是人类共同的自然能力,只有那些信仰上帝的人的意志,才能接受上帝的自由的同时也是全善的意志的作用,作出趋善避恶的自由抉择。在此意义上,奥康的"正当理性"更接近于奥古斯丁的信仰中的"自由意志"。

奥康的唯名论对宗教改革的影响是众所周知的。宗教改革的领袖路德和加尔文没有否认自然律,却赋予它以不同的意义。路德与奥康一样,拒绝承认自然律是道德的基础,也不承认信仰之前和之外会有真正意义上的道德。他认为,自然律的合法范围在人的精神生活之外。他区分了神圣与世俗,前者是信仰、道德等精神领域,后者是政治、法律、经济等属于世俗国家的权力领域。他说:"国家的强制权力是在堕落之后才出现的,国家的治理依据自然律和理性,对基督王国这一信仰的领域不适用。国家统治身体、房屋、土地等外在事物,教会治理精神;国家对付犯罪(crime),教会对付原罪(sin)。"[1] 路德关于神圣与世俗的区分只是相对的,按照他的理论,没有什么东西能够在上帝的意志和力量之外,自然律也不例外。自然律是上帝赋予人类医治罪恶的人性的普遍有效的工具,来自上帝,因而也具有神圣性。他说:"政治的、经济的秩序是神圣的,因上帝颁布之。在罪之前,没有政治组织,也不需要它。政治是对腐败的人性的治疗,也可以称政治为罪的王国。"[2] 路德把自然律当作与道德律相分离的社会政治的法则,这对近代政治理论的变革产生了深远的影响。后来的霍布斯更进一步,完全除去自然律的神圣性,突出其自然性,把它转变为"自然状态"的法则。他所谓的自然律的两条规则,即保存生命的愿望和唯恐失去它的恐惧,以及为此而愿意与其他人一样转让一样多的自由权,既是自然状态罪恶的根源,又是促使自然人达成社会契约的动力。[3]

---

1 R. H. Bainton, *Christian Attitudes to War and Peace*, Hodder and Stoughton, London, 1961, p. 137.

2 W. R. Inge, *Christian Ethics and Modem Problems*, Hodder and Stoughton, London, 1930, p. 226.

3 霍布斯:《利维坦》,第一卷 14 章。

　　与路德相比,加尔文关于自然律的思想对近代思想所产生的影响表现在另外的领域。加尔文和路德不同之处在于,他不否认自然律是普遍的道德律。他在评论保罗《罗马书》的那段话时说:"我们不能说他们(指外邦人)对于生活规则一无所知,人们的正当行为以自然律为充分依据,这是再普遍不过的事情了。"他还明确地说:"上帝的律法即我们所说的道德律,它不过是自然律的显露,是上帝铭刻在人心上的良心的显露。"[1] 除去传统的因素之外,加尔文关于自然律的思想多有创见,主要表现为,他强调:第一,自然律来自神圣的永恒律,是上帝最先指定的"自然的命令"(ordo naturae),与上帝的意志有直接的联系;其次,虽然自然律使人们普遍注意到神圣的律法,但这不足以使人信仰上帝,信仰归根结底来自上帝的前定的恩典;最后,只有在信仰中,人们才能最长久、最清晰地领会自然律,自觉地把它作为永恒的道德律加以彻底、有效的贯彻。加尔文的影响是复杂多样的,这首先是因为他的上述思想本身就蕴涵着自然律与道德律分离的可能性。因为,既然道德的基础是上帝的永恒律,既然自然律不足以导致纯洁的宗教生活,既然信仰是把握道德律的可靠途径,那么信徒完全可以直接依靠信仰,而无须通过对自然律的理解来认识和实践道德律。此外,加尔文强调自然律与上帝的意志的联系,这显然反映了奥康的唯名论观点,这不符合当时人们已达到的对规律必然性的认识。格劳秀斯(H. Grotius)曾针对加尔文,把"自然律"定义为"即使上帝也不可更改的法律"[2]。在这种背景下,加尔文关于在内心显露自然律的思想可以向着两个方向发展。如果坚持自然律与永恒的道德律的联系,内在的信仰与道德的净化合而为一,这是清教徒的径路;如果把自然律与道德律相分离,当作与自由意志无关的自然界的必然规律,内在的信仰也会转变为对科学知识的追求,这是近代科学家的径路。清教徒和科学家都是加尔文的新教对西方近代文明的贡献。科学史家早就注意到近代自然科学兴起与基督教精神的关系,注意到早期科学家与新教的关系。这种关系的建立实为加尔文的自然律的思想与16、17世纪社会思潮的互动而产生的结果。

1　加尔文:《基督教原理》,Ⅱ,ii,22;Ⅳ,xx,16。
2　格劳修斯:《论战争与和平的法律》,Ⅰ,1,4。

三 ————————————————————————————

我们对儒家的道统和基督宗教自然律思想的比较研究,可以得出下列一些结论:

第一,自然律思想与中国儒家的道统之间有可比性和相似性。自然律不完全是自然的规律,也不完全是神用以统辖世界的最高法则,它主要指的是人凭借自身的自然能力即可认识(或感悟)和践履的神圣规律。自然律的神圣性、权威性和合理性来自造物主,但其效用、表现和可知性却完全在人。自然律的这一核心观念与儒家倡导的天道和人道合一的传统有不少相似之处。两者都承认道德的普遍性,最高道德准则不但适用于全人类,而且充斥于天地万物之间,并且把这种普遍性归结为本性。自然律的“自然”的本义即“本性”,既是世界的本性,也是人的本性,因此有贯通神人之效。同样,儒家以心性之学贯通天人,心性之学是下行上达之学,即从天到人、由人达天。西方人从自然律到人律民法是下行的径路,用道德良心折射自然律的内容则是上达的径路。诸如此类都反映出中西文明共同的崇尚道德的习俗、强调统一、普遍性的思辨特征,以及追求神圣与世俗相结合的价值取向。

第二,西方自然律与儒家道统的差异也很明显。古典自然律思想的依据是普遍理性,属于希腊理性主义传统,基督宗教的自然律思想的依据是上帝,在理性主义之中又加入了信仰主义的因素。由于来源的多样性,西方自然律充满着理智与意志、理性与信仰、宗教与道德的张力。如同西方思想史的其他论题一样,自然律问题也是各种思想流派的战场,没有形成一个思想主流。儒家传统的稳定性和单纯性是由心性学说的连贯性来保障,没有产生理性主义和信仰主义的条件和背景,内部也不存在理性与信仰、宗教与道德的张力,而以人性论为中介、以伦理学为基础联系天道与人道。西方自然律思想缺乏人性论这一中介,而以知识论为基础联系形而上学、神学与伦理学、政治学。这些差异造成了两者不同的区分、辩证、范畴和概念。

第三,两者在不同的历史条件下各有不同的优势。儒家的“道统”是主流传统,从孔子的“仁”的学说,到孟子的性善论,再至宋明的心性之学,形成了一条连续的思想线索。道统虽然也遭到自然主义和宿命论两个极端的干扰,但这些毕竟是围绕着"中道"的波动,没有另立门户。道统的连续性和稳固性使得天道与人道的联系不可分割,崇高的天道和神圣的道德原则牢固地统治国家、社会和人心。这是中国古代社会、政治制度长期稳定不变的理论基础。相对而言,自然律思想不是一以贯之的传统,在西方思想大传统里也不占统治地位。古希腊开始有"自然说"与"约定说"之争,后有神权政治论的滥觞,大大约束了自然律思想的发展。自然律虽经斯多亚派提倡而成为罗马法的哲学基础,但其影响毕竟是局部的。在基督教诞生期,教父对自然律思想的接受是有条件的、局部的,在其中加入宗教信仰成分。因为有托马斯·阿奎那的综合和强调,天主教会尽量接纳自然律思想,使之成为天主教伦理、社会、政治思想的重要组成部分。但基督新教对自然律的重新理解与托马斯的解释分庭抗礼,致使自然律思想未能在基督宗教中形成统一的传统。西方自然律思想的多样性和矛盾性导致了旁枝蔓延的发展方向,其中有两次重要的发展:一是自然律由神圣领域下降到世俗领域,成为西方近代政治、法律思想变革的催化剂;二是自然律与道德律的分离,成为价值中立的,但又不失其神圣性与可知性的普遍法则。自然律的这种意义已转变为自然规律,这一转变适应了近代自然科学发展的需要。从比较研究的角度看问题,儒家学说在历史上之所以没有开出民主和科学,恰恰在于其道统太牢固,天道与人道难以相分,传统的优势变为现代化的劣势。

最后,两者对于中西方都具有现实意义和互补性。近代以降,西方自然律思想虽经两次嬗变,但它作为道德律的传统依然存在,不但天主教恪守托马斯主义关于自然律的解释,新教神学家中也不时有要求把自然律作为道德基础的声音,从 17 世纪自然神学的代表者巴特勒(Butler)到 20 世纪现世神学的代表者朋霍费尔(D. Bonhoeffer)那里,人们都可以听到这一声音。基督宗教在现代条件下重提自然律,不完全出于传统(因为自然律思想并非牢固之传统),而主要是为了适应现代。我在本书的一篇文章中说,现代化是世俗化的进程,现代性的范式是启蒙理性,后现代性则是世俗的现代性的极端化,是世俗价值对神圣价值的彻底否定。[1]

---

1 见本书第五编《超越后现代性:神圣文化和世俗文化相结合的一种可能性》一文。

现在基督宗教重提自然律思想，其主要用意不在"分"，而在"合"，即在经历了道德与神学、政治与道德、科学与价值的分裂之后，重新谋求世俗与神圣在价值观上的统一。在此方面，中西思想具有广阔的相互对话、取长补短的空间。儒家的道统和基督宗教的自然律的思想对于弥补现代价值的失落，对于神圣价值与世俗价值的结合，都具有现实的意义。

史实与学说之间：儒家政治哲学之起点

——兼论墨道法的"上古之世"之说

　　在学习西方哲学史时，我从希腊哲学对世界"本原"(arche)的追问开始，看到了一种由事物起源来决定事物本质的思维习惯。我一直以为这是西方哲学传统的一个特点。在读了中国哲学的一些典籍和著作之后，又发现中国人也有同样的思维习惯。例如，在政治哲学领域，中西方思想家几乎都由社会起源推溯社会制度的本质，中国古代的种种"上古之世说"和西方的种种"原初状态说"的作用都是提供对社会起源的解释，因而分别构成了中西政治哲学的出发点。但是，如果我们深入这些学说的内容作一分析，便可以看出中西哲学的出发点其实有很大的不同之处。

　　西方人的"原初状态说"经历了古代、中古以及近现代等历史阶段，古代阶段又有约定论和自然论之分野，中世纪主要表现在神学之中，近代以降则嬗变为社会契约论。虽然有如此多的变化，但有一条几乎是不变的，那就是，西方人在谈及社会原初状态时依据的多是理论假说，而不是历史事实。柏拉图在《普罗泰戈拉篇》中表述了一种约定论的国家起源说，所依据的是神话（从普罗米修斯盗火开始，到赫尔墨斯把德性分配给人）。[1] 亚里士多德在《政治学》中采取自然说，解释了由家庭到村落，再到国家的自然变化过程，而这种变化的动力是"人是天生的政治动物"这样一个理论前提。[2] 再比如，中世纪"君权神授说"所依据的主要是福

---

1 柏拉图：《普罗泰戈拉篇》，320c‑323d。
2 亚里士多德：《政治学》，1252a25‑53a35。

音书和神学，而不是《旧约》记载的以色列人立国的历史。近代思想家依据他们对人的本性的不同见解来描述自然状态，结果大不相同：霍布斯的自然状态是"人对人是狼"的战争状态；洛克的自然状态是和平状态，但不断受到财产权争执的干扰；卢梭的自然状态则是道德完善的理想境界。他们从来没有，也不可能用历史的事实来验证自己的学说，或否认他人的学说。

西方传统政治哲学的出发点一开始就蕴涵着一个严重的矛盾。"原初状态"本来是一个时间概念，"本质"是一个逻辑概念。由前者推导后者，用黑格尔的语言说，即历史与逻辑相一致。但是，如果"原初状态"只是一个假说，而不是真实的历史，那么它就不是一个时间概念，而是另一个逻辑概念，并且是按照一个特定的关于本质的逻辑概念而设定的又一逻辑概念。这样一来，由"原初状态"到社会本质的推导不过是逻辑上的循环论证。如果我们放弃黑格尔的原则，而采用康德的先验原则，把"原初状态"作为逻辑在先，而不是时间在先的先验概念（如罗尔斯的"新社会契约论"所为），或许可以避免循环论证困难，但仍然无法与历史相吻合，而这种吻合对于政治哲学来说是至关重要的。如果政治哲学的出发点不包含着与社会历史的关联，很难想象以此为基础建立起来的学说如何能够达到与社会现实相适合的真理性。对于西方政治哲学出发点的这一缺陷，应该有足够的重视。出发点差之毫厘，结论则会谬以千里。因此，当今对本质说的解构，很多都是从起源说中这种矛盾的揭示开始的。

应该如何避免和克服这种缺陷呢？我们从这一问题切入对中国哲学的讨论。从这一角度来评判中国哲学，可以看出它不同于西方哲学的一个特点。这就是，中国古代的"上古之世说"介于史实与学说之间，并不必然地包含着两者之间的矛盾。相反，经过长时期的磨合，尽量地消除了两者之间可能产生的矛盾。如此看来，中国古代的政治哲学似可避免西方政治哲学的上述理论命运。我们所说的"长时期的磨合"，可被概括为三次综合：先秦时期儒家和墨家的综合，儒家和道家及法家的综合，以及汉代"大一统"式的综合。以下分别述之。

———

《韩非子·显学》说："孔子墨子俱道尧舜而取舍不同，皆自谓真尧舜；尧舜不复生，将使谁定儒墨之诚乎？"第一句是实话，第二句话则不必为真。从"尧舜不复生"并不能必然地得到"儒墨之诚不能定"的结论。或许，儒墨的争论可以产生关于尧舜之道的共识。实际上，这正是从孔子到荀子的思想史发展的一个结果。

孔子和墨子都祖述尧舜，但有不同的取向与目的。孔子心目中的尧舜只是道德榜样。《论语》只在《尧曰》一处谈及尧舜的治国之道，其中"允执厥中"一句被宋儒奉为正统。其实，孔子在政治上所效法的主要是周礼。孔子虽言三代，但明确说夏殷之礼"不可证"，"吾从周"（《八佾》）。但他对周礼的态度也不完全是复古主义的，而主张根据时代对周礼有所修改。他明确地说："殷周于夏礼，所损益可知也，周因于殷礼，所损益可知也，其或继周者，虽百世可知也。"（《为礼》）孔子的政治态度既是"从周"，又是"继周"。

与孔子相比，墨子是真正的"尊古派"。墨子揶揄儒者说："子法周而未法夏，子之古非古也。"（《公孟》）他尊崇的是"三代圣王尧舜禹汤文武"，实际上超过了三代。他所谓的"三代"是一个传统的代名词，这个传统的具体内容就是墨子的"尚同""尚贤"说。墨子的政治主张是从尧舜之前的原始状态开始立论的，提出最早的国家起源说。

"古者民始生，未有刑政之时，盖其语人异义，是以一人则一义，二人则二义，十人则十义。其人兹众，其所谓义者亦兹众。是以人是其义，而非人之义，以交相非也。是以内者父子兄弟作怨恶离散，不能相和合，天下之百姓，皆以水火毒药相亏害。……天下之乱如禽兽然"（《尚同上》）。

为了铲除原初状态的祸害，必须按照同一的标准，建立国家政治制度，以达到"交相利"。这就是他所说的："明乎民之无政长以一同天下之义而天下大乱也，是故选择天下贤良、圣知、辩慧之人，立为天子，使从事乎一同天下之义"，再由天子选择三公、诸侯作为下一级的政长。有人说，尚同的关键是由谁来选择天子的问题。按墨子的"尚贤"的主张，政长由上至下任命，最高级政长—天子选择下一任天子，即禅让。至于最早的天子是如何产生的，民选还是天命？这个问题对于墨子并不重要。重要的是,历史上自尧开始,形成了"三代圣王"的传统作为后人效法的榜样。

与孔子相比,墨子的政治学说有一定的优势。首先,墨子明确地把三代传统追溯到尧舜,从本源处确立自己主张的正统性;其次,他把国家政治制度的起源归结为由乱变治的需要,从而说明了政治的本质在于"交相利";再次,他明确肯定古代圣王创立国家,"昔者圣王制为五刑以治天下"(《尚同上》)。另外,他认为尚同的政治主张不是靠"兼爱"的伦理建立起来的,他说,五刑就像一张罗网,"连收天下之百姓不尚同者"(《尚同上》)。刑政的一个作用是为兼爱的推行提供保障,"功之以赏誉,威之以刑罚"(《兼爱下》),兼爱说才能遍行于天下。

墨家以其政治哲学的系统性、功利性和易行性见长,我同意这种说法。墨家"以政治思想为主体,在政治思想中,又以'尚同'为第一义,'尚贤'、'兼爱'都是它的推衍"[1]。大概正是靠政治思想方面的优势,墨家才成为当时的显学,以至到孟子时代,已是"天下之言,不归扬,则归墨"(《孟子·滕文公下》)。可以说,扬朱以个人主义见长,墨子以国家主义见长,而儒家处于两者之间,有左右夹攻之难。

孟子以辟扬墨为己任,他直接攻击墨子之处只有"墨氏兼爱,是无父也"一句。但是,孟子的全部学说都可以当作墨家的对立面来读。他的义利之辨反对把政治的本质归结为功利。与孔子的"礼"相比,孟子强调的是"义",认为义是王道的根本。从性善论出发,他认为王道是道德的自然延伸。尧舜之为天子,靠的是仁义四端的本性,而不是刑政等外在力量。在这一点上,他和孔子一样,主要把尧舜当作道德榜样。他说:"尧舜,性之也"(《尽心下》),以及"舜,人也,我亦人也"(《离娄下》),都有这样的意思。

孟子从墨家那里也学到了一点,那就是从历史本源处确立自己学说的正轨。他推崇三王,并把王道传统上溯到尧舜之世。孟子把尧舜当作社会文明的开创者,是针对农家说的。针对农家许行,孟子提出两条反驳,一是"劳心者治人,劳力者治于人",一条是"吾闻用夏变夷者,未闻变于夷者"(《滕文公上》)。这两条看起来风马牛不相及,但如果考虑到许行是"为神农之言者",则可看出这两条实际上

---

1 杨俊生:《墨子新语》,江苏教育出版社 1992 年版,第 244 页。

关系很深。

关于第一条，孟子叙述了尧舜忧国忧民之事：使禹治水，使后稷教民稼穑，使契教以人伦。这些代表了文明发展的三个阶段：战胜自然灾害，农耕的发明和道德的起源。重要的是，孟子把农耕的发明归诸后稷，而不是神农。据《国语·鲁语》，展禽曰："昔烈山氏之有天下，其子曰柱，能殖为百谷百蔬。夏之兴也，周弃继之，故祀以为稷。"又据《左传》昭公二十九年，"烈山氏之子曰柱为稷，自夏以上祀之；周弃立为稷，自商以来祀之。"孟子之所以不以柱，而以后稷为农业的始祖，很明显是因为烈山氏的传说不符合他以尧舜为文明始祖的说法。至于后人把烈山氏当作神农，并混同于炎帝，还被列为三皇之一，那是孟子不能想象的。在孟子时代，神农还没有帝位，如《管子·侈靡》说："故书之帝八，神农不与存，与其五位，不能相用。"在孟子看来，神农只不过是夷蛮之俗。否则的话，他大谈夏夷之辨，岂不是无的放矢？再考虑到许行是"自楚之滕"的，孟子骂他是"南蛮鴃舌之人非先王之道"，也是顺理成章的了。

孔孟和墨子一样，只提尧舜，而不提或根本否认有更早的圣王。这可能与《书经》的记载有关。他们都十分谨慎，不愿采用经典以外的传说。到荀子时代，尧舜之前的传说已被大量采用。《荀子》中已有"五帝"甚至伏羲的提法。但荀子并不与诸子进行尊古比赛，他的策略是把本源的正统转变为理论的正统。他对此提出了充分的理由："以道观尽，古今一也。类不悖，虽久同理。……五帝之外无传人，非无贤人也，久故特；五帝之中无传政，非无善政也，久故也；禹汤有传政而不若周之察也，非无善政也，久故也。……是以文久而灭，节族久而绝。"（《非相》）

荀子指出"久"并无优越之处，"理"比"久"更重要。久远的东西会灭绝，但合理的东西却是不变的。要知道政制的起源，不需要追溯久远，而要明白道理，因为"虽久同理"。荀子的主张常被概括为"法后王"，以示与"法先王"的儒家之分歧。其实，"法先王"是历史后退论的主张，"法后王"是历史进步论的主张。荀子的"古今一度"是历史不变论的主张。既然政制的本质由一定的道理决定，而不受时间的影响，那么重要的是阐明这一道理，既不需法先王，又不需法后王。或者反过来说，既可以法先王，又可以法后王。因而，荀子一方面批判孟子等人法先王（《非十二子》），另一方面又提出"法先王，明礼义"（《非相》）。这些看起来自相矛盾的说法，反映的正是他在法先王与法后王之间的两可态度。

与墨子相比，荀子是理论家，而不是历史学家。按照自己的理论，荀子明确地否认了墨子的"禅让"说。但从内容上分析，荀子的礼制论与墨子的刑政论有惊人的相似之处。墨子的"尚同说"有两条线索：一条是《尚同》篇中描述的由乱变治的历史过程；另一条是《兼爱》篇中论述的伦理上的需要。在后一场合，他把原初状态的祸害的根源归结为"不相爱"："凡天下祸篡怨恨其所以起者，以不相爱者"（《兼爱中》）。墨子认为"自爱"导致"交相别"，他于是提倡"兼爱""交相利"。但在实行这一伦理主张之前，需要实行尚同，建立刑政，才能实现"兼以易别"的变化。荀子使用儒家"人性论"和礼义论的语言，对上述墨子思想进行了"翻译"。荀子的"性恶"相当于墨子的"自爱"，荀子的"先王恶其乱世，故制礼义以分之"相当于墨子的"圣王制为五刑以治天下"，荀子的"化性起伪"，相当于墨子的"兼以易别"。

人们常常看到儒墨对立的一面以及荀子与法家相联系的一面。按照我们对先秦政治哲学发展过程的解释，儒墨两家思想在荀子那里达到了一种综合。与此同时和在此之后，儒家继续寻求更大综合，包括与法家的综合。

二

战国时期，尊古已成为普遍风尚，连《荀子》中也有"文武之道同伏羲"（《成相》）的说法。但在诸子之中，庄子的复古最为彻底。《庄子》一书最爱谈古，而所谈之人之事又不见于当时之典籍，于是人们多把这些谈论作为寓言来对待，是庄子凭丰富想象编造出来的。但有理由相信，庄子对上古之世的描述，是以传说为依据的。古代寓言可以是一种神话，却不能是传说。因为虽然神话与传说有联系，但传说不是神话。按缪勒（Max Müller）的观点，传说是有文字之前的部落的历史描述，后来随着部落和语言的分化，加之文字的产生，传说发生语言上的讹错，在意义上转化为神话。[1] 我相信这种较为合理的解释也适用于中国古代的传

1 马克斯·缪勒：《比较神话学》，金泽译，上海文艺出版社1989年版，第13—14页。

说与神话。

《庄子》是较早、较多地谈论伏羲、神农的一部书，但所谈的并不是神话。现在，神农已被普遍当作传说人物；近、现代人们还发现关于伏羲、女娲的传说至今还在苗民中流传。[1]《孟子》中提到神农传说那时已在楚国流传。这些以及其他一些事实告诉我们，先秦时代，伏羲、神农等远古传说在南方流行，北方则主要受历史较短的黄帝以降的传说影响，因此形成了"南方传统"与"北方传统"之不同。北方传统中的较近的传说最早见于文字，即是关于尧舜的记载。在北方形成的儒墨两家尊崇尧舜，而不谈更古之事，而受南方传统影响很深的庄子则引用了从容成氏到伏羲氏、神农氏等不见于经典的远古传说，这是可以理解的。

庄子引用上古之事，对儒家和墨家的政治理论加以批判。儒墨认为，圣人制作政制以后，天下由乱变治。庄子却说："治，乱之率也，北面之祸也，南面之贼也。"（《天地》）《在宥》中叙述了政治乱世的过程："昔者黄帝始以仁义樱人之心"，直到尧舜之世尚"不胜天下"，"夫及三王而天下大骇矣，下有桀跖，上有曾史，而儒墨毕起……而天下衰矣"。庄子对于社会文明的态度在各篇中不尽相同。《盗跖》对原初文明持肯定态度，称有巢氏、燧人氏和神农氏为"至德之隆"，由于礼义的发明，"黄帝不能至隆"。但在另一些地方，庄子把天下的衰落归结为文明起源。《胠箧》列举"至德之世"十二氏，结束于伏羲、神农，大概是因为伏羲、神农标志着文明的开端。《缮性》把最早的完满状态称为"至一"，"逮德下衰，及燧人、伏羲始为天下，是故而不一；德又下衰，及神农、黄帝始为天下，是故安而不顺"。

道家崇尚自然。老子崇尚的自然状态是"小国寡民，使有什伯之器而不用……使人复结绳而用之"（《道德经》，八十章）。他虽然要求返璞归真，但原初状态仍保留着最小限度的文明和国家。庄子却以彻底的复古主义姿态，称道三皇五帝之前的无国家乃至无文明的自然生活，这是《庄子》爱谈古的根本原因。

与道家的历史倒退论相反，法家持历史进步论。《商君书·开塞》谈到由"上世"到"中世"，再到"下世"的进步。"下世"就是政治的时代，用商鞅的话来说，是"贵贵而尊官"。韩非子把历史分为四个时代。上古之世是有巢氏、燧人氏时代，

---

1 徐旭生：《中国古史的传说时代》，科学出版社 1960 年版，第 237—238 页。

中古之世是鲧禹治水的时代,近古是殷周之世,最后是当今之世。这种变化是随着生活条件的变化而引起的,得出了"世异则事异,上古竟于道德,中世逐于智谋,当今争于气力"的论断(《五蠹》)。他把道德作为上古的生活条件,智谋和气力则分别是中世和当今的生活条件。用今天的话来说,上古是包括道德在内的社会文明的时代,中世的智谋和当今的气力则是政治和军事的手段,这是由物质文明到政权统治的变化。

现在来看一看上述古史观对于儒家的影响。顾颉刚有这样的分析:"儒墨的古史系统短,道家的古史系统长,逼得古史家于前段采用道家说,于后段采用儒墨说。"[1]他是从贬义方面说的。如果我们从积极的方面理解,儒家的这一建构不完全是逼出来的,自有其选择的合理性。按照我们的分析,儒墨的较短的古史系统着重解释了国家的起源,道家对此并不构成威胁,因为道家亦承认政治制度是后起的。即使有人要把政治起源追溯得更早,儒家也可用"虽久同理"的话来应付。但是,儒家却不能很好地解释文明的起源。孟子在谈尧舜之世洪水时,也说到"下者为巢,上者为营窟"(《滕文公下》),但这显然不如有巢氏传说从起源处讲巢居时代,道家较长的古史系统说明,在无国家之前,有一个文明起源的时代。如果用现在关于"社会"和"国家"的区分的观点来看,人类早先生活在一定的社会环境中,在文明发展到一定阶段以后,才进入国家。道家的古史系统的优势在于揭示了这一历史过程,法家的优势在于把这一过程解释为进化,避免了道家的历史退步观。儒家取长补短,采用道家的古史系统和法家的解释作为"上半段",说明文明或社会的起源;另一方面把"下半段",即尧舜及三代,作为政治制度的起源时期,从而把文明的创造和政制的创造衔接起来,把上古之世解释为文明创造的全过程。这一过程结束于三代。儒家对三代以后的看法采用了历史退步论,因此仍保持其以三代为道德政治理想的特点。

《周易·系辞传》可被看作儒家与道家和法家关于上古之世说的综合的一个明证。书中谈到的古代圣人不但制礼作乐,而且开物制器。庖牺氏"作结绳而为网罟,以佃以渔"以及神农氏"斫木为耜,揉木为耒""日中为市"等,讲的都是社会

---

[1] 顾颉刚:《战国秦汉间人的造伪与辨伪》,《古史辨》第七卷上册,开明书店1941年版,第39页。

物质文明的起源；"黄帝、尧舜垂衣裳而天下治"说的则是礼仪政制的确立。虽然《系辞传》成书的年代尚不能确定，但仅从其内容来看，也可断定它不会是孔子所作。按我们的分析，如果没有战国时期儒家与道家及法家的上述综合，这样的思想是不会出现的。

《礼记·礼运》描述的大同小康社会所反映的，也是我们在《周易·系辞传》看到的思想。大同社会虽有高尚的道德风俗，但从篇首几段描写的先王后圣逐步创造的成果来看，它仍处于文明的萌芽期。只是在大道隐没、小康开始之后，即"禹汤文武成王"时代，才出现礼仪制度。这是一个历史变化过程，并不能算作进步。因此，《礼运》对大同之世的描写，为后世提供了一个不可企及的理想。

三

汉代的学术和政治环境，使得儒家的政治哲学走向了更大的综合，其主要成果是系统化。这一方面表现为古史谱系的完成，另一方面表现为理论的模式化。

汉代古史材料十分繁芜，连治史严谨如司马迁者，也不得不采用三皇五帝的谱系。但我们不必把不见于先秦的古史材料统统视作汉人的伪造，因为很可能这些材料口耳相传的时间很长，直到汉代才被记载。当然，这些材料的可信程度不如先秦典籍中的传说，其中已经掺入汉人的意图和想象。我们只要了解汉代政治思想的理论框架，不难区分出那些按照汉代观念后加的成分。

汉儒的政治哲学是阴阳五行的形式和纲常名教的结合。按这一理论模式整理古史材料，产生出汉代人的古史系统。因此，凡是汉代古史谱系中附会"阴阳五行""三统三正"的那些成分，可以肯定是汉儒后加的。

汉代政治哲学的样板是《春秋公羊传》。董仲舒说："《春秋》之道，奉天而法古。"（《春秋繁露·楚庄王》）"奉天"即论证天君一体的理论，"法古"是阐明圣王合一的古史系统，二者的配合体现了先秦时期政治哲学既依托于历史又寄托着政治理念的特点。这样的特点在《春秋公羊传》的内容中也随时可见。比如，"《春秋》应天作新王"不仅是一个理论前提，而且是从鲁哀公十四年"西狩获麟"这一事件开始的。按照"微言大义"的解释,这一事件标志着"孔子受命作新王",由此开始了"三统三正"的新循环。

儒家的政治哲学体系中,当然有不少应该批判、扬弃的东西;与近代以来的西方政治哲学相比,它也有明显的缺陷,但它源于先秦的那种介于学说与历史之间的思维方式,至今仍不乏启发意义,对于避免本文开始提及的西方政治哲学出发点中的矛盾,更有启发意义。

古史研究中的"帕斯卡猜想"

何谓"帕斯卡猜想?"

耶稣会传教士卫匡国(Martino Martini,1614—1661)于1658年出版《中国古代史》一书,此书凡十卷,以编年史形式叙述了耶稣诞生前的中国历史,第十卷至汉哀帝元寿二年(公元前1年)为止,第一卷历述三皇五帝的历史。它所叙述的中国纪元开始于公元前2925年的伏羲时代。这本第一部在欧洲广泛流传的中国上古史与《圣经》的记载不符。据《创世记》记载,现在世界上所有民族都是洪水之后挪亚传下的后裔,而洪水年代,据从挪亚到耶稣的系谱推算,约发生在公元前2200多年。但如果中国人的历史比洪水时代还要早600年,这就使得神学家大为困惑,他们问道:在摩西和中国之间,哪一个更可信呢?

对此,帕斯卡(B. Pascal)在他的《思想录》中写道:"这不是一个可以笼统看待的问题。我要告诉你们,其中有些是蒙蔽人们,又有些是照亮人们的。只用这一句话,我就可以摧毁你们全部的推论。你们说:'可是中国人使人蒙昧不清';但我回答说,中国人使人蒙昧不清,然而其中也有明晰性可寻,好好地去寻找吧!" [1]

虽然帕斯卡没有具体说明中国古史中究竟有哪些值得基督徒"好好地去寻找"的明晰性,但从上下文来看,他认为《创世记》和中国古籍关于人类早期历史的记载并不矛盾,他要摧毁的是神学家关于两者非此即彼的推论。他对神学家们说:"你们所说的一切构成一种设计,并且一点也不违反另一种设计。因此它是有

---

1 帕斯卡:《思想录》,何兆武译,商务印书馆1985年版,第266页。

用的,也是无害的。"[1] 这里的"它"指中国古籍的记载,它与神学家对洪水年代的推算并不矛盾。帕斯卡甚至把中国古史记载的作用与上帝的启示联系起来。他说:"如果上帝仅仅允许一种宗教,那就太容易认识了;然而我们仔细加以观察的话,我们就很可以从这种杂乱无章之中辨别出真理来。""上帝想要照亮和蒙蔽。"[2]

"蒙蔽"就是《圣经》和中国古史记载之中以及之间的空白、矛盾、不合理甚至不可思议之处,这些方面模糊与遮蔽了上帝的启示和预言与真实的世界历史之间的联系。一旦现存的各种古史记载之中和之间的一条明晰的线索被揭示出来,上帝启示的真理也就被证明了。帕斯卡的这层意思与现代哲学家的真理观颇为接近,他们都相信:把被蒙蔽的东西照亮,这就是"真理"的原意——aletheia。

帕斯卡的《思想录》是脍炙人口的名著,但读者和研究者很少注意我们在上面引述的那些语句。在我们看来,帕斯卡的这些论述不但表达了一个基督教思想家在中西文化初次接触的历史时刻对中国古史的看法,而且对远古史和人类学的研究也有普遍的意义。我们知道,《圣经》和中国古籍都包含着对人类远古历史的记载,它们是现存的两种最早的历史记载。两者的不同之处在于:《圣经》的记载文字简约、线索单一;而中国古史记载来源杂多、系谱繁杂,各种传说的不一致甚至矛盾之处比比皆是。《史记》中那个一脉相承的古代帝王系谱不过是后来的综合与整理的产物。这种综合与整理当然是在秦汉之际的意识形态的框架中进行的,因而理所当然地受到后人的质疑,不能作为信史来对待。中国的古史记载中究竟有多少可信的成分,有没有一条明确的线索可寻? 帕斯卡肯定在杂乱无章的中国古史中有明晰性可寻,他要人们寻找中国古史与《创世记》关于人类早期历史之间的契合之处。肯定中国古史传说与《圣经》记载的发生于中近东地区的人类各种族起源的故事有契合之处,这当然只是一个直到现在也没有得到证明的猜想。帕斯卡也是一位数学家,数学中一些未经证明的猜想往往以数学家命名,如"哥德巴赫猜想"等。我们在此不妨模仿数学家的方式,把帕斯卡提出的这个有关中国古史

---

1 帕斯卡:《思想录》,何兆武译,商务印书馆1985年版,第260页。
2 同上书,第260、259页。

传说与《圣经》关于早期人类历史的记载之间关系的命题,命名为"帕斯卡猜想"。

对帕斯卡而言,两者的契合之处将在世界范围(而不是《圣经》涉及的中近东地区)内昭示神圣的启示和预言是如何实现的,这对神学家而言是天命、神意(Providence),对世俗思想家而言却是历史规律。名称虽然不同,但都有一个相同的意见,那就是承认不管什么原因,人类各民族的历史受一种共同的力量驱动,因而呈现出相似性和统一性。那些反对历史有规律的人往往也是从推翻"神意"这一概念入手的。因此,寻找中国古籍与《圣经·创世记》前十一章中关于远古历史记载的契合之处,也就是寻求历史规律或神意的最初线索。在此意义上,"帕斯卡猜想"不仅是一个神学命题,而且从起源处,从中西文化比较的角度来谈论历史规律。这就是"帕斯卡猜想"的意义所在。本文拟以"帕斯卡猜想"为话头,对20世纪中国古史研究的主要问题作一梳理,并以最近的一些研究成果对"帕斯卡猜想"作一回应。

二

近现代中国古史研究的一些基本问题

1. 传播论对社会进化论

为了理解"帕斯卡猜想"何以能够对中国古史研究产生影响,我们首先需要理解与帕斯卡同时以及之后的西方人对人类种族起源的流行看法。关于人类各种族的起源,西方人长期接受的是《创世记》第十章的说法:洪水之后,挪亚的子孙闪、含和雅弗"分开居住,各随各的方言、宗族立国"(创 10:5)。16 世纪地理大发现之后,西方人知道了世界各种族的分布,他们对人类最初的迁徙有这样的解释:闪留在中近东附近并向东迁徙,繁衍成黄种人的各种族;含向南迁徙,繁衍成黑人各种族;雅弗向西迁徙,繁衍出白人各种族。就是说,人类所有种族或民族是同源的,是从同一地方传播出去的。

达尔文创立的进化论,对"上帝造人"的信条是一个沉重的打击,对于"人类共同起源"说也是一个挑战。自此之后,人类学家在人类文化起源的问题上形成了

"社会进化"和"传播"两种学说。

社会进化论把生物进化的模式运用于人类社会和文化,斯宾塞(H. Spencer)从哲学(或他所谓的社会学)角度,泰勒(C. Taylor)、弗雷泽(J. G. Frazer)等从文化学的角度,摩尔根(T. H. Morgan)从人类学的角度,分别说明了同样的道理。社会进化论的主要论点有以下几点:(1)人类在心理上是一致的;(2)人类生活条件大同小异;(3)在一致的心理和基本相同的生活条件下,不同的民族能够独立地创造出大致相同的文化;(4)不同地区的文明是平行地、逐步地进化的;(5)不同民族的文化进化程度不同,处于不同的文明发展阶段。关于文明和文化发展的阶段,社会进化论者有这样一些区分:文化上分原始、野蛮和文明三阶段,经济上分狩猎、畜牧和农耕三阶段,生产工具的进化分石器、铜器和铁器三个时期,家庭和社会关系的进化分杂婚、群婚、母系社会化父权社会等阶段,宗教上分巫术和图腾(万物有灵论)、多神论和一神论阶段。

传播论者针对进化论提出两条原则:其一是说文化的创造是罕见的,多为一次性的;其二是说进步不是必然的,文明的传播多伴随着退化和衰落。他们认为,现代人种起源于中东,从那里传播到世界各地。传播论者分英国派和德国派。英国派的主要代表人物有:史密斯(Elliot Smith)、佩里(William James Perry)和里乌斯(William Rivers)等为代表,德国派以格拉伯纳(Fritz Graebner)和施密特(Wilhelm Schmidt)等人为代表。施密特是泛埃及论者,他认为世界上所有文明都是在公元前4000年左右的时期从埃及传向四面八方的。他的学生佩里在《太阳之子》一书中得出这样一个著名结论:"文化的传播总是伴随着退化","没有经久不变的器物和艺术"[1]。里乌斯在《美拉尼西亚社会历史》一书中分析了美拉尼西亚原始部落的习俗,找出了这些部落文化的外来成分。比如,他发现在一个狭小地区竟存在五种复杂的葬礼。里乌斯分析说,这些葬礼不大可能是缺乏创造力的部落的独立发明,它们倒很可能是外来的。他推测说,很久以前,一批外来男子乘筏来到美拉尼西亚群岛,与当地女子结婚,采用了当地习俗,逐渐忘记自己原来的文化,包括筏的制造和使用。因此,美拉尼西亚人居然不用筏这种工具。但是

---

1 W. J. Perry, *Gods and Man*, London, 1927, p. 53, 61.

这些外来人唯一不能忘记的是祭奠他们祖先的葬礼,于是,多种葬礼被保留下来。德国派的传播论者提出了"文化圈"(Kulturkreis)的理论。格拉伯纳说,重建各种文化圈是文化历史学家的"首要的和基本的任务"。他建立了六个文化圈,它们都起源于非洲的"原文化"。施密特进一步说明非洲的原文化是一种名为"非洲矮人"(African Pygmy)的人种的发明,他还探讨了不同的语系与文化圈的联系。

传播论与《圣经》记载的历史是一致的,但是传播论者并不直接诉诸信仰来证明自己的理论,他们从文化人类学、比较语言学等方面寻找文化传播的证据。这些证据又反过来支持了宗教同源等神学家的说法。比如,缪勒通过对不同语系中关于"天神"这个词的发音的比较,力图证明在各民族分化之前人类有一个共同的"天神"的观念。施密特在 12 卷的《上帝观念的起源》(*Der Ursprung der Gottesidee*)这部名著中证明,多数原始民族都崇拜一个全能的父亲般的上帝,这是宗教的最初形式,多神教和神鬼崇拜只是后来的附加和退化的表现。

对于传播论与传统神学之间藕断丝连的关系,进化论者有不少直接的和间接的批评。最常见的批评是指责它过于思辨和臆断。传播论者在发现相似的文化现象时,便断定其中必有传播和模仿,而不论它们距离之遥远,也不在乎它们实际接触的途径和传播路线。这样的批评确实击中了传播论的要害。对于古代诸文明之间的联系,传播论关于中东与中国文明之间联系的解释最缺乏证据。中东与希腊文明之间的联系是众所周知的,印度与希腊文明之间的联系可以从语言的角度加以分析。唯独中国与中东文明之间的联系,既缺乏历史的证据,又难以发现语言学上的关联。正是鉴于这样的理论形势,20 世纪末出现了"中国文化西来说",为传播论增添了有力的支持。

2. "西来说"

用传播说来解释中国古史,很自然得出"中国文化外来"的结论。20 世纪至21 世纪之交,说中国文化来自东南西北的各种主张都有。"南来说"的代表有法国人戈宾(A. De Gbinean)和德国人威格尔(F. Wieger);"北来说"的代表是美国人安德鲁(R. G. Andrews)和奥斯本(H. F. Osborn);一些日本人则主张"东来说",据王伯祥《中国史》参考书第一篇引述日本人的意见,说中国文化来自东边的海岛。"西来说"有各种版本:日本人鸟居龙藏认为中国文化起源于甘肃,德国人李希霍芬(F. Von Richthofen)认为起源于新疆,瑞典人克尔甘(Kerlgarn)认为起源于土耳其;当时有一批人,如奥斯本、韦斯莱(Wissler)、克鲁伯(Kraeber)、华莱士(Wallis)和亨廷顿(Huntington)等都主张中亚细亚是人类种族的发源地,英国人拜尔(Ball)、美国人庞培尔(Pumpelly)和威廉姆斯(Willaims)也据此认为中国各族来自帕米尔高原。

在各种外来说中,"西来说"影响最大,历史也最长。早在 17 世纪,耶稣会士克齐尔(Athanase Kircher)认为中国人的远祖来自埃及,波兰人波姆(M. Boym)和英国人威金生(J. G. Wilkinson)也持此说。"西来说"在很长时间里只是在耶稣会等修会内研究传播。直到 19 世纪末,英国人查尔默斯(J. Chalmers)和法国人拉克伯里(T. Lacouperie)提出中国文化来自巴比伦之后,"西来说"才广为人知。据拉克伯里的《中国早期文明的西源论》一书,中东地区的图兰人(Turanian)分苏美尔人(Sumeiarmn)和阿卡德人(Akkadian)两支。公元前 2280 年左右,阿卡德人之王廓特奈亨台兼并了苏美尔人的迦勒底国后,率巴克族东迁,经中亚细亚到达中国西部,"巴克"即中国古籍传说的"盘古",廓特奈亨台即黄帝。[1]

拉克伯里的这些说法被清末至民国初年的很多中国学者所接受。刘汉光的《华夏篇》《思故国篇》《黄帝之立国篇》,章太炎的《种族篇》,蒋观云的《中国人志考》等书都采用此说。另外,王桐龄的《中国民族史》等书也说,从帕米尔高原下来的南三族和北三族的分支构成了中国人的各民族。

拉克伯里的"西来说"之所以能够风靡一时,主要有三个原因。第一是因为巴比伦地处西端,"西来说"的其他版本都可以追溯到巴比伦。第二个原因与当时中国知识分子的救亡心态有关。正如余英时所说,当时一流学者章炳麟、刘师培等之所以笃信不疑"西来说",他们的用意是:"如中国的人种与文化源出于西方,那么中国人仍然处于现代世界的中心,而不在边陲。这也给当时不少人提供了'中国不亡'的心理保证。"[2] 第三个原因更为重要:1921 年,瑞典人安特生(J. G. Andersson)发现的仰韶彩陶上有与中东古器上相似的几何花纹,这似乎为西来说提

---

1 T. Lacouperie, *The Western Origin of the Early Chinese Civilization*, London, 1984.

2 余英时:《钱穆与中国文化》,上海远东出版社 1994 年版,第 23 页。

供了考古证据。不过,安特生的态度还很谨慎,只说:"著者因联想李希霍芬之意见,谓中国人民乃迁自土耳其斯坦(即新疆),此即为中国文化之发源地,但受西方民族之影响。"[1] 他并没有进一步说明这个影响中国文化的西方民族是在中东还是在现在的西方世界。

3. 反"西来说"

拉克伯里的"西来说"传播开来不久,就遭到不少知识分子的强烈反对,他们反对的理由主要有下面几条:

首先,有些人出自民族感情而反对"西来说",他们并不认为"西来说"能够提供"中国人仍然处于现代中心"的心理安慰;相反,说中国人的祖先是西方人,那是无论如何也不能接受的。比如,陈汉章在《中国通史》里说,巴克在里海西岸之波斯,"若率巴克民族东来,则来者仍是白种,而非黄种……由土耳其斯坦来中国者为黄帝乎?"[2] 又如,缪凤林在《中国通史纲要》里说,丢那尼安族属印度欧罗系,"从西来之说,则伏羲、神农、黄帝为白种人,而国人亦白人之子孙矣。"[3] 即使历史学问渊博如钱穆者,也未能脱离这种思维方式。余英时在悼念钱穆的文章《一生为故国招魂》中,绝妙地描写出钱穆反对"西来说"的心态:"中国的'国魂'也就是'黄帝魂'。那么谁是黄帝呢?当时法国一个业余学者提出一个理论:黄帝是近东王号的对音(Nakhunti),黄帝率西方民族称为巴克(Baks)者,先东迁至中亚,再入中国,征服土著。《尚书》所谓'百姓'即是'巴克',而土著则是'黎民'。这种说法现在听来似乎是天方夜谭……这个荒唐的理论后来却又因为瑞典的安特生发现仰韶彩陶而得到加强。甘肃马厂、辛店彩陶上的几何花纹尤其与南欧所见者相似……70 年代中,他(指钱穆——作者注)也特别问过我:现在大陆考古对于甘肃彩陶问题得到了什么样的新结论。可见他仍然没有忘记'中国文化西来'说。几十年来他的用心一贯。"[4]

---

1 J. G. Andersson, "Preliminary Report on Archaeological Research in Kansu", in *Bulletin of the Geological Survey of China*, 1925, p. 36.

2 陈汉章:《中国通史》,出版社不详,1932 年版,第 21 页。

3 缪凤林:《中国通史纲要》,台湾:学生书局 1972 年重印,第 29 页。

4 余英时:《钱穆与中国文化》,上海远东出版社 1998 年版,第 23 页。

其次,"西来说"的文献证据不足。"西来说"有从中国古籍摘取证据的传统,早期传教士在这方面已做过大量工作。拉克伯里所依赖的主要也是文献片面的证据。但是,正如很多学者指出,这些文献证据是不充分的,有些甚至是明显的错误。比如,拉克伯里说八卦与楔形文字相似,这显然没有道理;又如,他把黄帝与盘古的传说相联系,这也难以说得通,因为盘古的传说是后起的,而且不见于正史,来源于南方的民间故事,与比较可信的、流传于北方的黄帝的传说可以说是南辕北辙。

更重要的是,"西来说"缺乏考古上的依据。本来,安特生发现的仰韶彩陶与中东、南欧地区彩陶花纹之间相似的证据就很薄弱。后来,中国的考古学家比较精确地确定了仰韶文化的年代,发现它并不晚于中东两河文化;并且,仰韶彩陶与中国本土其他文化区域的彩陶有着更密切、更明显的联系,有证据表明,仰韶彩陶的前身可能来自东部。面对着种种不利于"西来说"的考古证据,安特生终于在40年代初放弃了旧说,他诚恳地说:"当我们欧洲人在不知道和缺乏正确观点的优越感的偏见的影响下,谈到把一种什么优越文化带给中国的统治民族时,那就不仅是没有根据的,而且也是丢脸的。"[1]

最后必须提及的是,"西来说"的没落与疑古派的兴起是一对孪生现象。实际上,不论"西来说",还是反对"西来说"的观点,还没有时间展开争论,就被疑古派这个强劲的史学思潮所淹没了。疑古派按照实证主义的精神,要求信史必须具备古籍记载和考古发现"双重证据",从而从根本上否定了中国文化的起源问题。如果说,"西来说"和反对"西来说"的双方还都承认黄帝是中国人的祖先的话,那么疑古派则根本否认黄帝是一个真实的历史人物。他们认为,中国历史的开端或在夏启,或在殷商,在此之前,有的只是不可信的神话和虚构。顾颉刚根据对古籍的写成年代的考证,提出了著名的"层累造成的古史说"。他认为,最早的古书是《尚书》前三篇,写成时间在春秋到秦之间,从炎黄到尧舜的历史全是这一时期流行的神话;至于《史记·五帝本纪》记录的帝王系谱更是秦汉之间的人的伪造。

4. 几点评论

平心而论,上述几点反"西来说"的理由有些是有效的,有些则是无效的;有些

---

1 J. G. Andersson,"Researches into the Prehistory of the Chinese", in BMFEA,1943,19,p. 291.

是充分的,有些则不那么充分。对这些理由,我们应该逐一加以客观评价。

(1) 关于民族感情

虽然"西来说"最早有其神学背景,少数西方人还抱着"欧洲中心论"的观点,把"西来说"解释为欧洲是世界文化的起源地(因而才有安特生的诚恳认错);但总的来说,近代流行的"西来说"是在传播论的人类学理论的影响下出现的。一个学者应该从学理上认真对待它,没有必要在严肃的学术讨论中掺入民族感情,也不要把"西来说"笼统地斥之为"帝国主义者的论调"。事实上,拉克伯里等人把中国人的祖先当作闪族的分支,而闪族并非白人种族。有些反对者把他们所说的图兰族或巴克族误解为白人,这没有人种学上的根据。"西来说"所指的"西方",除极少数人认为是南欧之外,大部分人认为是中东(巴比伦或埃及)或中亚。在这里,我们有必要区分古史研究中的西方和现代意义上的西方的不同。

柏克特(M. G. Burkitii)在《我们的祖先》一书中把远古世界划为东西两部分,东西的界线南起喜马拉雅山,依次经昆仑山脉、塔里木盆地、帕米尔高原、天山山脉,最后北止于新疆的戈壁和阿尔金山。[1] 这些高山戈壁构成了东西方民族迁徙和交流的天然障碍。但柏克特强调,在新石器早期,中亚气候湿润,现在已是沙漠的地区那时存有大片内陆湖,现已干涸的塔里木河那时与这些湖泊连接;另外,各山脉上有一些至今还是东西交通重要通道的山口;远古的东西方民族可以通过这些河流山口相互交流。柏克特相信中亚是文明的起源地,中东的两河文化和中国文化都是从这里传播出去的。[2]

姑且不论柏克特的假说是否能够成立,重要的是他所划分的东西方界线。远古世界的东西方不等于近现代史乃至古代史中的东西方。相对于现代意义上的西方而言,中东和中国一样属于东方。如果中国人把源于中东的种族和文化向中国的传播叫作"西来说",那么,西方人也应该把源于中东的种族和文化向西方的传播叫作"东来说"。按照中国文化西来说,中国人和西方人在文明起源的问题上处于平等的位置:西方文化和中国文化都不是中心,原初的传播中心在中东。而

---

1 M. G. Burkitii, *Our Early Ancestors*, Cambridge University Press, 1936, pp. 80–82.
2 同上。

且,古史研究中的东西方地域之分与直到 17、18 世纪才显突出的东西方文化冲突也无直接的、必然的联系。因此,似无必要一定要把"西来说"和西方中心论或帝国主义的政治联系在一起,关键要看这个学说能否在学理上站得住脚。

按照大家现在普遍接受的"双重证据"的标准,我们可以分别考察"西来说"的文献证据和考古证据的可靠性。

(2) 关于文献证据

如前所述,"西来说"主要是依靠文献上的证据提出的。在这些证据中,除少数已被证明是明显的错误以外,很多证据虽难驳倒,但不充分。比如,中国与巴比伦文化有一些表面上的相似之处:历法、音律等均以十二为纪,记数以六十为循环,一些象形文字与楔形文字的相似,古汉语与古代中东语言中有些文字在发音上的相似……人们可以说这些只是偶然的巧合,不能证明中国文化源于巴比伦。再如,《尔雅》有"林,烝,君也"的解释,这至多只能说明远古部落首领多居住在山林,但不能证明这些山林就是现在所说的帕米尔高原或昆仑山。中国古籍中有一些关于昆仑的传说,《尔雅》中"河出昆仑墟"和《史记·大宛列传》中的"汉使穷河源,河源出于阗"这两句,指出了古昆仑位于今天的新疆和田一带;和田产玉,而玉为古代通宝。但正如梁启超所说,这些证据充其量只能证明古代中原与西部的交通往来,不能证明中国文化和民族来自西方。

在评价任何一个学说的文献证据时,我们都要清楚地认识到,文献的价值在很大程度上依赖于解释的方法和理论。在评价"西来说"的文献证据时,强调这一点尤其重要。这是因为它所依赖的证据很多出自《山海经》《穆天子传》等神话和古籍中关于古代帝王的传说,这些文献和传说在疑古派看来根本没有历史价值,不能作为证据使用。另外,影响国内的那些近现代西方神话学理论也没有肯定神话传说的历史价值。这些理论否认了"西来说"所引证的文献所能够具有的历史证据的价值。但即便如此,"西来说"的一些文献证据在它自身理论框架中还是可以自圆其说的。

王仲孚以反对"西来说"的态度比较详细地考察了关于"西来说"的各种文献,得出比较公正的结论:"中国古史传说纷纭,用西来说的理论加以附会,结果一部分固可以自圆其说,一部分却解释不通,甚或矛盾百出。即使能够自圆其说的部分,也不免令人有'是耶? 非耶'的感觉。真正的答案,惟有寄望于考古发掘。"[1]

(3) 关于考古证据

的确,考古学最后提供了驳倒以拉克伯里为代表的"西来说"的充分的、决定性的证据。但是我们必须清楚地认识到,再有力的证据,也只是在一定的范围内、对一定的论题有效。因此,有必要对反驳"西来说"的考古证据的相关性和适用范围作一分析。

首先是考古证据的相关性问题。并不是在中国本土挖掘出的所有远古文物都是驳斥"西来说"的证据,比如,旧石器时期的考古发现与"西来说"无关。虽然在中国各地都发现了几十、几百万年前的古人类化石,但是需要注意的是:第一,古人类的起源与文明的起源问题是两个不同的问题。古人类虽带有最初的文化痕迹,但离文明阶段还很远。由于地球上气候的变化,古人类在旧石器时期结束时已基本消亡。在旧石器时期和新石器时期之间有一过渡时期,即中石器时期,其间产生了现代智人,最初的文明是伴随着现代智人的演化而出现的。第二,现代智人的起源与文明的起源也不完全是一个问题,因为中石器时期产生的现代智人在新石器早期分化成很多人种和亚种,起源于新石器中晚期的文明是由现代智人的某些亚种创造的。但现在的考古证据还不能确定文明类别和人种类别之间有一一对应关系;就是说,不同的人种可能拥有共同的文明,相同的人种可能拥有不同的文明。正如潘其风指出的那样:"人类体质的发展演化并非到旧石器晚期的智人阶段就终止了,恰恰相反,自智人阶段起,人类开始了一个更为复杂的演化阶段,即出现了人种的分化。""目前所采集和研究过的新石器时代的居民遗骸,还远远不能与已经发现的诸考古文化类型相对应。"[2]

出于上述两点,我们不能根据中国本土发现的古人类化石年代久远这一事实,或根据中国人种从属的蒙古人种与西方的人种不同这一事实,就断定出现于新石器时期中晚期的中国文明不是外来的。

正是因为在最早的中国人种和文明的起源问题上存在着种种不确定性,才

---

1 王仲孚:《中国上古史专题研究》,台北:五南图书出版公司 1996 年版,第 69 页。

2 潘其风:《中国古代居民种系分布初探》,见苏秉琦主编《考古学文化论集》,文物出版社 1987 年版,第 221、223 页。

出现了企图用中东或中亚的民族迁徙来解释中国文化起源的"西来说"。仰韶文化的属主和年代的确定，对于驳倒拉克伯里的"西来说"具有决定性的意义。早在拉克伯里所假设的巴比伦部落迁移中国这一事件的二三千年以前，即公元前五六千年，蒙古人种的一个亚种就在中国西部创造了仰韶文化。面对着这样有力的证据，谁还能说中国西部的文化英雄黄帝是在公元前 2800 年左右从巴比伦来的呢？

仰韶文化的考古发现无可辩驳地宣判了拉克伯里的"西来说"的死刑。我们是否能够说，现有的考古学证据已经一劳永逸地驳倒了所有形式的"西来说"呢？我们知道，拉克伯里的说法是"西来说"的一个版本，而"西来说"又是传播说的一个版本。仰韶文化的考古发现虽然决定性地驳倒了拉克伯里的"西来说"，但为了反驳"西来说"和其他外来说等传播说的理论，我们还需要更多的有关中国文明起源的考古证据和理论。我们不妨先来看一看在这方面取得了什么证据。

三

考古新发现引起的新问题

1. 中国学者近期新发现

"西来说"和疑古派是近代以来中国古史研究中两股最大的思潮。自 1949 年以后的一段时间里，中国大陆历史界和考古界的一般倾向是既批判疑古派，又否定"西来说"。流行的观点曾一度是认为中国文明发生于中原地区的"中原中心论"。最近，考古学界以苏秉崎为代表的一些人提出了"文化区系类型"的理论。他们根据新时期的考古发现，在公元前 8000 年至前 2000 年间的中国境内区分出六个文化区域，它们是：甘肃的仰韶文化，燕辽的红山文化，山东的大汶口文化和龙山文化，江浙的河姆渡文化和良渚文化，长江中游的大溪文化、屈家岭文化和石家河文化，以及中原文化区。严文明把六个文化区的关系形象地比喻为"重瓣花朵式的向心结构"："这五个文化区都紧邻和围绕着中原文化区，很像一个巨大的花朵，五个文化区是花瓣，而中原文化区是花心……起着联系各个文化区的核心作用……与古史传说中各个部落集团经常迁移、相互交往乃至发生战争的记述是相呼应的。"[1]

考古学上的这些新成果包含着两个结论:第一,中国文化"本土生长,不出于一源",而不是外来的,尤其不是西来的;第二,这些文化区域的考古发现基本验证了中国古史传说的某些内容,这些传说并不如疑古派所说,只是虚构的神话,而有真实的历史依据。

尤其值得提及的是,考古学所验证的中国古史传说是经过徐旭生整理的"上古三大集团"的传说。徐旭生是在 20 世纪 40 年代针对疑古派提出此说的。他提出了传说与神话的区分,指出后来记载的远古旧事不是虚构的神话,而是口耳相传很久的真实历史,这段没有文字的历史叫"传说时代"。在传说和见诸文字的过程中,原来的历史加入了一些想象、讹错和虚构的成分,但不能据此否定传说的历史性。徐旭生对传说的看法接近于前面提到的缪勒的神话学理论。根据这种理论,对待那些过去仅被当作神话,而实际上是历史传说的文字记载,应采取去伪存真的分析态度,而不能把它们作为迷信和虚构加以排斥。徐旭生指责疑古派过多地采取"默证"的方法,把当时没有文字记载的事件统统当作没有事实根据的神话或虚构。

在分析先秦时期传说的史料的基础上,徐旭生得出了上古三大集团关系的学说。概括地说:"我国古代的部落分野,大致可分为华夏、东夷、苗蛮三集团——仔细分析也未尝不可以分为六部分;因为西北方的华夏集团本来就分为黄帝、炎帝两大支……近东方的又有混合华夏、东夷两集团文化,自成单位的高阳氏(帝颛顼)、有虞氏(帝舜)、商人。接近南方的又有出自北方的华夏集团,一部分深入南方,与苗蛮集团发生极深关系的祝融等氏族。……这三个集团相遇以后,开始互相争斗,此后又和平共处,终结完全同化,才渐渐形成将来的汉族。"[2]

考古学确定的文化区域与"上古三大集团"的传说大致上有这样的对应联系:仰韶文化是华夏集团的创造,山东的大汶口文化属于东夷集团,而江浙的河姆渡

---

1 严文明:《中国史前文化的多样性与统一性》,见《北京大学百年国学文粹·考古卷》,北京大学出版社 1998 年版,第 258 页。
2 徐旭生:《中国古史的传说时代》,科学出版社 1960 年重印,第 3—4 页。

文化和良渚文化以及长江中游的屈家岭文化和石家河文化是苗蛮集团的势力范围，龙山文化和后来的中原龙山是混合华夏和东夷文化的文化类型。

现在，考古学家和历史学家对各个文化区域的考古文物特征加以分析比较，可以重现当年分别在这些区域活动的部落集团之间既相互冲突又相互交往和融合的状况。考古发现所证实的三个集团的交往史大致可分为下面三个阶段。[1]

第一阶段是后期仰韶文化的兴盛。这一时期（前5000—前3500）的仰韶文化的庙底沟类型发展快、分布广、影响大。庙底沟文化的典型文物是饰回旋钩连纹或花瓣纹的彩陶，在大汶口和大溪文化也被普遍发现。这说明仰韶后期文化范围遍布江淮河汉流域，覆盖了大汶口文化和屈家岭文化。个中原因可以用华夏对东夷战争的胜利来解释。据古史传说，"神农氏衰，诸侯相侵伐，黄帝执蚩尤而杀人，诸侯咸归"（《史记·五帝本纪》）。蚩尤是东夷集团的首领，传说他与华夏集团的首领黄帝在涿鹿大战，战败被杀。华夏集团的势力也因此扩展到东夷乃至苗蛮控制的地区。

第二阶段是仰韶向龙山文化的过渡。这一时期（前3500—前2500）的仰韶文化停滞不前，而大汶口文化发展很快，且与沿江海的石家河文化和良渚文化关系密切，这些文化所具有的共同的典型文物是素雅精美、薄胎细腻的黑陶。在这一时期的文物中，可以看到黑陶代替了彩陶、鬲代替了酉瓶的倾向，这标志着仰韶终被龙山文化所代替。造成这种现象的原因是，东夷在与华夏集团的融合过程中增强了实力，又向苗蛮地区扩张，势力超过了华夏集团。史书对这种情况有两种不同的记载。一是说东夷在涿鹿战争之后，继续侵扰四邻："伏蚩尤后，天下复扰乱，黄帝遂画蚩尤形象以威天下。咸谓蚩尤不死，八方皆为殄灭"（《五帝本纪》正义）。二是说东夷服从华夏集团，重新强盛；据《逸周书·尝麦解》：黄帝"执蚩尤……乃命少昊清司马鸟师，以正五帝之官"。"少昊清"是东夷人，"鸟师"指东夷的军队，黄帝的策略是"以夷治夷"，他甚至把他的孙子颛顼寄养在东夷。《山海经·大荒

---

1 韩建业：《中国上古时期三大集团交互关系探讨》，载《北京大学学报》1996年第1期，第78—82页；郭大顺：《考古追寻五帝踪迹》，见《'98汉学研究国际会议论文集》，北京大学传统文化研究中心编，1998年版，第293—295页；张学海：《中国文明起源之我见》，见《'98汉学研究国际会议论文集》，第309页。

东经》说"颛顼孺于少昊"。"孺"与"乳"相通假,就是说,颛顼幼时被少昊族养育。《帝王世纪》也有"颛顼生十年而佐少昊"的说法。颛顼的族名是高阳氏,该族大概是华夏和东夷集团通婚的结果,他们按父系属于华夏,按母系属于东夷。自颛顼之后,华夏与东夷的种族分别已不明显。史书上记载的既属于华夏又属于东夷的种族不在少数。正是华夏与东夷的融合,创造了龙山文化。龙山文化的开创者颛顼的一个伟大贡献是实行了宗教改革,"命重黎绝地天通"。颛顼的统治中心可能在东夷,但他的势力范围扩展到苗蛮,高阳族在江淮和南方的广泛分布与处处可见的龙山文化遗迹是相适应的。

第三阶段是中原龙山文化的兴旺。这一时期(前 2500—2000),龙山文化东移到中原,与石家河文化在地理上不再相连。中原龙山文化是在龙山文化的基础上华夏族和东夷族进一步融合的产物。华夏族的仰韶文化在前一阶段被龙山文化与燕辽地区的红山文化所吸收,这种情形可能与华夏族向东和向北的迁移有关。经过长时期的融合,华夏—东夷族在中原形成了综合性的文化形态。在晋南襄汾发掘的陶寺文化类型集中了仰韶、红山、大汶口、良渚等文化的特征,与史书记载的万邦林立的尧舜时代,各国由四面八方"之中国",进行"朝觐""讼狱""讴歌"的盛况是一致的;因此有人说,陶寺文化是陶唐氏的遗址。中原龙山文化的后期,石家河文化消失,而中原龙山文化的分布扩展到西至陕西西部、北达河北南部、东到鲁西南、南抵江淮的广袤领域。据史书记载,这一时期尧舜禹三代一直在向苗蛮用兵:"尧战于丹水之浦以服南蛮""舜南征三苗,道死苍梧""禹攻三苗而东夷之民不起"。至此,苗蛮集团在中国历史中消失了,华夏和东夷文化构成了以后的夏商周的三代传统。

2. 几点反思

(1) 考古发现是否彻底驳倒了传播说?

我们在开始时提到,进化论和传播说是解释人类种族和文明起源的两种对立的理论模式。虽然进化论现在已取得主流地位,但这是否意味着传播说已被完全驳倒了呢?按传播说的一般理论,人类最早的文明是一个民族创造的,并随着民族的迁徙,传播到其他民族居住地区;他们传播的文明有两种命运:或者由于受到原住民习俗的影响而蜕化变形,最终消失;或者征服、同化原住民而成为该地占统治地位的文明。要驳倒传播说的假设,证明某一区域的文明源于本土,而不是外来的(不管来自西方或/和其他地方),那就需要证明:(a) 该区域的居民保持着稳定的种族同一性,没有明显的外来种族特征;(b) 该区域的文明与这一种族最早的文化特征有着明显的连续性,没有明显的外来文化痕迹。考古学是否已经提出了这样的证据呢?

就中国文明起源问题而言,初步的证据显示,仰韶人有东亚和南亚蒙古人种的特征,大汶口人有东亚蒙古人种的特征,南方的人种有东亚和南亚蒙古人种以及蒙古与尼格罗—澳大利亚混合人种的特征。他们在体质上的差异没有超出同种系的范围,可能属于同一种系的不同族群。现在可以确定,中国人种从属的蒙古人种完成于中石器时代。现在的问题是,我国发现的中石器的遗存很少,不足以说明从蒙古人种到居住在中国的蒙古人各亚种的进化途径。并且,这些亚种在新石器时期分布极广,并不局限于现在的中国疆域。由此产生的一个结果是,我们不能确定地说,出现在新石器时代的中国最早的文明必定是那些生活在这一地区和时期的蒙古种智人所创造的。就是说,考古学尚没有提出驳倒传播说所需的证据(a)。

我们再来看一看,考古学是否提供了证据(b)。前述中国考古发现的六个文化区域大致起源于公元前7000年左右,现在还发现了它们的前身文化,如仰韶文化的前身是磁山文化、老官台文化,大汶口文化的前身是北辛文化,一般在公元前8000年左右。这些文化已经具备了最早文明的部分或全部特征,包括:磨制的细石器、彩陶、家畜(尤其是猪)和农作物(尤其是水稻)等。

现有的考古证据是否能够使我们确定,这些区域的文化的全体构成了中国最早的文明。为了达到这样的结论,我们要证明两点:(b. 1)为了把这些不同文化区域当作一个整体,我们需要证明出于它们的器物之间有明显的相同相似特征,而与世界其他地区同时期的出土器物有明显不同;(b. 2)为了把本土文化作为源头,我们需要证明周边地区没有更早的相似的文化类型。

我们现在还没有证明 b. 1。中国的东西南北各区域文化差异较大,比如西部和中亚文化的相似处可能比中国西部和东部之间的相似性更大,南部与东南亚的差别可能比中国南部和北部之间的差别更小。当然,这里有一个观察角度和比较对象的选择问题。细石器形状和彩陶花纹复杂多样,它们的归类和区别很难避免见仁见智的主观性;没有一个公认的客观标准,可以使人们都能同意,这些文化区域的细石器和彩陶属于同一类型,而与世界其他地区的细石器和彩陶不同。有些器物,如猪和水稻可能是中国一些区域特有的,但东南文化区域的先民养猪种稻与西北文化区域的先民养牛羊、种麦黍一样,都属于养家畜种、农作物的文明类型。至于养什么样的动物,种什么样的植物,这是由气候地理等自然条件决定的,并不是区分文明类型的必然条件。同理,细石器形状和彩陶花纹的区别也许是次要的,重要的是,当先民们用精凿细磨的方式来制造石器,当他们在陶器上描绘和欣赏自己的"生活世界",这标志着他们进入了同一种文明形态。现在的问题是:这种文明是由一个民族创造,并把它传播到世界各地,还是由世界各地的民族在大致相同的时期内不约而同地创造出来的? 出土器物的细微相似或差别只能回答先民是在什么自然和生活条件下使用这些器物的,但不能解决这些有着共同用途的器物是如何起源的问题。

能够证明 b.2 的证据也是不足的。正如巫鸿在谈到大汶口文化的起源时说:"由于从旧石器时代到新石器时代中期之间存在着一个相当大的考古学的空白,这就给我们提出了一系列问题,如大汶口文化是山东地区内土生发展起来的文化,还是由外部居民移入造成的文化飞跃? 大汶口文化丰富的遗存所反映出的高度发展的文化水平有着什么样的基础? 等等。这些问题都有待于更多的考古资料以及更细致的分析之后才可望逐渐获得解答。"[1]

虽然现在已经发现了大汶口的前身文化——北辛文化,但同样的问题也适用于北辛文化:如何证明北辛文化不是外来传播造成的结果呢? 仰韶文化和南方的河姆渡、大溪文化和石家岭文化以及它们的前身文化也都面临着同样的问题。这是因为,人类文明是由那些在新石器时期早期(约在公元前 10000 年之前)定型的民族创造的,但现在的考古学所发现的只是新石器时期中晚期(约公元前 8000 年之后)的文化遗迹。只要现代智人创造的最早的文化与现在已知的文明之间的联

---

1 巫鸿:《从地形变化和地理分布观察山东地区古文化的发展》,见苏秉琦主编《考古学文化论集》,文物出版社 1987 年版,第 167 页。

系尚不清楚,也就是说,没有足够的证据来证明 b,那么,传播说将仍然是一种可能的假说。

为了想象传播说的可能性,让我们假想这样一种情况。设想人类和地球上的文明现在突然消失,若干年后一种先进的生物通过考古发掘来考察地球文明在消失前的状况;再假定他们能够了解 20 世纪地球上各种器物的功能,把这一时期地球文明的标志物规定为水泥建筑、电视机、计算机、小汽车和电话。他们在中国发现了大屋顶的低层楼房、电子管电视机和移动电话,在欧洲发现了平顶高楼、晶体管电视机、微机和有线电话,在美国发现了摩天大楼、大型计算机和小汽车。于是他们得出这样的结论:这三个地区有三种不同的文明形态,在这些地区发现的不同器物分别是当地居民独立创造的。我们现在掌握的有关古代文明的证据并不比这个假想故事中的主人对于现在地球文明的知识更多。如果我们完全排斥文明传播的可能性,认为现在发现的远古器物都是本地人的创造,那就可能会犯同样性质的错误。当然,以想象出的例子为基础进行类比是有缺陷的。我们已经知道 20 世纪工业文明有着共同来源,但我们现在还不知道最初的人类文明是否有共同的来源。因此,设计这个例子只是为了显示文明传播说为真的可能性,而不是证明它确实为真。

(2) 作为研究纲领的社会进化论和文明传播说

我们目前能够达到的结论并不能证明传播说的正确性,而只是证明它至今尚未被证明为错误。这一结论同样也适用于它的对立面——进化论。姑且不论进化论作为生物学的一般理论所面临的理论难题尚未解决,用来解释人类文明起源和发展的社会进化论也有同样严重的问题有待解决。更为严重的是,人们还没有像对待进化论那样认真地反思社会进化论的困难,很多理论难题甚至还没有被提出。社会进化论在人类学、考古学等社会科学领域流行的现实并不能掩盖它的缺陷。我们至少可以这样说,在证据不足的情况下,社会进化论和文明传播说同样是假说。

但是,这两种理论又不是一般的科学假说,而是决定着证据的解释、选择和获取过程的根本性假说。卡尔·波普尔曾说,达尔文的进化论是一个"形而上学的研究纲领"。他说:"达尔文主义不是一个可检验的科学理论,而是一个形而上学研究纲领——一个使得可检验的科学理论成为可能的框架。"达尔文的进化论并没有解决生命起源问题,它所说明的进化规律也不能被实验所检验;相反,对于那些实验可以检验的问题,如"最初的生命是如何从无生命的物质中产生的?""物种从低级到高级进化的原因是什么?"它并没有作出完满的解释。因此,达尔文的进化论不是科学理论。即便如此,它仍不失为对生物学研究有着重大指导意义的形而上学纲领。因为它把可被实验检验的相关证据综合为一个理论体系,提供了一个关于物种分类和发展过程的总的图景;在这个理论体系中,人们可以搜集和解释更多的经验证据,深化对物种之间联系的知识。[1]

我们这里借用波普尔的术语,把社会进化论和文明传播说称为形而上学的研究纲领。因为两者虽然对人类文明的起源提出了不同的解释,但它们都能够把相关的经验证据综合在一起,提出自圆其说的理论解释,并能够指导经验研究的进一步深入开展。按照波普尔和其他很多科学哲学家的理论,那些被称为"研究纲领"或"范式"的根本性理论有着选择甚至决定经验证据的作用。不同的理论有不同的证据,经验证据的检验作用只在一定的理论框架中才是有效的。

科学哲学家的上述说法也适用于社会进化论与文明传播说的对立。有些在社会进化论者看来可以彻底驳倒传播说的证据,在支持传播说的人看来却是离题的,甚至是毫不相关的;反之,社会进化论者也不承认那些可以用来支持传播说的证据。"西来说"和反"西来说"的一些争论就是这样引起的。

比如,1926年,"北京人"发掘出土后,有人撰文说:"北京人业已用火,北京人已知用脑、用火,则我国文化之基础,已肇始于其时,不必近求仰韶时期。"[2]安特生当年用仰韶文化发现验证"西来说",因此才引起此人使用更早的北京人考古发现来反驳"西来说"的举动。对于支持"西来说"的人而言,"北京人"对于中国文明起源的论题根本是一个不相关的证据;而对于反"西来说"的人而言,安特生的证据是不可靠的,是建立在错误的年代推算的基础之上的。现在,争论双方都承认了这些证据的不足,不会再引用这些不相关或不可靠的证据了。

---

1 赵敦华:《卡尔·波普尔》,香港三联书店1987年版。

2 转引自王仲孚《中国上古史专题研究》,台北:五南图书出版公司1996年版,第74页。另见山东大学出版社2017年版。

再以一个尚未解决的争论为例。庞培尔、柏克特和瓦西里耶夫（B. Vasilyev）等人认为，位于中亚的安诺文化是最早的文明策源地，欧洲和中国文明可能都是从这里传播出去的。为此，林寿晋提出四项证据，证明仰韶文化不可能来自安诺文化：第一，仰韶文化的碳素测定年代早于或相当于安诺文化；第二，两者的文化特征，如工具的质地和形状、农作物种类、彩陶花纹、建筑结构、埋葬姿势等均不相同；第三，两者的人种特征不同；第四，仰韶文化的前身文化在东面，而不在西面。[1] 但这些证据并不能说服那些持"中亚文化中心说"或"西来说"的人。他们假定，中亚在中石器时期和新石器早期最适合人类生存，是产生现代智人的摇篮，安诺文化并不是这一地区唯一的文化，也不是最早的文化遗址。他们会争辩说，以上证据如果可靠，也只是证明了安诺文化与仰韶文化之间没有明显的相似性；但这些并没有证明安诺文化不可能有更早的前身文化，也没有证明它们与仰韶及其前身文化之间不可能有任何连续性，因此，这些证据对他们来说并不十分合题。然而，他们要证明中国文明是从这里传播出去的，也需要在中亚和中国之间找到一系列在时间上由远到近、在性质上有承袭关系的文化遗址。要达到这样的要求谈何容易！柏克特近乎哀叹地说："我们也许永远也不会知道中亚是不是延续至今的农业、家畜、陶器和其他器物的起源地，沙漠埋藏了秘密。"[2]

这样说来，社会进化论与传播说，或者更具体地说，"外来说"与"本土说"之间的争论岂不是永远也无法解决了吗？我们大可不必这般悲观。历史学研究中区别了"证据的可靠性"（authenticity of evidence）与"证据的可信性"（credibility of evidence）。[3] 考古学发掘的证据在一定理论条件下的可靠性是有客观标准的，比如，安特生当年发现的仰韶文化的证据不能支持拉克伯里的"西来说"，这已成为定论；中国六个文化区域的考古发现是支持"上古三大集团说"的可靠证据，这也没有太大疑问。公认的可靠证据最终能够解决证据的可信性问题。比如，迄今为止，仰韶、大汶口、河姆渡等文化的一个个证据，对于传播论者来说很可能与中国

---

1 林晋寿：《论"仰韶文化西来说"》，载《香港中文大学中国文化研究所学报》，第十卷下册，1980 年版，第 273—277 页。

2 Burkitii, *Our Early Ancestors*, Cambridge University Press，p. 79.

3 R. J. Shafer, *A Guide to Historical Method*, Dorsey（Homewood），1974，chs. 5 - 6.

文化本土多源说并不相关，或不可信。但是，如果能够在中国本土进一步发现这些本土文化的最早的前身文化，早到这些文化所属的种族诞生的考古年代，那么这一系列有着连续性的文化遗址，将把其中的每一个都转变成为支持本土多源说的可信证据。

在争论的一方还没有找到可靠的证据，把对方不信的证据转变为可信的证据之前，社会进化论和文明传播说都只是研究纲领式的假说，两者都能够把各自相信的相关证据综合在一起，提出合理的解释。如果是这样的话，我们就不会过于关注一方认为可信而另一方认为不可信的那些证据，不必在可靠的证据被发现之前作非此即彼的选择。正确的态度应该是，以开放、宽容的态度对待这两种不同的学说，要更多地理解它们各自的合理性。我们将以这样的态度来解决本文一开始提出的帕斯卡猜想。

(3) 疑古派和文献证据

研究民族和文明起源问题，考古证据最有说服力，有着决定性的作用，但在缺乏可靠的考古证据的情况下，文献证据是必不可少的。可靠的文献证据对于考古学的理论可以起到前导的作用。如前所述，拉克伯里的"西来说"及其支持者主要依赖文献证据，而他们又没有对文献的可靠性加以考察，结果疑古派思潮一出，他们便败下阵来。最近的考古发现再次验证了被疑古派否认了的尧舜禹三代历史，乃至更早的黄帝传说，这使得人们又可以依据古籍文献来讨论中国文明的由来。

经历了西来说与本土说、疑古与考古等争论之后，我们可以站在新的、更高的起点上，引证和解释相关的文献资料。古籍中的古史传说确有很多伪托臆造成分，考证出这一点是疑古派的一个功绩。疑古派的缺点是在泼洗澡水时倒掉了婴儿。他们没有区分秦汉之际成书的古籍中的传说成分和臆造成分。他们的逻辑似乎是：传闻＝不可靠＝臆造。实际上，有些传闻是可靠的；即使不可靠的传闻也不完全是臆造，而很可能是可靠传闻的讹错，而造成讹错的原因也是有据可考的。

徐复观在《两汉思想史》中对疑古派的思维方式作了反驳。他说："顾颉刚们疑古派所作的以翻案为主要目的的考据，实际上都是在'一些典籍上记载了的东西，在纪元前七百年之前，一千年以前，我们的先民不可能作到的'前提之下，所附会出来的。此一阴魂还深深地缠在某些先生们的身上。我更希望台湾有人研究考古学,把考古学所重建的古代中东近东的历史,介绍给我们的学术界,使大家对于纪元前七八千年以降的诸古国文物及战争等,多有点了解……肯对我国的古代史,重新作客观的研究。"[1]

徐复观的这些话有一定的理论背景。他追溯出从仰韶文化到殷商和周,直至儒家思想这样一条线索。他指出:"在黄河中下游的古文化遗村中,有规律地呈现着仰韶、龙山和殷周三种不同文化堆积的先后压迭。历史发展的顺序应是仰韶→龙山(夏)→殷商→周。"[2]虽然没有明说,徐复观显然不满足于把仰韶文化作为中华民族精神的源头,他要求考虑仰韶文化与更西的文化之间的联系。[3] 只有这样,"考古学所重建的古代中东近东的历史"、"纪元前七八千年以降的诸古国文物及战争等",才能对于我国的古史研究有所贡献。

总而言之,在利用文献证据来讨论中国文明的起源问题时,我们一要注意证据的可靠性,二要注意参照外部文化的证据。我们提出这些要求,以及上一分节达到的把进化论和传播说当作研究纲领的要求,是为解决我们一开始提出的那个帕斯卡猜想作准备性的工作。

四

"帕斯卡猜想"的谜底

帕斯卡猜测,《圣经·创世记》前十一章记载的发生在中近东的历史与中国古籍中记载的远古历史有一致性,但他没有解释为什么会有这般一致性。现代学说

---

1 徐复观:《两汉思想史》,第一卷,台北:学生书局1980年版,第355页。另见华东师大出版社2001年版。
2 同上书,第371页。
3 顺便说一下,正是按照这样的要求,徐复观对周文化的发祥地提出了与钱穆不同的意见。钱穆认为在山西汾水一带,徐复观则坚持认为在陕西境内。这不是技术细节的争论,它所涉及的是中国最初的文化究竟在西部还是在中原的问题。如果在西部,则可能会来自更远的西域:如果在中原,则西来的可能性会减少。为了不给西来说留下可乘之机,钱穆写作《周初地理考》,推翻2000年来流行的"周人来自陕西"的旧说,可谓用心良苦。

可以提出两种解释：两者或者因为处于社会进化的相同阶段而相互同步一致，或者因为同源和传播而彼此相似一致。就是说，我们可以用"帕斯卡猜想"这一术语概括关于中西民族和文明起源的"本土说"和"西来说"这两个研究纲领；或更确切地说，概括社会进化论和文明传播说这两个研究纲领的分支。

帕斯卡猜想依据的是《创世记》前十一章和记载中国古史传说的古籍。我们现在再来考察这些文献证据，要吸收近代史学，特别是考古学和考据学的成果，在那两个研究纲领之中，收集和分析可信的证据，以对帕斯卡猜想作出合理的、全面的解释。

1. 家族系谱是否可信？

《圣经·创世记》前十一章的历史性突出地表现为这样一个特点，即以家族的系谱为线索，而中国古史传说也是以古帝王的系谱为特点的。这些系谱记载了人类种族和文明的起源，但人们现在都不把它们当作可信的证据，而宁可相信它们只是不可稽考的传闻。这种信念在很大程度上来自一种语言观。中国人有句俗语：眼见为实，耳闻为虚。把这句话应用于语言，就会得到书写的文字比口耳相传的言说更可靠、更真实的结论。著名语言学家索绪尔（Saussure）把这种根深蒂固的语言观称为"文字的暴政"。正是出于这样的语言观，人们问道，成书于公元前五六世纪的《圣经·创世记》如何能够真实地记录发生在二三千年以前的事情呢？成书于先秦或秦汉之际的文献如何能够真实地记录几千年以前的历史呢？回答是：那时作者书写的或是同时代人的想象、编造，或是前辈们想象编造、以讹传讹的代代相传的神话故事。

帕斯卡对《圣经·创世记》前十一章记载的系谱的历史真实性有着相当独特的看法。他说，这一系谱虽然是摩西最后用文字记录下来的（《创世记》是"摩西五经"之一），但摩西记录的内容有着代代相传的见证。他说："闪见过拉麦，拉麦见过亚当，也见过雅各，雅各见过那些曾经见过摩西的人，因而洪水和创世记都是真的。"[1] 据查证，《圣经》中没有"拉麦见过雅各"的记载，但这并不重要，帕斯卡的意图是要建立一个从亚当到摩西的口耳相传的历史联系。他要说明的道理是：《创

---

1 帕斯卡：《思想录》，何兆武译，商务印书馆 1985 年版，第 287 页。

世记》是一代一代的人通过面授耳提的亲身交往接触而传下来的,摩西记载的重要的事件都有事件发生的那个时代的人的见证,没有什么样的历史记载能够比亲身经历更为真实可靠的了。

帕斯卡在这里纠正了一个流行的观念:文字记载的历史比口头传说更加真实,因为文字记载是不变的,而传说却会出现讹错;并且,传说的时间越久远,以讹传讹的机会也就越多。帕斯卡承认,日常的口头传说经常出错,但日常传说的这一缺陷却不适用于摩西记载的历史。因为远古的生活条件和现在不一样。他说:"当人们活得如此之悠久的时候,子孙们就可以长时期地和他们的父母交谈。但是,除了他们祖先的历史而外,他们又能交谈些什么呢?因而一切历史被归结到这上面来,而且他们又并不研究占据了今天大部分日常生活的种种科学与艺术。我们还可以看到,当时各个民族都是特别小心翼翼在保存他们牒谱。"[1]

帕斯卡在这里提供了一个心理学和社会学的解释,回答为什么远古民族都有口传系谱,为什么远古传说的历史都以系谱的形式展开等带有普遍性的问题。但他是在"人们活得如此悠久"的前提下作出解释的。这一前提站得住脚吗?

《圣经》与中国古籍里的系谱还有一个相似点,那就是每代人活的年龄长得令人难以置信,《圣经》系谱中的人的年龄多在七八百岁以上;中国古籍中的系谱虽然没有提及每代人的具体年龄,但系谱跨越的时间长而世代少,每一世的年岁显然很长,如从黄帝至舜才八年,至禹才三世,以至民间传说古代帝王的年岁都在八百、一千年。人们指出,人的生理寿命不可能那么长,因而这些系谱不可能为真。帕斯卡对此的解释是:"摩西有意安排"。但摩西为什么要如此安排,"为什么要把人的生命弄得那么长,而把他们的世代弄得那么少?"帕斯卡的回答是:"因为使得事物幽晦难明的,并不是年代的悠久,而是世代的繁多。因为真理仅仅是由于人的变更才改变的。然而同时他却把所能想象的最可纪念的两件事,即创世记和洪水安排得那么近,近至我们可以触及它们。"[2]

帕斯卡似乎并不太相信从创世记到洪水的 2315 年,才历经了从亚当到雅各

---

1 帕斯卡:《沉思录》,何兆武译,商务印书馆 1985 年版,第 287 页。
2 同上。

的 22 代。他认为,摩西让见证这一段历史的人都活得特别长,因而使得传递历史信息的世代特别少,则传说出差错的可能性也就越小。这样的安排还有一个作用,这就是使传说的内容也会集中于最可纪念的历史事件——上帝创世和洪水。《圣经》记载的两件历史事件因这样的安排而显得更加真实。

2. 批评之一

帕斯卡用"摩西有意安排说"来解释世代口传的系谱的真实性和可靠性,但这是一个自相矛盾的解释。历史传记作者的有意安排所解释的,恰恰是他记载的历史的主观任意性,而不是历史的客观真实性。我们不能接受帕斯卡的解释。

徐复观在《两汉思想史》中对中国古代人的姓氏所作的研究,可以解决帕斯卡强辩而解决不了的问题。据徐复观说,远古时的姓并不是个人的姓,而是与氏族的氏不分的。一族始祖的姓氏也是全族人的姓;古帝的姓氏与国号也不分,如陶唐是尧的国家,夏后氏是禹的国家。一氏族的人口繁衍到一定程度,就会分化出不同家族,他们各有不同的族名,以示区别。由此不难理解,古系谱中的"某某生某某"的句式的意思是从一氏族中分化出另一家族,并不表示父子关系,而是表示两个家族的渊源关系。从一个氏族分化出另一分支,往往需要很长时间。如果分化出去的某一分支没有男性继承人,那么这个家族的姓氏自然也就消失了;一个氏族或家族被外族所征服兼并,则是姓氏消失的非自然原因。《礼记大传·下》中说:"有百世不迁之宗,有五世则迁之宗",说的就是氏族的姓名(大宗)不变,而其中的家族姓名(小宗)不断变化的道理。[1] 无论如何,一个家族从生到灭的历史会有上百年时间,即所谓的"君子之泽,五世而斩"。

按照以上解释,我们可以理解,系谱中的人名代表一个部落或氏族。后人不了解远古的姓是氏族的名称,按照后来的(也是现在的)习惯,望文生义,以为姓只是个人的名称,把姓氏所代表的家族或部落的由兴到衰的年代当作始祖个人的年岁。由此产生的疑难导致关于始祖年龄的神话的出现,也造成了今人对远古系谱的不信任。我们感兴趣的是,《圣经》和中国古籍中的系谱都没有区别始祖和氏族的姓氏,这种相同的传递系谱的方式,不正可以显示两者在文化上的一致性吗?

---

1 徐复观:《两汉思想史》第一卷,台北:学生书局 1980 年版,第 295—350 页。

3. 批评之二

帕斯卡虽然猜测中国远古历史与《圣经》记载的人类早期历史有一致性,也知道后者是以系谱为中心而展开的,但他只是肯定《圣经》中口传系谱可靠性,而否认其他民族系谱的可靠性。他说,"希腊人、埃及人和中国人"的远古历史没有《圣经》记载的人类历史的真实性,因为"凡不是同时代的历史书……是假的,并且在以后的时间里被人发现是假的。但同时代的作家却并不如此"[1]。"同时代的作家"指摩西,摩西记载的是一代代口耳相传的历史;在此意义上,他和每一代的历史见证人都是同时代的人。在帕斯卡看来,其他古代民族的历史都是后人根据没有亲身经历的传闻所杜撰的,因而是假的。帕斯卡关于历史传说的真假标准类似于后来的实证主义的历史观:凡有亲身经历为依据的历史性命题即是真的,否则就是假的。帕斯卡根据自己虔诚的基督教信仰,相信摩西的记载有亲身经历为依据,这是无可厚非的;但他否认其他民族也有这种可靠的口耳相传的历史记载,那就未免太唐突武断了。他在前面不是也承认各个民族都用口耳相传的方式保存自己的系谱吗?为什么他们就不能在这种有亲身见证为依据的系谱的基础上,形成可靠的历史传说呢?由于历史知识的局限,帕斯卡不知道中国古代典籍中以系谱为线索的远古历史的内容,如果他知道这一点,那么他就能够用更明确、更肯定的方式阐明中国人和摩西之间的一致性了。

4. 两组系谱的相似性

《圣经》和中国古籍都包含着最早的人类系谱,两者的不同之处在于:《圣经》的系谱文字简约、线索单一;而中国古史记载的帝王系谱来源杂多、内容繁杂,有不少不一致甚至矛盾之处。

《创世记》里记载了从人类始祖亚当夏娃开始的两个系谱:一是第四章记载的长子该隐的系谱;一是第五章开始记载的从他们的幼子塞特开始到挪亚的系谱,以及第十章记载的挪亚子孙的系谱,第十一章记载的闪族的系谱。第一个系谱很短。该隐因杀死他的弟弟亚伯而被驱逐出去,"住在伊甸东边的挪得之地"(创:4:16)。我们虽然不知道"挪得"是现在的什么地方,但该隐的命运既然是四处漂泊,

---

1 帕斯卡:《思想录》,何兆武译,商务印书馆 1985 年版,第 289 页。

他的子孙是不会在那里定居的,漂泊到何处呢?《圣经》没有进一步的交代,只说该隐的系谱传世七代,不知所终。关于该隐的事迹,有一点值得注意,那就是他的子孙多发明:"雅八就是住帐篷牧养牲畜的人的祖爷","犹八"是一切弹琴吹箫之人的祖师","土八该隐"是打造各样铜铁利器的"(创:4:20-22)。亚当夏娃的另一支后代可以说是正宗,从塞特到挪亚共9代,从挪亚到希伯来人的始祖亚伯兰共11代,以此说明了散布在地球各地民族的由来。

中国帝王系谱也有两个,其正宗是黄帝系谱。在《竹书纪年》《大戴礼记·帝系姓·五帝德》《史记·五帝本纪》《帝王世纪》《世经·帝系》等古籍中,都载有黄帝的世系。经过考证,这些材料是经过后人整理加工过的。现在还有一种观点认为,关于古代帝王世系的原始材料保存在《山海经·大荒经·海内经》中。《山海经》过去被当作神话怪异志,没有什么史料价值。但我们应该了解,神话是从远古历史传说蜕变而来的,两者关系极为密切;除去神话中任意想象、文字讹错和语义变形等添加因素,其中的史料价值也就显现出来了。徐旭生是第一个肯定《山海经》具有原初史料价值的人,他把《山海经》与《尚书》前三篇和《史记·五帝本纪》等一起,列入第一等可信的资料。[1] 他提出"古代三大部落集团说"所引用的材料,很多取自《山海经》。

《山海经》与其他古籍的一个不同之处在于,它记载了两个帝王系谱:一个是黄帝的,另一个是帝俊的。徐旭生提醒人们注意帝俊的系谱。帝俊这个人物不见于其他古书,但他在《山海经》中却是第一显赫的人物。该书提到他的事多达16处。帝俊的世系有两个特点:一是子孙多;二是发明多。他的子孙遍布中容之国、思幽之国、白民之国、黑齿之国(《大荒东经》)、三身之国、季釐之国、羲和之国(《大荒南经》)、西周之国(《大荒西经》)和北部之丘(《大荒北经》)。东南西北,无所不至,除了颛顼之外,传说中的古代帝王无人能与帝俊相比。更可注意的是,古代重大发明,几乎都出自帝俊的子孙。这些发明包括:农业(《大荒西经》:"帝俊生后稷,稷降以百谷……作耕"),工艺(《海内经》:"帝俊生三身,三身生羲均。羲均是始为巧倕,是始为下民百巧")、交通工具(《海内经》:"帝俊生禺号,禺号生淫梁,淫

---

1 徐旭生:《中国古史的传说时代》,科学出版社1960年版,第31—33页。另见文物出版社1985年版。

梁生番禺,是始为舟。番禺生奚仲,奚仲生吉光。吉光是始以木为车")、乐器舞蹈(《海内经》:"帝俊生晏龙,晏龙是始为琴瑟";"帝俊有子八人,是始为歌舞")、弓矢(《海内经》:"帝俊赐羿彤弓素矢以扶下国")。

帝俊的传说虽只见于《山海经》,但由于他在远古的重要地位,史家对他的身份多有猜测。郭璞在《山海经注》中提出两说:一曰"俊亦舜字假借音"(《大荒东经》"帝俊生中容"注);二曰:"俊宜为喾"(《大荒西经》"帝俊生后稷"注)。到了现代,王国维在《卜辞中先公先王考》中考证,甲骨文中多次出现的先祖"𡕢"即为"夋",指帝俊,同帝喾;郭沫若在《中国古代社会研究》《甲骨文研究》《卜辞通纂》《先秦天道观之进展》等书中进一步考证帝俊与帝喾与舜都是同一人。徐旭生正确地指出:"如果真正注意到古代社会的错综变化,就不难看出帝俊、帝喾、帝辛、帝舜四个名词很可以代表四个不同的人或氏族。我们如果没有其他较好的方法,还是相信较古的材料,比较难错误一点。……我可以确凿地说:在写《大荒经》和《海内经》的人的脑子里,帝俊、帝喾、帝舜的确是三个人,我们又没有充分的理由可以驳斥《山海经》作者的错误,所以还是不要牵强附会才较好一点。"[1]

但是,徐旭生把帝俊当作华夏集团的始祖,显然不妥。很多关于帝俊的记载都与后来帝舜在东部和南方所作所为相关或相似,由此人们把帝俊与帝舜相混淆,也是有理由的。综合两方面的理由,我们的结论是,帝俊的世系应该是一个独立于黄帝且比之更早的世系。这一世系的子孙繁多,发明众多,也就不奇怪了。黄帝也被古人当作文明的创造者,如《世经》所举黄帝发明的器物有井、火食、旌旗、冠冕、音乐等;《易经·系辞》列举的黄帝发明的器物有舟楫、牛马车、杵臼、门、柝、弓矢等。值得注意的是,黄帝的发明与帝俊的发明很少有重复之处。看来,古人的传说还是很有条理的,没有把两人的发明相混淆。即使两者有少许重复之处,也是可以理解的:有一些古代发明确是独立地、平行地发生的,有一些前人的发明则被记在名声显赫的后继者身上。黄帝在中国历史上的地位和名声大大超过帝俊,后人只知道黄帝是文明的缔造者,而不知帝俊的作用。在这种情况下,帝俊的发明被转移到黄帝身上,这是不足为奇的。

---

1 徐旭生:《中国古史的传说时代》,科学出版社 1960 年版,第 72 页。

我们现在再回到《圣经·创世记》与中国古籍的契合这一主题。《圣经》记载的该隐和塞特两个系谱与中国古史中帝俊和黄帝两个系谱有一些引人注目的对应之处:前者有始无终,后者才是一脉相传的正宗;前者的子孙擅长发明,但后者才是被后人公认的文明创造者。

我们关心的问题是:为什么会出现两者的一致?社会进化论和文明传播说都可以回答这一问题。下面分别看一看这两种可能的合理解释。

5. 进化论解释模式:弱的联系

按照社会进化论的解释,世界各地发现的相似的远古文化遗迹是合规律的重复现象;这里的规律指进化规律。正如在一定的条件下,世界各地的猿人进化成不同的人种,在相同或相似的条件下,古人类进化成智人的不同人种,智人的不同人种在大致相同的条件下进入文明阶段;文明的各种创造,从畜牧业、农业到制陶、冶炼,从图腾、神话到宗教、家庭,都是不同的民族在不同的地方独立地、自然而然地创造出来的。各地自然环境和进化阶段等方面的差异可以解释不同文化和文明形态的差异性。

社会进化论强调从现象中概括进化规律,再用规律解释不同区域现象的相同相似性。在他们看来,在缺乏证据的情况下,文化的传播即使是可能的,也是不必要的,因为进化规律既然能够解释远古文化的相似现象,也就没有必要诉诸实际交往来作解释了。用进化论来解释不同民族的系谱的相似之处,所能说的非常简单:不同种族按照相同的规律进化,分化成各个亚种,因此有两个或更多的家族系谱;他们在相同的条件下进化,因此有相似的发明;至于一些细节上的相似,那可用偶然巧合来解释。总之,这两个民族系谱反映的相似性并没有实际上的联系。

6. 传播说的解释模式:强的联系

传播说不满足进化论所解释的弱的联系,寻求不同文化区域的实际交往,我们称之为"强的联系"。他们在"文明是一次性创造"的前提下,设想最初的文明是在新石器时代开始时,在中近东或中亚的某个地方,由某一个民族忽然创造的。创造这一文明的民族的一些部落,沿南、东南、东北和西北等路线,向世界各地迁徙,把文明散布到各地。

《创世记》和中国古籍中记载的两个系谱反映了先后两次迁徙。最后迁徙的部落大概就是《圣经》中该隐的子孙。其中走东南路的部落由波斯湾及印度洋沿岸进入印度和马来半岛，直至太平洋岛屿；走东北路的部落向东亚和西伯利亚方向迁徙。沿着这两条迁徙路线都能进入中国：东南路或从中国南部和东南部沿海登陆，或沿着横断山脉进入中国西南地区；东北路或沿伊犁河及塔里木河，越过昆仑山，进入中国西北部，或由西伯利亚进入中国北方和东北部。最早到达中国的各部落逐渐形成了以东部为中心的东夷和以长江中下游为中心的苗蛮两大部落，他们大概就是中国古籍中帝俊系谱上的子孙。不知经过多少年，在《圣经》记载的洪水时代之后，中东的那个创造过原初文化的民族又进行了第二次大迁移，这就是《圣经》所说的挪亚的子孙闪、含和雅弗"分开居住，各随各的方言、宗族立国"之事。含沿着南路，雅弗沿着西部，闪沿着东路迁徙。向东迁移的一支进入中国西北部，号称华夏族。华夏族的向东扩张，不可避免地与东夷发生冲突。史书记载的黄帝与蚩尤之间的大战就是华夏与土著民族之间的战争。华夏族胜利之后，与东夷在地域和种族上逐渐融合，东夷却与苗蛮逐渐疏远，苗蛮最后终被华夏所灭。

　　按照传播说的假定，苗蛮、东夷和华夏是分别沿着不同的路径，在不同的时期先后进入中国境内的。这并不是我们现在才构想出来的假说。早在 30 年代，陈安仁业已指出："可见汉族未来之前，其布满黄河流域且东渐于海滨的土著蛮族——即今之所谓苗族，也是西来的，不过较汉族为早。"[1]

　　"上古三大集团"是后来的区分，陈安仁当时尚未能区分苗蛮与东夷，他把华夏（即他所谓的汉族）到来之前的土著笼统称为"苗族"（即古籍中的"三苗"），也看作是西来的。现在有证据表明，苗蛮文化出现得最早。比如，在长江流域发现的距今 9000 年至 8000 年的彭山文化已有稻作物，距今 7000 年至 6500 年的汤家岗文化已有极其精美的陶器，距今 7000 年至 6000 年的河姆渡文化在 400 平方米的堆积层中发现了 10 万斤稻谷。在湖南澧县、湖北天门、荆州等地发掘出 7 座古城，澧县城头山古城始建于 6000 年之前的大溪文化早期，是目前已知的中国最早的古城。[2] 帝俊系谱上记载了众多的发明，可能反映了这样一个史实：在华夏族

---

1 陈安仁：《世界文化史大纲》，1934 年版，第 129 页。
2 何介均：《长江中游古城研究》，载《'98 汉学研究国际会议论文集》，北京大学传统文化研究中心编，第 295—302 页。

到来之前,苗蛮族已经创造了比较发达的文明。

7. 两种解释模式的比较

虽然进化论和传播说在目前都是假说,但进化论预设的前提较少,所需的证据也较少;传播说要预设人种同源、文化同源、一次性创造等前提,还需要解释各地文化差异的预设,此外,还需要有传播的路线等方面的证据。相比而言,传播说需要更多的预设和证据。根据科学理论的简单性要求,社会进化论似乎比传播说更符合科学假说的条件。

另一方面,传播说能够解释的事物较多,具有较多的经验内容,因此也较容易被经验证据所驳倒。但是按照波普尔的理论,"证伪度"恰恰是科学假说的标志;证伪度越高,则科学的价值越大。照此说来,传播说似乎又要比社会进化论更符合科学假说的要求。

如何解决上面那个"二律背反"呢? 我们已经说过,只有考古学上的"可靠的证据"才能裁判两者的是非。要确定中国最早的文明究竟是本土的还是外来的,需要在中国和周边地区积累更多的有连续性的相关证据,包括人种体质和文化遗址方面的证据。但是能够证实一个理论所需的正面证据的数量要大,积累时间长,关于证据的可信性和可靠性的争论也多。要想在短时间内取得突破,现在需要搜集反面的证据,特别是能够提供严格检验作用的决定性证据。这样的证据也许非常稀罕,但它一旦被发现,就能够提供一次性的证伪或证明,能够使我们在文明起源这一知之甚少的领域有一个飞跃,大大丰富或改变人类对于自身的看法。本文对传播说及其分支西来说作了较多阐述,正是因为这一学说有较高的证伪度,比较容易被决定性的可靠证据一次性地证伪,或者通过这一严格的检验而被证实。本文的一个目的是促使历史学家和考古学家注意收集这样的可靠证据,最终解决社会进化论和文明传播论的争论。

附记:香港浸会大学历史学系李金强博士是本论文的评议人。他在1999年7月3日的会议上对本文提出批评,并介绍了反"西来说"的一些意见和资料。本文在修改时考虑到这些意见,对他的批评作了回应。在此谨向李博士表示谢意

走向多神教之路

问题

现在人们一般都同意说中国宗教是多神教（只有佛教徒不愿接受这样的称号）。这种说法并不构成对中国宗教性质的独立判断，因为中国宗教并不是按照崇拜对象的性质来分类的，中国宗教传统中没有多神教与一神教的对立，说中国宗教是与一神教相对立的多神教没有多大意义。但是我们并不反对说中国宗教是多神教，问题的关键是了解一下这样一个判断的语境何在。

"多神教"和"一神教"本是来自西方的词汇。西方学者以犹太教—基督教—伊斯兰教的传统为参照系，把其他宗教判为多神崇拜。如果崇拜的诸神中有一个诸神，那就是多神教；如果崇拜的诸神彼此独立，互不排斥，又无高下之分，那就是单一神教。西方学者认为一神教高于多神教和单一神教，这样又产生了另一个问题：如何安排它们之间的顺序呢？在此问题上，有两种针锋相对的理论。第一种是斯宾塞、泰勒、弗雷泽、摩尔根等人倡导的进步论。根据这种理论，不同民族的文化进化程度不同，处于不同的文明发展阶段，经历了原始、野蛮和文明三阶段，这三个阶段的宗教分别是原始宗教或前宗教、多神教和一神教。按照进步论，世界各文明古国，如古印度、古埃及和巴比伦和古希腊罗马都处在多神教阶段，原始的巫术和图腾也很流行，古代中国也是如此；只有犹太民族才创造了后来被西方国家所采用的一神教。第二种是退步论，其代表是施密特等人提出的原始一神教的解释。根据这一种解释，宗教的发展不是由低级到高级的进步，而是由高到低的退步；最初的宗教是一神教，后来才退化为多神教、巫术图腾等形式。施密特在

12 卷的《上帝观念的起源》(*Der Ursprung der Gottesidee*)这部名著中力图证明，多数原始民族都崇拜一个全能的父亲般的上帝；这是宗教的最初形式，多神教和神鬼崇拜只是后来的附加和退化的表现。

进步论与退步论都承认这样的事实，即世界各文明古国都采用多神教；并且，古代多神教大多有一个主神，其他诸神在主神的统治下排列成高低有别的等级系统。埃及宗教的瑞——太阳神、俄赛里斯，苏美尔宗教的苍天神安努，巴比伦宗教的马尔杜克，希腊罗马宗教的宙斯、朱庇特，印度宗教的大梵天、湿婆，中国宗教的天帝等等，都是古代多神教的主神。只有犹太教把中东地区崇拜的主神变成唯一的崇拜对象，并否认其他神的存在，才形成了最早的一神教。

对于以上事实，进步论和退步论有着不同的解释。进步论者从心理学、社会学和政治经济学等角度说明多神教崇拜的主神是原始宗教所崇拜的低级对象的提升，从原始宗教或前宗教到多神教再到一神教是一条由低到高的进步路线。与此相反，原始一神论则提出退步论的解释，即主神不过是唯一神的变形，主神再分化为不同名称的崇拜对象，过渡到多神教。进步论设想宗教崇拜对象朝着越来越高、越来越少的收敛方向演化，退步论则设想越来越低、越来越多的相反的发散方向，两者可谓针锋相对。

通过以上分析，我们可以知道这样一个道理：关于中国宗教是多神教的判断，只有在关于多神论演化趋向的问题中，才能够对宗教学的一般理论有所贡献，才有真正的意义。现在已知的中国宗教演化过程可被分为三个阶段：一是史前宗教；二是商周时期；三是秦汉及其以后的时期。对于第三个阶段，我们了解得比较多。大量材料显示，这一阶段，人们对于传统崇拜的至上神"天"或"帝"的信仰和依赖感逐步减弱淡化，崇拜对象逐渐增加，开创了"神道设教"的新传统；汉代以后，儒释道三教并立，各教崇拜的对象数量更多，关系更加复杂，还衍生出大量的民间宗教。所有这一切，表现出这一时期多神教的发散趋向。本文不打算对这些熟知的事实作更多阐释，我们关心的问题是：第三阶段的发散趋势与第二阶段（商周时期）的趋势是否相一致？换而言之，中国宗教作为一个整体是否始终在不断地发散？如果答案是肯定的，人们也许会作出这样一个合理的推测：在发散的源头会发现一个原始一神教，正如人们从宇宙不断膨胀的趋势推断出宇宙有一个"奇点"。但是，我们不想对第一阶段的宗教性质作过多的猜测,而把本文的重点限制在第二阶段。

现有的资料告诉我们,商周时代宗教崇拜的对象有至上神"上帝"或"天",以及众多的祖先神和自然神,宗教活动的主要方式是祭祀和占卜。这种宗教有着多神教的典型特征:在一个主神的统治下,诸神组成一个等级,宗教仪式也在严格的等级体系中进行。这种宗教形态已经十分成熟。现在的问题是,这种成熟的多神教是如何形成的? 或者用本文讨论的方式提问题:这种宗教的形成和发展的一般趋向是收敛,还是发散?

按照流行的解释,至上神是从较低级的祖先神或自然神提升、抽象而来的,而祖先神和自然神又是从更低级的灵魂崇拜、图腾崇拜和巫术发展出来的。总之,商周时代的多神教是从较低级的原始宗教进化而来的,进化的趋向是崇拜对象由低到高的收敛,宗教活动也相应地收敛成等级化、体系化的仪式。

本文以下文字对这种进步论的"收敛说"提出质疑,并力求说明至上神的独立性和先在性,以及祖先神和自然神对他的依赖性;同样,祖先神和自然神也不是从更低级的宗教对象和活动进化而来的,而有其自身的独立来源以及决定较低级崇拜对象和宗教活动的地位。如果把这种由高到低、由少到多的次序称为"发散",那么商周宗教可被视为多神教的发散体系。但这种意义上的"发散"指的只是商周宗教的性质,还不是指从远古宗教到商周宗教的发展趋势。商周的多神教是否从一神教发散出来的? 中国远古时代是否有一个原始一神教? 这是另外一个问题,原始一神教只是一个推测。虽然本文力图避免对商周之前的史前宗教性质作过多的猜测,但我们对商周时代宗教性质的考察对于解决这个问题是有帮助的。所以,本文最后由商周宗教状况推测远古宗教的性质,并推测它向殷商宗教演化的可能途径,希望能对远古宗教研究有所裨益。

二

方法

本文的问题是从进步论与退步论的争论中提出的,我们也需要借鉴两者为了解决问题而采用的方法。他们的方法可被概括为以下几种。

1. 人类学和社会学方法

为了证明各自的观点，进步论和退步论都要求返回本源，看一看文明时代的原始宗教究竟是比多神教低级的无主神崇拜的"单一宗教"（henotheism），或更低级的准宗教（如万物有灵论、图腾崇拜）、前宗教（如巫术），还是比多神教高级的一神教。但是现代著者已不能返回到他们论及的原始社会的一般状态，而只能从现代社会中残存的原始部落搜集有利于各自论题的证据。进步论者和退步论者基于不同的理由相信，现代社会中原始部落是反映几千年前原始社会的"活化石"。进步论者的理由是处在相同进化阶段的人类的共同特征，因此，不管是生活在过去还是生活在现在，也不管生活在世界什么地方，只要是原始部落，就必定有相同或相似的宗教观念和行为。退步论者的理由是"文明传播说"，即认为人类文明由某个民族创造，并随着这一民族的迁徙而传播到世界各地，因此，现存的原始部落的宗教生活与那个消失了的最初的宗教有着亲缘关系。

用审慎的眼光来考察，两者的理由都不充分。人们可以并且实际上对进步论和退步论的假定提出了许多疑问。从本文的目的出发，我们提出这样一个疑问：与我们讨论的主题相关的原始宗教究竟属于散布在世界边远地区的原始文化（A′），还是属于产生出世界主要文明（B）的那些原始文化（A）？很明显，只有 A 才与讨论的主题相关，而 A′提供的证据大多是不合题的。就是说，只有 B（埃及、巴比伦、印度、希腊和中国等）的前身 A 才与后来在 B 中发生的多神教有连续关系，而 A′与古代多神教没有连续关系，遑论进化或退化呢？当然，我们可以先证明 A′与 A 相似，然后再通过这种相似性把 A′与 B 中的多神教间接地联系在一起。但是我们看到，"A′与 A 相似"这一需要证明的结论却被进步论者和退步论者当成了理所当然的前提。他们之间的争论是从这一未加考察的前提开始的。如果有人要克服这一缺陷，力图证明 A′与 A 之间有相似性，他也许就会发现这一任务比证明 A 与 B 之间的连续性更加困难。前者涉及的是在时间和空间上不连续的、不同种族之间的文化比较，而后者涉及的只是时空上连续的相同种族之间的文化比较，何者更困难，岂不是一目了然吗？我们为什么要舍易求难呢？为了要解决一个困难的问题，为什么要设定一个更困难的问题呢？"回到事物本身！"这一现象学口号在这里意味着直接从 B 开始,而不是从 A′开始;直接由 B 回溯 A,而不是由 A′推测 A,再由 A 推导 B。

2. 考古学方法

一个古代文明与它的前身文化有何联系?考古学现在已经能够告诉我们一点这些方面的知识。但是就原始宗教与古代宗教之间的关系问题而言,考古学的证据似乎很难在这里派得上用场。旧石器时期文化与新石器时期出现的早期文明没有直接的联系,因此,用旧石器时期人类的文化遗迹来说明原始宗教的特征,是不合题的。考古学家已经发现了新石器时期带有宗教意味的器物和遗址,但它们不能告诉使用者的意向性何在,我们难以理解它们所指向的崇拜对象是什么,因此也无法知道它们所象征的意义。这些实物对于我们理解原始宗教的特征也没有太大帮助。

3. 语言学方法

在缺乏更早的实物证据的情况下,文字材料是主要的证据。但问题是,文字是在文明成熟时期出现的,出现于考古学上的金属时代,而原始宗教属于新石器时期前期。进步论与退步论争论的焦点集中在新石器初期宗教的性质,数千年之后才出现的文字记载如何能够反映那时的宗教状况呢?这对于古代中东、印度和希腊文明确实是一个严重的问题。这些文明古国都有文字记载的神话,其中表达了单一神教或多神教的观念,这些观念可被考古发掘出来的同时期的实物所验证。但是,不管是古埃及和巴比伦的文字,还是古梵文、希腊文,都没有关于更早的历史时期中宗教崇拜的记载。换言之,这些神话叙述的历史已经是文明时代的宗教观念,而不是原始宗教向古代宗教的历史演化。仅根据这些神话的内容,我们无法知晓这些文明古国的宗教发展的趋向是收敛的还是发散的。

为了能够从古文字材料中读出原始宗教向古代宗教演化的趋向,缪勒倡导比较语言学的方法。他的理论有两点值得我们注意。第一,他把原初民族分为闪族、图兰族和雅利安族,每一族语的一些宗教用语,特别是称呼主神的名称,有着共同的词根。他由此得出结论说,在一个民族尚未分化为支族之前,有着共同的崇拜对象。第二,他认为人类语言的发展经历了语词、语系和语系分支三个阶段。在分化过程中,原来共同语词的意义产生讹错、蜕变,转化为形形色色、稀奇古怪的东西,它们又被人的丰富想象力编织在一起,从而形成了文明时代各民族语言叙述的神话。

不难理解,缪勒实际上肯定了原始宗教向古代宗教演化的发散趋向。但是,他的解释并不那么明显和连贯。他虽然肯定每一原初民族信奉一个共同的主神,但并没有讨论这三大原始民族是否信奉一个共同的主神,也没明确地提出或赞成原始一神论的思想。相反,在其后期著作《宗教的起源和发展》中,他又提出了由单一神论到多神论再到一神论的宗教发展方向。这实际上是伴随着社会组织不断集中化而发生的崇拜对象不断收敛的趋向,与他以前所说的伴随着语言分化而发生的崇拜对象不断发散的趋向不一致。

除内容上的不一致之外,缪勒的比较语言学方法本身也有一些缺陷。他对语词讹错而发生的词义转化的分析局限于语音和语法变化而造成的语义变化,结论有很大的任意性。列维-斯特劳斯后来提出的结构主义的神话学注重于语言指称对象的象征、比喻意义和神话片段之间的逻辑联系,这可以看作是对缪勒的较简单的语音语法比较方法的补充和发挥。另外,缪勒比较的范围也是有限的,主要集中于印欧语系内部,对中东地区闪族语系谈得不多,对图兰语系谈得更少。中文被划归在图兰语系范围,但缪勒不懂中文,由此几乎没有涉及中国古代宗教。

4. 研究中国古代宗教的方法

下面我们把眼光投向古代中国,看一看古代中文材料能否提供我们需要的证据。本文所利用的材料主要是甲骨文和古籍等文字材料,但也不排斥考古学和人类学的证据。考古学的证据归根到底具有决定性意义,甲骨文本身就是考古学的重大发现。至于先秦古籍中记载的传说、宗教观念和仪式,现在还没有足够的考古学材料能够对之进行证实;但我们不能说尚未证实的记载就是不真实的,这样说至少在逻辑上犯了"默证"(argument from ignorance——"凡是我们所不知道的,就是不存在的")的错误。我们对所使用的文字材料,只能提出这样一个最低限度的要求:未被考古学证据所否证。疑古派要求所有古籍记载都要有考古学证据,这是一个实际上不可能达到的要求。现在,疑古派的很多论断反倒被考古学新发现所否证了。这无疑增强了我们对于使用先秦古籍材料的信心,但并没有保证这些未被否证的文字材料的真实性。在考古学证据不足的情况下,另外的证据也很有说服力,包括不同文字材料之间的互证。比如,现在对少数民族人类学材料,其中关于远古时代的民间传说,可以与先秦典籍中的有关记载互证。

表达中国古代宗教观念的文字材料有两类:一是甲骨文;一是先秦典籍。甲骨文记录的是殷商时期的祭祀占卜活动,是反映这一时期宗教观念的公认的信实证据。《尚书》《春秋》《诗经》《周礼》《周易》等经书,有些在先秦,有些在秦汉之际编辑成书。现在一般认为,这些典籍反映了很多西周早期以来流行的观念,这些观念与甲骨文反映的殷商时代的观念有密切关系。甲骨文和先秦典籍这两类文字材料是了解殷商和西周时期宗教的主要证据。这一时期的时间跨度约为从公元前 1750 年到前 721 年的约一千年间。

上述古籍与先秦其他典籍,如《国语》《墨子》《庄子》《山海经》《离骚》等书,还有大量关于远古时代的传说。远古传说比商周史料的可信度低得多,当然不能作为信史来读,但这并不是说,这些传说完全是秦汉之际的人无根据的臆造。过去疑古派曾作过这样的断定,但最近考古学发现证明,传说中的五帝时代确实存在。黄帝时代相当于仰韶文化和大汶口晚期,颛顼时代相当于龙山文化时期,尧舜禹三代则相当于中原龙山时期。在见证了疑古和信古的争论之后,我们对古史传说应采取去伪存真的读法,除去后来的附加成分,恢复因文字讹错而改变了的语意,从传说中读出真实的历史。

中国古代文字材料的优点在于记叙内容的历史性,从远古时代开始,经过殷商和西周,到达春秋战国时期。本文对中国古代宗教的考察将以殷商和西周时期为中心,并以此上溯下推,比较同异。我们的目的是要概括出古代宗教演化的一般趋向:如果在殷商和西周这一时期,人们崇拜的宗教对象比远古时代越来越高级,那么中国古代宗教可被定性为由史前的低级宗教、准宗教或前宗教收敛成的多神教;如果趋向相反,那么中国古代宗教的性质很可能是由史前较高级的一神崇拜分化成的多神教。这样一来,史前宗教究竟是多神教还是一神教的问题,至少在中国范围内有了一个眉目。

三

解决

根据前述商周宗教的崇拜对象和仪式,我们可把它的演化趋向是收敛还是发散这一问题分为以下几个问题:

(1) 至上神是不是由祖宗神收敛而来的?

(2) 至上神是不是由自然神收敛而来的?

(3) 祖宗神和自然神是不是由更低级的崇拜对象收敛而来的?

(4) 至上神和祖宗神信仰是不是由原始的巫术活动收敛而来的?

1. 论上帝既不等于也不来自祖宗神

甲骨文明确地显示,殷商时期崇拜的至上神为上帝、帝。现在大家对这一点已没有什么争议,但对上帝观念的起源这一至关重要的问题,却有种种不同的解释。现在一种流行的解释认为"上帝"这一观念是殷人祖宗神的化身。"祖宗神说"又可分两支:一是说上帝就是殷人的始祖,或帝俊[1];一是说上帝是全体祖宗神的抽象,而不是某一位具体的祖宗神的化身。

按"始祖说",远古人把本族最有权威的领袖尊为神,随着该族的扩张,其他民族也逐渐尊之为神。从词源学的角度考察,现在人们一般相信,卜辞中的"帝"字像花蒂状表示蒂落而生果,象征生命的开始;又据《说文解字》,"帝,蒂瓜当也",这里也有表示宗族的源头的意思。王国维更加仔细地考证,得出帝"必为殷先祖之最显赫者"的结论。[2]

但是,陈梦家通过对甲骨文中的"帝"字的释义,却对殷人的上帝观念作出了不同的解释。他说:"殷人的上帝或帝,是掌管自然天象的主宰,有一个以日月风雨为其臣工使者的帝庭。上帝之令风雨、降福祸是以天象示其恩威……先公先王可上宾于天,上帝对于时王降祸福,示诺否,但上帝与人王并无血缘关系。人王通过先公先王或其他诸神而向上帝求雨祈年,或祷告战役的胜利。"[3]陈梦家还指

---

1 王国维更加仔细地考证,得出帝"必为殷先祖之最显赫者"的结论。

2 王国维:《殷卜辞中所见先公先王考》,见《观堂集林》第二册,中华书局 1991 年版,第 412 页。

3 陈梦家:《殷墟卜辞综述》,中华书局 1988 年版,第 580 页。

出,上帝不享受祭献,人不能直接向他祈求;先公先王则可以享用祭献,接受时王的祈求,影响上帝降福攘灾。[1]

这段文字向我们揭示了殷商宗教信仰的两个要点:第一,上帝不能直接与人交往,上帝与崇拜上帝的人没有血缘关系,但崇拜者可以通过祖先亡灵的中介作用,得到上帝的福佑。殷人之所以崇拜祖先,那是因为他们相信他们祖先的亡灵"宾于帝",是帝庭的宾客;他们之所以崇拜自然神祇,也是因为相信这些自然神都是上帝的臣工使者;他们相信,通过并依靠祖宗神和自然神的帮助,他们可以获得上帝的信息和护佑;祈祷和卜占是他们谋求祖宗神和自然神帮助的途径。第二,上帝是最高的主宰,最终的决定者;中介可以传达人的愿望,甚至可以影响上帝作出决定,但只有上帝才拥有最后的决定权和最高的权威力。殷商宗教崇拜的对象虽然众多,但它们都围绕着一个唯一的最高主宰,其他崇拜对象只是人们为了与上帝进行经常性、多方面的交往所需要的辅助或中介。

"始祖说"不能解释殷人认为上帝与自己没有血缘关系的观念以及祖宗神为帝宾的观念。至于卜辞中的"帝"字的意义,有几种不同解释。即使我们接受"帝"字像花蒂状表示宗族源头的那一种解释,也不能得出上帝必为氏族始祖的结论。这是因为:说上帝给予始祖生命,是氏族的创造者,这是一回事;说上帝是该氏族的血缘始祖,这又是一回事。古代很多民族都有至上神造人的传说,但神不是以生殖的方式产生人的。比如,《圣经·创世记》里耶和华用泥土造人,中国传说中的女娲用泥土造人,《新约》中的玛利亚童贞女生耶稣。直到现在,基督徒还都相信《新约》的记载是千真万确的奇迹,非基督徒则认为那只不过是神话。撇开上帝造人的真实性不论,我们应该理解相信这些传说的人面临的问题是什么。回答:他们既要相信自身生命源于上帝,又不能相信人类是上帝所亲生,于是就接受了能够解决他们困惑的那些传说。如果我们进一步追问:为什么会产生这样的问题?回答:乃是因为有上帝先于祖宗、上帝崇拜高于祖先崇拜的信仰。同样,殷人相信他们的祖先是天命玄鸟所生,周人相信他们的祖先是姜原践神的足迹感应而生。现在人们多把这种传说当作动物图腾或感应神话来看待。但如果我们理解

---

1 陈梦家:《殷墟卜辞综述》,中华书局 1988 年版,第 361 页。

了殷人和周人的问题和信仰,我们就可以理解,他们相信这样的传说,正是为了避免把上帝混淆为自己血缘上的始祖。结论由此是:"帝"的本义即使有生命开端的意义,也不一定有血缘始祖的意义。

"帝"字经历了由指称上帝到指称人王的意义转变。早期甲骨文中的"帝"与"上帝"互通。后期甲骨文也称祖宗神为"帝",但都配以祖宗的名号,如"帝乙"等,以与单独称"帝"的上帝相区别。到了《尚书》成书的时代(可能在西周),"帝"已成为人王的称呼,"帝尧""帝舜"等被简称为"帝",至上神仍被称为"上帝"。

"帝"字意义下移所反映的是这样一种观念上的变化,即至上神逐渐与祖宗神相混淆,最后甚至被祖宗神所取代。观念上的变化所反映的很可能是从一神教到多神教的演变。施密特的《比较宗教史》一书有些材料可引以为证。该书引用什勒得(Leopold von Schroeder)的材料说,印欧语系崇拜的至上神 deiwo(天帝)的词根是 div(照耀),古希腊的 Zeus(=Djeus,宙斯),古罗马的主神 Juppiter(朱庇特),古印度崇拜的天帝 Dyauspitar(底奥斯皮特)都与这一词根有关。使我们感兴趣的不是 div 的意思,而是它的发音。中国古代崇拜的"帝"与这些民族崇拜的至上神为什么会有相似的发音呢? 这个问题也许同为什么世界各地儿童最初的发音都是 papa,mama 一样不可思议。但是,施密特指出的一个"千真万确的事实"却值得我们深入思考:"在原始文化以后,或者在其末期,族父显然是侵占了至上神的地位;有时这种取而代之的方式是友谊的。最初的父好像是至上神与世人的媒介,因而把至上神推到一旁,并且渐渐地推到一种崇高而闲居的地位上去,而族父自己就变成造物主了。"[1]施密特没有研究过中国古代宗教,但他的这段话却好像是对商周时期宗教演化趋势的描述。那时候,祖宗神一开始不也只是世人与上帝之间的媒介吗? 后来不也变成了最高的有形对象,而上帝则成为崇高而遥远的昊天了吗?

有人因为殷人崇拜的上帝没有具体形象,而猜测上帝是殷人祖宗神的集体形象,或者说,是从全体祖宗神形象中抽象出来的一个抽象观念。如张光直说:"卜辞中的上帝与先祖之间并无严格清楚的界限,而我觉得殷人的'帝'很可能是先祖

---

[1] 施密特:《比较宗教史》,第 262 页。

的统称或是先祖观念的一个抽象。"[1]"抽象说"的解释使上帝与殷人失去了具体的血缘关系,却不能解释上帝为什么不是通常的祭祀对象,为什么通常不享受祭献这一事实。如果真的把全体祖宗神抽象为一个崇拜对象,上帝将是殷人祭祀最常见的对象,其结果将是大大简化祭祀的种类和次数;但事实却相反,殷人不厌其烦地遍祭列祖列宗,却很少光顾他们的"共同化身"。

更重要的是,殷人有一种名叫"胁"的祭祖的仪式。"胁"古通"袷",袷祭就是祭祀所有祖宗神的仪式。如果上帝是所有祖宗神的化身或代表他们的抽象观念,袷祭的对象理应是上帝,而不是所有的祖宗神。事实是,甲骨文中的"帝"字也指祭祀上帝,这一祭名即后世所说的"禘"。殷人祭礼的分类极为详细,极为严格,他们是不会混淆祭祀对象的。殷人把祭祀上帝的禘礼与合祭祖先的袷礼明确地区分开来,这就足以说明,在他们的观念中,上帝不等于祖宗神全体。

2. 论上帝不是由自然神收敛而来

有人看到"祖宗神说"的困难,于是诉诸"自然神说"。比如,陈梦家虽然正确地指出殷人相信上帝与他们没有血缘关系,却因此得出了上帝可能指"昊天",又把上帝解释为"农业之神",人们常常向上帝祈雨、祈谷,卜辞中每每出现的"帝使风""帝令雨""帝令起雷"等句子,反映了上帝的主要功能是调顺风雨。[2] 这一解释符合现在通行的"自然力人格化"的造神说,却不符合我们所了解的殷人的观念。把殷人的上帝等同于自然神,既不符合殷人的宗教等级观念,也不符合他们关于天神的观念。

在殷人心目中,上帝的作用绝不限于调顺风雨、掌管天象。人们每逢大事,都要向上帝祈求。殷商的统治者甚至到了事无巨细都要"每事问"的地步。这固然反映出他们的迷信,但不也反映出他们相信上帝是万能的观念吗?当然,人们向上帝祈求之事很多与农业有关,但这并不是因为上帝是农业之神,而是因为商周是农业之国。

中国古代宗教以上帝或天为至上神,至上神之下有祖宗神和自然神(包括天

---

1 陈光直:《青铜时代》,生活·读书·新知三联书店 1983 年版,第 264 页。

2 陈梦家:《殷墟卜辞综述》,中华书局 1988 年版,第 574、580 页。

神和地祇)两大类。在商周的多神教崇拜体系里，上帝→祖宗神→自然神→百物之神(如灶神、门神)是一个由上到下的等级。祖宗神的地位高于自然神，这表现在两方面：第一，祖宗神是先王，而自然神由前朝或本朝的先臣承担。比如，据《左传·昭公二十九年》，蔡墨说，五行社稷之神来自五官，最初分别由少昊氏的四叔，颛顼氏之子、共工氏之子和烈山氏之子担任，他们死后"祀为贵神"。又据《国语·鲁语上》，展禽说，圣王规定的祭祀对象是："法施于民则祀之，以死勤事则祀之，以劳定国则祀之，能御大灾则祀之，能捍大患则祀之。非是族也，不在祀典。"这句话清楚地表明，所有祭祀对象都是对国对民有功之先人。第二，祭祀祖宗神的级别比祭祀自然神的级别高。甲骨文记录的重大祭礼都是祭祀祖宗神的；《周礼》中的祭礼有大中小之分，据郑玄注，大祭的对象是昊天上帝、五帝、先王，中祭的对象是先公、四望、山川，小祭的对象是社稷、五祀、群小祀。(春官·司服注)

如果说，古人已经把祖先与上帝分开，尚不能从祖宗神的观念中"抽象"出上帝的观念，他们又如何能够从较低级的自然神的观念中"抽象"出至上神的观念呢？造神论所依据的一个原则是，神的等级观念是人间等级的反映，但如果从由古代官吏或英雄充当的自然神当中产生出至上神，那岂不是对由先王充当的祖宗神地位的僭越吗？因此，"自然神说"的造神论是自相矛盾的说法。

"自然神说"与这样一个观念有关：上帝是最高的天神，是一切自然现象的主宰，因而是所有自然神收敛而成的一个至上神的观念。商周时代"上帝"与"天"是同一崇拜对象，还是不同对象？如果两者不同，他们之间有何关系？这些问题尚无定论。但现有的讨论已揭示出以下趋向。

首先应该看到，把崇拜对象划分为天神、人鬼、地祇，并把上帝等同为昊天，这是周代之后的观念。正如张光直正确地指出，"上帝"的"上"字并不表示方位，并不表明上帝是天神或上帝的居所在天上。"卜辞中决无把上帝和天空或抽象的天联系一起的证据"[1]。李申也说，"上帝的最初意义，当是最早的神，或是神之首，而未必是天上的帝。把上帝视为天上的帝，当是后起的意义"[2]。

---

1 张光直：《中国青铜时代》，生活·读书·新知三联书店 1983 年版，第 264 页。
2 李申：《中国儒教史》，上海人民出版社 2000 年版，第 10 页。

最初的至上神上帝不等于天。称至上神为"天"，似乎是周人的观念。近年出土的周原甲骨中，已有明确地称至上神为天的文字。[1] 可见，早在殷商时期，周人已经把至上神称为"天"。至于殷人的甲骨文中，尚未见以"天"为至上神的明确证据。相反，倒是有一则殷人不敬天的史料。据《史记·殷本纪》，殷王武乙制作一个木偶，"谓之天神，与之博，令人为行，天神不胜，乃僇辱之。为革囊，盛血，仰而射之，命曰射天。"司马迁根据自己所处时代敬天为最高主宰的观念，谴责武乙"无道"。今人也把这件事作为现代人类学家关于古代宗教"虐神"说的证据。但我们知道，殷人对上帝极为畏惧。甲骨文中也有很多武乙向上帝祈福的记录。他崇拜上帝却又如此地不尊重大神，这不正从反面证明殷人心目中的上帝不等于天神吗？

随着周民族势力的扩张，"天"的名称越来越流行，上帝逐渐被混同为天，演变为天。郭沫若依据"天"替代"帝"的趋向，判断《尚书》中周书之前各篇中凡有以天为至上神的地方，都不是原作，而是周代人根据当时流行观念后加的。比如，在这些地方，"帝"被普遍用作人王的称号，如黄帝、帝喾、帝尧舜禹等等，甚至用无人称的"帝"指示人王，与甲骨文的用法完全不同。

《尚书》虽然成书于周代，但其中关于尧舜禹三代和商代的记载很可能在周代之前就已经形成。综观今文尚书（为了避免真伪之争，我们不论古文尚书），我们的一般印象是，"上帝"的称号被保留在较早的古籍里，如"类于上帝"（尧典），"谟志以昭受上帝"（皋陶谟），"予畏上帝，不敢不正"（汤誓）。越是晚出的典籍，用"天"来表示至上神的用法越普遍。《尚书》第一篇《尧典》没有以"天"为至上神，其中的"昊天"指自然天象；《虞书》其余各篇和《夏书》中的"天"多指"天命"，并不一定是至上神的名称。在商周之际，"天"和"帝"混用，两者都是至上神的名称，西周时期，"天"的称号越来越流行。

综观《尚书》中"上帝"演化为"天"的趋势，我们可以推测，周代之人不大可能在《虞书》中加上此时已不流行的"上帝"称号，称至上神为"上帝"，很可能是从唐虞时代传下来的。上帝的观念大概不是殷人的发明，而是他们从前人那里继承过

---

1 徐锡台：《周原甲骨文综述》，三秦出版社 1987 年版。

来的。殷人称上帝为"古帝"(《诗经·商颂·玄鸟》:"古帝命成汤"),不也说明了"上帝"称号的久远吗？殷商时代仍然保存着称至上神为"帝"的习俗,周代之后,称至上神为"天",而称祖宗神为"帝",称人王为"天子",秦代之后又进而称时王为"帝"。

　　流行称呼的转变反映出观念转变,这就是施密特指出的祖宗神取代至上神的地位、至上神离人间事务越来越遥远的转变。与上帝的意义相比,天的意义少了一点人格性,多了一点自然性和道德性。殷人的上帝是主宰一切而又不可捉摸的,上帝与自己没有血缘关系而又可以通过祖宗神与之交流。《周书》中表达的天的观念主要是天道观、天命观。天的意志随人意而变化,通过学问和道德,人可以知天命,行天道。《尚书》中的周人在上帝面前没有殷人在甲骨文中表达的那种诚惶诚恐的绝对依赖感和服从感。"皇天无亲,惟德是辅"(蔡仲之命),"天命不僭"、"民之所欲,天必从之","惟人万物之灵"(泰誓),"天不可信"(召诰)。到春秋战国时期,天的主要特征只剩下道德性和自然性。儒家强调"义理之天"与"自然之天"的联系;道家则否认这样的联系:"天地不仁,视百姓如刍狗";墨家企图恢复天的人格性,但有人格的天只是"天鬼",而不是原初那个至上神上帝。秦汉时期以及其后的时期,天作为最高主宰的象征,仍然是国家祭祀的对象。但无论如何,天已没有了原初那个至上神所具有的绝对权威和具体的人格;天与上帝、上帝与帝王之间的关系模糊不清,此时的祭礼也发生了错位现象。

　　《国语·鲁语》中说:"禘、郊、祖、宗、报,此五者,国之典祀也。"在这五项国家重大祭礼中,"禘"是祭祀上帝的礼仪,"郊"是祭天的。如《礼记》所说:"王者禘其祖之所自出,以其祖配之"(大传);"万物本乎天,人本乎祖,此所以配上帝也。郊之祭也,大报本反始也。"(郊特牲)。这些记载告诉我们,郊祭和禘祭不是祭祀祖宗的,祖先神并不是上帝,而是上帝所出;古人报本返始是追溯上帝或天的恩德,但以祖宗神配享上帝或天。但是,在上帝的"帝"和皇帝的"帝"混淆不清的情况下,禘祭变成祖祭,也是顺理成章的了。由此,《国语·鲁语》中有这样的说法:"有虞氏禘黄帝而祖颛顼,郊尧而宗舜,有夏氏禘黄帝而祖颛顼,郊鲧而宗禹,商人禘舜而祖契,郊冥而宗汤,周人禘喾而郊稷,宗文王而祖武王。"《礼记·祭法》中也有类似的记载。按照这些记载,禘、郊、祖、宗都是祭祖的仪式,与《礼记·大传·郊特牲》的记载不符。东汉郑玄注《礼记》时,还能够注意到古代习俗,认为禘、郊所祭祀的是天和上帝,而不同于祖、宗。但三国的王肃则主张禘礼是祭祀祖宗的祫礼。"郑学"与"王学"之争最后以王学的胜利而告终,禘祭最终被取消,郊祭成为唯一的祭天大典。这并不是因为王学比郑学正确,而是因为帝王取代了上帝的位置,而把至上神转化为崇高而又缥缈的"虚君"。

以上考察显示,从殷商的"上帝"到西周以降的"天"的演变,是至上神的观念发散和弱化的过程,即观念的意义和指称越来越复杂,但作用却越来越减弱。这一思想进程反映的现实是古代多神教的发散趋向。

3. 论祖宗神和自然神不是由较低的灵魂观念收敛而成

古代"鬼"和"神"可通用,都是指灵魂,"阳魂为神,阴魂为鬼"(《正字通·示部》)。由此把"鬼"或"神"翻译为 spirit 是正确的,而将古文中的"神"译为 god 则是错误的,它会使外国人误以为中国古代崇拜的鬼神就是西方人所说的 god。其实,能够被称为 god 的崇拜对象在中国的古代只有一个,那就是前面所说的"上帝"或"天"。另外,把神鬼翻译为 spirit,也要与"万物有灵论"所说的 soul 或 spirit 相区分。两者最大的不同是前者有形而后者无形,无形而能无所不在,而被人当做唯一的灵验物加以崇拜。但商周时代的鬼神崇拜服从并围绕着上帝或天而进行,这是中国古代多神教不同于万物有灵论的一个特征。

鬼神崇拜的对象可被分为人鬼、天神、地祇。前面引述《左传》中蔡墨和《国语》中展禽的话表明天神、地祇均由有功德的先人承担。《国语·鲁语下》还记载了孔子的一段话:"仲尼曰:山川之灵,足以纲纪天下者,其守为神;社稷之守为公侯,皆属于王者。"这些记载都表明,那时祭祀崇拜的鬼神都是人形的神鬼。但是古籍里还记载有动物形或半人半兽的鬼神;这些对象与古代宗教崇拜的人形神鬼有何联系呢?它们是不是崇拜的对象?它们是如何以及何时成为人所崇拜的对象的呢?万物有灵论者对这些问题作了较为系统的回答。他们说,原始部落最初崇拜与他们生活有密切联系的动物灵魂,这就是图腾;后来崇拜表现更为普遍的自然物的灵魂,这就是自然神;最后才崇拜人自身的灵魂,首先是祖先的灵魂,并把其中有权威者崇拜为人格神,从而完成了从低到高的进化过程。这是一个系统的解释,却不大符合我们在中国古籍里读出的古代宗教状况。

　　中国古籍中记载的动物形或半人半兽的鬼神可分为两类：一是怪物；一是先民（包括祖宗神）的异象。我们的考察将说明，这两者在商周时代并不是宗教崇拜的对象，但在春秋战国时期逐渐转变成为民间崇拜的对象。要之，这种转变所反映的是崇拜对象的发散而不是收敛的趋向。

　　关于怪物，孔子有这样的分类："木石之怪曰夔，魍魉；水之怪曰龙，罔象；土之怪坟羊。"（《国语·鲁语下》）《左传·宣公三年》也提到，川泽山林里有"魑魅魍魉"。杜预注："魑，山神，兽形；魅，怪物；魍魉，水神。"相信怪物的存在，古今中外都有，不足为怪；重要的是对待怪物的态度。《左传》在提到上述怪物时说，禹铸鼎象物，"使民知神奸"，从而不受这些怪物的侵扰。可见，在春秋时代，传统的观念仍然把怪物看作"奸"，而不把他们作为神来崇拜。《礼记·曲礼》明确说："非其所祭而祭之，名曰淫祀，淫祀无福。"孔子也说："非其鬼而祭之，谄也。"（《论语·为政》）楚昭公生病时，有人说，这是河伯作祟，要祭河伯消灾，但昭公拒绝了。孔子赞扬道："楚昭公知大道矣。"（《左传·哀公六年》）西门豹则干脆把祭祀河伯的巫婆投入河里去了。这两个故事可以说明，崇拜河神在当时并非古老的旧俗，而是新兴的迷信。但这些故事也从反面证明，春秋战国时期把怪物当作神灵来祭祀的做法已经十分流行。提倡明鬼的墨子把鬼分为三类："有天鬼，亦有山水鬼神者，亦有人死为鬼者。"（《墨子·明鬼》）墨子的鬼神观所反映的主要是民间的宗教信仰，他把民间崇拜的怪物也作为山水神鬼或天鬼加以崇拜，并且相信有些人鬼是厉鬼，对他们也要进行祭祀，使之不至为害。这种态度也是一种功利主义；只要能够获利避害，不管什么鬼神都可以顶礼膜拜。另一方面，我们也看到孔子的反对态度。他对于"与其媚于奥，宁媚于灶"的功利态度的回答是："获罪于天，无所祷也。"（《论语·八佾》）孔子所坚持的仍然是畏天敬祖的宗教传统，他虽然能够识别怪物，但不崇拜怪物。分析春秋战国时期各种鬼神观，我们可以知道：崇拜怪物应该是这一时期新兴的民间信仰，是与商周宗教传统格格不入的。

　　春秋战国时期的古籍中，祖先神往往有动物形或半人半兽的形象。现在的解释或以之为神话想象的产物，或以之为远古图腾崇拜的遗迹。我们认为，这两种解释都包含着真理的一半。把祖先神想象为动物形或半人半兽，确实是神话，但不是凭空臆造的神话，而是有现实历史根据的，确实与远古图腾有关；不过，图腾并不是以动物或其他自然物为崇拜对象的宗教或准宗教、前宗教,而是一种表达氏族同一性的准语音、前语言。只是在后来的宗教对象下移发散的过程中,图腾才被神化成崇拜对象。下面对这一结论作一些必要的论证。

就其原义而言,图腾是一个氏族或部落的族徽或标记,为了理解图腾的性质,关键在于理解图腾所象征的意义。现有两种解释:一是认为图腾是与始祖有血缘联系的动物或自然物;一是认为图腾是表示人与自然关系的一种分类原则。这又是各自都包含有真理的一半的解释。综合两种解释,我们的解释是,图腾是用来表示血缘关系的分类原则。先民之所以需要这样的分类原则,是为了实行外婚制。图腾好像是一个氏族的姓,有了它们,就可以避免同姓通婚。事实上,最早的几个姓是动物形加女字构成的。比如,炎帝姜姓,"姜"字由"羊"和"女"构成;黄帝姬姓,"姬"字中的"臣"(yi)在金文中写作猰(si),这是一个两犬相背,中有一个有耳有尾的四足动物的图象。[1] 东夷族的祖先帝俊在甲骨文中写作🐦,这是一个鸟的形象。文字形成之后,人们用图腾的象形字加"女"字构成姓名,意义是:该图腾的氏族为一母所生。正如《国语·晋语》中所说,姓所以别婚姻,同姓不婚,以免子孙不繁衍。图腾与古姓名之间的联系,不正说明了图腾的意义是"别婚姻",即表示血缘关系。

在没有语言之前,古人运用自然物之间的种属关系来表示氏族之间的区别和联系。比如,彝族的经典《勒俄特依》把最早人类的一支——"红雪"的后裔分为"有血的"(动物)和"无血的"(植物)两类;动物类又分为蛙、蛇、鹰、熊、猴、人六种,植物则分为黑头草、柏杨、杉树、水劲草、铁灯草、勒洪藤六种,每一种动物或植物图腾再进一步分为不同的类别。现在云南、四川交界的傈僳族人仍然保留着三级图腾:最先是姜梓树和羊角树,每一个一级图腾包括十几个二级图腾,每一个二级图腾又包括十几个三级图腾。[2] 图腾具有表示血缘关系的功能,这在古籍中也有例证。《左传·昭公十七年》记载了郯子的一段话,他的先祖少皞(又叫少昊)以鸟为纪,以下又分四凤鸟司历法,五鸠司民事,五雉司器物,九扈司农事。这里的凤、

---

1 王小盾:《原始信仰和中国古神》,上海古籍出版社 1989 年版,第 39—40 页。
2 同上书,第 61、79 页。

鸠、雉、扈是官职的名称,由各氏族首领担任,它们当是这些氏族的图腾,而且按照鸟的种类层层划分,把各氏族之间的血缘联系表示得一清二楚。

有血缘关系的氏族之间的联系可以用同一类动物或植物内的属目来表示,但几个原来没有血缘关系的氏族组成一个部落,那么部落的图腾则可能有两种情况:或者用某一个过去从没有当作图腾的动物来表示,或者用这几个氏族的动物图腾组合成一个新的图腾。在后一种情况下,由几种动物的部分拼合而成的、自然界所没有的合体动物图形就被想象出来了,如我们在考古器物上看到的鱼面蛇身的图像,以及《山海经》里描述的合体怪兽都可被看作是这种性质的图腾。中国古代崇拜的龙、凤、麒麟、玄武四种灵物实际上也是多种图腾拼合成的合体动物。龙的图形是蛇身、鱼鳞、兽头和四足的合体,麒麟是鹿牛马狼等动物的合体,玄武是龟蛇合体;又据《韩诗外传》,凤的图形是鸿雁和麒麟的身,蛇脖,鱼尾,龙彩,龟背,燕颔,鸡咀。(《说苑·辨物》,卷八)

这些鸟兽植物是氏族的象征符号,同时也是氏族首领的名称。当文字产生之后,图腾成为文字,图腾的象征意义变成文字的指称意义,氏族首领于是被等同为鸟兽。望文而生义,那些关于动物形的、半人半兽形的、合体动物形的祖宗神的神话就这样被创造出来了。文字在春秋战国时期已经基本定型,并广泛使用。也正是在这一时期成书的典籍中,祖宗神获得了动物的形象。《山海经》中有大量的半人半兽形的神;其他典籍里也有一些记载,反映了这样的神话的产生过程。《墨子》说郑穆公见到人面鸟身的句芒神。《国语》记载虢公梦见"有神人面白毛虎爪",史嚚说这是蓐收神(《晋语二》);又记载晋平公梦见"黄熊入于寝门",子产说黄熊是鲧的化身。我们知道,句芒、蓐收、鲧都是传说中的部落首领,春秋时期人们对他们动物形象的猜测,很可能根据他们部落的图腾。从这样的角度看,关于高祖出生的感生神话的出现,是为了解释动物何以与人有血缘关系的困惑;而这一困惑的出现,又是由于把祖宗神看作动物的神话而引起的。总而言之,关于祖宗神动物形象的神话起源于图腾向文字演化过程中所产生的意义讹错和转变,而不是远古的图腾崇拜。

如前所述,图腾的原初功能只是表示氏族内部或之间的血缘关系,它是氏族和部落的标记,其作用犹如姓名对于后来人的作用,即起着自我认同的作用。图腾就是远古人的大写的自我、集体的自我。正因为有如此重要的作用，图腾成为崇拜物。但是图腾崇拜并不一定是最初的宗教活动，它完全可能与对至上神和祖宗神的崇拜同时存在。与后者相比，图腾崇拜的宗教功能较弱，而社会功能更强。它的主要作用是增强氏族或部落成员与集体的认同感，以此增强社会凝聚力。祖宗神崇拜也有同样的功能，但由于他们与至上神有着某种特殊联系，因而有着图腾所没有的护佑子孙的功能，而至上神有着祖宗神所没有的主宰自然和人事的功能。至上神崇拜—祖宗神崇拜—图腾崇拜是一个由高到低的活动系列，但它们之间不一定有一个时间上先后的序列，三者完全可以共存不悖。最多的崇拜对象是至上神和祖宗神，自然神由较低级的祖宗神担任。至上神没有人形，而祖宗神是人形神。祖宗神和自然神并非是从动物或自然物精灵的观念进化而来的。只是在文字时代神话出现之后，祖宗神与图腾相混淆；同时，祖宗神取代了至上神的实际地位，人们才会崇拜动物形的神。这种后来的宗教现象反映了崇拜对象混淆、下移和发散的趋向。

4. 论古代宗教并非由巫术收敛而来

有些进步论者从社会功能角度考察宗教起源，以为最早的宗教是巫术，他们从遗留至今的萨满教（shamanism）习俗找到典型例证，把萨满教作为原始宗教的代名词。中国古代宗教是不是从巫术进化而来的？是否能够归于萨满教范畴？对于"巫"这一概念，有两种理解，一般而言，"巫"是远古流传至今的民间宗教习俗；特殊地说，"巫"是占卜活动。我们要说明的是，不论哪一种意义的巫术，都不是中国古代宗教的来源和本质。

有一则史料可以说明巫术在远古宗教的遭遇。《国语·楚语下》记载了观射夫解释"绝地天通"的一段话："古时民神不杂。……民是能有忠信，神是以能有明德，民神异业，敬而不渎……及少皞之衰也，九黎乱德，民神杂糅，不可方物。夫人作享，家为巫史，无有要则。民匮于祀，而不知其福。烝享无度，民神同位。民渎齐盟，无有严威。神狎民则，不其为。……颛顼受之，乃命南正重司天以属神，命火正黎司地以属民，使复旧常，无相侵渎，是谓绝地天通。"

观射夫还告诉我们，古时确有巫觋的职业，巫觋的身份是"民"，"民之精爽不携贰者……如之则明神降之，在男曰觋，在女曰巫"。巫师就是凭借特殊技能而能通神的民,他们可以充当人与神之间的中介。但是能够充当神人中介的人不只是巫觋,除巫觋之外,祝和宗也以神人中介为职业。区别在于,巫觋是民,而祝宗是官。不过,除了祝宗以外,还有处理民事的"五官"。"民神不杂"的一个含义是不同职业的人各司其职,神事与民事不相混淆;另一个更重要的含义是:具有通神能力的巫觋与神灵本身不相混淆。与此相反,"民神杂糅"的含义是:第一,神事与民事的混淆,即"夫人作享,家为巫史",不具备充当神人中介的人也在行使祝宗巫觋的功能;第二,巫觋被当作神来崇拜,即"民神同位""民渎齐盟""神狎民则"。

从观射夫的这段话可以看出,"民神不杂"是一个来自远古的传统,这一传统在少皞时期遭到"九黎"的破坏,但在颛顼时期"使复旧常",传统被恢复了。

说传统的破坏与恢复,不太确切,因为中国古代宗教传统不止一个。据徐旭生提出并为考古学界所认可的"古代三大部落集团说",史前时期,华夏、东夷和苗蛮这三大部落集团相互冲突、相互融合,这才形成了夏商周一脉相传的文化传统。少皞是华夏族的黄帝战胜东夷族的蚩尤之后任命的东夷族的新首领。[1] 颛顼是黄帝之孙,但在东夷长大。[2] 现在考古界相信,颛顼是发源于山东的龙山文化的开创者。"九黎"指苗蛮族,"九黎乱德"是苗蛮族的宗教传统在东夷地区流行。颛顼虽然拨乱反正,恢复了从黄帝那里继承的宗教传统,但这两种传统的影响仍然存在,一直到舜和禹时代,中原民族不断征伐苗蛮,才消灭了这一部落集团。但是苗蛮族的文化影响仍然存在。今人在春秋时代发现的北方文化与南方文化的对峙,在很大程度上是"民神不杂"与"民神杂糅"这两大宗教传统的延续。楚文化有浓厚的崇巫色彩,这在屈原的《离骚》中可以看出,从南方少数民族的传统习俗中也可看出。但是,"巫"在中原文化中却没有突出表现,秦汉之后,巫觋甚至沦为"贱业"。

我们的结论是,远古时代的巫术在中原地区是一种民间习俗,巫师并不是祭祀等宗教礼仪的主持者,更不是崇拜的对象。我们并不否认巫术在南方地区可能发生过极其重要的作用,但这种作用正是中原地区文化所要避免和抵制的。其结

---

1 《逸周书·尝麦篇》,黄帝"执蚩尤……乃命少昊清司马鸟师,以正五帝之官"。

2 《山海经·大荒东经》,"颛顼孺于少昊";又据《帝王世纪》,"颛顼生十年而佐少昊"。

果是,巫术巫师没有在中原地区的宗教传统中发生重要作用。由此,不能把巫术看作商周开始的古代宗教(它是中原文化传统的重要组成部分)的源流。

巫术与我们正在讨论的古代宗教的最大不同是,巫术崇尚的是神灵,而古代宗教崇拜的是至上神上帝或天。下降在巫觋身上的"明神"不等于上帝或天,甚至不等于祖宗神,而很可能是较低级的人鬼和自然精灵。崇拜对象的低级大概可以解释为什么巫术属于民间习俗,而不是正式祭祀仪式,为什么巫觋一开始只是"民",而不是官职。

但是,"巫"后来也成了官职,巫的主要工作是占卜筮。这是因为,占卜的目的是窥测上帝意向,但人与上帝不能直接交往,因而需要能够上传下达的中介;而被认为具备通神技能的巫觋自然被选作充当中介。由于巫在占卜中的作用,现在人们对占卜的性质有不少误解之处,如把它混同于巫术,又由巫术联想到萨满教;由于占卜筮盛行于商周,成为古代宗教的一个显著特点,于是有人断定中国古代宗教属于萨满教范畴。这样的推断过于迂曲,有很多疑难不明之处。简单地说,占卜与巫术,至少有三点不同之处。

第一,目的不同。现在人们对巫术性质的理解受弗雷泽的《金枝》一书影响甚深。根据弗雷泽的界定,巫术的目的是用感应力影响自然的进程。占卜显然不是这种意义上的巫术,它的目的不是改变自然进程,而是预知自然进程的后果,以决定是否行动,采取何种行动。

第二,信仰对象的不同。巫术不需要相信至上神,它只相信超自然的感应力,即便是至上神也要服从感应力,也能够为巫师所调动。占卜则是建立在对至上神的绝对信任的基础之上的,占卜的结果对人事有决定性的作用,因为它表达的是上帝的意愿。上帝不能听人调遣,相反,人要绝对服从上帝的意愿神意。《礼记·祭义》说:"易报龟南面,天子卷冕北面。虽有明知之心,必进断其志焉,示不敢专,以尊天也。"这是多么虔诚的宗教信仰。

第三,巫师的作用不同。巫师是巫术的主体,他们有通灵本领,呼风唤雨,无所不能。占卜也需要以巫觋为媒介与神灵沟通,但巫的作用有限,他们不但不能改变上帝的意愿,而且连卜筮的意义也没有最后的解释权,也要由王者亲自断定凶吉。据统计,已出土的十余万片甲骨,除一两个例外,全部占辞都是"王占曰"。

不仅如此,"王卜贞""王贞"的卜辞也很多,说明王者往往代替卜人,亲自发布命辞问卜。陈梦家统计出这样一个趋向:由卜人署名的卜辞越来越少,后期大多数甲骨上不署卜人名。[1] 这说明人王在问贞占卜的全过程中都起决定作用。

巫师在占卜过程不起决定作用,这从另一个方面再次证明占卜不是巫术。占卜是向上帝的乞求,它求助的中介是上帝周围("宾于帝")的祖宗神,人王与祖宗神有血缘关系,更容易获得祖宗神的护佑。占卜中沟通人神的主渠道是血缘关系,而不是特殊的通神技能。担任卜问的巫师很可能也是王室成员,血缘关系是他们任职资格。当然,那些被认为具有通神技能的王室成员最有资格担任卜人。可能是因为在实践中通神技能常常不灵验,远古时代被认作巫术第一要素的通神技能逐步被排除出占卜过程,血缘关系成为通神的主要甚至是唯一的渠道。与此相应,与祖宗神血缘关系最接近的人王也成为占卜的主要甚至是唯一的决定者。

通过这些分析,我们可以得出这样的结论,不能因为占卜的盛行,而把殷商宗教归于巫术或萨满教之类的原始宗教。相反,如果我们认真看待占卜所反映出的宗教观念,我们能够发现,这是围绕着至上神和祖宗神信仰而进行的一种特殊祈祷仪式,卜辞是祈祷内容和后果的文字记录。

四

结论

通过上述分析,我们希望能够得到以下几点结论:

(1) 至上神上帝的观念不是殷人创造的,而来自史前的一个宗教传统。我们现在对那个史前宗教传统知之甚少,我们不知道至上神的观念是如何产生的,也不知道至上神上帝是不是最初信仰的唯一对象。但是我们可以知道,史前时代流行的图腾崇拜、神灵观念和巫术并不影响至上神的崇高地位,它们是与至上神崇拜并行或无关的社会习俗。

---

1 陈梦家:《殷墟卜辞综述》,中华书局 1988 年版,第 202、205 页。

（2）商周的宗教是以至上神为中心，辅以祖宗神和自然神的等级体系。这一多神教体系与史前时代"人神不杂""绝地天通"的宗教观念有直接关系。由于上帝与人没有血缘关系，人不能与上帝直接交往，需要其他神祇作为中介，才能上传下达。祖宗神和自然神为了这样的目的而设立，他们由与人有血缘关系的先王先公担任。多神崇拜是为至上神崇拜服务的。

（3）商周时期的祭祀以祖宗神为主要对象，却以至上神崇拜为最高形式，以表达对至上神的感恩戴德之情，流露出敬畏的宗教情感。商周流行的占卜是向至上神祷告祈福的宗教仪式，不能与"万物有灵论"、交感巫术、萨满教等前宗教或准宗教的习俗混为一谈。

（4）商周时期的至上神崇拜经历了由上帝崇拜到上天崇拜的转变，至上神的普遍性和道德属性更加凸显，但至上神的人格和权威有所削弱，人对至上神的依赖感、敬畏感等宗教情感也相应减弱。因此过渡到春秋战国时期的道德宗教观和天人关系的哲学学说。

（5）春秋战国是崇拜对象下移和繁衍的宗教发散期。祖宗神与至上神的界限模糊，祖宗神成为祭礼的最高对象；非人形的鬼怪神灵大量出现，并被混淆为祖宗神和自然神；多神教的等级体系被打乱，众多的神祇被分别崇拜，而缺乏共同的至上神，多神教越来越表现为单一神教。

（6）从史前时代，到商周时期，再到春秋战国之后，中国宗教演化的总趋势是发散。如果承认一神教、多神教和单一神教是一个由高到低的序列，那么可以肯定，这一发散趋向是这种意义上的退步。虽然中国宗教的总的形态是多神教，但这是不断退步的多神教。虽然不能肯定史前时代的至上神崇拜是否原始一神教，但至少可以说那是接近于一神教的、以至上神为核心的比较单纯的多神崇拜；商周时期的宗教是成熟的、典型的多神教体系；战国之后则是接近单一神教的、繁芜的多神教。

第五编

"大哲学"的观念

"大哲学"的观念和比较哲学的方法

——答《哲学动态》记者问

记者(以下简称"记"):你曾在国外学习六年,你觉得这段留学经历对你今后的工作有何影响?

赵敦华(以下简称"赵"):有好的影响,也有不好的影响。我留学所在的比利时卢汶大学哲学所是新经院哲学研究的中心,又是胡塞尔档案馆所在地,纯哲学气氛很浓;讲究思辨和论辩,又有托马斯主义的综合传统;注重哲学史的训练,德、法、英美哲学,以及各种哲学流派和分支都得学。这些系统而严格的训练使我养成了一种研究习惯,总认为哲学问题比答案更重要,解决问题的过程比结果更重要;讨论问题时,偏重于历史的角度,喜欢从经典中找论据;在方法上,比较看重概念和意义的分析,不管是分析哲学式的分析,还是现象学还原式的描述,对我的研究都有影响。西方哲学不少学说系统性、论辩性强,而且需要多年的研究才能理解、欣赏它们。这种特点使得它对研究者,特别是对长期投入的研究者有一种说服力和吸引力。结果造成了这样一种倾向:研究者在不知不觉中成了崇拜者。有人戏称之为"二世现象",言必称"一世",以"一世"之言定是非。这样一来,哲学完全被等同于哲学史,哲学史又被归结为注解诠释,哲学的批判精神、创造精神和实践能力都不见了。

记:你的博士论文的题目是什么?你现在是如何看待你所选择的这一专业方向的?

赵:我的博士论文题目为《罗素与维特根斯坦的对话:分析哲学问题的起源和发展》,是一篇解释历史的论文,结果还不错,答辩委员会给予 summa cum lauda 的最高评价。但我做完论文后却有一种失落感,对分析哲学的前途及其对未来哲学发展的影响等问题，没有多少信心。罗蒂说分析哲学走向了消亡，但他没有解决分析哲学乃至西方哲学如何走出危机的问题，"后哲学""全人类的文化对话"之类的提法没有实际意义。牛津的哈克曾出了一本书《维特根斯坦哲学及其在当代的地位》。他1998年来北大讲演，说分析哲学在维特根斯坦之后一直走下坡路，面临难以解脱的危机。哈克是研究维特根斯坦的专家，他主张回到维特根斯坦哲学才有出路。但我觉得，当维特根斯坦说哲学家像瓶子里的苍蝇时，他表达了一种切身体会。维特根斯坦哲学并未摆脱困境，因此他说只有停止从事哲学才能摆脱困境，这只是揶揄而已。我并不认为分析哲学是一种成功的理论，它只是一种工具，众多工具中的一种工具，或确切地说，一种风格。

记：你多次提到西方哲学的危机，认识到哲学的危机，对你的研究方向是否有影响？

赵：我对西方哲学的研究确实有一种转变，这是从我的那篇《20世纪西方哲学的危机和出路》（载于《北京大学学报》1993年第1期）开始的。在那里，我把20世纪西方哲学的处境理解为第四次危机，即，继希腊自然哲学危机、希罗哲学危机和经院哲学危机之后的又一轮哲学危机。该文旨在反驳"哲学消亡论"，说明每次危机之后，都有哲学的繁荣和发展，这是带有规律性的历史现象。西方哲学的走向包含着走出危机的途径，但我并未说明出路何在。直至写《作为文化学的哲学》一文（载《哲学研究》1995年第5期）时，我才明确地说明，哲学危机实际上只是纯哲学的危机。从历史上看，纯哲学处于危机之际，正是各种文化思想极其活跃并相互碰撞之时。比如，希腊自然哲学的危机期是智者运动的高潮期，希罗哲学的衰落期是希罗文化与基督教碰撞和融合期，经院哲学的危机期是文艺复兴时期。第四次危机也只是学院式哲学的危机，至于应用哲学、跨学科哲学、各个领域的"准哲学"，形态之丰富，范围之广阔，更是前所未有。我们很少把纯哲学以外的这些思想资料写进哲学史，最多也只是把它们处理为纯哲学的背景材料。为了纠正这一偏见，我区别了两种哲学传统：形而上学的传统和文化学的传统。"文化学"是meta-culture的中译，是相对于meta-physics而言的。但不幸的是，"文化学"这一概念现在也被弄得很狭窄，好像只是"文化人类学"等分支学科的代名词。为了避免这种误解，在没有找到更确切的术语之前，我现在改用"大哲学"这一提法。

西方哲学原来就是无所不包的"大哲学"。19世纪至20世纪初,各门科学从哲学中分离出去,哲学史这门学科也随之专业化,纯哲学才从"大哲学"中抽象提炼出来,哲学史也变成纯哲学史。事实上,"大哲学"更适合于西方哲学的历史状况,纯哲学从来都是在"大哲学"中发展的。但纯哲学的历史成就往往遮掩了"大哲学"的原来面目;只是在纯哲学处于危机的情况下,"大哲学"才凸显出来。这就是为什么西方哲学史呈现出一盈(纯哲学危机,"大哲学"凸显)一缩(纯哲学发展,"大哲学"淡出)的有规律的交替现象的原因。

记:我注意到这些年来你的研究向基督教哲学和宗教学方向发展,这与你关于纯哲学和"大哲学"关系的认识是否有联系呢?

赵:的确有关。但我要多说几句。科学哲学、政治哲学和宗教哲学等跨学科的哲学研究,都属于"大哲学"的范畴,但从另一个角度看,这些又属于分支哲学的范畴,是以纯哲学为基础和核心的。这两个角度是相辅相成的,因为"大哲学"不与纯哲学相反对,而是纯哲学的自我扩展和深化。从现在的发展趋势来看,应用伦理学、科学哲学、政治哲学和宗教哲学等是从纯哲学出发实现"大哲学"的主要形式。我对这些学科都有兴趣,在《当代英美哲学举要》一书中还对英美的科学哲学和政治哲学作过一些探讨。但一个人的精力毕竟有限,不可能面面俱到。这些年我之所以在宗教哲学方面做得多一些,开始是出于偶然。出于西方哲学史教学和研究中对中世纪这一部分的迫切需要,我承担了《基督教哲学1500年》一书的写作。当初的出发点是纯哲学的考虑,但在研究著述的过程中,逐渐感悟到基督教对西方哲学的整体影响。过去我们一谈到西方文化,言必称希腊。现在感到有点问题。希腊文化只是西方文化的源头之一。除希腊理性主义之外,罗马法治思想和希伯来宗教精神也是西方文化的源头。这三者原来分别是三个民族的传统,只是在基督教中才得到整合。我们现在所说的西方文化传统的起源和发展都是从基督教开始的。从这一点上说,对基督教哲学的研究确实是我从研究纯哲学转向关注"大哲学"的一个中介。我现在研究宗教哲学的目的是为了在更广阔的文化语境中阐发哲学的精神。

记:我觉得这种对待基督教的严肃的学术研究态度与一些"文化基督徒"的态度是很不相同的,你能否对此作进一步的评论?

赵:"文化基督徒"是一个含义不清的概念。用语言分析的方法,我们可以问:这一概念的指称究竟是基督徒还是文化人,其含义究竟是研究文化的基督徒还是研究基督教的文化人? 如果是前者,则无必要在基督徒之前以"文化"相标榜;基督教从一开始就反对文化歧视,耶稣不止一次地表达了对"文化人"的反感,以至于早期教父说,上帝选择的使徒是渔夫而不是哲学家。如果"文化基督徒"指的是研究基督教的文化人,那就更说不通了。基督教的研究者不等于基督徒,正如西方哲学的研究者不等于西方人一样。概念的混乱反映了思想的混乱。从现实来看,这一思想混乱反映了在宗教与非宗教、信仰与理性、传教与学术的矛盾面前不知所措的状况。我在与国内外学者的交往中,深知这种矛盾不可避免。我们应有自己的立场,不能有意无意地屈从于保守的福音派或其他基要派的立场,不能沦为"吃教者"(rice Christian)。另一方面,在思想开放、文化交汇的时代,我们再也不能像过去那样简单粗暴地压制他人的信仰,武断地否定宗教的价值。在宗教学的研究中要提倡对话和比较研究,宗教徒的内部研究和非教徒的外部研究,跨宗教、跨学科和跨文化的研究,都是必要的。我不隐瞒自己的立场,在对话中自己的角色只是一个外部研究者、比较研究者、哲学研究者和中国文化的热爱者;但我也承认自己立场的局限性,尊重内部研究者、单一宗教的研究者、其他学科的学者和其他文化传统的热爱者的意见。我相信各方面的对话可以增进相互理解、相互学习,取得相得益彰的效果。

记:你最近发表了一系列关于中西哲学比较的论文,可以看出你所说的态度。我们想知道,作为一个西方哲学的研究者,你为什么要以热爱中国文化的态度来从事中西哲学的比较研究?

赵:这还得从"大哲学"的观念谈起。从历史上看,中国哲学包括社会生活的方方面面,举凡政治、道德、宗教,乃至科学、医学、道术、民俗,无不有丰富的哲学思想。但长期以来,我们按西方纯哲学的标准选择和整理中国哲学的资料,后来又按"两军对阵"的模式诠释中国哲学的精神,中国哲学的范围被弄得越来越窄。现在人们把中国哲学与传统文化相联系,这可以从更深厚的文化资源中吸取更多、更广阔的哲学思想,是有益的。在此方面,借鉴西方哲学中"大哲学"的观念也是有益的。比如,福柯的知识考古学的模式和方法,对于我们从哲学的角度理解中国古代社会各个文化领域的联系和变化,很有些启发意义。从冯友兰、胡适开始,中国哲学史这门学科的发展始终受到西方哲学的方法和理论的影响。我认为这种影响属于中西哲学的良性互动,不能算作全盘西化,因为中国哲学史作为一门世界性的学科,其建立和发展又反过来为西方哲学提供了一个新的参照系。有没有这个参照系,对西方哲学的理解和体悟大不一样,对中国人研究西方哲学意义更大。因此,我曾提出,要以中国人的眼光解读西方哲学,这与借鉴西方哲学研究中国哲学是一个问题的两个方面,都需要进行比较哲学的工作。

记:我们现在看到的比较哲学的论著文章都是以中西哲学史为内容的,你能否谈一下,比较哲学的对象是什么,对中国哲学界的全局意义何在?

赵:对于比较的一方的中国哲学,我们应有全面的理解。牟宗三曾在"道德底形而上学"和"道德的形而上学"之间作出一个区分,套用这一区分,我们也可把"中国哲学"区别为"中国底哲学"(Chinese Philosophy)和"中国的哲学"(China's Philosophy)。前者指以中国传统为底子或本位的哲学,后者指在中国发生的一切哲学形态。在西方文明和马克思主义已经全面而又深刻地改变了中国社会的客观条件下,当代已不可能有完全彻底的"中国底哲学",有的只是"中国的哲学",即使刻意成为"中国底哲学"的新儒家,不是也要以西方哲学为参照和比较的对象吗? 当代中国的哲学包括传统的中国哲学、马克思主义哲学和西方哲学;但是,我国哲学界马、中、西三足鼎立,以邻为壑的状况是不正常的。哲学史和哲学一般的界限应该被打破。比较哲学的对象不应只限于哲学史,而应该成为哲学一般的方法。广义地说,哲学的方法就是比较的方法,大到反映民族精神的国别哲学,反映时代精神的断代哲学,中到各个哲学流派,各个哲学家,小到一个个哲学观点和概念,都需要并可以加以比较。按黑格尔的说法,哲学史是思想巨人的较量,高尚心灵的更迭;较量就是比较,有比较才有鉴别,有鉴别才有更迭。如果我们能够把比较哲学作为研究马、中、西各类哲学的普遍要求和方法,那么,它们之间的藩篱自然也就拆除了。

记:你能否具体地谈一谈,马哲、中哲史和西哲史各门学科如何运用比较哲学的方法?

赵:我只能列举一些课题为例。比如,在马哲界,开展对经典作家原文原著的研究,对西方和苏东马克思主义哲学的研究,在各分支哲学,尤其是政治哲学、经济哲学和应用伦理学领域,进行当代中国的马克思主义与西方哲学的比较研究;在中哲史界,除了进行一般意义上的中西哲学史比较研究外,更多地吸收国外汉学家和海外华人学者的研究成果,在概念、命题和范式三个层次比较中西哲学的异同,探讨中国哲学关键术语的翻译,把国内学者的最新研究成果翻译出来,推向国际;在西哲界,也要探讨西方哲学概念的中译问题,重新评价中国哲学和文化在世界文明史和观念史上的地位问题。如此等等,都是中西比较哲学的重要课题。

记:20 世纪 40 年代,当冯友兰先生被人问及中国哲学对于未来世界哲学将有什么贡献时,他说他感到有点为难。你现在对这样的问题有什么看法?

赵:冯友兰先生是在《中国哲学简史》的结尾处说这番话的。半个世纪以后,我们对这一问题看得更清楚了。未来的世界哲学既不是"西方底哲学",也不是"中国底哲学",而是比较哲学。因为"大哲学"不仅是西方哲学的出路,也是中国哲学的出路;"大哲学"之大,不仅是跨学科的,而且是跨文化的,消除了按照纯哲学的标准所设置的种种藩篱障碍。我斗胆地说,达到"大哲学"的方法只能是哲学比较法,"大哲学"的理论只能以比较哲学的理论为范式。我们应该看到,中国人在比较哲学领域有特殊的优势。比较哲学是一门相对年轻的学科,在西方并不十分发达,因为大多数西方人对中国哲学不熟悉,中国哲学对他们而言只是哲学的特例,不具有普遍意义,因此很难参与平等的对话。印度学者在东西哲学比较领域写了不少书,他们有梵英双语的优势,但这种优势同时也是一种限制,印欧语系的共同性掩盖了东西方思维方式的一些根本分歧,而这种分歧是由语言表达出来的。"东方哲学"只是一个地域性的概念,没有共同的文化的或观念的传统作基础。东方哲学内部的分歧可能比东方哲学和西方哲学的分歧还要大,比如,印度哲学在语言上更接近于西方哲学,阿拉伯哲学则在内容上接近西方哲学。只有以中国哲学为典范与西方哲学相比较,才能明显地突出东西哲学的异同。经过一个多世纪的翻译和评介,西方哲学已在中国普及,可以说,中国人熟悉西方哲学的程度远远超过了西方人熟悉中国哲学的程度,这是中国学者的优势所在。从大环境来看,中国经济和政治的发展为提高中国文化和哲学的国际地位创造了条件。当然,能否实现哲学强国的目标,还有待于我们的努力。如果说,"三十年河东,三十

年河西"这句话有什么实际意义的话,那就是表达了这样一种期待:19 世纪和 20
世纪西方哲学在世界哲学的舞台上扮演了主要的角色,21 世纪是中国人登上世
界哲学舞台的时候了! 这就是恩格斯所说的,经济上相对落后的国家也能在哲学
舞台上扮演"第一小提琴手"。我热烈地期待着中国哲学走向世界。"大哲学"观
念的确立,在比较哲学领域的突破,将会促进这一转变的到来。

原载《哲学动态》1999 年第 1 期

超越后现代性：神圣文化和
世俗文化相结合的一种可能性

　　西方文化传统并不是一个单一的传统，而是不同民族和时代传统的集合。比如，它包括拉丁民族、盎格鲁-撒克逊民族和北欧日耳曼民族的传统，也包括希腊文化、中世纪基督教、启蒙主义和浪漫主义这些划时代的传统。我之所以首先强调西方文化传统的复杂性，乃是有感于中西文化比较研究的整体主义倾向而发生的。在一些研究者看来，西方文化和中国文化是两个整体，两者的同异可用一个或几个本质特征来概括。实际上，属于"西方文化"范畴的大大小小传统之间的差异或许比中西文化的整体差异还要大。在这种情况下，整体主义、本质主义的比较方式难免要出偏差。我们需要对西方文化传统作出合理的区别，才能对西方文化有正确的态度。

　　任何合理的区分都要依据一定的分类原则，分类原则不同，构成西方文化传统的部分就会有不同的整合。前现代性、现代性和后现代性的三重区分，是在现代主义和后现代主义之争中形成的。我们在这里不想参与这场争论，但要借用对西方文化的这种三重区分，阐发对西方文化传统和现状的一种认识。

　　本文的基本观点是：前现代性是神圣文化，现代性是世俗文化，后现代性是世俗文化的极端化。"物极必反"，后现代主义是一种非稳态的文化形态，终将被超越。朝什么方向超越呢？本文预测的方向是神圣文化和世俗文化的结合点。既然是一种预测，本文阐释的只是一种可能性，或许这种预测在将来不被证实，但愿它也能对中国的现代文化建设有一点启示作用。

　　下面分四个问题说明上述观点：一、为什么说前现代性是神圣文化？二、为什么说现代性是世俗文化？三、为什么说后现代性是世俗文化的极端化？四、在何种意义上谈论神圣文化和世俗文化的结合？

———

  所谓前现代性，指古代和中世纪文化的特性。一谈起"神圣文化"，人们自然联想到宗教。确实，翻开世界历史，可以发现各民族最初的文化形态毫无例外地都是神话和宗教。对这种现象，国内通行的解释大致有两种：一种是"蒙昧无知说"，即认为在生产力和认识水平低下的条件之下，原始人对不可控制的自然现象感到恐惧和不安，于是把它们人格化，作为宗教崇拜的对象，以寄托自己的愿望和意志；另一种是"人性完善说"，即认为人有追求完善的本性，但每个人在自己身上看到的却是不完善性，于是理想的完善的人格异化为神，如费尔巴哈说："上帝就是人自己的本性。"[1]这两种解释都偏重于个人的、心理的自然属性，我觉得还需要从人的交往活动和社会关系方面加以补充说明。

  一群人之所以能组成一个社会，一个先决条件是他们具有共同的行为规范、道德准则。近代西方一些思想家用"社会契约"来说明这些规范准则的起源。事实上，原始人只有宗教观念，并无契约观念。但宗教观念足以解释规范准则的起源，因为有理由假设，宗教所崇拜的神体现了社会所需要的共同价值观，神的权威性代表了道德规范的绝对性。

  我们知道，原始的道德准则是血缘禁忌，原始的宗教是图腾崇拜。图腾不只是自然物的化身，而且象征着人际关系，图腾崇拜代表着禁忌的约束力。后来的宗教和道德是否也有像图腾和禁忌那样的内在联系呢？各民族的宗教既可以是多神论，也可以是一神论；宗教仪礼既可以是非理性的集体迷狂，也可以是合乎理性的个人修养；宗教崇拜对象既可以是具体的甚至现实的人，也可以是超越的甚至非人格的神。但从发展趋势看，总是一神教取代多神教，神的形象越来越超越，神性越来越适合于理性的解释。为什么会出现这种趋势呢？这是因为：社会的结

1　费尔巴哈：《基督教的本质》，第 1 章，商务印书馆 1984 年版。

构越复杂,人际交往范围越广大,社会所需要的价值规范也会越来越普遍,越来越绝对,而一神论与多神论、神性超越论与神人同形同性论、合理性的神学与素朴的信仰相比,前者更适合于建立绝对的、普适的价值体系。

宗教虽然是神圣文化的起点和基础,但并不是神圣文化的全部。西方前现代文化传统可以被看作三个民族精神的整合,即希腊哲学的理性精神,希伯来的宗教精神和罗马的法治精神。这三者不能全被归结为宗教,但都归属于神圣文化。

先说希腊哲学。希腊哲学的主流是理性主义,但它的最高研究对象和原则却是神。这不是与人同形同性的神,而是"理神",神是理性的化身。柏拉图所说的神,是最高理念"善"。亚里士多德把第一哲学称作神学。他关于"神"的概念有三层含义:第一推动者,纯形式,思想的思想。三者都没有宗教意义。希腊哲学家把价值和真值判断的最高原则以及真善美的统一都归结为神,对神加以理性思辨和理论阐释,构成了神圣文化的哲学基础。

希伯来宗教精神的明显特征是宗教伦理化,摩西与耶和华以十诫为誓约而创立犹太教。十诫不仅是宗教的戒律,像"孝敬父母""不可杀人""不可奸淫""不可偷盗"等都是道德的绝对命令。耶和华是绝对命令的颁布者,他的至高无上和全能是道德律绝对权威的保障。从犹太教脱胎而出的基督教的创立者耶稣也是绝对命令的颁布者。有人问耶稣,最大的诫命是什么? 耶稣回答说,一是热爱上帝,二是爱人如己(《马太福音》22:37,40)。耶稣提倡的爱是无差别、无条件的,不但爱自己的邻居,而且爱罪人、仇人。这是违反人之常情常理的。若无神圣的名义,基督教之爱是不能推广的。我们不妨拿中国古代的情形作比较:儒家主张爱有差等,提倡"爱亲""亲旧",适应宗法社会的状况,也符合人之常情。墨家主张"兼爱",但其理由是"交相利"这一常理,并无宗教基础。墨家虽然"明鬼",但"鬼"缺乏"神"的绝对权威,因而,"兼爱"的道德主张只能是空想。相反,基督教之爱却依靠宗教信仰的力量,在西方社会盛行近两千年之久。由此可以看出宗教对于西方伦理道德的重要作用。

罗马法的法理基础是"自然律"的观念。自然律是不成文的道德律,以自然方式铭刻在每个人的心灵上面。斯多亚派首先使用这一概念,基督教后来对它进行了法理上的论证。他们都赋予自然法以神圣的意义。斯多亚派认为按自然生活就是按理性生活,理性是弥漫世界的神圣力量和规则。基督教神学家则说,神圣的光照在人的心灵上压下的烙印即自然律。人们遵守、服从自然律的天性因而成为神圣的义务,然后才有成文法以及社会义务。

希腊哲学、希伯来宗教精神和罗马法的基础从不同方面展现出神圣价值观,它们的共通之处汇合到基督教之中,中世纪基督教文化是神圣文化的典型。现在不少人仍把中世纪说成"黑暗时代",认为基督教的"千年王国"毁坏了西方文明,阻碍了人类进步。这种评价在整体上有失公允。中世纪前期(5 至 10 世纪)确实是历史倒退的黑暗时代,破坏文明的力量主要是入侵的蛮族。基督教会的文化专制主义也有一定的破坏作用,但总的来看,教会当时承担着教化蛮族的使命和推广教育的社会功能,修道院对保存古代文献作出贡献。12 世纪后期希腊经籍传入西欧之后,出现学术繁荣,首创大学建制,以致有人认为,文化复兴实际上从 13 世纪就已经开始,即使在像自然科学这样通常被认为在中世纪遭到严厉压制的学科领域。现有研究成果也提出一些论据,说明中世纪学术对近代科学诞生的深刻影响。

尽管神圣文化曾是西方文化的一段不可否定的阶段,但是以基督教为代表的神圣价值体系毕竟随着中世纪的结束而被摒弃了。文艺复兴时期以降的思想家揭露这一价值体系的不合理性、违反人性。这些批判是深刻、尖锐的。我们今天在一个更广阔的视域看问题,可以总结出更全面的道理。一个价值体系犹如科学史上的一个"范式"。一个范式是一个自满自足的体系,它之所以被另一个范式所替代,并不是出于自身固有的内在缺陷,而是因为不能应付新的社会历史环境里出现的新问题。神圣价值体系不论多么崇高、圣洁,总要靠世间的人来履行它。僧侣阶层是实现基督教价值观的社会主体,他们的行为能否符合神圣价值体系的规范准则,是关系到该体系存亡的问题。这在早期基督教不成其为问题,一批以圣徒为代表的僧侣的模范行为成为全社会的楷模。中世纪并不普遍实行禁欲主义,只要求神职人员过禁欲生活,目的在于保证僧侣的道德模范地位。但到了中世纪后期,僧侣阶层被日益富裕和愉悦的世俗生活所吸引,上至教皇,下至神父教士都不择手段地聚敛财富,过着糜烂的生活,神圣价值体系失去社会基础,其规范成为虚伪说教。价值体系的根本要求是实践性,当它不被任何社会集团所践履时,它的生命也就结束了。

我们要以史为鉴。我个人以为,共产主义价值观是崇高的,也是神圣的(当然是在非宗教意义上说的)。它目前所面临的问题不能说明它有什么内在的不可克服的缺陷。但是,如果我们不能解决腐败问题,无产阶级先锋队不能继续履行共产主义价值观的神圣使命,那么它也会失去社会基础,不能长久维持。我们正视这一危险。

二 _____

现在的西方学者一般把启蒙运动作为现代主义的典型。15 至 16 世纪是前现代性到现代性的过渡时期。17 世纪在个别国家(如英国)和个别领域(如科学和哲学)表现出明显的现代性,但只是因 18 世纪的启蒙运动及其引起的社会变革(如法国大革命),现代主义才普及到西方各国和各个领域。

众所周知,启蒙运动是社会世俗化的进程。一般认为,启蒙运动的纲领是理性主义和人道主义。启蒙运动的性质应从这两个方面考察,就是说,只有从世俗文化和神圣文化对立的角度,才能全面地理解现代人道主义和理性主义的特征。

人道主义的核心是自我意识,17 世纪开始的主体性哲学是它的理论基础。笛卡尔提出的哲学的第一原则是"我思故我在",他因而被誉为"近代哲学之父"。"我思故我在"之所以有那么大的威力,就是因为这个命题和中世纪形而上学的基本信条"我是我所是"根本对立。"我是"即我的存在和本质,即哲学上所说的"主体性"。《圣经》里的主体是上帝的神圣主体,是无所不包、无所不在的大我。笛卡尔并不是凭空创造"主体性哲学"的,他只是用认识论意义上的"自我"代替了神圣主体。从语言形式上看,"我思故我在"的准确译法应为"我思故我是"(Cogito, ego sum),这句话可以说是由"我是我所是"(Ego sum, qui sum)演化而来的。笛卡尔的创新在于把我的存在和本质归结为"我思",即自我意识,这是与客体相对立的主体,是个人的小我。哲学基本命题的变化最终引起价值体系的变化,人道主义用"人"代替"神"作为最高价值,正是从"主体"的神圣意义向世俗意义的转变开始的。

　　启蒙学者指责以往的历史是蒙昧时代,把启蒙的任务规定为用理性战胜无理性、非理性、反理性。但是神圣文化也充满着理性精神,基督教神学和哲学是信仰和理性的调和,理性是论证信仰、深化信仰的思辨过程。把理性用作人与神交往的重要途径,这是从希腊哲学开始的思辨理性主义传统。启蒙主义者把富有神圣意义的思辨排除在理性范围之外,他们倡导的理性主义完全是为世俗目的服务的。他们建立了理性法庭,以全人类理性的名义宣判,但他们实际上只是把理性的神圣目的改变为世俗目的,理性成为谋求人类幸福的工具。弗兰西斯·培根说:"知识就是力量",认识自然是为了控制自然,"达到人生的福利和效用"。[1] 这些现已成为脍炙人口的格言在当时却是振聋发聩的新观点,它一语破的地道出近代理性观:理性是工具,用它来改造自然、控制社会。后人将之称作"工具理性"。启蒙运动的理性主义就是工具理性战胜思辨理性的世俗化思潮。

　　启蒙运动对宗教进行了深刻的揭露和批判,否定了神圣文化的价值体系,世俗的、工具理性的价值评判解放了个性,也解放了个人生机勃勃的创造力,归根结底解放了社会生产力,自然科学和物质文明获得空前发展。启蒙运动是一场思想革命,它所引起的社会革命对于人类文明的积极意义在于推翻了过时的、落后的神圣文化的传统,创立了适合工业化生产力和现代世俗社会的现代主义传统。

　　现代主义传统在其成熟、发展和巩固的两个多世纪的时期内也逐渐暴露出一些弊端。首先是工具理性的偏执。工具理性的效用主要体现在自然科学的应用技术,自然科学技术的思维模式和操作方法于是成为人类理性的楷模,自然科学技术的标准成为真理的普遍标准。工具理性的无限膨胀不仅盘剥了自然,破坏了生态环境,而且对社会生活的每个方面都进行意识形态的整体控制。西方一些思想敏锐的学者看到,即使个人的私生活和思想也处在这种无形的控制之下。在所谓的民主社会和自由世界里,人们实际上生活在无形的囚笼里而自得其乐。比如,消费者好像有选择商品的自由,但是无孔不入的商品广告实际上已经替他们作了先定选择。现代主义面临的其他问题还有:人的精神价值被忽视,精神空虚,

---

1 弗兰西斯·培根:《新工具》第 1 卷。

人欲横流，道德低落。人们向上的精神追求被截断，绝对的是非标准被粉碎，商品经济成为现代生活的指挥棒，整个社会都崇拜金钱万能、物质享受，道德教育和追求当然要失效。这些弊端表现在社会、家庭和教育诸方面。今日教育的偏差，就是过份偏重专业知识的传授，缺乏德性修养和人文精神的培养。这不符合我国传统的优秀教育思想。韩愈说老师的任务是"传道、授业、解惑"，现在只剩下"授业"这一条了。结果使得青年一代只重知识，不论德性；与人交往只讲利害，不讲原则，只讲竞争，不讲和睦。

启蒙运动伊始，人们满怀信心地欢迎理性王国的到来，期待着人类全面的、不断的进步。现代主义的历史进步观的破灭，经历了两次大的社会动荡：一是 20 世纪的两次世界大战。在这两场空前规模的人类大屠杀中，工具理性成为杀人的工具，人性的残忍、精神的堕落与工业化文明和科技进步形成强烈反差。二是 1968 年的社会动荡，千万人走上街头，抗议社会不公正，宣泄精神的不满。这场运动带有无政府主义倾向，却提出了一些带有根本性的问题，如：社会制度是否真的民主，政府是否具有合法性，人民是否享有真正的自由和权利。这些问题在知识分子中间引起广泛的反思。在这种背景之中，20 世纪 70 年代出现后现代主义。

三

后现代主义以超越现代性为目标，它对现代主义文化的态度可以用两句话来概括：诊断出病状，开错了药方。

后现代主义者正确地看到以工具理性和人道主义为核心的现代主义价值体系的偏颇、失效。他们说，理性并不像现代理性主义者标榜的那样公正、超越，工具理性只是常规科学家和技术官僚这些社会集团思维定式的规范，把它作为普遍的价值标准是新的信仰主义、教条主义。同样，人道主义所推崇的人并不是具体的人，而是大写的、抽象的"人"。"人"和神圣文化里的"神"一样，是最高价值观念的化身。因此，人们不必为"人"取代了"神"的位置而沾沾自喜，因为这个大写的"人"一旦被赋予某个阶级或集团的社会属性，他照样可以像以往的"神"那样压抑个性，阻碍人性的全面发展，或否定其他阶级或集团的人性。尼采最先看到这一点，他不但反对基督教，而且反对人道主义的价值观。"上帝死了"之后是"人"的死亡。尼采被后现代主义奉为祖师爷，一个根本的理由在于他对神圣文化和世俗文化价值观的整体排拒。

后现代主义者既然看出现代主义价值观的片面性，那么他们理应加以补充，使之全面。然而，他们开出的药方却是排拒一切价值观，似乎一切规范都只是游戏规则，文化活动只是一场游戏，生活世界只是斑驳陆离的游戏场，无本质、无中心、无差别。后现代主义是非理论（并不一定是反理性）的游戏型文化形态，充满着怀疑主义、相对主义精神和各种否定、批判、解构、破坏的手法。后现代主义者没有也不准备建立新的理论体系，他们进行价值评估的目的不是用新的价值体系取代旧体系，而是回归到流动的、混沌的、任意而无约束的状态。在这里，我们再次看到尼采的虚无主义的影响。

后现代主义虽然对现代性持激烈的批判态势，但它并不是现代主义文化的后继者；毋宁说，它只是现代主义的极端化。我们这样说的理由有三个。第一，后现代主义继承了现代主义反传统的激进批判精神，像启蒙学者反对神圣文化传统那样反对一切文化传统。后现代主义把传统视为过时的、固定的、阻碍创造力的包袱，批评现代主义对旧传统的批判不够彻底，继承了旧传统的基本精神，结果使批判半途而废，定点、凝固为新传统。德里达号召要"绝对地推翻一切辩证法、一切神学、一切目的论和本体论"。[1] 后现代主义所反对的"现代主义"主要针对启蒙运动的传统。实际上，这种激进的文化批判主义曾是启蒙运动的创造，只不过后来的文化现代化建设的过程和成果淡化了它的激进程度。后现代主义只是在新的社会条件和知识背景中重新运用文化批判主义。

第二，后现代主义并不像它所想象的那样割裂了与传统的联系，它与一些现代文化思潮有明显的承袭关系。比如，后现代主义的艺术与超现实主义、先锋主义、未来主义等有着密切联系。后现代主义的很多观点与社会批判理论、平民主义、浪漫主义和无政府主义等都有亲缘关系。

---

1 Jacques Derride, *Margins of Philosophy*, University of Chicago, 1972, p. 67.

第三,更重要的是,后现代主义可以看作现代主义发展必然结果。按照我们的分析,现代主义是一种世俗价值观,即用世俗的价值标准,如"人""工具理性",来取代神圣的价值标准。世俗的价值标准不可能像神圣的价值标准那样绝对、普遍,可作不同解释,赋予不同意义,本身就包含着相互冲突和自我怀疑的因素。但另一方面,价值体系的实践性、有效性有赖于它自身的绝对性、普遍性。现代主义在其发展过程中不可避免地将自身的价值标准绝对化、普遍化。后现代主义者看出现代主义价值体系的世俗化要求与绝对化、普遍化要求之间的矛盾,他们按照世俗化的要求反对绝对化、普遍化的规范、标准。在此意义上,我们说后现代主义是现代主义的极端化。

四 ————————————————————————————————

神圣文化和世俗文化各有所长、各有所短,可以取长补短,这只能是既摆脱现代主义的危机,又避免后现代主义极端的一条出路。按照我们的解释,神圣文化的长处在于价值体系的绝对性、普遍性,世俗文化的长处在于科学技术的效用。两者的结合将会造成一种新的文化形态。我们知道,"文化"范畴的内涵极其广大,但其主要内容无非是人类知识体系和价值体系。如果能够把神圣文化见长的价值体系和世俗文化见长的知识体系结合起来,那将是全面的文化建设,对新老文化传统的创造性的继承。

近代以来发展起来的科学技术是人类文明最重要的成果,从根本上改善了人类生活条件。不管你愿意不愿意,都要接受这一文明成果。后现代主义在反对科学主义的口号下,试图解构包括科学技术理论在内的一切知识,甚至得出科学技术是新的教条、新的神话之类耸人听闻的结论。但是他们也坐小汽车,也看电视、打电话,也要利用现代传播媒介发布观点。有人借口科学技术是工具、可以被误用,而反对科学技术的运用。但是科学技术的误用只能靠科学技术的手段来纠正。比如,科学技术的不适当运用会破坏环境,但环境的恢复和保护仍要求助于科学技术,后现代主义的文字游戏无济于事。在西方社会文人小圈子里,反科学主义的言论甚嚣尘上，我们不要东施效颦。在我国生产力水平尚不发达的条件下，当务之急是以科学技术为第一生产力，而不是批科学主义，更不能由批科学主义进而否定科学技术的重要地位。当然，对科学主义可能造成的危害应有所警惕，不要把工具理性当作价值体系的核心，在发展生产力的同时推进精神文明建设。

神圣文化奉行的价值标准的绝对性、普遍性是有其合理性的。现在一提起"绝对"，人们往往会联想起故步自封、一成不变的东西。我们在这里所说的绝对性，指无条件的意思。康德早已证明，道德律只能是无条件遵守的绝对命令，如"你要尊重别人"即是。有条件的规则是假言命令，如"若要使别人尊重你，你就要尊重别人"即是。假言命令是没有普遍性的，对于那些不想得到别人尊重的人，上面那条假言命令没有约束力；但是不管你是否想得到别人的尊重，上面那条绝对命令都具有道德约束力。假言命令以一个人或一部分人的利益为条件，他或他们只是为了满足这一条件而遵守假言命令。在人类社会里，各民族、国家、阶级、集团乃至于个人，都有自身利益。如果都以各自利益为条件，那么他们之间将不会有共同认可并遵守的普遍价值标准和行为规范。绝对命令要求人们超越不同利益的差异和冲突，无条件地遵从它，从而满足了普遍性实践性这两条任何一个道德律都必须具有的特征。

无条件地遵从道德律，并不意味着无理性地盲从。康德还证明，绝对命令是理性的自律，自己立法、自己遵守具有最普遍的合理性。这一看法大抵也是正确的。需要补充一点，自律的理性并不是工具理性。工具理性以因果关系为思想对象，以手段与目的关系为行为途径，只能建立以结果和目的为条件的假言命令。自律的理性所具有的最普遍的合理性在于，它不但考虑到人类长远的、整体的利益，而且规定着人在自然的地位，承担着人类对其他自然物的义务，比如人与大自然和谐相处，不仅是为了使人类在这个世界更好、更长久地生活，而且要求人类自觉地牺牲一部分利益，也让其他生物更好、更长久地生存，这样人类才是名副其实的万物的灵长。人类的长远的整体利益，人类在宇宙的位置和使命、义务，往往被生活在世俗环境中的人所忽视，他们的认识不可避免地带有急功近利的倾向。由此不难解释，为什么理性的自律以神圣名义颁布，为什么价值观的绝对命令会成为神圣文化的核心。

当然，我们今天肯定神圣文化价值观的合理性，并不是要求崇尚古旧、返璞归真。历史不会倒退，前现代性无可挽回地成为文化足迹。前现代的神圣价值标准是单一的，以宗教为基础，靠唯一的、人格化的神来保证其绝对权威，这在历史上曾产生过压抑人性、否定人性的消极的作用，更不适合现代社会。吸收神圣文化的传统的合理成分，同时避免它的落后性，这种做法之所以可能，是因为绝对的神圣价值标准无须是单一的，也可以是多元的。人性是神圣的，大自然也是神圣的；国家的主权神圣不可侵犯，公民的权利也神圣不容践踏；个人权利固然神圣，个人义务的神圣性也不容忽视；崇高的理想是神圣的，日常工作所履行的平凡职责也蕴含着神圣性。我们说过，价值观念的神圣性实际上是自律的理性所需要的普遍性的名义，这种意义上的神圣性并不一定要由宗教崇拜的神来保障，科学完全可以为它提供必要的依据。自然科学已经揭示并证明了过去人们靠神学才相信的自然规律和必然性，我们有理由期待，未来的人文社会科学也能确立过去人们靠宗教信仰才能遵从的价值规范的绝对权威。

神圣文化和世俗文化的结合，是为了防止后现代主义在价值观领域的怀疑主义、相对主义和虚无主义的影响而提出的一种文化建设方向，它的实现涉及对传统的创新关系的正确对待，对各种文化的比较研究，以及统一的人文社会科学的创立。关于这些问题，我将在《作为文化学的哲学》一文中阐明观点。

原载《哲学研究》1994 年第 11 期

作为人学的文化学

跨文化的比较研究可以在哪些领域取得突破？或者说，当前或者今后相当长一段时间内，文化学的首选研究对象是什么？

这既是一个理论问题，又是一个实践问题。从理论上说，文化学是对各种文化现象加以再创造的反思型的二阶研究，在此意义上，与之相应的西文名称是meta-culture。然而，此种意义上的文化学与其他一些以 meta 为前缀的学科，如meta-physics（形而上学）、meta-philosophy（哲学学）、meta-ethics（伦理学学理），又有何区别呢？那些反思型学科分别以物理学、哲学和伦理学这样一些一阶研究为对象和依托，同理，文化学也要以一定的一阶研究为其对象和依托。现在的问题是："这种一阶研究是什么？"

再从实践上看，跨文化的比较研究已有一百多年的历史，在各个领域都取得丰富成果，但时至今日，尚未达到科学的高度。我们所说的"科学"，指具有公认的规范、可操作的方法和普遍适用的结论。我们现在所说的"人文社会科学"并不是这种严格意义上的科学。在文化研究（包括跨文化比较研究）领域，也有两种倾向：一种是以"西方中心主义"的模式来宰制西方文化以前和之外的其他文化，另一种是以"无公度性"的原则根本否认各种文化比较之可能性。文化学如果不能避免这两种倾向，将永远不能成为一门真正的科学，更不能成为人文、社会科学的基础学科。为此，文化学需要打开一个新的领域，寻找一个适合于比较的跨文化现象，作为科学研究的对象和应用科学方法的示范。

我所以花费笔墨一谈文化学的问题，是因为在对文化学的合适对象问题思索良久之后，对文化学与人学的关系及如何开拓文化学研究有了新认识。

关于人学的界定，国内有不少讨论，虽然言人人殊，但有两点是大同小异的：

第一，人学是一门综合性的基础学科；第二，人学是跨文化的比较研究。人学与文化学这两方面的性质相同，但不能据此说，人学就是文化学，或者把它们当作平行的或交叉的学科。毋宁说，人学是文化学的首要对象和依托，通过人学的途径，我们可以进入一个新的跨文化研究领域。

即使从词源学上也不难理解，所谓文化，首先是人类自我完善的过程。《论语集注》中有"道之显者谓之文"的解释。《道德经》也说："以德化民曰化"。合而解之，"文化"就是以礼乐道德教化人。西文与之相应的词最早是拉丁文的 cultura，它有两个含义，一是指养植，二是指修养，包括人类改造外部世界和完善自己两方面活动。现代西文往往用不同词汇表示内外之分，如英文的 culture 和 civilization，德文的 Buidung 和 Kultur，虽都可译作"文化"，但前者更有"精神修养"和"自我完善"的特殊蕴意。

文化作为教化过程，有赖于人对自身的体验和反思。人学就是这种体验和反思的理论形态。一般来说，每一民族都对人自身作出各自的反思，当然，这些反思并不一定都上升为人学理论。但是，纵观人类思想史，可以看到一个规律性的现象：一个民族的文化传统越悠久、越成熟，其人学思想也就越全面、越深刻。

在汤因比（A. J. Toynbee）所辨认的 26 个文明中，还有 8 个仍保持着文化传统，其中尤以中国文明和西方文明历史最为悠久，来源最为丰富，型态最为成熟。中西文化传统的一个聚集点就是人学。儒家不只是一种伦理，而且有与伦理相适应的心性之学、天人之学。儒家很早便开始对人性的善恶问题展开深入讨论。宋儒把性作为理，作为心，从形而上的高度对人的本质和身心行为作了全面阐述。道家和佛家也就人性这一主题提出大量的见解。可以说，人"与天地参"是中国传统思想的崇高境界、统摄原则和不朽主题。

相比而言，西方思想史上的人论被分割在各门学科之中。古希腊人津津乐道的主题是灵魂、心灵，而不是人，至于人的实际活动，也被分割在伦理学、政治学、历史学和艺术等学科中加以研究。西方学术重心是形而上学和自然哲学（以及近代以来的自然科学），但这些学问不以人为对象。直至 18 世纪，德国哲学家沃尔夫才提出人类学是与本体论、宇宙学、神学并列的学问，但人类学的研究对象仍然是灵魂，因而被康德称之为"理性心理学"加以批判。现代意义上的人类学主要研究人的自然构成和种族差异。至于所谓的哲学人类学所表达的大体上只是人本主义的哲学。西方所缺乏的正是人学这样一门综合性学科，甚至连与中文"人学"相应的概念也没有。虽然在西方各门人文、社会学科中，处处可见"人"的侧影，但人们很难获得关于人的实实在在的整体知识。

我们应该看到中国在人学领域的优势。现在不少人已经意识到西方思想在中国学术界的"殖民化"，用西方的概念、原则和问题来概括中国人的思想观念似乎很难避免。究其原因，那是因为我们自觉或不自觉地把中国文化纳入西方人设置的一个个领域。每一个领域都有其前提、框架和规范，在本体论领域不可避免按"存在""精神"等范畴整理资料，在认识论领域不可能不谈主客观关系，在伦理学领域的种种价值观也是从西方人的生活方式中提炼出来的。然而，在人学领域比较中西思想，西方思想的中心位置和先入为主的优势便丧失了。中西思想家至少可以处于平等地位，以各自的问题、范畴和原则表达关于人的观点。"同类相知"，人与人在一起讨论关于人的问题，那是最容易相互理解的。人学因此可望成为中西文化比较研究最富有成果的一个领域，文化学的"瓶颈"——"无公度性"可望在此突破。

原载《学术月刊》1996 年第 4 期

用中国人的眼光看基督教哲学

"基督教哲学"对中国人来说是一个陌生的字眼。这并不奇怪，很多西方人也不了解什么是基督教哲学，即使是基督徒也是如此；有些神学家虽然知道基督教哲学，但视之为陌路；还有不少哲学家对它有微词。在我们这本谈论基督教哲学与中国思想的论著之前，首先要交代三个问题：第一，"基督教哲学"的意义何在？第二，"基督教哲学"对于中国人来说有何意义？第三，我们将如何在中国实现"基督教哲学"的意义？

"基督教哲学"概念的意义

什么是基督教哲学？可以从两个角度回答这个问题：一个是历史的角度，一个是理论的角度。我们先来看一看历史上关于"基督教哲学"概念的争论，在此基础上再对这一概念的意义作一理论分析和概括。

1. 围绕"基督教哲学"的争论

"基督教哲学"这一概念似乎是顺理成章的，正如人们很少质疑"佛教哲学""伊斯兰哲学"或"宗教哲学"等概念的合理性一样。但是精于概念梳理的西方哲学家从来就没有放松过对"基督教哲学"是否可能这一问题的考查。从历史上看，围绕这一问题展开的争论，比较大的计有三次：第一次发生在早期教父中间；第二次发生在20世纪初的新经院哲学家中间；第三次发生在英美分析哲学家中间。我们可以看一看，从这三次争论中，我们能够得出什么样的结论。

(1) 中世纪的基督教哲学

基督教诞生伊始,耶稣和他的使徒都强烈地反对犹太教的法师和文人以及希腊哲学家的理性骄傲和文化歧视。使徒保罗在雅典与哲学家辩论,他引用经文说:"我要灭绝智慧人的智慧,废弃聪明人的聪明"(《哥林多前书》,1:18),他并警告信徒不要让人"用他的理学和虚空的妄言,不照着基督,乃照着人间的遗传和现世的哲学,就把你们掳去"(《歌罗西书》,2:8)。大多数教父把保罗所反对的哲学理解为希腊人的哲学,他们针锋相对地提倡"野蛮人的哲学"或基督教的哲学。但是也有人从字面上理解经文,把希腊哲学等同于哲学一般,因而笼统地反对一切哲学。德尔图良就是其中的代表,他有一句名言:"耶路撒冷与雅典能有什么关系呢?"[1] 前者代表基督教信仰和经文,后者代表希腊理性和哲学。基督教是否一定要在"耶路撒冷与雅典"两者之间作非此即彼的选择? 这是关系到基督教是否能够拥有自身哲学的问题。直到奥古斯丁那里,这些问题才有了当时人们能够普遍接受的答案,基督教哲学的合法性才被确定。

奥古斯丁认为,信仰与理性思维之间并没有矛盾,因为信仰属于"思想"范畴,但并非所有思想都是信仰,信仰只是"以赞同的态度思想"[2];反之,用怀疑、批判和反对的态度去思想,都不是信仰,而且是与信仰相矛盾的。除了相同和相反这两种关系之外,理性与信仰还有第三种关系,那就是目标与路径的关系。奥古斯丁把信仰所导致的理性知识叫作"理解"。他提出了一个著名口号:"信仰寻求理解。"这句话的意思并不是强调信仰的不足,似乎没有被理解的信仰只是刚刚起步的不成熟的信仰;奥古斯丁的意思是强调信仰对于理解的先在性。信仰之"寻求"有三个意思:第一,信仰是理解的出发点;第二,信仰是指导如何理解的方向;第三,信仰是达到正确理解的途径。奥古斯丁本人对此的解释是:"信仰寻找,理解找到,这就是为什么先知说:'除非你们相信,你们将不会理解'。"[3]

奥古斯丁关于信仰与理解关系问题的论述为基督教哲学提供了神学上的依据,中世纪的基督教哲学家虽然在信仰与理解之间有不同程度的侧重,但"信仰寻

---

1 赵敦华:《中世纪哲学长编》,江苏人民出版社 2023 年版,第 77 页。

2 同上书,第 111 页。

3 《论三位一体》,卷五,第 2 章第 2 节。所引经文见 7:9,今译为:"你们若是不信,定然不得立稳"。

求理解"是他们的主调,从安瑟尔谟到托马斯·阿奎那,莫不如此。

(2) 20 世纪初关于基督教哲学的争论

中世纪哲学家对待哲学与神学、理性与信仰的方式在 20 世纪初受到质疑:他们真的创造了一种与其他时期的哲学迥然有别的基督教哲学吗?法国著名哲学史家伯里哀(E. Brehier,他于 20 年代出版的 5 卷本《哲学史》至今仍是最好的法文哲学史著作)在《有基督教哲学吗》一文中首先提出了这样的质疑,并作出了否定的回答。[1] 他指出"基督教哲学"从一开始就是一个自相矛盾的概念。这一矛盾在奥古斯丁那里表现为作为创世的永恒之道的希腊哲学观念与作为救赎的道成肉身的基督教信仰之间的矛盾,这一矛盾导致了奥古斯丁神学被分裂为两部分:非基督教的哲学和非哲学的基督教。同样的矛盾也表现于托马斯·阿奎那的神学之中:他一方面恪守"哲学是神学婢女"的神学信条,另一方面又相信"理性自主"这一希腊哲学的观念。托马斯·阿奎那神学中的理性受到双重约束:一方面有来自上面的信仰的约束,另一方面又要依赖较低级的感觉来实现自身;这样一来,原先被肯定的理性的自主性又被否定了,这又是一个矛盾。

伯里哀的观点得到了不少新经院哲学家的支持,他们围绕经院哲学是否基督教哲学的问题,在该派别内部开展了一场激烈的争论。大多数经院哲学家否认经院哲学属于基督教哲学,因为历史和现实中根本不存在所谓的基督教哲学。他们的反对意见可被概括为以下几点:

第一,从历史上看,经院哲学属于永恒哲学(philosophia perennia)的传统。这一传统并不完全属于基督教,它开始于基督教诞生之前的希腊哲学。中世纪哲学家在希腊哲学消亡之后忠实地继承与弘扬了这一传统。同样,近现代许多哲学家,不论他们与基督教关系如何,也对这一传统作出了重要贡献。新经院哲学家自认为是永恒哲学的忠实继承者和代表者,其原因并不在于他们是忠实的基督徒,而在于他们正确地、充分地使用了上帝赋予人类的自然理性,因而才能忠实地继承永恒哲学的传统。虽然从事永恒哲学的许多人都是基督徒,但这并不能证明

---

1 E. Brehier, "Ya-t-il une philosophic christienne?", in *Revue de Metaphsique et de Morale*, 38 (1931), pp. 131 - 162.

永恒哲学是基督教哲学。研究者的社会属性并不能决定他所研究的学科性质，正如许多基督徒对数学、物理学、生物学作出了开创性的贡献，但不能说他们从事的是基督教数学、基督教物理学、基督教生物学。

第二，从理论上分析，哲学与信仰之间并没有必然的、内在的联系。哲学属于理性知识的体系，不屈服于任何权威，不相信任何经不起理性推敲的证据和意见；哲学的精神是批判精神和怀疑精神，是在否定权威的、流行的、盲从的偏见和成见的过程中创立和发展的。另一方面，基督教是信仰体系，绝对相信天启、神迹和圣经的权威，理性仅起附属的、派生的、第二位的作用。虽然哲学家和基督徒都谈论上帝，但哲学家的上帝不同于亚伯拉罕的上帝。哲学与信仰应是两种独立的、平行的、在各自领域行使正当作用的体系。"基督教哲学"这一概念混淆了哲学与信仰的区别，把两种根本不同的体系合并为一种无所不包的"大全"，其结果是既损害了哲学的理性，又不利于基督教的信仰。

第三，从事实上看，历史上和现实中的一些哲学家与教会有密切关系，他们的学说受到教会的赞扬和提倡。比如托马斯主义受到罗马天主教廷的推崇。但是一种哲学与教会的联系也不能说明这种哲学是基督教哲学，因为这种联系是偶然的，是在某种特定的社会历史条件下产生的。教会的态度与某种哲学的正确性也无必然联系，在中世纪，很多被教会谴责为异端的思想具有永恒的哲学价值，一些被教会推崇为权威的正统思想在哲学史上并无地位。教会与某种哲学的关系表现了意识形态对哲学的影响，这种影响是外在的，在很多情况下对哲学的发展起到阻碍作用。

针对上述反对意见，新经院哲学的哲学史家吉尔松力挽狂澜，竭力论证基督教哲学的合理性和合法性。他指出：中世纪哲学的精神是基督教深入希腊传统的精神，它在希腊传统之中工作，并从中抽取出某种世界观，基督教的世界观。在主教座堂之前已有希腊神庙和罗马会堂的存在，但不管中世纪建筑在多么大程度上借助于它的前身，它是特别的，它所包含的富有创造性的新精神无疑是激励着那个时代的哲学家的新精神。近代以降的哲学家虽然大多批判中世纪经院哲学，但仍然自觉或不自觉地运用信仰。信仰对他们不是外在的前提或被迫接受的教条，而是运作在理性思维过程之中的精神动力、目标和示范性的原则。哲学史证明，信仰与哲学关系不是外在的,而是内在的;信仰赋予哲学的不是消极内容,而是积极的促进因素。吉尔松提出,在信仰中建构哲学,凡是符合这一要求的哲学,就是基督教哲学。在他看来,经院哲学是典型的基督教哲学,这并不是因为它与天主教会的历史联系,更不是因为它承认教会的意识形态的影响,而是因为经院哲学家根据自己对信仰的理解,对以往的哲学成果加以批判、改造和继承,从而使永恒哲学的传统成为揭示上帝的真理的过程,达到了哲学与天启的统一。

(3) 当代英美哲学家的基督教哲学

当新经院哲学内部围绕基督教哲学的合法性展开争论的时候,英美哲学界也在否定信仰与理性的结合。20 世纪初兴起的分析哲学依据证实原则,否认宗教和道德命题的意义。大多数早期分析哲学家都认为,宗教信仰只是一种主观情感或体验,没有事实作为依据;表达信仰的命题不能被事实证实或证伪,因而没有意义,应从哲学的领域(其合法的任务和方法只是澄清语言的意义)驱逐出去。[1]

但是,半个世纪之后,英美哲学界却出现了一股回归基督教哲学的潮流;更出人意料的是,英美的很多哲学家是用当初被用来反对基督教哲学的分析哲学的方式来从事基督教哲学的。[2] 从语言分析的角度看问题,当初反对基督教哲学的理由都不能成立。比如,主张哲学与基督教分离的人说,哲学与信仰只有外在关系,哲学家是基督徒这一事实不是以使他的哲学成为基督教哲学,正如哲学家是男人这一事实并不能构成某种"男性哲学"一样。针对这种观点,基督教哲学家反驳说,基督教信仰虽然不是哲学,但它与哲学的关系要比与数学等与人的灵性无关的学问密切得多,信仰与哲学的关系的密切程度也不是性别与哲学的关系所能比拟的。[3] 反对基督哲学的人不能否认哲学与基督教信仰有密切联系这一历史事实,但他们否认这种理性对哲学有任何积极的作用,尤其强调这种联系有损于哲学的自主性。针对这种观点,普兰廷伽(A. Plantinga)等人提出了"观点主义"

---

1 关于分析哲学家反对把宗教信仰哲学理性化的主张,见 A. Flew & A. MacIntre ed., *New Essays in Philosophical Theology*, SCM, London, 1955。

2 关于英美哲学的这一趋向,见关启文《基督教与近代文化:基督教与分析哲学和存在主义的对话》,见《基督教与近代文化学术研讨会(1999 年 7 月)论文集》。

3 A. F. Holmes, *Christianily & Philosophy*, IVP, 1969, pp. 15 – 18.

（perspectivism）的主张，其意义是，任何哲学理论都有先入为主的观点，没有这种观点的确定，中立的哲学是不存在的。普兰廷伽说："我们把许多做哲学之前就已经有了的信念带入哲学之中，我们不得不这样做。问题的关键在于，基督徒有权恪守他们做哲学之前的信念，正如其他人有权这样做一样。"[1] 反对基督教哲学的人虽然不否认哲学理论不可避免地有一些前提，但他们说，这些前提是有理性的人都可以接受的，基督教哲学的前提则不同，它是理性以外的，只对那些愿意接受它的人才有效。对此，基督教哲学家反驳说，并没有一个所有人或大多数人都可以接受的理性前提，在其他门类的哲学，如心灵哲学、科学哲学和政治哲学里，人们常常为所依据的前提不同而争论不休，这种状况并不影响这些学科成为哲学，为什么基督教哲学家采用了别人不能接受的前提（信仰）就不能成为哲学了呢？[2]反对信仰与哲学相结合的又一重要理由是，哲学命题有经验作为基础，信仰则是经验不能证实或证伪的。基督教哲学家的反驳是，两者的差别不是有无经验基础的问题，而是有什么样的经验基础的问题。信仰也是有神秘体验的根据的，神秘体验也是一种类型的经验，正如詹姆士（William James）在《宗教经验种种》一书里阐述的那样。更重要的是，对于哲学理论而言，一般意义上的经验与神秘经验具有同样的作用；反过来说，反对"经验主义教条"的人所列举的经验的局限性，如没有中立的客观性、离不开理论指导、因条件不同而不同的差异性和相对性等，也是神秘体验的特性。奥斯顿（W. Alston）反问道，为什么人们不因为经验的局限性而否认经验命题能够成为哲学的基础，他们却以神秘体验的局限性为理由来否认信仰能够成为哲学的基础，这岂不是使用了"双重标准"吗？[3]

当代英美的基督教哲学家不只是反驳人们的质疑，而且从正面论证基督教信仰。普兰廷伽说："用哲学家群体能够接受的语言去反驳相反的意见或论证自己的意见，这是应该做的，但不是要全力以赴做的工作。否则的话，我们就会忽视一项迫切的工作，那就是，把对哲学问题的基督教的思考加以澄清，并加以系统化和

---

1 A. Plantinga, "Advnce to Christian Philosophers", in *Faith & Philosophy*, 1 (1984), p. 268.

2 P. Van Inwaen, "Some Remarks on Plantinga's Advice", in *Faith & Philosophy*, 16 (1999), p. 166.

3 W. Alston, *Perceiving God*, Cornell University Press, 1991.

深化"。[1] 这里所述的"澄清"与分析哲学的澄清语言意义的工作是一致的。英美的基督教哲学家使用分析哲学的方法,包括逻辑分析的方法、日常语言分析方法等来论证传统的基督教哲学的命题。比如普兰廷伽使用模态逻辑,提出了一个关于上帝存在的本体论证明的现代新版本;威廉·莱恩·克雷格也提出了一个关于上帝存在的宇宙论证明的新版本;在诸如人类的罪与恶、上帝的救赎与神恩、天启与奇迹等问题上,他们也都力图用逻辑和语义分析的方法,证明它们的合理性或可理解性。[2] 如果说,中世纪的经院哲学家使用传统逻辑的方法(即他们所谓的辩证法)把信仰加以系统化和深化,英美基督教哲学家使用现代的逻辑和语言分析的方法,也起到了同样的作用。

2. "基督教哲学"概念的意义辨析

通过上述历史性的考查,我们可以看到,基督教哲学不是一个理论体系,甚至不囿于一种学说;毋宁说,它是一种历史传统,即用基督教的观点来处置哲学问题的传统。这一传统有两个显著的特点:一是从希腊哲学开端的、在中世纪发扬光大的"永恒哲学"的传统;二是在信仰之中建构哲学。在上面所说的新经院哲学内部的争论中,这两条是对立的:一些人反对"基督教哲学"的概念而提倡"永恒哲学"的传统;反之,提倡基督教哲学的人强调信仰与哲学的结合而否认有一以贯之的永恒传统。我们认为,这两条是可以兼容的,因为"在信仰中建构哲学"只是基督教哲学的必要条件,但不是它的充分条件。在信仰中建构出来的哲学并非都是基督教哲学。比如,中世纪有些这样建构出来的哲学不符合"永恒哲学"的传统;这些在当时被当作是权威的哲学到后来被人们正当地当作神学。又如,近现代有些哲学家虽然主观上要坚持哲学的自主性而与信仰分离,但他们的信仰仍在潜移默化地起作用,并且受到这种作用的哲学符合永恒哲学的传统,那么我们也可以把他们的这些哲学思想归于基督教哲学;或至少可以说,这些理论是隐形的基督教哲学。如此看来,"基督教哲学"这一范畴能够包容的,不只是大部分中世纪哲

---

1 A. Plantinga,"Advice to Christian Philosophers", in *Faith & Philosophy*,1（1984），p. 268.

2 他们的成果集中收集在 *Anthology of Contemporary Philosophy of Religion*, ed. by M. Steward。见北大出版社 2005 年版《宗教哲学经典选读》。

学以及它的后继者(如新经院哲学),也不只是近现代公认的基督教思想家,如帕斯卡、克尔凯郭尔等人的哲学思想,而且可以包括笛卡尔、莱布尼茨、贝克莱、康德、谢林和黑格尔等近代哲学家哲学的一部分,以及现代的有神论的存在哲学,怀特海的过程哲学,等等。

我们可以给西方历史上和现实中的"基督教哲学"下这样一个宽泛的定义:所谓基督教哲学,是指按照永恒哲学传统的需要和标准,在犹太—基督教信仰中建构出来的哲学。这一界定既说明了基督教哲学所属的范畴,又指出了它的特殊性。"永恒哲学"即西方哲学的传统,基督教哲学是这一传统之中的一个特殊门类。因此,它的问题、概念、方法和风格与西方哲学其他体系和派别相比,既有历史的连续性,又有自身特殊性。基督教哲学的口号不是"耶路撒冷或雅典",而是"耶路撒冷和雅典"。一部基督教哲学的历史就是不断重新解释犹太—基督教和希腊思想的历史。从理论类型上来分析,基督教哲学可被分为下面四种:

(1) 理性辩护主义

中世纪的基督教哲学大多属于理性辩护主义类型,那一时期流行的"信仰寻求理解""哲学是神学的婢女"等口号集中地反映了理性辩护主义的精神。理性辩护主义的特点是把哲学的功能限制在为信仰作论证、阐释,而排斥哲学的批判功能。

(2) 分离主义

这种倾向开始于 14 世纪的奥康主义,16 世纪的宗教改革运动更加深了理性与信仰、哲学与神学的隔阂。两者分离的后果一方面是信仰主义(这主要是一种神学主张,但也有哲学上的意义),另一方面是近代理性主义(包括唯理论和经验论)所导致的启蒙时代的理神论(Deism,又译为自然神论)。

(3) 非理性主义

非理性主义不等于上面所述的信仰主义。信仰主义有强烈的反理性主义倾向,要在"耶路撒冷或雅典"作非此即彼的选择;非理性主义并不反对理性,他们的策略往往是从理性出发来讨论问题,在理性内部揭示出理性的局限或界线,由此过渡到非理性的信仰领域。比如,帕斯卡和克尔凯郭尔是这样做的,有神论的存在主义者(马塞尔、雅斯贝尔斯等)也是这样做的。

（4）辩证主义

黑格尔使用辩证法把理性与信仰、哲学与神学统一起来,这为基督教哲学开辟了一条新路径。怀特海的过程哲学和过程神学很接近这条路径。辩证主义当然属于理性主义,但它不反对信仰主义。它的立场是,上帝不仅仅在天启(《圣经》的记载)和一次性的历史事件(耶稣的降临和升天)向人类揭示自己,而且在理性的自身发展中,在人类精神的运动和历史的全过程中,合乎逻辑地揭示自己。这里的逻辑指辩证规律。

二

基督教哲学的中国意义

关于基督教哲学的合法性,以及它与基督教神学的关系,对于西方学者是一个莫衷一是的问题;即使在基督教哲学阵营之中,也有不同的派别或倾向。但是我们无须等待西方人有了定论之后再从他们那里引进基督教哲学,因为我们是在中国已有的理论条件下,根据中国人的需要,用中国人的眼光从事再诠释、再创造的工作。

考虑到西方人关于基督教哲学界定的种种歧见,我们既不因为西方哲学的理性传统和独立性而排斥基督教信仰的介入,也不因为信仰对理性学说的建构而否定哲学传统的连续性。按照中国人对西方哲学历史传统的理解,基督教哲学的合法性问题并不复杂,只有被理性与信仰的分裂所困扰的那些西方哲学家和神学家们,才会在此问题上争论不休。基督教哲学到底有没有意义,它的意义是什么?这些问题对于中国人而言,首先不是一个理论问题,而是一个实践问题,即基督教哲学有没有,或者更确切地说,有哪些成分能够适合中国的国情和需要?

一般来说,基督教如果对中国现代文化可能产生一些积极的作用,那么这种作用必定是它能够适合中国文化思想发展需要的一面。中国现代文化曾从西方文化借鉴了不少东西,但由于历史上的藩篱,被借鉴的基督教成分甚少。我们现在来分析一下,这些藩篱是如何造成的,又应如何克服?

中西文化的全面遭遇，是在明末清初天主教传入中国时开始的。但是基督教（天主教以及后来传入的新教）与中国文化之间的相互理解和沟通，却遇到了重重障碍。具体地说，传教士与中国儒家和佛家各自坚持他们的信仰，无法在学理上深入讨论对话。近代基督教各派随着帝国主义侵略势力再次进入中国，激起了中国人"图存保种"的民族主义情感和反抗情绪，当然也不可能对基督教思想进行理性的分析和批判。"五四"之后，西方思潮涌入中国，知识分子普遍接受了"民主和科学"的观念，但在当时的理论条件下，"民主"是功利主义式的民主，"科学"是实证主义式的科学。两者都是18世纪的启蒙运动纲领的延伸，带有激烈的批判宗教的世俗主义色彩。而后，马克思主义取得全面胜利，也继承了启蒙运动以来的传统，对宗教进行意识形态的批判。基督教更是被谴责为中世纪黑暗时代的代表者，科学和民主时代的落后者。综上所述，基督教与中国文化之间存在着三大藩篱，即信仰、民族情感和意识形态。

现在海内外不少有识之士都意识到基督教与中国文化和哲学对话的重要性，积极从事两者的"会通"和"融合"。但是，历史上"信仰""民族情感"和"意识形态"三大藩篱如果在现实中仍然存在，对话还很难获得突破性进展。与此同时，在中国出现了一股不大不小的"基督教文化热"。文化问题的核心是哲学。"基督教文化热"给人的一个启示是，中国人比较容易从哲学上理解和接受基督教思想，而对基督教神学却比较生疏。特别是像基督学、三一神论、原罪说、末世论、救赎论、灵修学和圣事等神学分支，对大多数非基督徒而言，更是难以理解，对中国现代文化很难产生多么大的影响。反之，基督教哲学的本体论（形上学）、知识论、伦理学的观念以及在政治学、经济学、科学、社会学、人类学和历史学、文学艺术等文化领域的应用，是中国人所熟识的西方文化的一部分，有些已经被吸收到中国现代文化之中。

中国人对西方哲学的长期介绍和了解也为中国人接受基督教哲学准备了理论条件。20世纪中国大量译介引入西方哲学，达到两个高峰期，一是五四运动之后的二三十年代，二是改革开放之后的八九十年代。从古到今的西方哲学主要著作都被译成中文，重要的西方哲学流派也得到广泛介绍和深入研究。所有哲学系都开设了西方哲学的必修课，没有哲学系的大学也有西方哲学方面的课程。可以说,中国人对西方哲学的了解比西方人对中国哲学的了解更胜一筹。在这样的理论条件下,把基督教哲学作为西方哲学的一部分来讲授和研究是一件顺理成章、水到渠成之事。

当然,基督教哲学与神学有交叉之处,我们所理解的基督教哲学不像西方人理解的那样狭窄,它也包括西方人所说的神学的某些基本理论,某些神学问题,如圣三、神迹、天启、神学德性等,也可以从哲学角度加以研究。总之,我们所要从事的基督教哲学的内容是中国化的。凡是中国人易于理解和接受的,适合中国文化需要的基督教思想,都应该包括在基督教哲学范围之中。这样做的结果是一方面避免了对基督教哲学的狭窄理解,另一方面也避免了用"基督教思想"来囊括神学和哲学的囫囵吞枣式的接受。

从基督教在中国的历史和现实状况来分析,基督教哲学有助于中国人了解基督教和整个西方文化,可以在更大的范围和程度上满足中国人的精神需要。从这个角度看,基督教哲学在中国具有功用价值,它在理论上也因此有了可以接受的合法性。

以上从历史和现实的角度谈基督教哲学在中国的意义,这里要着重谈一谈它对中国未来的意义。为了说明这一点,我们首先回顾一下它在西方的命运。从价值论的角度看问题,任何哲学都是关于真、善、美、圣的价值体系。确实,从古希腊开始的西方哲学史可被认作一个个价值体系变更交替的过程。基督教哲学的重要地位是由它对西方文化传统的重要贡献所决定的,这就是它对于西方价值体系的重要性。基督教对西方文化的特殊贡献在于,它整合了希腊理性精神、希伯来宗教精神和罗马法治精神,建立了一个神圣价值体系。

这一体系在中世纪占据绝对统治地位。17世纪开始的现代化进程实质上是世俗化,原来在西方文化居核心地位的基督教神圣价值观逐渐被排挤到边缘地位,以人类中心主义和科学唯理主义为代表的世俗价值观和世界观占据了中心位置。然而,80年代以后,后现代主义的兴起,猛烈地冲击着西方现代文化。后现代主义并不是现代主义的对立面,而是现代主义的世俗化倾向的极端化;它与现代主义一样,作为世俗文化的代表与一切形式的神圣文化相对立,包括与现代主义中残存的或蕴含的神圣因素相对立,比如,现代主义所推崇的大写的"人"和"理性"就是这样的因素，因而遭到后现代主义的批判。后现代主义的"反人本主义"和"反理性主义"实际上是启蒙主义对基督教神圣价值观的批判的彻底化。他们的逻辑是，"上帝死了"之后，人也死了，因为大写的"人"是上帝的替身；信仰主义消亡之后，理性主义也消亡了，因为权威的理性只是信仰。这个逻辑并不错，有错的只是前提。正如尼采所理解的那样，"上帝死了"意味着神圣价值的颠覆。我们还可以补充说，"信仰消亡"意味着没有规矩，理性的规矩也无法维持，这正是一切相对主义、怀疑主义和虚无主义所依赖的理论前提。

后现代主义虽然不可能超越现代主义而成为独立的文化形态，但它的前提、逻辑和结果都暴露出现代主义的内部矛盾，使现代主义陷入困境，甚至造成了西方文化和精神的危机。要走出这一危机，当然不能沿着从现代主义到后现代主义的路线。现代主义的弊病和后现代主义的乖谬都要靠改变它们的基本前提才能得到症治。前提的改变也是一种价值转换（transvaluation），即从彻底的世俗价值观转变为神圣与世俗相结合的价值观。要完成这一价值转换并不意味着回到前现代。仅仅依靠基督教的价值观也难以实现这一价值转换。因此，西方有识之士都认识到需要在其他传统尤其是东方传统中吸收他们所需要的文化资源，以匡正西方现代主义与后现代主义所带来的偏差。[1]

基督教哲学对于西方文化的重要性仅仅是我们考虑问题的开始，我们并不是为了西方文化的目的而研究基督教哲学的。我们的目的是中国现代文化和哲学的建设。围绕着这一目的，有两种貌似完全相反的主张，一是中体西用，一是全盘西化，当然还有一些中允之论，如中西合璧、综合创新。那么基督教哲学的研究是否会引起一些有建设性的新主张呢？这是需要我们深入思考的问题。我们说，中西文化的比较和沟通需要以中国哲学与基督教哲学的比较为突破点和生长点，中国现代文化建设所需要的一些资源可从基督教哲学汲取。

中国现代文化发生的时间较晚，此时，西方现代主义已发展到高峰期，它强劲地影响着世界化和现代化的进程。有鉴于此，我们便不难理解，中国现代文

---

1 更详尽的分析，见赵敦华《超越的循环：基督教、现代性和后现代性三种文化类型的互动关系》，见高师宁、何光沪编《基督教文化与现代化》，中国社会科学出版社 1996 年版。

化的世俗精神特别鲜明,这不仅表现于对自己传统的神圣因素的藐视,而且体现在对一般宗教精神的排拒。另一方面,我们也应看到,正如西方启蒙运动以来的现代主义依然保留着一定的神圣价值观,中国现代文化也不乏神圣的因素,这主要表现在马克思主义之中。马克思主义具有神圣性的一面,这是很多人都已看出的道理,有些人因此把马克思主义也看作是一种宗教。我们宁愿相信,马克思主义所具有的神圣因素是非宗教性的。宗教不等于神圣价值体系,有些神圣价值体系是非宗教的,有些宗教实际上是世俗价值体系。马克思主义基本上是世俗的世界观和价值观体系,但其中不乏神圣价值观因素,比如,它的终极目标、历史决定论、革命精神、集体主义和利他主义的道德,都包含有超越人的神圣因素在起支撑作用。也正是这些因素在五六十年代支撑着中国人民的精神和社会的稳定。

正如西方现代主义所包含的神圣因素正受到彻底的世俗文化和极端的后现代主义的冲击,中国现代文化所具有的革命精神也面临着由于社会变动、思想解放和精神多样化带来的新情况的挑战。于是有人惊呼"信仰危机",有人感叹"世风愈下,今不如昔"。对于行将失落的神圣价值观,有人主张利用宗教和传统观念来补偿。比如,现在教会内人士提倡基督教处境化(contextualization),积极与中国传统文化对话。再如,新儒家站在"本位化"的立场,试图从儒家传统里开发出适合于现代世俗社会的神圣价值观。还比如,当前以孔汉思(Hans Küng)为代表的普世宗教运动正在推动"全球化"(globalization),要在宗教间对话的基础上建立"全球伦理"。应该看到,在中国社会的现有条件下,可供选择的文化资源还很多,不但有已经中国化了的马克思主义,而且有中国文化传统的优秀成分,还有西方文化中合乎中国国情的成分。[1]

我们在前面界定的基督教哲学,对于中国人全面理解西方文化传统,对于中西文化比较和会通,具有积极的意义和作用。我们在此还要进一步强调,对于中国现代文化所需要的神圣价值观,基督教哲学也可提供必要的资源。应该

---

1 关于基督教与中国文化建设关系,详见赵敦华《基督教与中国传统和现代文化》,载《天津社会科学》1997 年第 5 期。

看到，基督教的信仰与教义与中国传统文化确有一定的间隔，有些差异是带根本性的，看起来是不可弥合的。两者需要经过某种中介作用，才能进行有效的对话，并最终走向融合。我们以为，这种中介不是别的，那就是基督教哲学与中国传统哲学之间的比较。不管哪一种哲学，都是通过理性的解释，把特殊的信念加以合理化，使之具有最大限度的普遍性与必要性。经过这样的哲学解释和理性处理，基督教与中国文化之间的差异会得到理解，间隔会被打通。比如，基督教的"原罪说"与儒家的"性善论"看起来是水火不相容的，但通过仔细的哲学分析可以表明，基督教哲学家关于原罪的解释并没有否认人性中的善的一面，他们通过对恶的原因的分析，强调的是趋善避恶的艰巨和道德抉择的严峻。另一方面，儒家也从不回避人的堕落的可能性和恶的现实性，他们从天人关系的高度，论证了道德自律的思想。基督教原罪说中关于意志自由的思想和儒家性善论中关于道德自律的思想是人类道德的两条普遍原则，这两种学说不是针锋相对的，而是可以取长补短的。[1] 在其他一些重要问题上，如儒家的"天"和基督教的上帝，儒家的天人关系与基督教的神人关系，儒家的天道观与基督教的自然律，都有相通可比之处，两者都有神圣与世俗相结合的价值观；只不过两者的侧重不同，表达方式不同。通过理性解释和哲学比较，基督教哲学体现的神圣价值观可以与中国传统的价值观相结合，并能适应中国现代文化对神圣文化的需要，甚至可能被吸收在中国现代文化之中。

三

研究基督教哲学的中国路径

基督教哲学与中国传统哲学的比较，不仅是必要的，而且是可行的，从某种意义上说，这是研究基督教哲学的中国路径。在我们踏上这条路径之前，我们来考查一下，为什么这是一条可行之路。

---

1 参见赵敦华《中西传统人性论的公度性》，载《北京大学学报》1996 年第 2 期。

值得注意的是，一些基督教神学家和哲学家认为，不同的宗教信仰是不兼容的。最近《维真学刊》翻译发表的阿兰·托伦斯（Alan Torrance）和普兰廷伽的文章，充分地表达了主张基督教与其他宗教和哲学不相兼容的"相斥主义"的立场。我们要正视"相斥主义"的挑战，推进基督教哲学与中国传统哲学的比较。

确切地说，阿兰·托伦斯和普兰廷伽所谓的宗教相斥主义实际上是"基督教相斥主义"。如普兰廷伽所说，相斥主义的意思是，凡是与基督教的基本信仰不相符合的信念（不管是自己的还是哲学的）都是错误的。他把基督教的基本信仰界定为两条：(1) 世界是一个全能、全知、全善的上帝创造的，这个上帝是有人格的存在，有目的、有计划、有意图，并能够完成这些目的而行动；(2) 人类需要拯救，上帝通过他的圣子的肉身化、生活、牺牲和升天，提供了拯救的唯一道路。无神论否认这两条，基督教以外的其他宗教否认第二条，按照相斥主义的观点，它们都是错误的。"1

阿兰·托伦斯说，相斥主义是唯一正确的选择，因为除此以外的立场都是不可能的。在信仰的是非优劣问题上，除了相斥主义外，还有多元主义（彼此不相符合的信仰可以作为独立并行的真理而存在）和相容主义（彼此不相符合的信仰服从一个共同的真理）。后两种立场是不可能的，因为任何关于真假是非的判断都是以一定的信念为前提和标准的；按照某种特定的标准去判断，不可能承认与之不相符合的标准所认定的真理，因此，多元主义是不可能的；也不可能让自己认定的真理服从于其他标准所认定的真理，相容主义也是不可能的。阿兰·托伦斯引用神学家德·考斯特（D'Costa）的话说："所有的多元主义，包括所有的相容主义实际上不过是匿名的相斥主义"，因为他们都不可避免地把自己的标准当作代替其他一切标准的普遍标准。2

普兰廷伽为相斥主义所作的辩护可分两部分：第一部分以信仰的相对性为由说明：以基督教信仰为真理标准是基督徒正当的"理智的权利"，这种权利既没有剥夺其他人不同的道德准则，也没有否定持守其他真理标准的人的"理智的权利"（intellectual right），因此，既不是非道德的，也没有理性的骄傲。至此，普兰廷伽

---

1 A. Plantinga, "A Defense of Religious Exclusivism", p. 192.

2 A. Torrance, "Religious Studies" or Studying Religion: 150th Anniversary Celebrations, typescript, p. 2.

的辩护与持无公度性说的相对主义并无什么不同。但是，他并未因此而走向相对主义，个中原因在于，他把基督徒的"理智的权利"变成基督徒必须履行的"认知的义务"（epistemic duty），即必须以基督教信仰作为唯一的真理标准，并以此排斥不相容标准；这是他后一部分辩护的内容。普兰廷伽论辩的关键是把一种相对的权利（相对于其他信仰而言的正当性）转变为一种绝对的义务（能够判断自己信仰为唯一真理并排斥其他信仰的优越性）。我们来看一看，他有没有充足的理由作出这样的转变呢？

　　普兰廷伽看到，有两种理由：外在的和内在的理由。外在的理由是，作为一个基督徒，一个人不得不这样做，他不得不恪守他的与生俱来的信仰，不得不排斥其他信仰，正如一个伊斯兰教徒也会用同样的态度对待自己的信仰和其他信仰一样。普兰廷伽认为完全外在的理由是偶然的、不充分的，他从他的"改革宗的认识论"的立场出发，提出了"合适的功能主义"（proper functionalism）的理由。按照这一理论，如果产生一个信念的认识能力和认识环境是合适的，如果这种认识能力的自然的目的是产生正确的信念，如果这一信念为真的或然性较高，那么这一信念就可被确信为真。这四条标准把真理的主观条件和客观条件概括得很全面，他可以说，不管基督徒还是非基督徒，都要遵守这些真理标准。但是普兰廷伽紧接着做了一个转化，他把加尔文的教义理解为可以取代这些标准的功能。他说，加尔文听说的"神圣的感觉""圣灵的内在见证"以及《圣经》揭示的人类的罪和悲惨的状况，都具有满足这些标准的功能，因此都可被视为真理的标准；按照这样的标准，证明基督教的那两条基本信仰为真，其他与之不相容的信仰为假。[1]

　　普兰廷伽的做法实际上是用信仰来证明信仰，即用某种特殊的教义所具有的认知功能来证明基督教一般的教义。我们可以提出这样一个问题：某种特殊教义的认知功能能够代替普遍的真理标准吗？伊斯兰教徒、佛教徒或无神论者的某些特殊信仰也有证明他们各自的一般教义或学说的功能，按照普兰廷伽的逻辑，这些特殊信仰岂不也可以取代真理的普遍标准？其他宗教乃至无神论的一般信仰岂不也能用同样的方式证明为真？要之，普兰廷伽是在基督教信仰内部证明信

1　A. Plantinga, "A Defense of Religiows Exdusivism", pp. 213-214.

仰的真理性的,他从一开始就把与基督教信仰不相容的信仰排除在证明的过程之外。阿兰·托伦斯直截了当地宣称:"总之,关于上帝的言谈在对上帝之道的认识中找到自身的最后基础,而通过迎合与重建的方式使圣灵显现出来,这种认识才会发生。"[1] 如果基督教神学完全建立在圣道或圣灵的显现的基础上,它当然不需要与外部的话语进行对话和交流,相斥主义正是以信仰的封闭性为前提的,它的真理性也只能在一个封闭的信仰体系中被证明。

普兰廷伽至多只是证明了,在任何一个封闭的信仰体系中,相斥主义都是正确的,他并没有证明基督教相斥主义为真。因为其他宗教和无神论也可以用同样证明方式来排斥基督教信仰。如果相斥主义对不同信仰的各方都是真的,宗教对话与交流不仅是不需要的,而且是不可能的。阿兰·托伦斯说,这正是相斥主义的目标,因为只有当相容主义不可能时,基督教才能"教育"和"解放"那些基督教以外的人,并最终把他们包容进基督教之中(如果他们接受"教育"和"解放"的话)。[2] 试想,如果不同信仰的社会集团都要"教育"和"解放"别人,而不能与别人进行平等的对话,那么还会有宗教间的宽容和思想宽容可言吗?

现在的基督教哲学家和神学家们没有看到,相斥主义与相容主义是可以相容的,因为两者是针对不同情况说的。在不同意见的对话开始时,对话各方不可避免地持相斥主义,即使有人认为对方的意见与自己是一致的,他也是以自己的意见为基础去理解对方的,仍然是"隐性的相斥主义"。就对话的出发点而言,相斥主义是正确的。但是,为了使对话能够有效地进行,并达到积极的成果,对话各方至少要设定,他们的分歧是可以调和的,不同的意见包含着共同的真理。以相容主义为目标的对话的结果很可能是各种意见的融合,不是被融合在一方的意见之中,而是被融合在一种前所未有的新意见之中。因此,就对话的目标与实际所能达到的结果而言,相容主义是正确的。我们应该把对话看作一个过程,一个真理发生和完成的过程。这个过程开始于相斥主义,结束于相容主义。正如黑格尔所说,真理是一个过程。我们现在更要记住:真理不是一开始就掌握在某种特殊身

---

1 A. Torrance, "Relignous Studies" or Studying Religion: 150th Anniversary Celebrations, typescript, p. 4.

2 同上文,第5—6页。

份的人的手中的、他人不能染指的圭臬。

关于相斥主义与相容主义的争论直接涉及基督教哲学研究中的外部研究和内部研究的关系。受中国目前的社会环境和学术条件的制约,中国人目前研究的基督教哲学基本属于外部研究,但是"外道"与"内学"不应当相互排斥,而应是相得益彰。内部研究者往往会忽视自己最熟悉的东西,偏爱自己坚信不疑的东西。"不识庐山真面目,只缘身在此山中。"外部研究往往可以克服这些盲点和偏见。同样,外部研究者往往会因为缺乏某种宗教体验和情感,而不理解一些词语的特殊意义;或者会因为自身的立场,有意无意地低估甚至否定自己所不信仰的观点。内部研究往往可以弥补这方面的不足。

使用中文作为媒介的基督教哲学是中国人研究基督教哲学的特点,也是中国人对基督教哲学可能作出的新贡献。我曾在本书前言《用中国人的眼光解读西方哲学》中说:"中国人离不开自己固有的思维方式。语言是思维的媒体,只要你用中文去翻译、理解和表达西方思想,那么你必然是以中国人的特有方式思维。退一步说,即使你能完全运用外文来理解和表达,几千年的文化传统也仍然会潜移默化地在你脑中起作用。"同理,我们也要用中国人的眼光解读基督教哲学。基督教哲学是西方人(包括古代希腊化地区的人们)发明创造的,但这并不意味着西方人对他们自己的理论具有优先的解释权,也不意味着教会对这种理论有垄断权和裁决权。按照中国人的眼光,特别是按照中国世俗学者的眼光来解读基督教哲学,对于促进中国文化和西方文化,宗教徒和非宗教徒以及宗教间的对话、交流和相互理解,无疑具有重要的意义。

用中国人的眼光来解读基督教哲学,要求我们不只是重复外国人的观点,也不只是翻译介绍外国人的著作。中国人需要做的创造性工作很多。比如,按中国人的思想和语言来理解基督教哲学的观念,创造为人们喜闻乐见的表达形式。再比如,按中国文化建设的需要来选择、组织素材,使基督教哲学与中国哲学之间的可比性凸显出来。还比如,按照中国人的眼光,重新评估和解释一些基督教哲学的理论,使之在中国文化的环境中发生"价值转换"的作用,等等。我们希望,用这种严谨的、开放的和创新的精神,我们能够在从事基督教哲学的教学和研究的过程中,用具有鲜明中国文化特色的基督教哲学的成果,参与国际间的对话。

什么是基督教知识论

　　基督教是一种关于上帝、人和世界三者关系的信仰体系。知识论（epistemology）是哲学的一门分支，是对人类知识的对象、性质、过程、范围和基础的哲学探究。基督教知识论是在历史过程中基督教信仰和神学与西方哲学长期碰撞与融合形成的。就是说，它除了有西方哲学的来源和成分之外，更重要的是，是以《圣经》有关论述为基础和依据的。基督教知识论的性质决定了它的一些特点，即以信仰与理性的关系为基本问题，以上帝为人类知识的动因和根本的前提条件，并以认识上帝为人类智慧的根本目标。

一

基督教知识论的总纲：信仰与理性的关系问题

　　《圣经》教义是一切基督教学说（神学、哲学等）的指导思想，当然也是基督教知识论的前提和基础。《圣经》中上帝是全知、全能、全善的唯一主宰。《圣经》中描述上帝"全知"（Omniscient）的词汇计有"思想""思""知""话""道""真理""智慧"等。《旧约》原用希伯来文写成，希伯来文的这些词汇多为日常用语，并没有深奥的哲学含义。在希腊化时期，一些接受了希腊文化影响的犹太教徒开始用希腊哲学的概念来解释《旧约》。比如，居住在当时希腊化中心亚历山大的犹太哲学家菲洛（Philo Judeus，公元前25—公元40）用希腊哲学"逻各斯"（logos）概念解释上帝的全知。希腊哲学家认为，逻各斯有内外之分，"内在逻各斯"是思想和理性，"外在逻各斯"，是表达思想的语言。菲洛借助这些哲学思想，认为《旧约》谈及上帝智慧之处,如"耶和华以智慧立地"(《箴言》,3:19),"耶和华,你所造的何其多,都是你用智慧造成的"(《诗篇》,104:24)等,都是对内在逻各斯的歌颂;另一方面,《旧约》谈及上帝言辞之处,如"诸天借耶和华的话而造"(《诗篇》,33:6),"他发话医治他们,救他们脱离死亡"(《诗篇》,107:20),"以我口中的话杀戮他们"(《何西阿书》,6:5)等,都是对外在逻各斯的颂扬。后来,《旧约》作为基督教《圣经》的一部分,由希伯来文翻译为希腊文。《新约》也由希腊文写成,《旧约》的翻译与《新约》的成书,都在希腊文化和哲学广泛传播的时期,所用的希腊术语的意义不可能不受到希腊哲学的影响。尤其是"话"、"道"(即 Logos,其原意是"话",故在英文中译作 Word,后来引申为"道理""规律"等义)、"智慧"、"真理"等术语在希腊哲学著作中极为常见,希腊哲学家对这些术语的意义有诸多讨论,赋予丰富的哲理。当《圣经》的作者在运用这些术语时,自觉地或不自觉地用希腊哲学的概念来说明上帝的全知属性。

希腊哲学知识论对基督教义的影响在较晚成书的《约翰福音》中表露得最为明显。这部福音书在开篇处就显示出与前三部同观福音书(即《马太福音》《马可福音》《路加福音》)的不同之处。同观福音书都以记叙耶稣家世为开端,《约翰福音》都抛开历史记叙与常识观念,提出了"道成肉身"的观念:"太初有道,道与神同在,道就是神""道成了肉身,住在我们中间,充充满满的有恩典有真理""恩典和真理都由耶稣基督来的。从来没有人看见神,只有在父怀里的独生子将他表明出来"(《约翰福音》,1:1,14,18)。如前所述,"道"即"逻各斯"。肯定"道就是神"也就是肯定了上帝的全知及其理性的创造力量。更重要的是,"道成肉身"的教义肯定人可以通过理性认识上帝,首先是通过耶稣基督去认识上帝。在耶稣基督诞生之前,上帝以光显示自身,"那光是真光,照亮一切生在世上的人",但"世界却不认识他",于是,显现上帝的道便成了基督肉身,"住在我们中间",使人们"见过他的荣光"(同上,1:10,11,15)。《约翰福音》给人的启示在于揭示了"神的知识"与"人的知识"之间的联系:上帝是全知的,并能以真理之光显示自身;上帝的显示和上帝的真理并不依赖人的认识,上帝并不因为人不认识他而受损,也不因人认识他而获益;上帝的道之所以肉身化为耶稣,使人能够通过耶稣的人形人格和言行事迹,将上帝"表明出来",这样做的目的完全是为了拯救世人,正如耶稣所说:"我就是道路、真理、生命；若不借着我，没有人能到父那里去"（同上，14∶6）。上帝以人所能看见的方式（肉身化）向人显示，使人能够认识上帝，这与上帝赋予人以恩典，使人能够通过耶稣基督而拯救，完全是同一过程，因此，"恩典"和"真理"并列在一起，"人的拯救"和"人的认识"成为同一目标。必须注意的是，上帝的"全知"和人对他的"认知"是通过"道"，即神圣的"逻各斯"被联结在一起，这样，"道成肉身"的神秘性孕育着理性的内涵。就是说，这一学说以隐喻方式提示了真理的源泉以及人的认知的对象、性质、目标和途径等一系列有待展开的知识论的主题，从而为基督教神学和哲学奠定了坚实的基础。20世纪的德国神学家哈纳克（A. Harnack）对此给予高度评价。他说："基督教学说史中最重要的事件发生于公元2世纪开端，在基督教徒们揭示出'道是耶稣基督'的等同关系之时。"[1]

然而，希腊哲学对《圣经》的影响也不能夸大。基督教毕竟是一种信仰体系，而不是理性哲学。《圣经》教义更多地强调人对上帝的完全依赖以及人的理性能力的局限和薄弱。

我们知道，《旧约》中上帝与以色列人之间有"合约"关系，但这绝不是彼此回报的平等关系，相反，以色列人只能无条件地崇拜上帝，不能有试探上帝、揣摩上帝的心思，更不能凭借人类的小聪明欺骗上帝，或对上帝隐瞒真相。另一方面，上帝不受人的理性和认识的约束，他无所不知，却不需要向人解释他的工作；他预知未来一切，却没有必要向人公布他的计划。人只能敬畏上帝的全知，对无意的安排俯首听命。正如《诗篇》（92∶5—6）中所说："耶和华啊，你的工作何其大！你的心思何其深！畜类人不晓得，愚顽人也不明白"。

《圣经》里多次出现这样的教诲：人的知识与上帝的全知不可比拟，人切不可以因为自己的聪明而骄傲自负，人在上帝面前永远是无知的。《旧约·约伯记》把上帝的全知与人的无知的反差突出地表现出来。《约伯记》述说耶和华让恶魔撒旦试探义人约伯的故事。约伯在家毁财散、身陷绝境的情况下，埋怨命运不公，甚至对耶和华也有微词。他的三个朋友与他进行三轮辩论，也未能说服他。耶和华最后发话："我立大地根基的时候，你在哪里呢？你若有聪明只管说吧！"（38∶4），

---

[1] 转引自赵敦华《中世纪哲学长编》，江苏人民出版社2023年版，第46页。

"强辩的,岂可与全能者争论吗?""你岂可废弃我所拟定的?岂可定我有罪,好显自己为义吗?"(40:1,8)"谁能在我面前站立得住呢?谁先给我什么,使我偿还呢?天下万物都是我的"(41:10—11)。人不能理解上帝的安排的无穷奥秘,人不能以自己一孔之见判断上帝。

《圣经》教导人们要避免世间的邪恶,包括"肉体的情欲,眼目的情欲,并今生的骄傲"(《约翰一书》,2:16)。"今生的骄傲"的一种表现是以为人有知道一切、判断一切的智慧。保罗曾在希腊哲学的中心雅典传教。他与斯多亚派和伊壁鸠鲁派的哲学家们展开过辩论。对希腊哲学家以现世的智慧为骄傲的做法,保罗作出强烈的反应:"就如经上所记:'我要灭绝智慧人的智慧,废弃聪明人的聪明。'智慧人在哪里?文人在哪里?这世上的辩士在哪里?神岂不是叫世上的智慧变成愚拙吗?世人凭自己的智慧,既不认识神,神就乐意用人所当作愚拙的道理拯救那些信的人;这就是神的智慧了……神的愚拙总比人智慧,神的软弱总比人强壮"(《哥林多前书》,1:19—21,25)。他还警告信徒:"你们要谨慎,恐怕有人用他的理学和虚空的妄言,不照着基督,乃照人间的遗传和世上的小学,就把你们掳去"(《歌罗西书》,2:8)。这里所言的"世上的小学",即指希腊哲学。

我们应该看到,《圣经》充满着对上帝的智慧的颂扬,对信仰和天启的推崇,以及对理性骄傲的贬抑,但是这些都不是在宣扬一种蒙昧主义的迷信与盲从。相反,《圣经》中有"不受白银,宁得知识,胜过黄金""智慧比珍珠更美"(《箴言》,8:10—11)的箴言,有对智慧的热情歌颂,智慧不但是耶和华创世的"工师",而且"踊跃在他为人预备可住之地,也喜悦地住在世人之间"(同上,30—31)。保罗在反对哲学家们理性骄傲同时,要求信徒"要用灵祷告,也要用悟性祷告,要用灵唱歌,也要用悟性唱歌"(《哥林多前书》,4:15)。"悟性"即理性的理解力,这是接受、表达和宣扬上帝的真理必不可少的能力。这些教诲连同前面所提到的"道成肉身"的教义,都在强调人的理性、知识可以与上帝的智慧、真理相沟通,鼓励人们尽力运用理性能力去认识上帝,理解信仰,宣扬教义。

总之,《圣经》对上帝的全知和人们知识的关系作了两方面的规定:一方面强调上帝全知的至上,人对上帝的完全依赖,人在上帝面前的无知;另一方面,人的智慧与上帝相通,知识的可贵,理性对于信仰的益处,也得到充分肯定,《圣经》的这些主题可以被概括为信仰与理性关系问题。《圣经》的这一问题从不同层次和角度作了多方面的论述,本身包含着不同解释的可能性。因此,基督教神学和哲学的历史充满着关于信仰与理性关系问题的争论,几乎每一个重要的基督教神学家和哲学家都从这一问题入手阐发对人类知识、思想和真理等知识论主题的立场,可以说,这一问题构成了基督教知识论的总纲。

历代基督教神学家和哲学家对信仰与理性关系总的看法可被归纳为以下几种立场:

第一种立场认为信仰包括理性。公元 2 世纪的教父克莱门(T. F. Clement)说明基督教是真正的智慧,智慧始于信仰而止于爱,中介是哲学。这里所说的哲学指现世知识的大全。基督教并不排斥人的知识,而是包括一切人类知识于其中,并接受信仰指导,为"爱"的诫命服务。在此意义上,"智慧是哲学的女王"。[1]教父思想的集大成者奥古斯丁也提出了"基督教是真正哲学"的著名命题。他说明信仰并不排斥思想;相反,信仰也是思想。他对于"信仰"下了一个定义:"以赞同的态度思想。"[2]任何思想都有一定的前提,即使那些企图否认一切真理的怀疑主义者也不能怀疑他自己存在,有生命、有思想,否则他连自己是否在怀疑这一事实也不能确定。基督教哲学家和世俗哲学家不同之处在于公开承认坚持信仰是思想的前提,以赞同信仰的态度去思想,按"信仰,然后理解"的方向探寻知识。把一切有用的知识,包括世俗哲学家发现的有用知识,都容纳在基督教信仰之中。奥古斯丁所说的"基督教哲学"是把信仰与思想、神学与哲学融为一体的"大全",对后世基督教思想的发展具有长远的影响。

第二种立场认为信仰与理性相互对立,为了获得和维护信仰,必须排除知识、摒弃理性。早期教父德尔图良把哲学斥为"人和魔鬼的学说"[3],他大声疾呼:我们在有了耶稣基督之后不再需要奇异的争辩,在欣赏了福音书之后不再需要探索。他还说明信仰的真理不服从理性的衡量,信仰即使在不被理解或不能理解的情况下也能被信徒所接受。他说:"上帝之子死了,这是完全可信的,因为这是荒

---

1 转引自赵敦华《中世纪哲学长编》,江苏人民出版社 2023 年版,第 66 页。
2 同上书,第 111 页。
3 转引自上书,第 77 页。

谬的。他被埋葬又复活了,这是确定的事实,因为这是不可能的。"[1]"荒谬""不可能"是理性对信仰的否定性判断,但基督教关于耶稣死而复生的教义并不因此而丧失真理性,理性的排拒反倒显出信仰的"确定",因为信仰与理性是正相反对的。德尔图良作为基督教思想家并不是无理性的人,他对理性的排斥应该理解为对希腊理性主义的反动。同样,19 世纪基督教思想家克尔凯郭尔也出于对近代理性主义的不满和反抗,提出了"荒谬是衡量信仰的尺度"的思想。他指出,信仰本身充满着矛盾,比如,上帝既是神又是人,个人的存在既是有限的,又趋向于无限的上帝。理性不能解释这些矛盾,因此,荒谬感始终伴随着信仰。荒谬感并不削弱、损害信仰,因为信仰是个人面对上帝作出的选择,荒谬感越是强烈,而越能按照上帝的命令作出抉择,恰恰表明了信仰的坚定与强烈。在此意义上,荒谬感是信仰强度的标准。被荒谬所衡量的信仰包含着最确定的真理。归根到底,一切真理都是"主观真理"。克尔凯郭尔对真理的定义是:"客观的不确定性与最有激情的内在性的契合,这是一个生存的个人所能达到的最高真理。"[2]按照此定义,信仰是在内心的激情(爱)的驱动下作出的不计后果("客观不确定性")的个人抉择,这是上帝对人心的启示,因此是真理,因为"只有启迪你的心灵道理才是真理"。

第三种立场主张信仰与理性相互成全、相得益彰,但信仰高于理性,理性服从于信仰。自从 12 世纪的安瑟尔谟提出"信仰寻求理解"的口号,这种立场一直是经院哲学的传统,并对其他基督教神学和哲学派别有重要影响。按照安瑟尔谟对信仰与理性关系的解释,信仰是理性的出发点,没有信仰就不会有对知识的理解;另一方面,有了信仰,不一定总会有理解,理解不会因信仰而自发产生,而是理性积极寻求的产物。12 世纪经院哲学集大成者托马斯·阿奎那说,神学和哲学都是关于上帝的同一真理,但论证这一真理的途径不同,神学以天启为前提,哲学则用理性证明自身的前提。但不管天启还是理性,都有同一来源,天启来自上帝的恩典,理性是上帝赋予人类的自然能力。信仰与理性的关系实质上是恩典和自然

---

1 转引自赵敦华《中世纪哲学长编》,江苏人民出版社 2023 年版,第 78 页。
2 Kierkegaard, *Concluding Unscientific Postscript*, trans. by D. F. Swensan, Princeton, 1941, p. 182.

相辅相成的关系。托马斯·阿奎那有一句名言："恩典并不摧毁自然,而是成全自然。"[1]人靠恩典而获得启示和信仰,没有信仰的帮助,人很难仅靠天赋的理性而被拯救。但恩典的赋予是以自然属性为基础的,上帝只赐福给努力实现自己禀赋的人,因此,人需要通过自然理性的努力来认识上帝的真理。恩典与自然的关系是人类同时需要神学和哲学的根本原因,也是哲学必须服务于信仰的原因所在。具体地说,哲学被用来证明信仰的真理性,类比信仰的道理,使之容易被人理解、接受,或被用来批改违反信仰的言论。现代托马斯主义者马利坦(J. Maritain)按照信仰与理性关系,构造了一个"知识的等级"。理性范围的知识包括实验科学、自然哲学知识和形而上学这样一个由低到高的等级。在理性知识之上还有"超理性的知识",即信仰领域,也包括神学、神秘经验和天福境观(beatifc vision)这样一个由低到高的等级。马利坦区别理性和信仰的各种等级,目的是要综合,达到一个以信仰为统摄原则的,"从物理学家的经验开始,以玄思者的体验告终"[2]的调和信仰与理性的完整体系。

第四种立场是严格地为信仰与理性划界,认为两者相互分离,但并行不悖,不应该相互僭越。康德是这一立场的代表人物。康德首先说明,人类理性对上帝存在、灵魂不朽等信仰的证明都是注定失败的企图,但是他对理性神学的批判的目的只是限制理性,给信仰留下地盘。信仰的领域在伦理道德,信仰的信条是人类追求最高幸福的"道德公设"。这样,他区分了"理论理性"和"实践理性"两个领域,前者被限制在经验科学范围,后者属于道德、宗教领域,两者都是人类生活所必需的,而不能互相替代和混淆。康德哲学的性质虽不属于基督教哲学范畴,但是他关于理性与信仰划界的思想不仅影响到不少平信徒(lay Chrisitian)的思想家、科学家,而且对现代自由派神学也有广泛影响。比如,19世纪末的神学家施莱尔马赫(F. Schleiermacher)认为宗教信仰既不出自经验理性,也不出自道德良心,而是一种特殊的情感,其本质是对"一切有限事物存寓于并通过无限者,一切暂时事物存寓于并通过永恒者而获得的普遍存在的直接意识"。这种直接意识或

---

1 转引自赵敦华《中世纪哲学长编》,江苏人民出版社 2023 年版,第 325 页。
2 Maritain, *The Degree of Knowledge*, New York, 1959, p. XI.

宗教情感就是虔信，它是宗教的本质，信仰的核心，构成了独立于科学理性和道德良心的第三领域。施莱尔马赫指出："虔信对于我们是独立于科学和道德所必需的，不可或缺的第三领域，作为科学和道德的对等领域，它具有我们赋予科学和道德同等的尊严和优越性。"[1]施莱尔马赫的划界思想旨在抵御启蒙运动以来的理性主义对宗教领域的侵入。同样，为了抵制现代科学主义在文化各个领域的蔓延，20世纪存在主义的基督教哲学家马塞尔区分"第一反思"和"第二反思"。第一反思是主体对客体的反思，是以主观和客观相分离为特征的，它是抽象的、演绎的、概念的思维方式，产生出以科学理论为主的理性知识。第二反思是"我—你"的相逢相通，是超越主、客观分裂的直观，是一种情感交融的悦愉和爱。第二反思没有与主体相分离的对象，反思的内容总是与"我"相逢的"你"，这可以是我所关心的他人，也可以是"过去的我"，更重要的是"绝对的你"，即上帝。马塞尔说："当这个直观转向对象时，它照亮了它所超越的整个思想世界，从形而上角度说，我想不出有什么比这更好的方式解释信仰。"[2]信仰是一种凝思的、精神的、情感的存在方式；与之相对，第一反思所代表的是以占有为目标，最终使生活物质化的存在方式。马塞尔并没有完全否定科学思维和存在的生活，却反对以此为唯一的存在方式，他于是区分出第二反思作为人的本真的存在思想基础。

以上概括的关于信仰和理性关系的四种立场产生于不同层次、不同角度的观察与思考，它们是在不同的社会历史条件和理论背景中产生的，有不同的针对性和目标。因此，即使这四种立场有各自不同的侧重面，使用不同的表达方式，它们并不必然是相互矛盾的。毋宁说，真理是一个整体，只有全面审视和总结各种立场和意见，我们才能掌握基督教知识论的这一总纲。

---

1 Schleiermacher, *On Religion*, trans. by T. N. Tice, Richmond: John Knox, 1969，p. 79,80.

2 Marcel, *Etre et avour*, Aubier, Nlcntaigne, 1968, p. 87.

二 ——————————————————————————————————

基督教知识论的重要内容：
论证上帝是人类知识的可能性条件

知识论是对人类知识的性质、范围、成分、动力和基础等问题的哲学探索，康德把知识论的内容归结为说明人类知识的"可能性条件"（Condition of possibilities），即追问人类知识何以可能的问题，不同哲学派别对此问题有不同答案，经验论、唯理论、先验论、现象学和分析哲学的意义理论都以自己的方式解答知识的可能性条件的问题。基督教知识论的特殊贡献在于把人类知识的可能性条件归结为上帝。然而，对这一问题的解答，不能从信仰和教义直接引申出来，而要通过对人类知识过程和意识活动的深入分析，运用理性思维，对理论的前提和结论作出充分的论证，才能符合哲学知识论的一般要求。我们下面以几个典型理论为例，看一看基督教思想家是如何论证上帝在人类知识中的重要地位的。

1. 奥古斯丁的"光照论"

奥古斯丁提出这样的问题：人的确定知识是从哪里来的？人的理性有无凭借自身发现真理的能力？通过对这些问题的讨论，他把上帝的恩典引入知识论。他并没有直接诉诸教义宣扬上帝的全知全能，而是以缜密的推理论证了人的认识过程依赖上帝的必要性。

奥古斯丁把人的知识能力分为感觉和理性两种。感觉又分成以身体为感官的外感觉和以心灵为感官的内感觉。人凭借外感觉把握外部事物，凭借内感觉把握外感觉，凭借理性把握内、外感觉。按照这样的认识秩序，外部事物、外感觉、内感觉、理性构成了一个由低级到高级的等级系列。在这一等级中，较高者与较低者是认识与被认识、判断与被判断、把握与被把握的关系，理性是人的最高认识能力，它认识、判断、把握一切感觉对象和内容。但同时人们也确切地知道，理性能够认识一些确定的真理，像数学公理和"人人都追求幸福"这样的哲学命题都是这样的真理。奥古斯丁接着提出这样的问题：真理是从哪里来的呢？对这一问题有三种可能的答案。第一种可能性是，真理是理性像把握外部对象那样从外部寻得的。奥古斯丁说,这是不可能的,因为理性必与外在对象是高级与低级、判断与被判断的关系,而理性不能判断真理,相反却要遵从真理去判断外在事物。因此,真理不可能是低于理性的外部对象。第二种可能性是,真理是理性自身产生的。奥古斯丁也否定了这种可能性,理由是,理性是变动的意识状态,真理却是永恒不变的,变动不居的理性活动产生不出永恒的真理。这样,第三种可能性就是唯一正确的答案,这就是:"真理就是我们的上帝。"[1] 上帝作为真理之源,把真理以光的方式照射出来,在人的心灵上铭刻下真理的痕迹,这就是人的理性所能认识的真理。

奥古斯丁的光照论还对人的认识过程作了较为细致的分析。上帝的光照是通过人的理性起作用的,联结人的理性和感性的中介是记忆。记忆属于内感觉,它保存着内外感觉的一切材料,有条不紊地把感觉材料分门别类地集合在一起,并能随时将任何一件材料取出使用。记忆之所以能有如此功能,是因为它按照真理的规则处理感觉材料,而规则是来自上帝光照的真理。人类知识就是按照真理规则把感觉材料集合在一起。奥古斯丁说,从词源上看,"知识"(Cogitare)来自动词"集合"(Cogere),"知识是理智所擅存的,专指内心的集合工作"。[2] 至此,他证明了这样一个道理:上帝以光照的方式,把真理传达给人的心灵,为人类知识提供指导规则。

2. 托马斯·阿奎那的"理智抽象论"

托马斯·阿奎那也是通过对人类认识活动尤其是理智抽象活动的细致深入分析,论证上帝为人类知识提供必要的动力和普遍的对象。

托马斯·阿奎那对外感觉、内感觉和理智活动作了更为详尽的分析。外感觉包括视、听、嗅、尝、触五种,认识个别事物。内感觉包括通感、辨别、想象、记忆四种,认识个别事物的可感形式,比如形状大小、颜色、硬度、运动状态等。理智活动的认识对象是普遍概念,这些概念是从感觉对象中抽象出来的。托马斯·阿奎那提出这样的问题:为什么理智可以从个别的、具体的、可感的事物抽象出普遍的、

---

1 转引自赵敦华《中世纪哲学长编》,江苏人民出版社 2023 年版,第 116 页。
2 同上书,第 117 页。

无形的、不可感的概念呢？他借助亚里士多德关于积极理智（active intellect）和消极理智（passive intellect）的学说来回答这一问题。消极理智伴随着感觉活动，并对感觉对象进行初步的抽象。托马斯·阿奎那特别强调想象的作用，想象可以把事物的性质与事物的形体分开组合，这实际上已是一种抽象活动。但这是感觉能力本身无法胜任的，而是伴随着感觉的理智活动的结果。感觉阶段的理智所把握的仍然是个别的、可感的形式，它们相对于普遍的、无形的概念而言是潜在的、消极因素，因此，感性阶段的初级抽象活动被说成是消极理智。积极理智对消极理智提供的素材作进一步的抽象，去掉其个别的感性因素，得到关于事物的纯形式，即普遍概念。

当时一些经院哲学家把消极理智解释为人类理智，把积极理智解释为上帝的理智。托马斯·阿奎那并没有采取此种解释，他把消极理智和积极理智都解释为人类自然的理性能力。但是他并没有因此割裂人的理智与上帝的联系。当他面临着积极理智如何从消极理智的素材中抽象出普遍概念这一深层问题时，积极理智与上帝的关系便凸显出来了。托马斯·阿奎那遵循着一条知识论的基本原则："知者与被知者是同一的，这是一个普遍真理。"[1]积极理智（"知者"）认识的是纯形式（"被知者"），而纯形式是精神实体，是上帝创造的理念。积极理智正是以上帝的理念为型相，才能从消极理智中抽象出普遍概念。正是在此意义上，它才是"积极"的活动，这就是，按照理念的型相，能动地选择一些因素，舍弃另一些因素，并将所选择的因素构造出与理念的摹本相同的型相，这就是概念的起源。这些普遍型相即共相。按托马斯·阿奎那的说法，共相作为上帝的理念，在事物之先；作为普遍形式或本质，在事物之中；作为普遍概念，在事物之后，是人的理智按照理念从事物之中抽象出来的。

3. 贝克莱的"精神实体论"

贝克莱是 17 世纪英国经验论代表人物。他力图证明，事物不过是可感性质，如颜色、形状、硬度、运动等的集合，而事物的可感性质不过是人的感官所感觉到的观念而已。他由此得到了"存在就是被感知"的结论。他说："光和色，广延和形

---

1 转引自赵敦华《中世纪哲学长编》，江苏人民出版社 2023 年版，第 355 页。

状，一句话，我们看到和感触到的东西，它们除了是一些感觉、意念、观念或感觉上的印象外，还是什么呢?"[1]

贝克莱通常被称为主观唯心论者。但不要以为他除了被感知的观念之外不相信任何存在。事实上，身为主教的贝克莱虔诚地相信上帝的存在。他之所以把事物归结为观念的集合，乃是因为他反对把事物当作独立于人的心灵而存在的物质实体。他说:"物质实体从来就是无神论者的挚友"，"一切无神论和不信宗教的渎神的企图，都是建立在这个基础之上的"[2]。他的主观唯心论只是反对唯物论和无神论的一个策略。在否定了物质实体的存在之后，贝克莱进一步论证上帝是一切观念从而也是一切存在的来源。上帝的存在不是观念的集合，而是人的观念之外的精神实体。贝克莱哲学的最终目标是证明上帝的客观存在以及人的主观认识对于上帝精神的依赖。他用经验论的形式表达了基督教和经验论的共同信念:上帝使得人类知识成为可能。他论证说，观念是消极的、被动的，不能由自身产生，只能由一个能动的、精神的东西产生出来;并且，观念是从外部接受来的，因此，这个能动的、精神的实体在人的心灵之外。再者，观念自身是无序的混杂，我们感知观念却按清晰的规则有序地集合在一起，使我们感知到事物的联系和自然法则，这种知识必定是上帝按照他所创造的规则把观念加诸我们心灵之上而造成的。结论是:"观念的原因是一个无形体的、能动的实体或精神。"[3]这个精神实体就是上帝。

4. 拉纳的"先验启示论"

当代天主教神学家拉纳(K. Rahner)重提"主体性的先验的可能性条件是什么?"[4]这一知识论的老话题。自康德以来，哲学家们都通过对人的认知活动和语言活动的分析入手来回答这一问题。拉纳却明确提出，上帝给予人类启示才是人类主体性的先决条件。他区别了两种启示。第一种启示称作"服从的潜能"(poteniu oboedientiulis)，这种启示使得人的抽象能力得以可能。拉纳指出，抽象

---

1 转引自北京大学哲学系编译《西方哲学原著选读》，上册，商务印书馆 1982 年版，第 503—504 页。
2 同上书，第 516 页。
3 同上书，第 514 页。
4 Rahner, *Hearers of the Word*, trans. by M. Richard, New York: Herder & Herder, 1969, p. 56.

是人所特有的自然能力;抽象能力何以可能,这是人类理性难以解开的谜。按照他的解释,抽象是这样一种能力,它是"精神的自我能动的运动,作为一种先天给予的人性,朝向所有可能的对象。在此运动过程中,个别对象是作为运动所朝向的目标的个别因素被把握的,是在对可知领域的绝对广度的预知中被有意向地把握的"[1]。他所说的"所有可能的对象""可知领域的绝对广度"等,指的是实在世界的整体,这是抽象活动发生的背景。抽象活动不是对单独一个或一类事物的抽象,一切事物都是相互关联的。只有对事物的整体关联有一定的"预知"(preview),才能从中作出恰当的区别,抽象出某一特殊对象。因此,抽象活动在发生之前,就要对实在的整体存在和关联有所意向。这种意向不是对现实世界的意识,而是一种潜在能力,有待抽象活动的实现。另外,这种意向不是人类自我意识的内容,而是对实在整体的一种潜意识的服从,或者说,是关于实在整体的启示和接受。人类这种接受启示的自然意向因此被称作"服从的潜能"。

另一种启示是"超自然的存在"(supernatural existial),这是实际发生的启示。按天主教传统说法,上帝向人作出的启示总是以超自然的方式发生的,启示不是人的存在方式,启示不等于神迹。凭借着恩典和信仰,人在存在的任何活动和任何时刻,都可以感受到上帝的启示。这种启示是人的自然属性和世界因果关系所不能解释的,是上帝对人心的昭示,给人以关于上帝的直接的、清晰的知识。

总之,拉纳区分了人类自然能力所能获得的知识和直接来自启示的超自然的知识,但两者的根源都是启示,即使第一种知识,启示也以潜能的方式发挥作用。

---

[1] Rahner, *Hearers of the Word*, trans. by M. Richard, New York: Herder & Herder, 1969, pp. 59 - 60.

三

基督教知识论的根本目标：认识上帝

如上所述，基督教通过对人类知识过程和内容的分析，指向人类知识的根源——上帝。由此不难理解，基督教知识论是以认识上帝为其根本目标的，这是它的一个显著特点。这一特点也与信仰与理性关系问题密切相关。人对上帝的认识实际上就是人的认知与上帝的全知相通，相通的途径既可以是理性，还可以是介于信仰与理性之间的其他认识形态。与信仰与理性关系问题上种种不同立场相联系，对于"人如何认识上帝"这一问题，历代基督教神学家和哲学家也有不同的主张与实践。他们的基本立场可被概括为以下四种：

1. 人类主义

人类主义是这样一种立场，它认为人可以按照认识自身和周围世界的方式去认识上帝。持这种立场的人认为，人类认识总是开始于人自身和周围事物，但不会停留于此，人总要进一步探究人和事物的根本，并由此认识上帝。人类主义的一个重要的依据是《圣经》中有关上帝按照自己形象造人的教义。既然人是上帝的影像，人必然具有与上帝相似的理性能力。根据"同类相知"的知识论原则，人可通过自身的理性能力，首先从认识自己出发，最终达到认识上帝的最终目标。

托马斯·阿奎那把人与上帝的相似性称为"类比"。他说："上帝的称谓与被造物的称谓的意义是按比例的类比。"[1]"按比例的类比"即等级秩序中较高者与较低者的差距。造物主把被造物安置在高低不等的位置上，每一被造物显有与它的等级相配的完善性，处于等级顶端的造物主具有最高的完善性，等级之中的被造物依次被赋予不同程度的完善性。托马斯·阿奎那主张，按照类比关系，在各种等级秩序中作由下到上的推溯，便可达到等级的顶端，认识上帝的存在和属性。托马斯·阿奎那关于上帝存在的证明，实际上就是按照这样的思路设计的。他认为，任何关于上帝存在的有效证明都只能是后天的，即只能从我们熟知的事实出发，追溯它们的未知原因，证明上帝必定是唯一的终极原因。他提出了五个这样

---

1 转引自赵敦华《中世纪哲学长编》，江苏人民出版社 2023 年版，第 328 页。

的证明,即"五路"。从知识论的角度看,托马斯·阿奎那的"五路"实际上是用人所能确认的被造物的性质来类比上帝的性质。运动论证明用事物的"运动"属性类比上帝的运动,得出上帝是第一推动者的结论;动力因证明用事物的"动力因"类比上帝的动力,得出上帝是最初动力因的结论;必然性证明用事物存在的"可能性"类比上帝存在的必然性,得出上帝存在自因的结论;完善性证明用事物的"善"类比上帝的全善,得出上帝是最完满的善的结论;目的论证明用事物的"目的"类比上帝的目的,得出上帝是终极目的之结论。总之,"类比"就是人由自身出发认识上帝,类比关系的推溯是在人类主义的模式中进行的。

2. 信仰主义

严格地说,托马斯主义并不是人类主义,托马斯·阿奎那并不认为类比关系的推溯是认识上帝的唯一方式,他承认上帝的一些属性是人类理性不能理解、不可类比的。自启蒙主义以来,一些宗教思想家把神性还原为人性,并按照人类理性的要求规定上帝的属性。20世纪新正统派的代表人物巴特(K. Barth)把这种做法称为"人类中心论神学"。巴特在哲学上受克尔凯郭尔影响,如他所说:"如果我有什么体系的话,那只是对克尔凯郭尔所说的时间与永恒之间无限的质的类别的再认识……上帝在天上,你在地上,这样的上帝和这样的人之间的关系以及这样的人和这样的上帝之间的关系是《圣经》的主题和哲学的本质。"[1]"这样的人和这样的上帝的关系"指人与上帝之间不可逾越的差距,人的天赋能力和本性之中并无关于上帝的知识,人的理性并不自然地朝向上帝,也不能凭借自身的努力达到认识上帝的目标;"这样的上帝和这样的人的关系"指上帝的恩典赐予人以信仰和启示,一切关于上帝的知识都包含于信仰和启示之中,而不是理性在信仰以外寻得的。巴特重新解释了圣安瑟尔谟的"信仰寻求理解"口号,认为理性只是把信仰所包含的关于上帝的知识展开,使之条理化,但并不能产生信仰之外的关于上帝的知识。他指出:"关于上帝之道的知识的可能性只存在于圣道,而不在任何别的地方。"[2]针对人类主义的"类比"方法,巴特指出,人与上帝之间不存在着"存有

---

1 Barth, *The Epistle to Romans*, trans. by E. C. Hoskyns, Oxford, 1933, p. 10.
2 Barth, *Chunch Dogmatics*, II /2, Edombing: T & T. Clark, 1975, pp. 191-192.

的类比"，即两者的存在方式是不成比例、不能类比的（"上帝在天上，你在地上"）。但是上帝与人之间却有"信仰的类比"，这种类比只发生在耶稣基督之中，他是唯一的既是神又是人的圣子，是联络人类与上帝的唯一桥梁。只有信仰而不是理性，才能认识耶稣基督的救赎作用。

信仰主义的另一方式是意志主义。意志主义认为上帝的意志是绝对自由的，人的意志受上帝意志的支配，而不是人的理智可以制约规定的；人的理智尚且不能把握人的意志，更谈不上认识上帝了。恩典是上帝意志的自由赐予，上帝向他所选择的人揭示他的真理。人们按照上帝的意愿接受信仰和启示。巴特把"上帝"定义为"在自由中爱的太一"。上帝之所以给人以信仰，这是因为，"他不愿意成为没有我们的上帝，因而创造了我们，让我们存有、生命和活动分享他那不可比拟的存有、生命和活动"[1]。就是说，人所能认识的一切关于上帝的知识，都是上帝出于爱而让我们分享到他的圣道（logos）。

3. 直觉主义

直觉主义认为，真正的信仰是一种直觉，因为人能够直接与上帝沟通，能够直接地接受上帝的恩典与启示，正因为如此，信仰有着最大程度的确定性。

从知识论的角度看，16 世纪宗教改革的思想基础是一种直觉主义。路德和加尔文等精神领袖所发挥的"因信称义"的教义强调的是信仰的直观性、明晰性和坚定性。他们指出，信仰的标志是对获救的确信。人不可能在逐渐完善自身的过程中获得拯救感。因为一开始如果没有对上帝的坚定信仰，就不会有对最后审判的畏惧，更不会有被拯救的欲望；反之，对上帝全能的信仰必然引起对上帝的热爱，以及对基督教导的服从，这也是对自身获救的确信。路德强调，确定的获救感是最基本的确信，它是理性的标准，而不需要通过理性来证明自身的真实性。他说："我们的理解为确定地，毫无疑虑地宣称三加七等于十，但不能提出任何理由说明为什么这是真的，为什么不能否认其为真，因为它被真理所判断而不是判断真理……圣灵在我们中间判断一切而不被任何人所判断。"[2] 按照他的说法，信仰

---

1 Barth, *Chunch Dogmatics*, Ⅱ/2, Edombing: T &T. Clark, 1975, Ⅳ/1, 1956, p. 7.
2 转引自赵敦华《基督教哲学 1500 年》，人民出版社 1994 年版，第 588—589 页。

不是人们来自上帝的恩典,而是圣灵对人心的直接启迪。由信仰带来的由"罪人"到"义人"的内在转变和再生给予人获救的确信。这种由上帝的恩典和圣灵的启示而造成的确信是判断理性的标准和一切确定知识的依据。

加尔文同意路德的说法,认为信仰的确信比知识的确信更为基本。从心理要素分析,知识的确信主要是理性(包括经验)的产物,信仰却是知、情、意三者的统一,其中心胸和情感发挥着比理性更重要的作用,理性领悟信仰对象,意志把理解了的信仰转变为情感的内在源泉和财富。只有全身心投入信仰对象的人才能有确信的信仰,换言之,只有完全让自己置于上帝支配之下的人才能获得确信的信仰。光凭人类理性,充其量只能达到知识的确信。

17世纪的基督教思想家帕斯卡也作出同样的论断。他区分了"人心"(coeur/heart)与"理智",他指出:"感受上帝的乃是人心,而非理智。而这就是信仰:上帝是人心可感受的,而非理智可感受的。"[1]信仰并不是一种知识;知识是由推理得来的,但一切推理都不能证明客观存在所依赖的第一原理,因此达不到确定性。历史上的怀疑论借此否定知识的确定性,但是怀疑论者所指出的只是理智的无能为力。"因而,这种无能为力就只应该使那企图判断一切的理智谦卑下来,而不应该用以攻讦我们的确切可靠性,仿佛唯有理智才能教导我们似的。"[2]

以上这些论述表明,直觉主义立场的特征是强调信仰的客观性(来自上帝)、确定性(尤需理性判断和推理)和实践性(情、意的因素多于知识的因素)。这些特征与信仰主义尤其是意志主义接近。直觉主义不同于信仰主义之处在于,对人的信仰的心理过程有较多、较细致的论证,对信仰对象现实性这一知识论根本问题有较多的探究。

4. 神秘主义

基督教哲学家吉尔松指出,有形形色色的神秘主义者,有的不通文墨,有的指导知识与神秘经验分开,"那些学识渊博的神秘主义者却渴望把知识本身转化为神秘的沉思"[3]。只有这一种神秘主义才具有宗教知识论的意义。基督教知识论

---

1 帕斯卡:《思想录》,何兆武译,商务印务书馆1985年版,第130页。
2 同上书,第131页。
3 转引自赵敦华《中世纪哲学长编》,江苏人民出版社2023年版,第179页。

的神秘主义关心的中心问题是如何把知识转化为神秘体验。它有两个要点：一是强调从知识出发而超越知识，神秘体验不是初始的经验，而是在穷尽了知识的探索之后达到的超越境界；二是强调信仰与爱在知识到神秘体验的转化过程中的推动作用。

公元 6 世纪起流行的以圣狄奥尼索斯名义发表的托伪著作集中地表达了神秘主义的上述特征。这一著作实际上是中东地区的一些神秘主义修士所作。他们把认识上帝的神学方法分为三个步骤。第一步骤是肯定方法（cataphatic），即把人所知的完善性归诸上帝，这些完善性用"善""光""智慧""生命""存在""力量"等词汇表达。这些词汇也可以表达人的属性，当它们用以表达上帝属性时，是在最完满的意义上使用的，但它们与日常意义总有一定联系。肯定方法是从人的理解和语言出发对上帝的认识。第二步骤是否定方法（apophatic），它把人的知识中带有人类局限性的因素一一排除，留下不可言说的神秘因素，使上帝的神圣性越来越明显。作者用了一个比喻："如同人们在大理石上雕刻塑像，把所有遮掩着潜在形象的纹理一一除去，这个形象便清晰地显露出来了。仅用清除的方法，他便可以展现隐藏形象里被掩盖的美。"[1] 最后，神秘方法（mystie）是对肯定方法和否定方法的综合，即把否定方法应用于肯定方法用以描述上帝的那些词汇，在这些词汇前面加上"超"的前缀，表达和理解上帝的超越意义，把上帝当作"超存在""超善""超生命""超智慧"等。"超"字的意义在于提醒人们，上帝不是有类知识的对象。为了理解上帝超越世界和人的不可言说的意义，必须通过专一的爱和坚韧的苦修，才能产生神秘的事，感受到心灵与上帝接近并进而合一的精神融合，这才是认识上帝的最高境界。

不难看出，肯定方法相当于人类主义的立场，它以人类的完善性"类比"上帝；否定方法相当于信仰主义的立场，它通过摒弃人类理性知识的局限性加强信仰的明晰性和坚定性。神秘方法并不与上述两种立场相对立，而是从它们出发，并超越两者的对立，达到万物圆融、人神合一的神秘境界。

---

1 转引自赵敦华《中世纪哲学长编》，江苏人民出版社 2023 年版，第 170 页。

也谈"全球伦理",
兼论宗教比较的方法论
——从孔汉思的《全球责任》谈起

1996年初春,我们访问德国图宾根大学普世宗教研究所时,该所所长、著名的主教神学家孔汉思把他的新作《全球责任——寻求新世界伦理》[1]交到我们手中。孔教授非常看重他的这本新作,强调这本书代表了他最近的思想发展,并热忱表示愿意听到中国同行的反应。我们理解孔教授的心情。他在与秦家懿教授合作的《中国宗教与基督教》一书中表达出对中国文化和宗教的强烈兴趣。他的代表作《论基督徒》已被译为中文,使一些读者颇有兴趣。中国学者也没有忽视他的最新思想发展。他与库舍尔(C. Kusher)合作的《中国宗教与基督教》一书也被译为中文。还围绕他的"全球伦理"理想召开一系列研讨会。从已有的反响来看,赞誉者居多。有人虽有微词,但也未触及根本。

笔者在拜读《全球责任》以及相关著作之后,却感到困惑与失望。我所看到的"世界伦理",不过是一些宗教与民族传统共同的道德戒律,如"不许杀人""己所不欲,勿施于人"等。我当然不怀疑这些古训的价值。但是,现在把它们推崇为"后现代""新世界"的全球伦理,究竟能告诉人们什么新东西、透露什么新信息,这是令我困惑不解的问题。在反复琢磨这一问题之后,我对"全球伦理"的思想前提和基础深感失望。

《全球责任》一书的主题,可用三句话概括:"无世界伦理则无人类生存,无宗

---

1 Hans küng, *Global Resposibility*, Continuum, New York, 1991. 以下引用该书只在括号后注页码。

教和平则无世界和平,无宗教对话则无宗教和平"(《全球责任》,p. xv;以后引自该书的引文,不再注书名)。前两句话蕴含着"全球伦理"的思想前提,后一句话涉及的宗教对话构成"全球伦理"的思想前提,后一句涉及的宗教对话构成"全球伦理"的学理基础。本文拟针对这两方面提出四个问题。思想前提方面的问题是:1. 当今世界面临的问题是否靠"全球伦理"就能解决? 2. 伦理能否归结为宗教? 学理基础方面的问题是:3. "世界宗教三大河系说"依据何在? 4. 范式研究方法如何应用于宗教比较?

以下拟对这四个问题发表自己的意见,就教于孔教授及其支持者。

———

世界上有识之士现已认识到,只有通过和平与发展,才能解决人类共同面临的社会和生态危机。但是对于实现和平与发展的途径,他们却见仁见智。孔汉思认为只有靠"全球伦理"才能拯救人类,"科学技术和哲学都无济于事"(p. 43);"哲学不能为一种在大范围的民众层所实行的无条件的、普遍遵守的伦理提供基础","科学技术思想……是工业化、城市化和世俗化以及有组织的不负责行为所造成的始料未及的副产品"(p. 42)。孔汉思的策略是将科技、哲学和伦理处理为三个领域,然后给予不同的价值功能判断:把破坏归咎于科技思想,把无用归诸哲学,把拯救赋予伦理。我们在此暂不谈哲学与伦理的关系,着重讨论科技与伦理的关系问题。

把伦理与科学视作完全独立的两个领域,肇始于康德关于实践理性与理论理性的区分。按马克斯·韦伯的观点,康德关于科学、道德和艺术的划界代表了现代主义的方向。现代化就是社会文化领域的分化。相对于前现代文化的一切领域都服从于一个无所不包的"宇宙论世界观"的统摄作用,现代化进程分化出多元的价值领域,并把它们制度化,这是历史的进步,为人类带来空前未有的物质财富和精神财富。又据哈贝马斯的观点,现代主义与后现代主义的偏颇都与科学、道德和艺术三大领域的不平衡有关。[1] 体现于科学技术之中的"工具理性"在现代文化中占主导地位,它以牺牲道德和艺术为代表的文化功能和人文价值为代价,追求工业技术的无限制膨胀和市场经济的超常发展。另一方面,后现代主义以批判科学主义、人本主义为由,用"具体化""个别化"的要求彻底解构科学的普遍理性和道德的普适规范。这实际上是站在现代艺术强调个性创作的浪漫主义一隅,否定现代文化的全部。畸形的现代主义和后现代主义貌似两个极端,实际上殊途同归:两者分别占据科学技术的工具理性和现代艺术浪漫主义的立场,否定、侵占或取代现代文化的其他领域的价值观。

孔汉思声称"全球伦理"属于"新的完整的后现代星群",但不是那种以极端多元主义和相对主义为特征的后现代主义(p. 19, 22)。确实,孔汉思所强调的伦理的普遍性和绝对性的主张,与正在流行的后现代主义不可同日而语。然而,"全球伦理"也未能脱离后现代主义与唯科学主义之争的窠臼。正如唯科学主义以科技领域片面的工具理性为本位,后现代主义以艺术领域片面的自由情感为本位一样,"全球伦理"以道德领域片面的形式主义的义务论为本位,三者都企图凌驾于现代文化的其他价值领域之上,如同三足鼎立,相互攻讦。实际上,三者都是对自启蒙运动开始的现代主义的一种反动,这就是:企图把现代化进程分化出来的多元文化价值领域重新隶属在某种单一的价值观的统摄之下。三者的分歧仅仅在于分别推崇不同的统摄的价值观而已。

在推崇伦理价值的统摄作用方面,"全球伦理"并非新创造。近年以来,众多宗教家和道德家以不同的文化传统为本位,纷纷义愤填膺地谴责现代社会的道德沦丧、精神跌落和科技邪恶。孔汉思的"全球伦理"是这种道德本位主义的一个新的西方版本,其特点是形式主义的义务论。他所列举的各项"全球责任"并没有说明造成人类生存危机的深刻的社会历史原因,也没有在辨析是非、分清责任的基础上探讨消除危机的途径,更没有考虑承担道德义务的具体环境、实施条件和行为动力,反而侈谈"超越社会主义和资本主义""现代意识形态的除魅

---

1 关于韦伯和哈贝马贝斯的观点,参阅赵敦华《批判理论与保守主义之争》,载《德国哲学》第14辑,北京大学出版社1995年版,第6—7页。

(demystification)"(p. 12)。在孔汉思看来,社会制度、意识形态、各国的现状和历史,都不足以成为"全球伦理"的依据,因为道德义务是康德式的"绝对命令"。他说:"一个无条件的要求和绝对的'应当'不都来自人类存在的有限条件,也不来自人类的急需和要求。"(p. 52)对于这种形式主义的义务论,我们不准备花费笔墨。早在20世纪初,舍勒(Max Scheler)在《伦理学的形式主义和实质性的价值伦理学》这部名著中,就已击中了康德伦理学的要害:抽象空泛,不切实际,不能付诸行动。不管"全球伦理"为全人类规定的"全球责任"多么庄严崇高、美妙堂皇,恐怕也免不了重蹈康德伦理学的覆辙。

广而言之,当今的道德本位思潮和历史上的泛道德主义一样,都不免是清谈空议。这些主张的倡导者忘记了来自生活经验的一个唯物主义的道理:物质只能用物质的力量改变。以人类面临的环境问题为例,我们可以同意把工具理性的无节制应用作为造成生态危机的一个重要原因,却不敢苟同孔汉思的断言:"科技制造的邪恶不能靠科技的发展来诊治。"(p. 42)相反,"解铃还须系铃人",生态的保护和改善归根到底还要依靠科技自身的发展的水平。离开科学技术这个第一生产力,一切道德义愤和良好愿望都无济于事。

我们也承认精神可以变物质,在此意义上,环境保护的意识至关重要。我们与孔汉思的分歧并不在于是否应把这种意识上升为人类共同的道德义务,而在于究竟是用道德义务从外部批判、限制科学技术,还是从科学技术内部发展出自觉实现这一义务的价值观。

我们前面谈到,现代主义把科学与道德相分离是一种历史进步,但也应看到其中的局限性。现代科学的历史证明,科学技术不仅仅是知识体系,而且是一种价值体系;不仅仅是无生命的工具,而且是知情意合一的人的一种存在方式。在这一体系中,人根据信息的反馈和行为的后果不断调节、修正自己的目标和手段,由此引起观念的变化,包括价值观的变化。以人与自然关系为例,从近代科学诞生期的培根的"人是自然的仆役和解释者"的观念,到科学成熟期的康德的"人为自然立法"的观念,直至今日的"人是自然界的朋友"的观念的转变,都是随着科学发展的需要,在科学知识体系内部引起的价值观转变。

岂止科学有其自身的价值观,各个领域都有其价值观。比如,传统观念认为经济与道德相分离,甚至义利对立。但有人指出,经济是一种"自成体系"。[1] 经济运行体系在内部生成包括伦理在内的价值观,调节各种利益冲突,以达到体系所需要的平衡状态。当今的伦理正朝向领域化方向发展,在各价值领域内部揭示出与其特殊行为相关的伦理价值与道德规范。人们通常把这种研究称作"应用伦理学"。其实,这并不是把传统伦理学简单地应用于各门领域,而是一种根本性转变。传统伦理学,不管是目的论、义务论还是功利论,不管是理智主义、意志主义还是情感主义,都要为全人类的全部行为立法,都要在人们活动的专门领域以外限制、束缚各种具体行为。面临着当代社会的复杂性、多样性和变化性,这种做法无法奏效。因此才有上述转变。如果把对现代性的超越称作"后现代"的话,那么领域伦理学对道德与其他领域的现代分离的克服,堪称名副其实的"后现代"。

根据以上对现代文化方方面面的考察,我们得出这样一个结论:"全球伦理"企图成为统摄全人类所有领域的价值权威,这是落后于现代性的前现代方案,它企图在外部为各个领域立法,这也是不能适应于当代社会变化的一种已经过时的现代性。不管在何种意义上,它都不是"后现代星群"中的一颗新星。下面我们进一步分析孔汉思关于伦理与宗教关系的论述,看一看他的"全球伦理"究竟是现代性的超越者还是落伍者。

二 ───────────────────────────────

孔汉思谨慎地把宗教说成"伦理的一个可能的基础"(p.51),但经过一番论证,他的实际结论却是:宗教是"全球伦理"唯一可能的基础。如前所述,"全球伦理"是一种形式主义的义务论。孔汉思引用康德观点说,伦理价值是"无条件适用的,没有假言和但是"(p.52)。与康德不同的是,孔汉思认为绝对命令不是自律,而是神律(theonomy)。他说:"神律不是他律,而是人类自律的基础、保障和限

───────────────────

[1] 参阅约翰·韩纳枫《中西伦理学交流的新领域:道德和市场经济的关系》,载《哲学研究》1997年第4期。

制。"(p. 53)其理由是,只有相对于一个绝对者(unconditional),才有无条件(unconditioned)义务可言。只有这个完全的绝对者"才能为伦理要求的绝对性和普遍性提供基础,他是人类和世界的首要基础、首要支柱和首要目标,我们称之为上帝"(p. 53)。

上述论证包含着两个问题:1. 为什么道德命令非得是绝对、无条件的? 2. 为什么绝对命令的基础非得是严格一神论意义上的上帝? 康德论证了第一个问题,但否证了第二个问题。后来不少哲学家指出康德关于第一个问题的论证并不充分。现在,孔汉思既没有改进康德关于第一个问题的论证,也没有提出关于第二个问题的真正的论证。

或许,对于《全球责任》这样一本篇幅不大的著作,我们不应苛求详尽论证。那么让我们看一看孔汉思在一本长达800余页的著作《上帝存在吗?》中,是如何提出"关于上帝的伦理学证明"的。他在论证结束时说:"应该承认,我们至此所说的上帝是非常非常抽象的,以致文化哲学家要用'我们所尊敬的一个更高存在者'这句讥讽语来代替上帝的称号。如果我们从哲学家们的上帝回到《圣经》的上帝,我们就可以用更具体的方式表达我们的观念。"[1] 所谓"更具体的方式",即与人们实际生活相关的方式。如果只有"回到《圣经》的上帝",伦理学的观念才能与人的生活相关,那岂不是说,只有基督教信仰才是伦理的基础。这样一来,论证的结论变成了前提,犯了循环论证的错误。

据笔者观察,在伦理与宗教的关系问题上,大致有三种立场。第一种立场把宗教归结为伦理,如康德在《纯然理性界限内的宗教》一书中所表述的那样。第二种立场把伦理归结为宗教,如新教神学家哈纳克所说:"耶稣把宗教与道德合为一体,在此意义上,宗教是道德的灵魂,道德是宗教的形体。"[2] 第三种立场认为宗教超越伦理,如克尔凯郭尔提出,并被巴特(K. Barth)所发展的那种说法。很明显,孔汉思采取的是第二种立场。通常,第一种立场被视为非神学的世俗主义,第二种立场被视作自由派神学,第三种立场被视作保守派神学。天主教神学家拉纳曾

---

1 Hans Küng, *Does God Exist?*, trans. by E. Quinn, Doubleday, New York, 1980, p. 583.

2 Adolph Hamack, *What is Christianity?*, trans. by T. B. Saunders, Putram's Sons, New York, 1901, p. 79.

称孔汉思是"自由派的新教徒"[1]。我想拉纳是弄错了,起码在伦理与宗教关系问题上,孔汉思并不比巴特更"自由",巴特也不比孔汉思更保守。克尔凯郭尔、巴特等人尽管抬高宗教、贬低伦理,但他们认为不能用宗教来衡量伦理、用信仰来规范道德,反对把伦理道德神学化,这毕竟是符合现代文化"独立的逻辑"的。企图把伦理归结为宗教的主张,所要求的却是回到宗教价值观占统治地位的前现代文化。在孔汉思的"全球伦理"的框架中,这一倾向更是一种倒退。举凡各国政治、经济、科技和道德等领域,都要受"全球伦理"的规范制约,而"全球伦理"又被进一步归结为"全球宗教",这意味着宗教将要全面参与和介入各国和全球的事务。如果通过"全球伦理"的途径,达到这样一种政教合一的后果,那么它给世界带来的恐怕不是宗教和平,而是宗教冲突。

把伦理归结为宗教,在当今世界不但是不合理的,而且是不可行的。

孔汉思虽然也提倡宗教信徒与非信徒的对话以及各宗教之间的对话,但他对"全球伦理"的宗教基础的阐述实际上排斥了这些对话。比如,他说:"有一件事是没有宗教信仰的人所不能做的,即便他们为了自己实际上想要接受无条件的道德规范,但他们不能给予伦理义务绝对性、普遍性的理由。"(p.51)就是说,"世界伦理"(即"无条件的道德规范")对于没有宗教信仰的人,充其量只是一种意愿("想要")而不能被他们付诸实施。"全球伦理"留给非信徒的角色不是对话者,而只是皈依者而已。再如,孔汉思强调,"全球伦理"所需要的是"真正的宗教":"真正的宗教与一个绝对者(上帝)相关联,它与一切准宗教和伪宗教有本质上的区别,它把相对者绝对化、神圣化,不管这一相对者是无神论的'理性女神''进步之神',还是现代泛神群中的众多小神:科学(自然科学)、技术(高科技)、工业(资本)"(p.54)。这段话有显隐两层意思:显义即把现代文明成果都列于"准宗教和伪宗教"范畴,隐义即把一切不信奉只有一个绝对者(上帝)的宗教也列于这一范畴。下面我们会看到,按照孔汉思的宗教系谱,只有闪族起源的宗教,即犹太教、基督教、伊斯兰教,才符合"真正宗教"的标准。站在这种立场的对话,究竟是"真正宗

1 引自 S. J. Grenz & R. E. Olson, *20th Century Theology*, Inter Varsity Press, Downers Grove, Illinois, 1992, p. 256。

教"之间的对话,还是"真正宗教"对"准宗教和伪宗教"的精神宰制呢?

三 ——————————————————————————————

《全球责任》再次提出《中国宗教与基督教》一书中的世界宗教"三大河系说",即闪族起源的先知型宗教(犹太教、基督教、伊斯兰教),印度起源的神秘型宗教(婆罗门教、佛教和印度教),中国起源的"智慧型"或"哲人型"宗教(儒家和道教)。[1]

犹太教、基督教和伊斯兰教的经典在内容上的密切联系,以及它们与古代印度和中国宗教的区别,都是人们早已熟知的事实。我们关心的是,孔汉思要从这些事实概括出什么样的宗教学理论,他对世界宗教的类型区分是否符合历史事实。

孔汉思在《中国宗教与基督教》一书中说,他的目的是要建立新的"宗教地志学"。宗教地志学最早可追溯到《圣经·创世记》第10章。据说,洪水后挪亚留下闪、含和雅弗三族,他们"各随各的方言、宗族立国"。据《圣经》地理学家的解释,雅弗族分布在南边,闪族分布在两者之间(参阅中国天主教主教团版《圣经》,第21页注)。不难看出,孔汉思是根据《圣经》按"方言、宗族立国"的说法来确定宗教类型的,这种方法对于探讨各宗教的起源不失为一种有益的尝试。但是,一事物的起源并不能决定它的发展全过程,也不能决定它的类本质。西方人思维常有把"起源"和"本质"相混同的倾向。孔汉思按照民族和地域的起源决定宗教类型,符合西方人的这种倾向,但与历史事实不尽符合。特别是把基督教归于"闪族起源的先知型",把佛教归于"印度起源的神秘型",把儒道两家说成"哲人型宗教",大有可商榷之处。

第一,基督教虽然起源于闪族的分支犹太人之中,但基督教在传播过程中,已把希腊人、拉丁人和后来的日耳曼人的文化融会在一起,以致人们普遍把基督教

---

1 秦家懿、孔汉思:《中国宗教与基督教》,生活·读书·新知三联书店1990年版,第1—3页。

当作西方文化传统一个代表,它究竟还保留了多少闪族犹太教的成分,这是一个至今仍在争论不休的理论问题。不过,有一个事实却可以确定:基督教在历史上是以反闪族主义著称的。

基督教与犹太教和伊斯兰教的一个重要区别在于,它的创立者耶稣不是闪族人所说的先知。耶稣在世时,人们确把他当作"拿撒勒的先知",希律王手下人说他"正像先知中的一个"(《马可福音》,6:15)。但耶稣意识到,他不是传达弥赛亚降临消息的先知,他就是弥赛亚,神的儿子。他问门徒:"你们说我是谁?"西门彼得说:"你是基督,是永生神的儿子。"耶稣赞赏道,此"乃是我在天上的父指示的"(《马太福音》,16:15—17)。

对于耶稣形象的解释,一直是基督学的关键所在。孔汉思在《论基督徒》一书中提出"基督是谁"的问题。他的结论是:"他是可以和拿撒勒的历史的耶稣认同的。作为具有最终权威、决定意义、原型意义的基督的拿撒勒的耶稣使基督教成为真正的基督教。"[1]他强调耶稣的人格,强调耶稣是独一无二的历史人物。他"反对神化耶稣的全部倾向"[2]。他认为"道成肉身""三位一体"只有功能性意义,而没有本体论意义。他的这种基督学为他带来声誉,也遭到非议。我们不打算评议这段公案,在此只是指出,孔汉思把基督教当作"先知型宗教",这是从他的基督学引申的一个结论。他的基督学也许有独到之处,但把它推广到涉及世界宗教的更大领域,则会得出一些片面的结论。

第二,佛教虽起源于印度,但因此把它与婆罗门教和印度教看作本质相同的同类宗教也未必妥当。我们知道,佛教在印度流行至8世纪左右即已衰落,至13世纪时在印度本土消失。佛教东传,与中国文化相融合,8世纪产生出完全中国化的佛教——禅宗。中土佛教在东亚传播,与当地文化相融合,形成新的特色。佛教在传播过程中与亚洲各国文化的融合广泛深刻,不但改变了亚洲文化,也改变了佛教本身。现在,由于梵文佛典大多佚失,巴利文佛典与南传的小乘佛教相联,主要通过汉语和藏文佛典才能知晓印度原始佛教的内容。把佛教仍然当作雅

---

1 孔汉思:《论基督徒》,上册,生活·读书·新知三联书店1995年版,第209页。
2 同上书,下册,第648页。

利安语系宗教和印度宗教，完全没有考虑到历史的变化和现状。把佛教归于"神秘型"，也殊为可疑。哪一类宗教没有神秘主义因素呢？如果这里特指印度的神秘主义，也有片面性。中国禅宗所说的神秘境界，并不是印度式的"梵我合一"玄思，而是不离生活而又空灵的顿悟。中国佛教与道教和儒家的关系实在比它与婆罗门教和印度教的关系更加密切。

第三，把儒家与道家道教统称为"智慧型宗教"，其依据为创始人是哲人（孔子和老子）。在其后的发展中，儒家和道家的哲学不能混同于中国宗教。孔汉思把儒家简单地处理为一门宗教（如说"孔子是第三大宗教的化身"[1]），又没有区分道家和道教（如说"道一直是一个宗教概念"[2]）。这固然与他对中国文化不甚了解有关，但更重要的是，他把起源当作本质的先入为主的成见，使他把中国典籍文化创始人的哲人身份，与中国文化嬗变出的宗教的性质，看作一码事。

平心而论，孔汉思并非没有看到世界宗教的交汇融合，但他强调："应该再次指出的是，尽管有交融糅合，本质的差异依然保留！"[3]为什么一宗教与其他宗教的交融糅合不会改变原有的特质？除非预先假定，宗教在诞生时带来的"胎记"决定其一生，否则孔汉思不能得出上述论断。

我们倒是觉得，雅斯贝尔斯的"轴心时代说"比孔汉思的"三大河系说"更适合建立一个动态的世界宗教模式。"轴心时代说"的好处是，把世界宗教的诞生与发展解释为大致同时发生的人类精神变化和文明进步。[4] 这可以为宗教比较提供一个理论框架。为了达到孔汉思提出的"发现一个逾越国家和洲际界限的、有历史根据的、符合现象学的、动态的"[5]正当目标，我们不妨提出一个建设性的关于世界宗教类型的"时代模式"：

第一，宗教起源时代。

第二，前轴心时代的宗教：印度吠陀宗教，巴比伦和埃及宗教，犹太教，中国殷

---

1 秦家懿、孔汉思：《中国宗教与基督教》，生活·读书·新知三联书店1990年版，第105页。

2 同上书，第143页。

3 同上书，第6页。

4 参见雅斯贝尔斯《历史的起源与目标》，华夏出版社1989年版。

5 秦家懿、孔汉思：《中国宗教与基督教》，第2页。

商时期宗教,希腊神话,等等。

第三,轴心时代古代宗教的伦理化和哲理化:印度佛教,犹太教先知书,琐罗亚斯德教,中国先秦学说,希腊哲学,等等。

第四,后轴心时代世界宗教:基督教、伊斯兰教、佛教东传,中国儒道释合流,等等。

为了理解上述"时代模式"与孔汉思的"河系模式"的不同之处,我们最后分析孔汉思应用"范式方法"的得失。

四 —————————————————————————————

孔汉思近年来运用"范式方法"对基督教和犹太教进行研究,其成果见于《伟大的基督教思想家和犹太教》《基督教》等著作。《全球责任》为基督教、犹太教和伊斯兰教分别勾勒出六个范式。他对范式研究方法论的交代,则集中于《第三个千禧年的神学》之中。

范式研究是库恩首先运用于科学哲学的方法。孔汉思认为这种方法适用于一切科学研究,也适用于神学研究。这一见解我们完全赞同。同时,我们也应看到,范式研究方法不是万能的:它适用于某些目的,对某些目的却不适用,对另一些目的则需要经过适当的修改和补充才能敷用。孔汉思运用"范式方法",目的在于叙述宗教史,迄今为止的工作主要是基督教史。他说:范式分析关注的重点是基本常项和决定性的变项,因而得以提示重要的世界结构和转变,得以描述世界历史的突破点以及由此产生的划时代的基督教基本模式,并决定迄今为止的基督教状况。

通览孔汉思对于"范式方法"的说明,感到他似乎没有注意到,运用范式方法来叙述历史,有两个思想观念需要克服:一是范式的非连续性问题,二是范式的无公度性问题。按库恩最早在《科学革命的结构》一书中的说明,从一范式到另一个范式的转变是革命性的飞跃,两个范式没有连贯、重叠、类似的部分。这一思想后来又被发展为"无公度性",即对两个范式的是非优劣不能加以合理的判断,因为

"合理"只是合乎某一范式之理，而从一范式向另一范式的转变是无理可言的，只是"信仰的皈依"。

孔汉思的"范式方法"并没有考虑上述两个问题。首先，他把历史连续性和间断性结合在一起，根本没有考虑范式的非连续性问题。他在谈到自己方法论特点时说，神学要"在当今世界的视域中保持基督教起源和基督教中心的角度"[1]。"起源"和"中心"即前面引文所说的"常项"是不变的本质，人类历史和视域则是"变项"。虽然基督教经历了早期使徒、早期希腊化、中世纪罗马天主教、宗教改革的新教、启蒙时代的现代性以及当今的后现代这样七个"范式"，但万变不离其宗，所有基督教"范式"都以福音书为信仰，以耶稣基督为榜样和基础。因此，各个范式之间存在着共同性，七个范式是一个历史演变过程。另一方面，每一范式的划时代意义则构成了范式之间的间断性。孔汉思这种"范式方法"与通常的划分和描述历史阶段的方法并无什么不同。他所谓的"范式"并不是库恩学派意义上的"范式"，说它是历史性的"阶段"倒更恰当。

再说，孔汉思没有考虑范式的无公度性问题。他推崇基督教的"后现代范式"，并按此范式的标准去衡量其他范式。"后现代范式"在历史上最后发生，但"扬弃"了历史上其他范式。"扬弃"（aufhebung）即"保留、批判和超越"，比如，它保留了天主教传统主义恪守基督教学说连续性和统一性的立场，但批判其一成不变的保守性；它保留了巴特从现代向后现代转变的趋向，但又超越了他在批判性和开放性方面的不足之处。孔汉思所说的"范式"实际上只是黑格尔所说的辩证法的"环节"。黑格尔认为一切环节经过扬弃，最后都包容在最后一个环节之中，成为绝对的全体。孔汉思所谓的"后现代范式"和其他神学"范式"的关系，不也正是如此吗？

我们无意指责孔汉思对基督教史的研究成果。我们的批评集中于这样一点：他不是在实际上而只是在表面上运用范式方法。这里有个原因：他的"河系模式"强调的是宗教类型的稳定性、连续性，是起源和本质。这与范式方法所要阐释的

---

1 Hans Küng, *Theology for the Third Millennium*, trans. by P. Heingee, Doubleday, 1988, p. 106.

历史变革和革命性飞跃是不能适应的。孔汉思面临的是内容和方法的矛盾。我们也并不认为范式方法是最好方法。孔汉思不妨使用历史描述方法和辩证方法研究宗教史，大可不必标榜与他的思路不相吻合的范式方法。

范式方法的长处在于适合跨文化的比较研究。我们看到，费耶阿本德的《反对方法》一书虽然把这种方法推向极端，但他强调的无公度性思想对于破除西方文化中心论、正确评价东方思维方式的价值有不少贡献。我们在前面提及的关于世界宗教的"时代模式"，把同时代的不同类型的宗教当作独立存在、平行发展的系统，把不同时代的同一类型宗教处理为在历史上发生了根本变化的系统。这种对"时代"和"系统"的理解接近于"范式"概念的意义。但要真正有效地把范式方法运用于"时代模式"，也需要突破一些障碍。我们有兴趣地发现，近期范式方法和结构主义方法在术语上发生重叠，如"范式"与"结构""知识型"，"连续性"与"历时性"，"公度性"与"共时性"等等，这种情况使我们能在更大的意义领域中讨论和解释问题。

"共时性"和"历时性"是一对矛盾。历时性指范式在时间上的连续关系，"共时性"则把不同历史阶段的范式在时间上的先后关系转换为空间上的并列关系，以显示它们在逻辑上的对应关系。同时，"共时性"和"无公度性"也是一对矛盾，因为共时性所认可的范式间的并列、对应关系恰恰是以无公度性所否认的可比性为基础的。如果两个对象完全没有进行比较的可能性，两者之间也无任何关系可言。如果范式的无公度性意味着绝对不可比性，那么范式也将无共时性可言。为此，有人建议，范式的无公度性是相对的，只是意味着范式无共同的价值判断标准，因此无高下优劣之分，但并不意味着无共同的逻辑或意义标准。按照某种意义上的共同标准来衡量，不同范式可以相互比较（comparable），甚至相互兼容（compatible）。但是这样又会产生新的问题：范式的可比性和兼容性意味着它们之间的交叉重叠或连续贯通的关系，这又将引起认可历时性而忽视共时性的后果。

范式的历时性、共时性与无公度性三者之间的矛盾说明，在运用范式方法解决跨文化的比较课题时，不能完全沿袭科学哲学范式理论和结构主义的解释，而需要对范式的性质作一些新的界定和补充。把范式方法运用于宗教比较的"时代模式"，也需要先对范式的规定性作一些限定。

我们可以这样设定：历时性指不同范式在时间上发生的先后顺序，共时性指同时代发生的不同范式间的对应关系。换言之，历时性指同一传统的不同时代的范式的纵向关系，共时性指不同传统的同时代的横向关系。如果把纵向关系比作点与点的直线联结，那么横向关系好比平行线上点与点的并行对应。无公度性对于历时的范式而言，指无共同的逻辑或意义标准，对于共时的范式而言，指无共同的价值判断标准。如果仍用几何关系来比喻，我们需要立体图形的想象：纵向关系上的点不连续和重叠，但处在高下不平的立体状态；横向关系上的点不具有高下的立体状态，但同一平面上的平行线上相对应的点可以相互连贯。

上述限定旨在为宗教比较研究提供以下一些有效的条件：

1. 范式的历时性限定把比较范围限制在同一传统不同时代的范式的比较，对共时性的限定把比较范围限定在不同传统同一时代的范式的比较，从而把超时空的、不顾历史条件的抽象比较（比如后轴心时代西方宗教与轴心时代中国宗教的比较）排除在具体的、历史的比较之外。

2. 共时的范式在价值判断方面无公度性的限定，把宗教比较的目标明确化。这就是，不同宗教传统的相互理解，不能自觉或不自觉地以自身价值观来排斥或否定其他传统的价值。

3. 历时的范式在价值判断方面有公度性的限定，是要在某一宗教传统中分辨良莠、扬长避短，并正确理解这一传统在历史中消长起伏的理论根源。

4. 历时的范式在逻辑或意义标准上无公度性的限定，旨在减少传统连续性在范式比较中的权重。任何一种传统的连续性都是无可置疑的事实。但是，过分注重甚至夸大这一事实会阻碍对不同时代宗教的特质和价值转换的清楚认识。用现象学语言说，"无公度性"只是"悬搁"，而不是否定传统连续性的手段，其目的是在不同传统的时间长河中分别隔离出若干"孤岛"，以便在这些"孤岛"之间架设桥梁。

5. 共时的范式在逻辑或意义标准上的有公度性是跨文化的比较研究的基础。否认这个基础，任何有意义的、合乎逻辑的宗教比较研究都将成为不可能。逻辑或意义的标准不应局限于语言分析，它可以从各种不同层次和角度判断不同传统的共时范式的异同,如范式所针对的问题、解决这些问题的路径、范式的要素关系和结构、范式的发散和收敛,等等。

以上,我们随着孔汉思在《全球责任》一书涉及的主题,步入伦理、宗教、基督教研究和宗教比较等领域,在表达批评意见的同时,也初步谈了一些建设性的意见。鉴于孔汉思的著作正在中国学术界传播这一事实,我们希望这些意见对于展开真正平等而又严肃的中西学术对话能起到抛砖引玉的作用。

原载《哲学研究》1997 年第 12 期

关于普遍伦理的可能性条件的
元伦理学考察

伦理道德自然是普遍的,没有普遍性的道理或规则不能是伦理。在此意义上,"普遍伦理"这一概念的修饰语"普遍"实在是多余的。然而,我们也要理解,这一新概念的提出,自有其用意和针对性。不难理解,"普遍伦理"所强调的"普遍"有两方面的含义:其一,针对当前哲学和思想文化领域流行的价值多元论和道德相对主义,强调伦理道德是绝对的,而不是相对的,各种伦理价值是统一的,而不是孤立的、各不相关的;其二,针对全球化所引起的政治、经济、和平发展、环境保护等一系列各国面临的共同问题,强调各国政府和人民都有义务遵守的全人类共同的伦理规范和道德准则。就其普适的范围而言,"普遍伦理"也可称为"全球伦理"。

"全球伦理"的口号首先由德国神学家孔汉思于 1990 年在《全球责任》一书里提出。孔汉思等人还召集世界各大宗教代表会议,签署孔汉思起草的《走向全球伦理宣言》以及美国神学家斯威德勒(L. Swidler)起草的《全球伦理普世宣言》。后来又由联合国教科文组织哲学与伦理学处出面,于 1997 年分别在巴黎和那不勒斯召开了两次关于全球伦理的国际会议,于 1998 年在北京召开了"普遍伦理:中国伦理传统的视角"专家研讨会。此次会议之后,"全球伦理"在国内引起很多讨论。[1]

我们讨论"普遍伦理"时,需要注意两个事实:第一,"普遍伦理"还只是一种伦理主张,尚未付诸实践;第二,"普遍伦理"还只是种种设想,无论是赞成者还是反

---

1 关于国内讨论"普遍伦理"的情况,见王志萍《普遍伦理研究综述》,载《哲学动态》2000 年第 1 期。

对者,都还没有一个统一的说法,更谈不上什么完整的理论了。本文以下讨论即是从这些事实出发的。根据第一条,我们的讨论属于元伦理学范围。伦理学讨论的对象是伦理道德,即在一定的伦理规范和道德准则指导下的行为习惯、生活方式,元伦理学讨论的对象则是各种伦理学的学说主张。"普遍伦理"既然属于伦理学范畴的一种理论主张,关于它的讨论也就是元伦理学的。根据第二条,我们关于"普遍伦理"的讨论不是一种全面的理论考察。由于人们对"普遍伦理"这一概念有不同的理解和界定,我们不能以偏概全,根据某一种说法就对普遍伦理的合理性或可行性作出明确的、一般性的肯定或否定。但是我们可以审视普遍伦理的"可能性条件",即追问"普遍伦理"何以可能的问题。

"普遍伦理"何以可能? 这听起来似乎是一个康德式的问题,但实际上,我们提出问题的方式与康德不同。当康德提出"可能性条件"的问题时,他已经预先设定了被考察对象的真理性。例如,他设定了欧氏几何、牛顿物理学和"未来形而上学"(包括他的绝对主义的伦理学)的真理性,然后分别提出了它们何以可能的问题,以揭示现实存在和真理的先验基础。我们提出"普遍伦理何以可能"的问题,既不假定普遍伦理的真理性,也不预示它在未来的可行性,而是按照一定的标准来考察它是否具有合理性和可行性。如果它满足了这些条件,那么可以肯定它具有合理性和指导实践的可能性;反之则可以得到否定的结论。我们在这里讨论的是可能性或不可能性,即使肯定它作为一种可能的伦理学主张,也不意味着肯定它的现实的或未来的存在,因为任何一种可能的理论,都需要特定的社会历史环境作为充分条件,才能获得其现实性。出于以上理由,我们把用以衡量"普遍伦理"的合理性和可行性的标准称作"可能性条件",按这一标准对它的考察则可被称作追问"普遍伦理何以可能"的问题。

根据对中外伦理学传统、趋势以及现代社会的特点,我们认为一种伦理学理论若要具备最大程度的普遍性和绝对性,必须满足以下可能性的条件:

1. 不是形式主义的,而有具体的绝对性;

2. 不是后现代主义的,而是超越后现代的;

3. 不是道德本位的,而是内在的"自生系统";

4. 不是规范性的,而是应用性的;

5. 不是以宗教为基础的,而是神圣与世俗相结合的;

6. 不是对不同文化传统的整合,而是跨文化的交流和对话。

下面我们对这些可能性条件一一加以论述。

———

西方人的思维习惯于把"形式"与"质料"分开,并认为只有形式才能普遍化、绝对化。在伦理学领域,最大程度的普遍性和绝对性于是也就只能存在于伦理规范的最抽象的形式之中。康德是这种形式主义伦理学的典型,他的"绝对命令"只是"按所有人都遵守的原则行事"这样一条没有具体内容的规则,这是对传统伦理学的一些普遍形式,如"你们愿意别人怎么待你们,你们也要怎么待人"(《圣经·马太福音》,7:21)进行理性化的论证和表达。中国传统伦理学也有"己所不欲,勿施于人""己欲立则立人,己欲达则达人"(《论语·颜渊·雍也》)这样的被称作"金律"的伦理形式。中国文化传统也有形式主义的倾向,这主要表现为孔子的"正名"思想被后儒发展为"循名责实"的正名主义,在伦理学中则表现为"纲常名教",被奉为绝对不可违反的神圣。[1]

形式主义的伦理学在 20 世纪受到广泛的批判和抵制。早在 20 世纪初,舍勒在《伦理学中的形式主义与质料的价值伦理学》[2]这部名著中,就已击中了康德伦理学的要害:抽象空泛,不切实际,不能付诸行动。人们业已认识到,一种形式包含着各种利益的冲突和价值的选择,形式越普遍,则价值取向越复杂,根本不能决定单一的伦理价值。例如,当今世界,大家都在谈"人权""民主",但各家众说纷纭。至于更普遍的伦理形式,各种理解分歧更大,遑论绝对性、普适性。

对形式主义伦理学的批判在一定程度上导致了伦理价值普适性和绝对性的解构,甚至危及伦理道德。在此情境中,强调伦理的绝对性是有必要的。但这不

---

1 关于"名教"的形式主义特点,见冯友兰《中国哲学史新编》,第三册,人民出版社 1984 年版,第 75 页。
2 倪梁康译,生活·读书·新知三联书店 2004 年版。

是恢复已遭摒弃的形式主义的绝对性,而是适应现代社会生活的具体的绝对性。一种以全球为应用范围的伦理学,需要在造成人类生存危机的深刻的社会历史原因基础上,辨析是非,分清责任,并探讨消除危机的途径,指出承担道德义务的具体环境、实施条件和行为动力。否则的话,仍然以传统的形式主义的伦理学的思路来构建"普遍伦理",不过是一些宗教与民族传统共同的道德戒律,如"不许杀人""己所不欲,勿施于人"等。我们当然不怀疑这些古训的价值,但是,如果真正要使这些古老的戒律在当今时代也有全人类的应用范围和普遍性,就应该联系各种历史条件、社会领域和文化传统,来实现价值重估和转换。

二

我们先来看当代道德实践和伦理学所处的社会历史条件,主要谈思想文化方面的条件。依据思想方式和文化传统方面的变迁,有人提出了"前现代""现代""后现代"的三重区分。这只是一种宏观的把握,不论在哪一个思想文化时代,都有一些与主流趋向不同的超前的或滞后的旁门支流。后现代主义更是如此,它不是一种统一的思潮或运动,而包含着形形色色的主张。虽然所有的后现代主义者都以批判超越现代主义为己任,但他们的价值取向却各不相同。有的超越实际上是从现代性向前现代性的回归,有的超越实际上抛弃了现代主义的积极成果,而把现代性的负面影响推向极端。当然,有的批判确实针砭到现代社会的弊病,却满足于怀疑、批判、解构、否定,这是没有方向、没有出路的"超越"。

如果一种伦理学要以绝对性和普遍性为其追求目标,那么它的本性决定了它的发展方向必然是超越后现代,而不是以从属于"后现代星群"为时髦。因为不管对后现代主义作何等解释和辩护,后现代主义的总的状况和一般趋势是不适合伦理学阐明理想、弘扬德性、指导实践的主旨的。

三

世界上有识之士现已认识到,只有通过和平与发展,才能解决人类共同面临的社会和生态危机。但是对于实现和平与发展的途径,他们却见仁见智。近年以来,众多宗教家和道德家以不同的文化传统为本位,纷纷义愤填膺地谴责现代社会的道德沦丧、精神跌落和科技邪恶,认为只有靠一种精神的力量才能拯救人类。有一种说法,认为科学技术是造成现代弊病的物质力量,伦理道德则是能与之抗衡的精神力量。

我们在此以科技与伦理的关系为例,谈一下伦理道德在现代社会生活中的定位问题。在某种意义上,现代化是社会文化领域的分化,现代化进程分化出科学、道德和艺术三个主要的价值领域,并把它们制度化,这是历史的进步,为人类带来空前未有的物质财富和精神财富。另一方面,现代文化的弊病都与科学、道德和艺术三大领域发展的不平衡有关。唯科学主义以科技领域片面的工具理性为本位,后现代主义以艺术领域片面的自由情感为本位,泛道德主义以片面的伦理价值为本位,三者都企图凌驾于现代文化的其他价值领域之上,如同三足鼎立,相互攻击。实际上,三者都是对自启蒙运动开始的现代主义的一种反动,这就是企图把现代化进程分化出来的多元文化价值领域重新隶属在某种单一的价值观的统摄之下。三者的分歧仅仅在于分别推崇不同的统摄的价值观而已。

正是因为脱离了现代文化的全体,离开了科学技术这一现代生产力,当今的道德本位思潮沦为和历史上的泛道德主义一样的清谈空议。以人类面临的环境问题为例,我们可以同意把工具理性的无节制应用作为造成生态危机的一个重要原因,却不敢苟同泛道德主义者的断言:"科技制造的邪恶不能靠科技的发展来症治"[1];相反,"解铃还须系铃人";生态的保护和改善归根到底还要依靠科技自身的发展水平。离开科学技术这个第一生产力,一切道德义愤和良好愿望都无济于事。

我们也承认精神可以变物质,在此意义上,环境保护的意识至关重要。我们

---

1 Hans Kung, *Global Responsibility*, Continuum, New York, 1991, p. 42.

与道德本位论的分歧并不在于是否应把这种意识上升为人类共同的道德义务，而在于：究竟是用道德义务从外部批判、限制科学技术，还是从科学技术内部发展出自觉实现这一义务的价值观。

四 ——

我们前面谈到，现代主义把科学与道德相分离是一种历史进步，但也应看到其中的局限性。现代科学的历史证明，科学技术不仅仅是知识体系，也是一种价值体系；不仅仅是无生命的工具，而且是知情意合一的人的一种存在方式。在这一体系中，人根据信息的反馈和行为的后果不断调节、修正自己的目标和手段，由此引起观念的变化，包括价值观的变化。以人与自然关系为例，从近代科学诞生期的培根的"人是自然的仆役和解释者"的观念，到科学成熟期的康德的"人为自然立法"的观念，直至今日的"人是自然界的朋友"的观念的转变，都是随着科学发展的需要在科学知识体系内部引起的价值观转变。

岂止科学有其自身的价值观，各个领域都有其价值观。比如，传统观念认为经济与道德相分离，甚至义利对立，但有人指出，经济是一种"自成体系"。[1] 经济运行体系在内部生成包括伦理在内的价值观，调节各种利益冲突，以达到体系所需要的平衡状态。

当今的伦理正朝向领域化方向发展，政治伦理、经济伦理、商业伦理、环境伦理、生命伦理、医学伦理等，层出不穷，它们在各价值领域内部揭示出与其特殊行为相关的伦理价值与道德规范。人们通常把这些研究称作"应用伦理学"。其实，这并不是把传统伦理学简单地应用于各门领域，而是一种根本性转变。传统伦理学，不管是目的论、义务论还是功利论，不管是理智主义、意志主义还是情感主义，都要为人类的全部行为立法，都要在人们活动的专门领域以外颁布各种戒律和规

---

1 参阅约翰·韩纳枫《中西伦理学交流的新领域：道德和市场经济的关系》，载《哲学研究》1977 年第 4 期。

范,用以限制、束缚各种具体行为。面临着当代社会的复杂性、多样性和变化性,规范伦理学的做法无法奏效,因此才有上述转变。如果把对现代性的负面影响的超越称作"后现代"的话,那么领域伦理学对道德与其他领域的现代分离的克服,堪称名副其实的"后现代",它代表着摆脱了现代主义和后现代主义的"两难困境"的伦理学的发展方向。

五

据笔者观察,在伦理与宗教的关系问题上,西方神学家有各种各样的立场:有把宗教归结为伦理的现代派,有把伦理归结为宗教的自由派,也有认为宗教超越伦理的保守派。保守派尽管抬高宗教、贬低伦理,但他们认为不能用宗教来衡量伦理、用信仰来规范道德,反对把神学伦理化,这毕竟是符合现代文化"独立的逻辑"的,也不会导致什么"普遍伦理"的思想。反观一些"全球伦理"的主张,倒是蕴涵着把伦理归结为宗教的企图。在他们看来,普遍伦理必然是宗教伦理,把"全球伦理"变成"真正的宗教",又被进一步归结为"全球宗教",这意味着宗教将要全面参与和介入各国和全球的事务。如果通过"全球伦理"的途径,达到这样一种政教合一的后果,那么它给世界带来的恐怕不是宗教和平,而是宗教冲突。

亨廷顿着眼于基督教文明与儒教文明和伊斯兰文明之间的差异,提出了"文明冲突论"。这种思维方式已经引起了不少中国学者的不安。其实,以宗教为基础的"全球伦理"的后果并不比"文明冲突论"好多少,只不过前者着眼于宗教间的共同处,后者着眼于宗教间的差异。但只要宗教全面参与全球事务,其结果只能是"文明的冲突"。

需要说明的是,并不是所有主张"普遍伦理"的人都要把伦理归结为宗教。事实上,很多人是为了纠正现代化、全球化所造成的一些弊病而主张实行普遍伦理的。我们同意他们这样的看法:普遍伦理不是宗教伦理,普遍的宗教伦理在当今世界不但是不合理的,而且是不可行的。

六

应该承认,宗教是各民族文化传统不可或缺的一部分,因此也是伦理道德的重要文化资源,未来的伦理价值观既不是前现代的神圣价值观,也不是现代主义的世俗价值观,而是神圣价值观与世俗价值观的结合。[1] 在此意义上,宗教传统对于当代伦理学的发展方向仍有重要的作用。如果一种伦理学要以全人类的道德实践为对象,就必须积极地参与各种不同的文化和宗教传统的比较和对话。

伦理学领域的跨文化对话有一个特殊的困难,那就是各种不同的伦理传统都以全人类的名义大行其道。中国古代伦理学自认为适用于天下一切人,基督教伦理学自以为是一切人弃恶从善的必由之径,近代以来英国、法国、德国的等西方国家的伦理学更是自觉地要为全世界人立法。当今世界如果要有一个真正能在全人类行得通的"普遍伦理",那只能在不同文化传统的对话和融合中才能逐步达到。

文化传统的融合是一个漫长的、艰难的磨合过程,现在谈各种伦理传统的"融会""综合"尚为时过早。不同文化传统的真正融合开始于相互理解,真正的相互理解产生于求同存异的对话。如果看不到对话的艰难性和融合的长期性,仅仅从理论上抽象出几点相同之处,便轻易地得出几种文化传统必须而且可以融合的结论,恐怕对现实生活和道德实践难有什么影响。

这是因为:首先,伦理道德主要是习惯性的生活方式,不同的伦理传统表现为不同的风俗习惯,它们之间的关系不能简单地归结为思想观念的异同,它们之间的变异比理论言谈所能表达的复杂得多。

其次,即使从理论上比较同异,也要重视"公度性"问题的挑战。我们虽然不同意相对主义的"无公度性"的结论,但必须承认,在跨文化的比较研究中,自觉地或不自觉地按照特定的标准衡量异己文化的"以己度人"的做法,确实很难避免。比如,有人说,基督教的"博爱"、儒家的"仁爱"和佛教的"慈悲"是大同小异,得出了"人同此心,心同此理",这几种传统必然趋同的结论。殊不知,这样貌似公允的

---

1 赵敦华:《超越后现代:神圣价值与世俗价值相结合的一种可能性》,载《哲学研究》1994 年第 12 期。

比较其实已经不知不觉地选择了一个角度，这是按照基督教以"爱"为"最大的诫命"以及现代基督教伦理以"爱"为中心为标准而作出的选择。实际上，"爱"并不是"仁"的唯一的或主要的意义，也不是"慈悲"的真谛。如果把"仁"或"慈悲"置于儒家或佛教的传统中全面考察，它们和基督教之"爱"的关系岂不是复杂得多、丰富得多吗？这些传统的伦理观念在现实中的表达，更有多种多样的关联，岂是"趋同"这一种方向能够概括的吗？

总而言之，与其侈谈不同文化的"融合"，不如脚踏实地，做细致的跨文化比较；与其争论中西文化孰为体用、孰为优劣，不如具体地以一些专题、案例分析来揭示两者的异同。如果达到的结果是两者有同有异，则应求同存异；如果达到的结果是异大于同，也应由大异而求更大之同，这才是符合现代社会生活的开放心态。也正是这种意义上的跨文化比较以及开放心态，才能够为"普遍伦理"的可能性奠定一个初步的理论基础。这大概是我们现在所能期待的一个最好的结果了。

原载《北京大学学报》2000 年第 3 期

从宗教学研究角度谈宗教本质

虽然宗教是一种历史最悠久的人类现象，对宗教的本质进行客观的反思和科学性研究却主要是近一二百年间的工作。伴随着这一思想进程，产生了宗教学这一门新兴学科。因而，几乎每一种宗教学理论都把探讨宗教本质作为一项首要的任务，并由此繁衍出各种纷纭繁杂的学说。

各派关于宗教本质的学说，大致可被概括为下列几种类型：

（1）激进的启蒙主义型。此类观点视宗教为人类早期蒙昧无知的产物，并在其后长期的历史中被用作欺骗、麻痹广大民众的工具；启蒙主义带来的历史进步必将消灭宗教这种无理性的迷信。

（2）温和的人道主义型。此类观点用人自身的本质解释宗教的本质。在他们看来，宗教不过是人性的折射和移植；人性既可以被异化为虚幻的目标，也可以被净化为完善的理想。人道主义的宗教观是一把双面刃，既批判前现代的宗教形态，又为现代新型宗教开辟道路。

（3）神学—哲学型。西方哲学各流派与传统的或现代的神学理论相调和，试图在主观—客观、个体—群体、现象—本质等二元范畴的框架中把握宗教的本质。这类解释特别强调宗教的神圣性。"神圣"被推崇为最高的价值取向：一方面通向超越的实在，另一方面直指人心，造成心灵上的敬畏之情和行为上的自觉服从，从而影响个人生活乃至整个社会的历史。

（4）跨文化研究型。社会人文科学的兴起，使得人类学家、社会学家、语言学家、心理学家能够对繁杂的宗教现象进行跨文化的综合研究，他们不满足对于单一本质的抽象概括，而是在世界范围内，对各民族、各时期的各种宗教加以详尽的描述，由此总结出关于宗教本质的种种假说。假说是依据经验材料对具体问题进行明确的回答。跨文化研究所提出的假说涉及下列有关宗教本质的问题：

① 神话、巫术以及图腾崇拜等原始现象是否归属于宗教范畴？

② 宗教是自发生成的繁芜现象，还是有单一的起源或完整的谱系？

③ 历史上各门宗教沿着进化方向发展，还是从原始的完善形态退化为区域性、边缘性的旁门左道？

④ 各门宗教是否都具有共同特征或单一本质，或者都是一个个封闭的体系，无法对之加以比较、对照？

⑤ 如何理解形形色色的宗教仪式、语言等象征行为的意义？

⑥ 如何认识宗教的社会功能？ 宗教与伦理道德、经济发展水平、政治组织、社会形态之间具有某种必然的、整体的联系？ 还是仅仅只有偶然的、局部的关系，这种关系因民族、地域、时期的不同而不同？

⑦ 如何评价宗教在一个文化类型内所占据的地位和作用？ 宗教是否提供核心的价值？ 还是依附于其他意识形态体系，只具有边缘性的次要作用？

⑧ 宗教与人的心理活动（个人的或集体的）是否有结构性的联系？ 宗教意识是虚幻的心理产物，还是对外部实在的真实反映？

跨文化研究成果对这些重要问题的回答大大拓宽和深化了人们对宗教本质的认识。在肯定百年来宗教学研究的成绩的同时，我们应该看到，宗教学毕竟还是一门年轻的学科，尚未形成能够比较完满地解释几千年来繁杂多样的宗教现象的科学理论体系，上述四种类型的观点都面临着严重的困难。

类型（1）很难解释这样的事实：随着科学的昌明、社会的进步，宗教非但没有像一些启蒙学者乐观地预言那样衰落消亡，反而呈现出蓬勃发展的趋势，甚至能与以科学技术为动力的现代社会相协调、相适应。

类型（2）所导致的人为造神倾向也很难说明宗教的神秘性和超越性，因而抹杀了宗教与世俗文化形态的区别，宗教的本质虽然与人性相联相通，但不能完全被归结为人性。即使被还原为人性，也无济于事，因为人性论本身也是一个充满争论和迷惑的领域，如果说，宗教神秘性的丧失曾经导致"上帝死了"的愤慨，那么当今人道主义者的人性论因丧失其说服力又产生出"人死了"的哀叹。

类型（3）所面临的困难在于过分拔高宗教，把神圣与世俗相对立，未能摆脱西方哲学二元对立的传统思维方式,在实践上还可能造成宗教信徒与非信徒的思想隔阂与对立。事实上,一味追求神圣性的宗教与世俗化的现代生活趋势不相适应。并且,西方神学家与哲学家关于神圣的观念主要来源于基督教学说,以此观念概括宗教本质,势必自觉或不自觉地贬低其他宗教的价值。比如,中国佛教和道教的神圣性与民间世俗生活有天然联系,儒家虽然注重世人事业,但不乏神圣价值观。但是,若按西方神学家与哲学家心目中的"神圣"标准来衡量,不但佛道两教被列为较低层次,而且儒家所秉承的特殊宗教精神也遭否定。

类型(4)虽然不易落入上述三种类型所难逃脱的"以偏概全"的窠臼,却容易陷入另一种困难,即"二律背反"的困境。盖因跨文化研究涉及的范围之广、材料之多、时间之久、理解差距之大前所未有。因此之故,繁衍出不同假说解释同一现象,各方似乎都能言之成理、持之有故,令读者难以判断是非,不知所措。在这种理论背景里,文化相对主义应运而生,以为每一文化传统自成体系,并无共同本质,各门宗教更是如此。更有甚者,哲学相对主义提出,包括宗教在内的思想文化体系之间"无公度性"(或曰"不可通约性"),因为根本不存在中立的、客观的标准来理解意义判断是非、比较优劣。相对主义对跨文化研究的可能性和可行性提出了严重的挑战。

在简单回顾了百余年来宗教学研究成果及其困难之后,人们不禁要问:"宗教本质"还能否成为一个合理的、有价值的概念?我们认为,对于宗教这样一个已经在历史的长河中被充分地多元化了的现象,应该适当地集中、联合和趋同。如果这在现实中尚不能实现,但我们至少可以先从思想理论上寻求各种不同宗教现象的共同基础和特征,以便为各宗教之间的对话乃至各种文化传统的交流、各民族的相互理解奠定坚实的理论基础。这便是继续对"宗教本质"的概念深入研究的意义和价值所在。

我们还认为,应该在前人研究成果的基础上深入探索宗教本质问题。前面所概括的四种类型的观点虽然都面临着不同的困难,但又各有长处和优势。如果能够扬长避短,综合各种优势之处,我们一定会比前人更全面、更准确地认识宗教本质。

基于上面的想法,我们提出这样一种解决宗教本质问题的思路。

　　首先,把宗教本质定位于一种基本的人生观和生活态度。人道主义型的观点正确之处在于看到了宗教中的神人联系,却误把"人性"作为联系的枢纽。宗教首先是一种实践,是常青的生活之树的果实,它不能被归结为"人性"这样的抽象理论概念的内涵。当然,我们并不否认人性的普遍性,但人性总是表现在人类生活之中。各种基本的人生观都在不同程度上表达出人性,宗教以整体的和根本的方式表达出人性。宗教是了解人性、实现人性的重要途径。只有理解各种宗教所表达的人生观、人生态度的基本特征,我们才能理解宗教的本质,进而从一个方面认识人的本质,而不是相反。

　　其次,宗教这种基本人生观或人生态度不同于其他种类人生观的特殊之处在于,它以某种神秘的世界观为背景。启蒙主义型的观点正确之处在于看到了宗教中神秘与自然的联系,却误把宗教对于世界(自然)的神秘一概斥之为蒙昧无知,甚至是迷信、虚幻。须知,宗教世界观是前科学或后科学的世界观。人类在学会识别、分析和综合各种外部经验材料之前,首先对派生出这些经验材料的总体有一种直观的认识,这就是前科学的神秘。当各门科学对世界进行细致、具体研究之后,仍然留下了关于世界整体的种种疑问。如果有人超越科学,在宗教中去寻求心灵的慰藉,这就是后科学的神秘。宗教的神秘世界观并无利用、改造甚至控制自然的实证性和实用性价值,却是宗教人生观所必需的。宗教信徒的世界,如现世和来世、出世和入世、尘世和天堂,都是生活世界,不像自然科学的世界那样毫无人情味。人生环境、自然界和神秘界相互交织在一起,构成了宗教活动的现实空间和生存条件。

　　再次,宗教人生观和世界观的统一体现了神圣价值和世俗价值的结合。神学—哲学型的正确之处在于看到宗教是一个神圣价值体系,却不正确地把神圣价值与世俗价值割裂开来、对立起来。如果我们同意将宗教定位于人生观,那么宗教生活就不可能脱离世俗生活。宗教的神圣价值一方面来自对于自然的神秘感,另一方面也来自日常生活。正如自然蕴含着神秘一样,生命本身也包含着神圣。人类世俗社会的伦理道德、精神创造、公正秩序、理想追求,无不具有神圣性。神圣命令不是超凡脱俗的空谷足音,而是人们在他们生活中体验并践履的信条、规范和准则。

最后,神圣价值和世俗价值的结合需要的文化载体既是历史的经验,又是超越的精神。跨文化型观点的正确之处在于重视各民族的历史,但仅仅在经验层面上考证、描述历史,结果囿于历史材料而未能升华为统一的原则。宗教与文化类型的关系不只是局部和整体的关系,一个学者即使知道一个文化类型的各个方面,未必能把握住宗教的超越精神。宗教的超越精神主要体现于经典的启示和隐喻。跨文化研究如果只是比较经验的、历史的材料,而不能对各门宗教经典的意义有所觉悟,不能融会贯通,遑论宗教本质?

以上所述只是研究宗教本质的一个粗线条思路,按照这一思路深入研究,还有很多具体问题需要解决。但综上所述,我们已经可以得出这样一个初步认识:

宗教是一种以神秘世界观为背景的基本的人生态度或人生观,宗教在特定文化类型和传统中,以超越的精神与其他文化形态相关联,并以此体现神圣价值与世俗价值的结合。

我们强调,宗教乃是体现神圣文化与世俗文化相结合的一种基本人生观,这对于宗教的社会地位和功能有怎样的现实意义呢?

首先,把宗教定位于人生观,有利于宗教自身的健康发展,有利于宗教与社会其他文化形态和意识形态之间建立一种分工合作的机制。历史证明,当宗教发挥了在精神生活方面的优越,就能引导个人生活、人际关系和社会秩序朝着健康向上的方向发展。相反,如果宗教僭越社会其他领域,或外来的社会势力干涉、控制宗教,那么将会造成精神堕落、社会矛盾加剧甚至秩序失控等恶果。我们在宗教中指出如"神秘""神圣"和"超越"的因素,都只是这种人生观所必需的前提、条件或目标,如果把这些因素推广到宗教人生观以外,不免会产生不良后果。比如,在科学领域以神秘方式研究自然,在政治领域用神圣姿态树立权威,在经济领域靠超越原则应付市场,都会失败。这些领域有与宗教不相同的特征和功能,服从不同的原则、规范。当然,它们也不能把自己的原则、规范强加于宗教,宗教作为一种基本的人生观,可以而且能够成为现代社会必不可少的重要成分。

另外,把宗教人生观的依据规定为神圣世俗相结合的价值观,有利于现代价值体系的建设。每一社会成员包括宗教徒和非信徒,以往人们认为,信徒和非信徒的区别在于,他们分别信奉神圣价值观和世俗价值观。这一流行观点已经并正在造成信徒与非信徒,以及不同宗教信徒之间的隔阂和对立情绪。如我们所说,不但宗教人生观含有世俗价值的成分,非宗教的人生观,即使无神的人生观,也有神圣价值的成分。信徒与非信徒以及不同宗教的信徒,可以在基本价值观上达成一些共识,作为社会成员共同价值体系的基础。当然,这并不抹杀宗教价值观的特点。各种宗教的信徒和非信徒完全可以坚持各自的神圣信念,以不同的态度参与世俗社会,但这并不妨碍他们相互尊重、理解对方的神圣和世俗价值。

更为重要的是,把宗教理解为神圣价值与世俗价值相结合的产物,对于匡正当代社会的时代弊病和后现代主义造成的价值观失序,具有重要意义。

宗教对象的客观性问题

所谓宗教对象,指的是各种宗教活动——不管是社会的还是个人的、外在的还是心理的(诸如仪礼、祈祷、虔信、神秘体验等)——所朝向的目标。没有这样一个或者一些目标,任何宗教活动都将是不可能的。《旧约》中"罪"的原义是希伯来文的"迷失目标"(chata/missing the goal),这不仅表达了犹太教、基督教对"原罪"的看法,而且有一定的普遍意义:失去崇拜的目标,对于任何宗教而言都是不可饶恕的罪恶。此种意义上的宗教对象通常用单数或复数名词"神"来表示,但我们宁可使用"宗教对象"这一概念,主要出于两个原因。第一,有些宗教,比如佛教和不少原始宗教的对象并不是神;第二,"对象"(Gegenstand)的意义蕴涵着一种遭遇关系,即崇拜对象(宗教对象)与崇拜者(宗教主体)之间的关系,而神(特别是一神教的神)的主宰性和独立性则并不必然地蕴涵着神人关系。第二点尤为重要,因为在我们看来,宗教主体与对象的关系问题实为宗教对话乃至有神论与无神论之间的理性对话的一个关键。

宗教对象与主体的关系不同于知识论中的主客体关系。正如马丁·伯布(M. Buber)指出,神人关系是你—我的遭遇关系,而不是主体与客体关系。[1] 但你—我关系(I-Thou)是在我对"你"的存在已毫无疑问的前提下的人格体验,而神或一般意义上的宗教对象的存在问题、实在性问题恰恰是神学和宗教哲学所不能回避的。在此问题上,宗教对象与主体的关系和主客观关系有类似之处。知识论讨论主客体关系,按康德的说法,有两种方式:一是让主体围绕客体转,二是让客体围绕主体转。康德称后者为"哥白尼革命"。但在宗教领域,宗教对象对于宗教

---

1 M. Buber, *I and Thou*, trans. by A. Loos, etc., SCM, London, 1964.

主体一直具有主导的、决定性的作用。宗教信徒倾向于相信,他们的信仰是由宗教对象的某种冥冥的或昭昭的作用所产生的。另一方面,无神论者认为,宗教对象是由主体所决定的,宗教信徒们信仰的不过是人自己。因此不难理解,当基督教的自由派神学家们把康德的哥白尼革命引入宗教学领域,他们被新保守派批评为"人类主义"或"世俗主义"[1]。

这是否意味着,"哥白尼革命"的知识论的模式不适合宗教对象和主体的关系呢?"哥白尼革命"给予人的启示是,任何客体都是被主体所经验(包括直观和概念)的客体,主体的经验不能企及的客体只是"物自体"或"超验幻相"。虽然宗教对象不同于认知对象,但也总是宗教主体所相信、体验和思考的对象。不管人们如何把宗教对象对主体的作用绝对化,比如说,设定一个全能的神和完全被动的人的关系,连人接受神的方式也完全是由神所先定的,但不容否定的是,神毕竟是神,人毕竟是人;神固然不能按照人的观点来对待人,但人也不能按照神的观点来对待神。宗教对象对主体的决定作用毕竟要通过主体才能起作用,没有宗教主体的体验,这个绝对作用者只是"自体",而不是宗教主体的对象。

宗教对象对主体的作用不是单向的决定和被决定的关系,而是双向的交流和接应关系。正是由于这种特殊的关系,才会产生出宗教对象的客观性这一特殊的问题。如果一个宗教信徒相信,他的一切都受他所崇拜的对象的支配,以至于他对宗教对象的接受和对象对他的赐予可以完全合一,那么对他而言,宗教对象的客观性是不言而喻的、无须讨论的。另一方面,如果一个无神论者相信,宗教对象完全是宗教主体的建构,以至于宗教对象的每一个特征都被还原为主体性,那么宗教对象的客观性也就完全被消解了,当然也无须加以认真对待。除去这两种极端之外,人们会一方面承认某种对象以不依人的意愿为转移的方式作用于宗教主体,另一方面也承认宗教主体总是在自身所处的社会、历史、文化、心理等条件的限制下来接受和回应对象的作用。只有在对这两方面的权衡的过程中,人们才会提出这样的问题:宗教对象对宗教主体的作用在多大程度上出自对象的客观性?

---

1 比如,巴特批评施莱尔马赫把神学引向人类主义,导致了神学的死亡,见 Karl Barth, *The Theology of Schleiermacher*, Eerdmas, Grand Rapit, 1982, pp. 196ff。

宗教主体对对象的接受在多大程度上出自主体性？不同的宗教派别，乃至合理的无神论，都是对这两个"多大程度"问题的不同程度的把握。越是强调宗教对象客观性的程度之大，则宗教性越强；反之，越是强调宗教主体的主观性程度之大，则世俗性越强。信仰与理性的张力也是如此产生的。一般来说，主张信仰超越理性的人尽量减少宗教对象对主体性条件的依赖程度；反之，主张理性高于信仰的人尽量减少宗教主体对对象的客观性的依赖程度。

介于宗教主体的主观性和宗教对象的客观性之间的种种立场，尽管有以上的差异和矛盾，只要它们不用一个极端去否定不同的观点，比如说，不用"人神合一"去否定宗教对象作用的主体性条件，或者用"人制造神"去否定宗教对象的不依人的意愿为转移的客观性，它们之间总有相互接触、相互交流的空间，总有相互吸收、相互利用的可能性。宗教对话何以可能？有神论和无神论的对话何以可能？这些对话归根结底只有围绕着宗教对象客观性的问题才能展开和深入。

在宗教对象客观性的问题上，有几种与知识论的基本立场相对应的宗教观，因此，我们可以把这些宗教观称作实在论、现象主义和主观主义。

实在论的知识论认为知识对象的客观性决定知识的性质和内容。同样，实在论的宗教观认为，宗教对象的客观实在决定宗教信仰的可靠性和宗教活动的有效性。与知识论的实在论一样，它也面临着主体何以确信或知道宗教对象的客观性的问题。这一问题显然不能诉诸主体性来解决，因为实在论已经预设了对象的客观存在作为主体性的前提，主体性不能反过来成为客观性的依据。因此，实在论必须围绕对象为中心来解决主体的确定性问题。解决这一问题有两条方法，一条是正的方法，一条是负的方法。正的方法即把一切事物的实在性，包括主体自身的实在性都归结为宗教对象的客观实在性。基督教关于上帝存在的种种证明遵循的实际上就是这样一条途径。负的方法就是通过揭示一切事物，包括主体自身的实在性之虚假来显示宗教对象实在之真实。[1] 虽然人们在基督教神秘主义中可以不时看到这种显示上帝的方法，但负的方法在佛教中的运用最为普遍、最为

---

1 冯友兰说："正的方法很自然在西方哲学中占统治地位，负的方法很自然在中国哲学中占统治地位"，并说："负的方法在实质上是神秘主义的方法"，这是很有见地的。见冯友兰《中国哲学简史》，北京大学出版社 1996 年版，第 294 页。

典型。佛教宣扬"法我皆空",意思是说世界的存在是虚假的,因此要破法我两执,认为只有破除对现世和自我的迷执,才能显示出真正的实在"真如"、真实的状态"涅槃"、真正的本性"佛性"和真正的智慧"般若"。要之,不管正的方法还是负的方法,都以现实的事物为出发点,只不过正的方法在此基础上做加法,直至一个无以复加的最完满的实在,负的方法在此基础上做减法,直至一个不可否定的最坚实的实在。

知识论的现象主义认为,主体所能知的只是现象,现象后面还有本体,现象是主体在本体的作用下建构出来的,本体作用和主体建构是共同参与现象的因素。现象主义的宗教观把主体的宗教体验当作最重要的现象,把宗教体验的强度当作宗教对象存在的尺度。由于本体和主体是说明现象的两个维度,因此,对宗教现象可以从两个角度加以说明:一个是主观的角度,一个是客观的角度。佛教禅宗宣扬"明心见性""顿悟成佛",其宗旨是强调宗教对象(佛性)即他在人心的明晰的、即时的显现[1];康德把宗教归结为道德,把上帝归结为实践理性的预设;后来的自由派神学家把宗教现象等同为人的主观体验(比如施莱尔马赫所说的Gefuhl,虔信)[2],把上帝的属性归结为宗教主体完全依赖上帝的情感表达[3],这些都是从主观角度对宗教现象的说明。另一方面,基督新教对"因信称义"的解释遵循的是自上而下的途径,即用上帝的恩宠来说明信徒的内心体验,这是一种客观的解释。佛教唯识宗提出"唯识无境",说明一切都是现象,可感事物被归结为前六识(眼、耳、鼻、舌、身、意),自我被归结为第七识"末那识"(Manas),一切现象都由第八识"阿赖耶识"(Alaya)所统摄,这可谓是完全、彻底的现象主义;但现象的客观性归根结底要由阿赖耶识所藏的种子来说明,并用"无漏种子"的增长来说明宗教对象的实现("转识成智")。这一"种子说"代表了对宗教现象的客观说明。

---

1 比如,惠能说:"一切般若智,皆从自性而生,不从外入"(坛经·般若品)。

2 施莱尔马赫说:"在一切生存、运动、成长、变化中发现并找到无限的、永恒的因素,在直接的情感中拥有和认识生活本身,这就是宗教。"(F. Scheiermacher, *On Religion*, trans. by T. N. Tice, Richmond:John Knox, 1969, p. 79.)

3 施莱尔马赫说:"我们归诸上帝的一切属性,并不指示上帝的特殊性,只是指示我们对上帝的绝对依赖感的特殊情感。"(Scheiermacher, *On Christian Faith*, 2nd ed., Fortress, Philadelphia, 1938, p. 76.)

要之,不论主观的说明还是客观的说明,都认为只有现象才能联系宗教对象与主体。差别在于,从主观的观点看,宗教对象与主体的距离越来越小,比如禅宗甚至否认人心之外还有佛的存在("佛知见者,只汝自心,更无别佛"[1]);从客观的角度看,两者的差距越来越大,比如克尔凯郭尔坚持人与上帝之间不可逾越的鸿沟,他提出"主观真理说"[2],用信仰的"跳跃"来说明人面对上帝的存在的有限性和荒谬性。[3]

　　主观主义的知识论把外在对象看作主观的建构。无神论完全把宗教对象当作主体的心理建构,这可以说是一种主观主义。但无神论者对于外在事物一般持实在论立场,为了协调两者,无神论者承认宗教主体的主观建构有着客观根源。他们与现象主义者的差别在于,后者认为主观建构的客观根源是宗教对象,无神论者却完全否定宗教对象的客观存在,他们只承认感性对象的客观性。但感性对象对人的作用,在一定的条件下却使人自觉或不自觉地建构出宗教对象,可以说,宗教对象是感性对象的幻相。依据对产生宗教对象的感性对象的不同理解,形成了两种解释:自然主义的解释和人本主义的解释。自然主义的解释把宗教对象看作自然物的人格化,比如18世纪的一些启蒙学者把宗教的根源视为童年时代的人类对自然界的恐惧和希望,神是自然力量的化身。马克思强调宗教根源的社会性,但他把社会发展也当作自然历史进程,因此,马克思主义的宗教观也可归于自然主义解释的范畴。人本主义的解释者把宗教对象当做人性的折射,比如费尔巴哈说上帝是人把自身完美化的产物,尼采说基督教是源于奴隶们反对强力意志的道德说教,弗洛伊德说犹太教和基督教是下意识的"俄狄浦斯情结"的外化。

　　我们把各种宗教观概括为实在论、现象主义和主观主义三种类型,为的是找出它们之间的交汇点和接触面。不难看出,二者都同意宗教主体的信仰是由某种外在的客观实在所造成的。实在论把这种客观实在等同于宗教对象本身,现象主义则强调宗教对象必须与主体共同起作用,主观主义把这种客观实在等同于感性

---

1 《坛经·般若品》。

2 S. Kierkgaard, *Concluding Unscientific Postcript*, trans. by D. F. Swenson, Princeton, 1941, p. 182.

3 S. Kierkgaard, *Fear and Trembling*, trans. by R. Payne, London, 1939, p. 174.

对象,并强调感性对象与主体的共同作用。既然都承认外在对象是造成宗教主体的主观经验的原因,那么也必须承认对象与宗教经验之间至少有一定程度的相似性。实在论认为两者之间有最大程度的相似性,主观主义认为两者之间只有最小程度的相似性,现象主义介于这两种立场之间,认为宗教对象与宗教经验在某些方面相似,在某些方面不相似。大家都可以承认,相似性只是一个程度上的标准,任何两个东西不可能绝对相似,也不可能绝对不相似。庄子机智地揭示了把相似性或差异性绝对化的荒谬性:"自其异者视之,肝胆楚越也,自其同者视之,万物皆一也。"(《庄子内篇·德充符》)主观主义的无神论和实在论的有神论可以利用对方的观点来平衡自己对相似性程度的把握:主观主义可以利用实在论的观点增加宗教对象客观性的权重,实在论可以利用主观主义增加宗教对象主体性的权重。现象主义用宗教现象作为对象与主体的中介,在一定程度上解决了上述相似性问题,但他们也面临着宗教现象与宗教对象是否相识的问题。如前所述,从主观的角度看,两者趋向于等同;从客观的角度看,两者不断分离。按照同样的道理,主观的现象主义可以利用主观主义来拉大宗教现象与宗教对象的距离,客观的现象主义可以利用实在论来缩小两者之间的差距。

我们的结论是,围绕着宗教对象客观性的问题而形成的各种宗教信仰,以及有神论和无神论的不同宗教观,至少在理论上并不是完全排斥、无法沟通的,宗教间对话以及有神论与无神论的对话,不但对于相互理解,而且对于不断健全自身,都是有益和有效的。当然,这些对话有赖于具体的社会和文化条件才能实施,而且不能指望各种立场会在对话中趋于同一和融合。